国家社科基金
后期资助项目

溃败的整合：法团主义视角下的战后城市工会研究（1945~1949）

Collapsed Integration: A Research of
Postwar Urban Trade Unions
from the Perspective of Corporatism(1945–1949)

胡悦晗 著

社会科学文献出版社
SOCIAL SCIENCES ACADEMIC PRESS (CHINA)

图书在版编目(CIP)数据

溃败的整合：法团主义视角下的战后城市工会研究：1945—1949 / 胡悦晗著 . -- 北京：社会科学文献出版社,2024.1
国家社科基金后期资助项目
ISBN 978 - 7 - 5228 - 3028 - 5

Ⅰ.①溃… Ⅱ.①胡… Ⅲ.①地方工会 - 工会工作 - 研究 - 武汉 - 1945 - 1949 ②地方工会 - 工会工作 - 研究 - 杭州 - 1945 - 1949 Ⅳ.①D412.863.1 ②D412.855.1

中国国家版本馆 CIP 数据核字(2023)第 237391 号

国家社科基金后期资助项目
溃败的整合：法团主义视角下的战后城市工会研究（1945～1949）

著　　者 / 胡悦晗
出 版 人 / 冀祥德
责任编辑 / 李丽丽
文稿编辑 / 侯婧怡
责任印制 / 王京美

出　　版 / 社会科学文献出版社·历史学分社（010）59367256
　　　　　 地址：北京市北三环中路甲29号院华龙大厦　邮编：100029
　　　　　 网址：www.ssap.com.cn
发　　行 / 社会科学文献出版社（010）59367028
印　　装 / 三河市龙林印务有限公司

规　　格 / 开本：787mm × 1092mm　1/16
　　　　　 印　张：21.5　字　数：341千字
版　　次 / 2024年1月第1版　2024年1月第1次印刷
书　　号 / ISBN 978 - 7 - 5228 - 3028 - 5
定　　价 / 118.00元

读者服务电话：4008918866

版权所有 翻印必究

国家社科基金后期资助项目
出版说明

后期资助项目是国家社科基金设立的一类重要项目，旨在鼓励广大社科研究者潜心治学，支持基础研究多出优秀成果。它是经过严格评审，从接近完成的科研成果中遴选立项的。为扩大后期资助项目的影响，更好地推动学术发展，促进成果转化，全国哲学社会科学工作办公室按照"统一设计、统一标识、统一版式、形成系列"的总体要求，组织出版国家社科基金后期资助项目成果。

全国哲学社会科学工作办公室

目 录

绪 论 ··· 1

第一章 武汉与杭州：城市与劳工政治 ···························· 23
 第一节 从传统市镇向现代城市的空间转型 ···················· 23
 第二节 工商业发展与产业结构变迁 ···························· 32
 第三节 劳工政治的演进 ·· 40
 小 结 ··· 52

第二章 战后城市工会的重建 ······································ 54
 第一节 民国时期的工会立法与管控 ···························· 55
 第二节 战后城市工会的重建 ····································· 60
 第三节 身份、地缘与组织边界：工会重建中的三个问题 ···· 71
 第四节 "双管"本质与"文明"外衣：地方政府对工会的
    管控 ··· 76
 小 结 ··· 84

第三章 工会的组织体系与运作机制 ······························ 86
 第一节 组织制度：强制性会员资格与基层组织架构 ········· 87
 第二节 选举制度："事前追认"与"事后控制" ············· 93
 第三节 财务情况："入不敷出"与"杯水车薪" ············· 99
 第四节 角色定位："公务员""领导者"与"福利者" ······ 114
 小 结 ··· 123

第四章 工会的政治参与、日常事务与职业自主性 ············ 125
 第一节 政治参与：仪式、选举与抗争 ························ 126
 第二节 日常事务：文山会海与应急管理 ····················· 138
 第三节 劳资纠纷：以人力车业"增加车租案"为例 ········ 145
 第四节 职业尊严与职业自主性：以司机与邮工为例 ······· 155

小　结 …………………………………………………………… 170

第五章　市场、职业工会与行业秩序的重建（一）
　　　　　——以汉口码头业纠纷案为例的考察 ………………… 171
第一节　工会与行业秩序：市场社会学的视角 …………… 171
第二节　码头工人的工作权与战后码头业的整改 ………… 175
第三节　"决不能越界至公大工作"与码头"临时工" …… 181
第四节　"不得转移"与"以武力独做" …………………… 188
第五节　械斗：行业纠纷的暴力化与极端化 ……………… 202
小　结 …………………………………………………………… 212

第六章　市场、职业工会与行业秩序的重建（二）
　　　　　——以杭州脚夫业纠纷案为例的考察 ………………… 214
第一节　行业门槛与处罚违规者 …………………………… 214
第二节　业务界限与从业门槛之争：江干区海月桥纠纷案 … 219
第三节　重操旧业抑或鸠占鹊巢：湖墅区喻陈埠纠纷案 … 227
第四节　见缝插针：工会的组织扩张与业务扩张 ………… 232
小　结 …………………………………………………………… 239

第七章　会务纠纷中的地方政府、工人与工会 ………………… 241
第一节　同业商号的"破坏工会"与工人的"抗不入会" … 241
第二节　挑战总工会：来自经济大户与产、职业工会 …… 258
第三节　"解雇""让位"与"下台"：工会理事长的
　　　　　"去职"风波案 ………………………………… 270
第四节　"捣毁工会""蓄意取闹"与转变的工会领导者 … 284
小　结 …………………………………………………………… 296

结　语 ……………………………………………………………… 298

参考文献 ………………………………………………………… 308

附　录 …………………………………………………………… 323

后　记 …………………………………………………………… 337

绪　论

1949年4月,解放军横渡长江,京、沪、杭等国民党统治的重镇相继解放。国共内战大势已十分明了。7月,内政部拟订了《非常时期全国工运实施方案草稿》与《加强全国工运实施方案》。在肯定抗战结束后几年内工人运动"成绩"的同时,国民党不得不正视其所领导的工会组织正在走向溃败的现实。"过去指导工人已成立全国各级工会千余,拥有会员达五百余万人,工会组织确已具有相当基础。……全国大部分重要都市相继撤守,以致各级工会有停顿或竟由匪党接收改组或另行组设。"面对政权将倾的燃眉之危,两份文件都提出,在"加强各级工会组织,以巩固工运基础"的同时,"建立战时组织体制","以配合当前需要,完成工人自救救国之使命"。[①] 三个月后,中华人民共和国成立,国民党政权覆亡。

内战时期,工会组织与国民党政权"离心离德",史学界多将其中原因归于国民党政权自身在政治层面的官僚化膨胀、经济层面抑制市场通胀的失败、军事层面的战争失利等。上述层面的分析廓清了国共政权更迭之际总体性政治与社会演变的宏观趋势,但尚未能深入社会肌理,从社会组织的中观层面管窥国民党政权崩溃的原因。抗战胜利后,国民党政权自上而下地重建各级工会组织体系,试图将工会组织纳入其体制中,达到规训工人、控制工运的目的。这一持续努力贯穿了内战时期。尽管正式登记注册的工会及会员的数量不少,但终究无济于事。作为联结国家政权与工人的中间环节,工会组织为什么没有起到聚合工人利益的作用,承担社会整合的职能?探究该问题,有助于理解国民党政权溃败的深层原因。基于此,本书引入政治社会学中的法团主义理论作为分析视角,以武汉、

[①] 《内政部拟非常时期全国工运实施方案草稿》(1949年7月),载中国第二历史档案馆编《中华民国史档案资料汇编》第5辑第3编《政治》(4),江苏古籍出版社,1999,第15页;《内政部拟定加强全国工运实施方案》(1949年7月),《中华民国史档案资料汇编》第5辑第3编《政治》(4),第18页。

杭州等战后重要区域城市的工会组织为对象,对该问题予以分析。

一 法团主义与工会:历史社会学的视角

改革开放以来,市场经济体制的引入和确立,加速了社会利益主体的分化,社会组织大量兴起。"市民社会"与"法团主义"成为考察当代中国社会组织的两大主要理论视角。① 其中"市民社会"的理论视角对社会组织间的冲突关注不足。因此,"市民社会"理论难以回应社会是否具有自我整合能力的问题。针对"市民社会"的理论短板,法团主义重视协调与整合的问题,即如何将社会冲突转化为秩序。② 法团主义理论倡导国家与社会之间的协作,认为社会组织与国家融合所形成的法团组织是社会秩序形成与有效运作的中介,是当代社会组织研究中较多使用的理论视角。③

有别于以美国为代表的自由主义政治实践,法团主义思潮起源于19世纪末20世纪初的欧洲。在两次世界大战期间,法团主义将关注点放在现代国家的伦理价值与统治秩序方面。"威权主义统治者可以用某种传统的法团主义与法西斯主义的组合来合法化自己的政府。这种制度可以而且也做到了将自己塑造为一种能一劳永逸地巩固政治秩序并且也是最好的统治社会的政治制度。"④ 在法团主义的理论表述方面,以德国学者卡尔·施密特为代表。施密特区分了传统国家与现代国家的统治方式,指出现代国家有别于传统国家的统治方式在于现代国家依赖一个相互关联的组织体系实施治理。⑤ 在卡尔·施密特看来,多元主义者将国家视作行使管理职能的政权机器,不具有超然于其他社会组织与利益群体之上的伦理价值,这一含混不清的国家观念限制了其对国家与社会组织之间互动融合的理解。⑥

---

① 纪莺莺:《当代中国的社会组织:理论视角与经验研究》,《社会学研究》2013年第5期。
② 张静:《法团主义——及其与多元主义的主要分歧》,中国社会科学出版社,2005,第16~17页。
③ 陈家建:《法团主义与当代中国社会》,《社会学研究》2010年第2期。
④ 〔美〕吉列尔莫·奥唐奈、〔意〕菲利普·施密特:《威权统治的转型——关于不确定民主的试探性结论》,景威、柴绍锦译,新星出版社,2012,第17页。
⑤ 〔德〕卡尔·施密特:《现代民主制概念及其与国家概念的关系》,载卡尔·施密特《论断与概念》,朱雁冰译,上海人民出版社,2006,第12页。
⑥ 〔德〕卡尔·施密特:《国家伦理与多元主义国家》,载卡尔·施密特《论断与概念》,第138~139页。

意大利学者菲利普·施密特在卡尔·施密特的基础上,对法团主义理论做了进一步清晰化的阐释。在菲利普·施密特看来,法团主义是一个利益代表系统,"在此体系中,构成单位被组织成一些单一的、义务性的、非竞争性的、层级有序的、功能有别的有限团体,这些团体由国家认可并被赋予在其同行中的垄断代表权,以此为交换,国家对其领导人选择、需求和支持的表达实行一定程度的控制"。①

治理研究是近年来社会科学领域的重点议题。社会组织研究出现了"国家中心"转向。该路径在强调国家在权力格局中的主导地位的基础上,将国家落实为具体的治理取向与制度环境。② 这一转向与法团主义的旨趣相契合。③ 研究者运用该理论考察当代中国的各类社团在政治与社会整合中的作用,辨析中国的国家与社会组织之间的关系模式,对法团主义"理想类型"提出挑战,所考察的对象涵盖了民营企业公司、职业团体、NGO(非政府组织)与基层政府及社会组织。④ 上述研究丰富了法团主义理论,推进了对转型时期社会组织的理解。然而,这些研究和讨论发生在政治与社会学等学科内部,尚未引起历史学研究者的普遍关注,由此导致运用法团主义理论视角展开的社团组织研究缺乏历史学维度的纵向延展与对话。

20世纪80年代以后,现代化范式逐渐兴起,中国近代社团史研究侧重考察近代中国社会转型中伴随社会分工而来的职业群体的形成及社团的组织与发展状况,进而分析社团具有的政治、经济等多种功能。这些研究加深了学界对在近代中国社会转型过程中社会组织的形成、发展与演变等问题的理解。在此过程中,社团研究的理论基础——哈贝马斯意义上的"公共领域"能否适用于近代中国社会转型,引起研究者的质

---

① 参见刘军宁《共和·民主·宪政》,上海三联书店,1998。
② 纪莺莺:《治理取向与制度环境:近期社会组织研究的国家中心转向》,《浙江学刊》2016年第3期。
③ 卢元芬:《国家治理现代化的法团主义路径探析》,《治理研究》2018年第2期。
④ 参见陈天祥、陈小锋《基层治理中的法团主义:M市D区电信诈骗治理探析》,《学术研究》2020年第4期;张长东《社会组织与政策协商:多元主义与法团主义辨析》,《浙江学刊》2017年第1期;张长东、顾昕《从国家法团主义到社会法团主义——中国市场转型过程中国家与行业协会关系的演变》,《东岳论丛》2015年第2期;马庆钰、谢菊、李楠《中德政府与社会组织关系特征的比较分析——基于法团主义视角》,《经济社会体制比较》2019年第6期。

疑和讨论。当中国学者借用西方"公共领域"等理论作为其分析模式时，西方学者提出要重视近代中国社会转型的独特性，而不应对理论做单向移植。中西双方在相互观照中彼此错位。[①] 因此，已有研究尽管通过大量翔实的个案分析，呈现出近代中国社团发展演变的脉络，但无法解释民国时期社团组织曾经得到充分发展，却没能通过协商与制度化手段消弭组织内部以及不同组织之间利益纷争导致的恶性倾轧，而是通过与政权结盟维系并扩张自身利益这一现象背后的原因。

近代中国的社团组织与国家之间的互动，是社团史研究的重要面向。囿于档案资料，已有研究多集中于清末民初以及1927年至1937年的"十年建设时期"，研究对象也从上海、天津等工商业重镇拓展至济南、成都等城市，对战后时段则缺乏深入考察。目前学界通常认为，清末民初是各类新式社团组织萌芽发展的活跃期，南京国民政府时期，国民党政权的管控压缩了社团组织的活动空间，弱化了社团组织的政治与社会功能，使社团组织沦为官僚体制的附庸。[②] 抗战胜利后，国民党政权面临重建政治权威与社会秩序的任务。然而内战时期，国共政治军事冲突与经济社会矛盾集中爆发，社团组织之间的纠纷频频。从1947年1月至1948年4月，汉口市就有47件工潮案件发生。[③] 由此可见，战后国民党政权与社团及民众之间的关系呈现出失衡趋势，揭示出这一失衡趋势的演变过程，有助于管窥一个具有现代化导向的弱势独裁政权覆亡的原因。

民国时期，中国的城市社会既无肩负政治、经济、社会多项职能的"单位"，亦没有作为革命动员理念与社会现实的"阶级"，处于国

---

① 参见〔美〕黄宗智主编《中国研究的范式问题讨论》，社会科学文献出版社，2003。
② 参见朱英《曲折的抗争：近代上海商会的社会活动与生存策略》，四川人民出版社，2020；朱英《近代中国商会、行会及商团新论》，中国人民大学出版社，2008；马德坤《民国时期济南同业公会研究》，人民出版社，2014；魏文享《中间组织：近代工商同业公会研究（1918~1949）》，华中师范大学出版社，2007；李柏槐《现代性制度外衣下的传统组织：民国时期成都工商同业公会研究》，四川大学出版社，2006；方平《清末民间社团的发展空间及其限度——以上海为中心》，《华东师范大学学报》（社会科学版）2011年第5期；王龙洋《论社团、报刊与公共空间建构》，《现代传播》2015年第10期；陆兴龙《近代上海社团组织及其社会功能的变化》，《上海经济研究》2005年第1期；潘同《民国时期的歙县职业工会——兼论国民党政府的社会控制》，硕士学位论文，上海师范大学，2004；等等。
③ 《中央治安考察团来汉考察人员名单及汉口市政府提供的治安材料》（1948年4月20日），武汉市档案馆藏，档案号：9-4-110。

家政权与民众个体之间的社团必须承担凝聚社会利益、化解社会冲突的功能。1927～1937年，南京国民政府在城市社会建立了有效统治，社会冲突大幅减少。这一时期的城市社团如何与政权、民众互动，在体制内建立组织化的利益传导机制，化解社会冲突？内战期间，国民党政权加强了对社会的控制，但却并未带来社会秩序的稳定，反而引发大量社会冲突，导致政权的覆亡。这一时期城市社团的利益组织化机制相较于全面抗战前有什么变化？这些变化在何种程度上影响到社团的社会整合功能？考察上述问题，既能够推进社团史的研究，又能够管窥民国时期国家政权在基层的建设与治理效果，进而探讨国民党政权崩溃的深层原因。

近代中国的社团组织中，工会组织既代表工人的利益，又肩负着政党对工人的动员组织职能，在组织的角色定位、运作机制等方面，与侧重行业秩序维护、行业利益诉求的同业公会、行业协会等工商社团组织截然不同。1933年出版的《今日中国劳工问题》一书，对工会与行会的区别有所表述。"行会制度，与近代式的工会，有一种很大的不同点，就是行会的目的，是为谋一职业全体的利益，不是专为谋工人一阶级的利益。雇主和工人，都是它的会员，因为雇主在社会上的地位较高，经济力也比较充裕，所以实际上行会的一切规则及行政，多为雇主所操纵。自从都市工业兴起，师傅、客司、学徒的封建关系打破，阶级的意识逐渐发展，工人们对于行会制度，开始表示不满，而觉有即行组织工会的必要。"[①] 工会的基本角色在于维护其成员的权益。[②] 在已有社团研究中，研究者将重点放至商会、同业公会、行业协会等以经济职能为主的工商社团上，对工会这一以政治职能为主的社团有所忽略。政治团体不同于一般社会组织，它具有存在的历史性、政治主体性和围绕国家权力运作性；它不同于国家组织，具有地位的依存性、存在的二重性和功能的不可替代性；它不同于政党组织，具有不求占有政权性和公益代表上的相对狭窄性。[③] 因此，工会的作用并不局限于在劳动力市场中

---

① 骆传华：《今日中国劳工问题》，上海青年协会书局，1933，第47～48页。
② 张静：《利益组织化单位——企业职代会案例研究》，中国社会科学出版社，2001，第163页。
③ 王楷模：《政治社团：生成机理与特征、功能》，《政治学研究》2003年第4期。

组织发起罢工和谈判。工会在劳动力市场中的影响不仅取决于规制雇主—工会关系的政治和制度环境，而且取决于促使工会追求特定战略（例如制定也许会导致罢工的工资标准）的因素。[①] 考虑到工会组织在近代中国政治与社会变迁中的重要性，对工会的关注程度亟须加强。

二 学术史回顾

马克思认为产业工会具有从自发到自觉的革命行动力，其基于工业革命以来，机器大生产作为主要生产方式的社会背景。在经典马克思主义的著述中，工会是肩负"砸碎资本主义的锁链"使命的工人阶级最为重要的政治组织。马克思将工会视为"消灭雇佣劳动制度和资本统治的一种有组织的力量"，认为工会"必须学会自觉地作为工人阶级的组织中心、为工人阶级的彻底解放的最大利益而行动"。[②] 列宁则赋予了工会掌握国家政权的合法性。"工会包括了全体产业工人，把他们吸收到自己的组织中，它是一个掌权的、统治的、执政的阶级的组织。"[③] 现代中国的工会组织是仿效发达国家的工会组织创建的。1851 年成立的广州打包工人联合会，是最早的具有工会性质的组织。[④] 19 世纪下半叶至 20 世纪初，伴随着西方列强的入侵，外国资本涌入中国，客观上刺激了中国近代工业的发展。随着近代资本主义的发展，民国时期，工会组织和其他性质的行帮、秘密团体在城镇工业区有增无减，处于上升态势。民国时期的劳工组织，既包括帝国时代已经存在的旧式行会，也包括工业化兴起之后出现的新式工会。[⑤]

对现代中国工会组织的讨论，民国初年已见端倪。刘师复于 1915 年 5 月 5 日在《民声》杂志第 23 号上发表名为《上海之罢工风潮》的文章，提出"结团体，求知识"六字，主张"各行各业之劳动家，皆当独

---

① 〔美〕乔治·J. 鲍哈斯：《劳动经济学》，中国人民大学出版社，2010，第 455 页。
② 马克思：《工会。它们的过去、现在和未来》（1866 年 8 月底），《马克思恩格斯全集》第 21 卷，人民出版社，2003，第 272~273 页。
③ 《列宁全集》第 40 卷，人民出版社，2017，第 202 页。
④ 史探径：《中国工会的历史、现状及有关问题探讨》，载吴玉章主编《社会团体的法律问题》，社会科学文献出版社，2004，第 175 页。
⑤ 闻翔：《劳工问题与社会治理：民国社会学的视角》，《学术研究》2015 年第 4 期。

立一团体,名曰某业工团或工会"。① 20 世纪 20 年代以来,随着乡土工业的破产,大量农村劳动力离开土地,进入城市,成为产业工人,劳工问题成为突出的社会问题,对工会组织的关注和讨论亦因此增多。工会是具有鲜明政治色彩的社团组织。早期工人运动先驱受到中世纪会党传统的影响,建立的工会组织带有民主因素,具有浓厚的密谋色彩。近代以来,工会组织因应资产阶级民主发展和工人阶级政治意识逐渐清晰的时代背景,加强组织建设,完善组织章程,确定了工人政党组织原则的最初要素。② 受此影响,关于现代中国工会组织的讨论,主要集中在国共两党不同的历史叙事脉络下展开。

中国共产党即在近代中国工业生产最发达的上海成立,并将动员对象确定为铁路、纺织等资本与劳动密集的产业工人。新建的组织仿效西方工会的模式,起开辟作用的是较有技能、有魄力的壮年男工,如机械工人和海员,而组织的推动力则主要来自新知识分子。③ 在共产党的历史脉络下,对工会组织的研究涵括在革命史与工人运动史的范畴中。这一研究的典范是邓中夏、陈独秀、瞿秋白等从事工人运动与斗争的中共早期革命家。研究者致力于考察中国近代工业发展和工人阶级的形成过程,以及工人阶级在中国革命早期的历史作用。在他们的论述中,工会组织是中共对工人阶级进行革命动员、组织工人运动的重要载体。④ 大革命失败后,共产党尽管将各种职业工会纳入争取动员的范畴,但并未改变产业工人是无产阶级革命支柱的观点。"工会组织问题——应当按照产业与职业关

---

① 刘师复:《上海之罢工风潮》,《民声》第 23 号,1915 年 5 月 5 日。
② 董德兵、朱豪媛:《近代民主政治发展背景下工人阶级革命团体组织原则的嬗变》,《社会科学》2018 年第 4 期。
③ 〔美〕费正清主编《剑桥中华民国史(1912~1949 年)》下卷,刘敬坤等译,中国社会科学出版社,1994,第 49 页。
④ 这一时期其他相关书目及文章主要有:邓中夏《论工人运动》,《中国青年》第 9 期,1923 年 12 月 15 日;邓中夏《论劳动运动》,《民国日报》1924 年 3 月 22 日;邓中夏《我们的力量》,《中国工人》第 2 期,1924 年 11 月;陈独秀《中国国民革命运动中工人的力量》,《向导》第 101 期,1925 年 2 月 7 日;李立三《中国职工运动概论》;蔡正雅《东三省的劳工》,《社会月刊》第 2 卷第 1 号,1930 年 7 月;罗章龙《中国职工运动状况(1928~1930 年)》,全国总工会,1930;瞿秋白《中国职工运动材料记录》,苏联中央出版局,1931;刘少奇《苏区阶级工会的会员成分》,《红旗周报》第 39 期,1932 年 4 月 25 日;陈云《关于苏区工人的经济斗争》,《斗争》第 9 期,1933 年 4 月 25 日;大同大学商学会编《劳工问题论丛》,1932 年 7 月;等等。

系来成立工会……凡是手工业工人都应组织在一个地方手工业工会里,再按照手工业的职业关系来组织分会或支部(这是看该地人数多少来定);店员工会也是一样(挑夫码头夫),也应当单独成立工会。"[1] 中华人民共和国成立后,工会组织与工运史的研究在呈现旧中国工人生活与斗争图景的同时,用马克思主义理论建构工运史的学科体系,并出版了《红色的安源》《门头沟煤矿史稿》等工人回忆录、工厂史等系列文献资料。[2] 这一时期的出版物主要是资料文献性质,在史料的搜集、整理、出版工作上颇为可观。改革开放以来,在中国劳动关系学院及各地总工会等机构的推动下,研究者在资料整理与著述出版方面都取得了跨越式进展,以刘明逵、唐玉良主编的《中国工人运动史》《中国近代工人阶级和工人运动》,[3] 朱邦兴等主编的《上海产业与上海职工》,[4] 王永玺等主编的《新编中国工会史》[5] 为代表。

晚近,新一代研究者引入社会科学和社会史等理论视角,从组织动员的方式、策略以及中共与工人内部不同群体之间的关系等层面重新考察中共领导下的工人运动。刘莉考察了京汉铁路罢工时期帮口组织与工会的关系,指出中共对帮口首领和工人采取了不同的策略、方法,逐渐消除了工人中的帮口观念,增强了工人之间的团结。京汉铁路工人大罢工的爆发,既是中国工人阶级力量的一次展示,也是对中共创建初期帮会、帮口政策及策略的检验。大罢工失败,一方面反映了游民阶层的社会特性,另一方面也说明相关策略尚存在缺点与不足。[6] 田明、岳谦厚认为黄色工会是中共在1927～1937年广泛使用的一个概念,其演化过程不仅因应了共产国际及中共对国内外形势变化的认知,更与中共三次"左"倾错误相生相伴。尽管将主观认识中的黄色工会与现实中的

---

[1] 中华全国总工会编《中共中央关于工人运动文件选编》(中),档案出版社,1985,第124页。
[2] 刘立凯、王真:《1919～1927年的中国工人运动》,工人出版社,1953。
[3] 刘明逵、唐玉良主编《中国近代工人阶级和工人运动》全14册,中共中央党校出版社,2002;刘明逵、唐玉良主编《中国工人运动史》全6册,广东人民出版社,1998。
[4] 朱邦兴等主编《上海产业与上海职工》,上海人民出版社,1984。
[5] 王永玺、赵巧萍主编《新编中国工会史》,中国工人出版社,2013。
[6] 刘莉:《中共对京汉铁路工人帮口组织的利用和改造》,《中共党史研究》2016年第6期。

赤色工会完全对立,不断调整策略,但始终难以改变工人运动的羸弱状况。① 20世纪80年代,学界就已尝试用社会科学理论方法研究中国工运史,把中国劳工的组织和活动归入近年来西方社会学领域十分热门的"社会集体行动"(collective social action)的类型中进行分析,如中研院的学者郑为元的《罢工工人之诉求与劳工运动之兴衰——抗战前中国工运研究》就是这一趋势的代表性成果。② 尽管该研究颇具创新性,但仍以三大工人斗争高潮为主题,对高潮到来前后的政治、经济、文化现象进行分析,没有摆脱以事件为中心的分析模式,缺乏对大罢工这样的集体行动形成的因果机制的深入探讨。

海外方面,研究者侧重从民族主义、身份认同等层面理解现代中国的工人运动。法国历史学家谢诺(Jean Chesneaux)教授首先肯定了20世纪20年代产业工人的阶级意识与行动能力,然而他对手工业、人力车业等"前近代"行业的工人群体有所忽略,影响到其结论的完整性;其次,谢诺以上海为分析中心,未能注意到当时中国工运的发展中除了共产党的领导外,还有许多其他经济、社会,以及传统的因素。③ 陈明球(Ming K. Chan)以晚清到1927年广东工运的发展为例,注重传统工人在现代化运动和革命行动中的角色,指出民族主义、反帝国主义和经济利益是促成工人团结、觉醒、斗争的主要动力。④ Lynda Shaffer考察了20世纪20年代初期的湖南劳工运动,认为研究工人阶级意识发展,应着重于传统与现代化的矛盾关系变化,尤其是生产关系的改变所形成的工人集体意识趋向。⑤ 与此同时,工运史资料编纂与整理方面推陈出新,以《广东早期工人运动历史资料选编》《上海工人运动历史资料》等为代表。

可见,共产党历史脉络下的工会研究著述在日益丰富的同时,面临

---

① 田明、岳谦厚:《一九二七年至一九三七年黄色工会问题再探讨》,《中共党史研究》2016年第8期。
② 郑为元:《罢工工人之诉求与劳工运动之兴衰——抗战前中国工运研究》,《中央研究院民族学研究所集刊》第58期,1984年。
③ Jean Chesneaux, *The Chinese Labor Movement, 1919–1927* (Redwood: Standford University Press, 1980).
④ Ming K. Chan, *Historiography of the Chinese Labor Movement, 1895–1949* (Stanford: Hoover Inst Press, 1981).
⑤ Lynda Shaffer, *Mao and the Workers, The Hunan Labor Movement, 1920–1923* (New York: Routledge Press, 1982).

亟待突破的瓶颈。第一，在研究主题方面，聚焦工会组织本身的专题研究并不多见，相关论述大都散见于工人运动的研究中。在相关研究中，工会更多是作为共产党动员工人组织的中介存在，对工会自身的组织制度、运作机制等问题缺乏讨论。第二，在研究时段方面，多集中在1949年以前，对中华人民共和国成立后工会组织及工人运动的关注明显不足。第三，在研究地域方面，研究者多集中于上海、天津等少数大城市，对其他地域关注不够。

在国民党历史脉络下，对工会组织的研究集中在各类调查统计以及对工会在劳资关系方面的作用等问题的分析上。南京国民政府初期，一批具有留学背景的本土社会学家对劳工问题产生了兴趣，并将从西方习得的实证调查研究方法应用于劳工问题研究中，工人的生活状况、劳资关系是其关注重点。马超俊《中国劳工问题》（民智书局，1925）、陈达《中国劳工问题》（商务印书馆，1929）、于恩德《北平工会调查》（燕京大学社会学系，1930）、樊国人等编《商务印书馆工会史》（商务印书馆，1929）、殷寿光《工会组织研究》（世界书局，1927）等是代表著作。[1] 陈达对职业工会、产业工会与劳动工作做了比较，认为职业工会适合手工业，产业工会适合新式工业。[2] 由国民政府劳工局、实业部劳工司等部门组织编纂的《劳动年鉴》及关于工会的调查报告也是考察这一时期工会组织与工人运动必不可少的参考资料。[3] 抗战时期，劳工问题同民族存亡联系起来，陈达、潘光旦、史国衡等一批著名学者均不同程度地涉及劳工问题领域，并有相关著述。[4] 这一时期论及工会的著述，以社会学或经济学的调查统计和描述性分析为主，鲜见对工会的组织机制、运作制度以及工会与政党之间的关系等问题的探究。

在现代化范式逐渐兴起的过程中，研究者对国民党执政时期的劳工生存状况、劳资纠纷等问题日益关注，对国统区的工会组织的专题研究

---

[1] 田彤：《民国时期劳资关系史研究的回顾与思考》，《历史研究》2011年第1期。
[2] 闻翔：《劳工问题与社会治理：民国社会学的视角》，《学术研究》2015年第4期。
[3] 主要有：实业部编《二十一年中国劳动年鉴》，神州国光社，1933；实业部编《二十二年中国劳动年鉴》，正中书局，1934；国民党中央民众运动指导委员会编《民国二十一年各地劳资纠纷参考资料》；等等。
[4] 闻翔：《民国时期的劳工社会学：一项学科史的考察》，《山东社会科学》2014年第8期。

逐渐增多。1949年以前帮会与工会组织的关系、国民党的劳工政策和国民党控制的黄色工会、店员群体等非产业工人组织的工会以及特定时期的工潮等方面的研究均有一定突破。王奇生认为国民党政权在因应劳资纠纷时处于"两边不讨好"的境地,在"赤化"和"黄色"两大系统之外的工会组织也有进一步探讨的余地。① 孙自俭、黎霞分别考察了民国时期铁路工人群体以及武汉码头工人群体的地缘特点、工作环境、劳资冲突等问题。② 宋钻友等从社会生活史层面考察了近代以来上海工人的人数、行业及生活的基本状况,女工与童工的生活,家庭消费等问题。③ 田明考察了南京国民政府时期的"黄色工会"及其在劳资关系中发挥的作用,认为国民党的劳工政策与工会组织的发展之间关系紧张,既导致各地工会的混乱,亦加剧了国民党与工会之间的疏离。④ 杜丽红考察了南京国民政府执政初期的北平工潮,认为该时期的北平工会尽管接受北平市党部的领导,但仍无法避免被取缔的命运。⑤ 巴杰认为抗战胜利后上海百货业店职员成立的职业工会并未将自身的组织角色定位为上海全体百货业店职员的利益代表团体,其活动呈现出与国家政权之间的持续冲突。⑥ 在资料编纂与出版方面,中国第二历史档案馆编纂的《中华民国史档案资料汇编》(凤凰出版社,1994)、刘大钧的《上海工业化研究》(商务印书馆,2015)、李文海主编的《民国时期社会调查丛编》(福建教育出版社,2004)、郑成林选编的《民国时期经济调查资料汇编》(国家图书馆出版社,2013)等文献,对工会组织与劳工生活等问题也有所涉及。上述研究在发掘民国时期一手史料方面功不可没,然而研究旨趣与共产党历史脉络下的相异,研究对象亦同后者错开,鲜有交集。

---

① 王奇生:《工人、资本家与国民党:20世纪30年代一例劳资纠纷的个案分析》,《历史研究》2001年第5期。
② 参见孙自俭《民国时期铁路工人群体研究——以国有铁路工人为中心(1912~1937)》,郑州大学出版社,2013;黎霞《负荷人生——民国时期武汉码头工人研究》,博士学位论文,华中师范大学,2007;等等。
③ 宋钻友等:《上海工人生活研究(1843~1949)》,上海辞书出版社,2011。
④ 田明、岳谦厚:《一九二七年至一九三七年黄色工会问题再探讨》,《中共党史研究》2016年第8期。
⑤ 杜丽红:《南京国民政府初期北平工潮与国民党的蜕变》,《近代史研究》2016年第5期。
⑥ 巴杰:《上海百货业职业工会的成立及演变》,《理论月刊》2016年第10期。

近年来，研究者引入社会学、人类学等多学科视角，打通国共两党历史脉络下的工会与工运史研究，探究国共两党在动员组织工人、规训工人等方面的差异，注重对工会的组织制度、运作机制、劳动过程与集体行动等层面的分析。① 在这些研究中，以美国的中国劳工政治研究专家裴宜理（Elizabath J. perry）的《上海罢工：中国工人政治研究》一书为代表。裴宜理研究了近代上海工人罢工斗争的历史，认为基于经济动机和政治动机的罢工活动一直是上海工人政治的重要特征。她认为国共两党都未能真正形塑工人阶级。共产党和国民党在上海工人中进行活动获得成功的行业与企业是相似的，烟草工业、交通行业、公共服务部门以及印刷工业都是双方的中心。但两党动员的重点有区别，共产党倾向于在最熟练的工人中活动，国民党则着重在半熟练工人中活动。② 裴宜理的观点对新一代研究者具有重要影响。相当一部分研究者接受了裴宜理的观点，认为近代中国的工人群体并不具备相应的阶级意识与抗争能力，他们在日常生活与工作中的反抗旨在争取现实利益。地缘关系网络、前现代生产方式等因素不仅使他们内部分裂，也限制了他们作为一个阶级整体的形成。与裴宜理观点相左，认为工人群体已经具备阶级意识和行动能力的海外研究者以谢诺为代表。在谢诺看来，1919~1927年，工人阶级得到了充分动员，具有了日益增长的阶级意识和迅速壮大的组织结构。③ 然而谢诺的结论难以解释1927年以前蓬勃发展的工人运动为何

---

① 相关研究主要有：〔美〕裴宜理《上海罢工：中国工人政治研究》，刘平译，江苏人民出版社，2001；〔美〕艾米丽·洪尼格《姐妹们与陌生人：上海棉纱厂女工（1911~1949）》，韩慈译，江苏人民出版社，2011；田彤、赖厚盛《群体与阶级：20世纪二三十年代武汉纱厂工人——兼论近代中国工人阶级的形成》，《学术月刊》2014年第10期；胡悦晗《利益代表与社会整合——法团主义视角下的武汉工会（1945~1949）》，《社会学研究》2010年第1期；刘功成《中国行业工会历史、现状、发展趋势与对策研究》，《中国劳动关系学院学报》2010年第1期；林超超《合法化资源与中国工人的行动主义——1957年上海"工潮"再研究》，《社会》2012年第1期；乔士华《从社会动员到意义建构——20世纪20~30年代的上海工会》，硕士学位论文，华中师范大学，2004；潘同《民国时期的歙县职业工会——兼论国民党政府的基层社会控制》；David Strand, *Rickshaw Beijing: The City People and Politics in the 1920s* (California: University of California Press, Ltd., 1989); Gail Hershatter, *The Workers of Tianjin, 1900–1949* (Stanford: Stanford University Press, 1993); Joshua H. Howard, *Workers at War: Labor in China's Arsenals, 1937–1953* (Stanford: Stanford University Press, 2004); 等等。

② 〔美〕裴宜理：《上海罢工：中国工人政治研究》。

③ Jean Chesneaux, *The Chinese Labor Movement, 1919–1927*, p. 393.

在国民党"清党"后一蹶不振。由此可见,以谢诺为代表的法国学者侧重的是马克思主义视角下工人阶级"先进"的一面,以裴宜理为代表的北美学者基于对马克思主义视角的反思转而侧重工人阶级"落后"的一面。

马克思的"阶级"概念本身即"充满感情色彩",马克思本人并未对其做"系统论述",其含义具有"模棱两可"的"相对不确定性"。① 在这个意义上,谢诺与裴宜理都只是看到了近代中国工人群体的一个侧面而非全貌。在当代西方学界,劳工问题早已不再是显学,然而在西方发达国家中逐步消逝的产业工人阶级却在一大批发展中国家和转型国家中迅速崛起。② 以沈原、冯仕政等为代表的一批研究者通过引入图海纳的"行动社会学"理论以及布洛维"工厂政体"等视角,使阶级分析路径不仅在当代中国劳工研究中重现,也影响到劳工史方面的研究。③ 任焰、潘毅认为中国近代史上的工人阶级不仅仅是一个劳动意义或政治意义上的单一化主体,地缘、血缘、族群以及性别关系等因素嵌入了近代工人阶级主体身份认同的建构过程中。④ 而田彤、赖厚盛认为五卅运动前后的纱厂工人的抗争出于生存需求,缺乏阶级认同;他们虽不乏斗争性,但不能团结,缺乏自我认同;纱厂工人未能形成一个实在的阶级,其只是一个群体。⑤

可以看出,研究者通过发掘近代中国劳工群体与组织的"落后"与"非革命"一面,突破了早期工运史旨在凸显工人与工会"革命性"一面的研究范式。事实上,"落后"与"非革命"的特性并非晚近研究者

---

① 〔法〕雷蒙·阿隆:《阶级斗争:工业社会新讲》,周以光译,译林出版社,2003,第14页。
② 沈原:《社会转型与工人阶级的再形成》,《社会学研究》2006年第2期。
③ 相关研究主要有沈原《社会转型与工人阶级的再形成》,《社会学研究》2006年第2期;冯仕政《重返阶级分析?——论中国社会不平等研究的范式转换》,《社会学研究》2008年第5期;吴清军《市场转型时期国企工人的群体认同与阶级意识》,《社会学研究》2008年第6期;汪仕凯《工人阶级的形成:一个争议话题》,《社会学研究》2013年第3期;吴玉彬《消费视野下新生代农民工阶级意识个体化研究》,《青年研究》2013年第2期;等等。
④ 任焰、潘毅:《工人主体性的实践:重述中国近代工人阶级的形成》,《开放时代》2006年第3期。
⑤ 田彤、赖厚盛:《群体与阶级:20世纪二三十年代武汉纱厂工人——兼论近代中国工人阶级的形成》,《学术月刊》2014年第10期。

的发现，民国时期的不少劳工调查报告均提及此问题。国民党中央民众运动指导委员会1934年编写的《二十二年度劳资纠纷调查报告》即已提及劳工群体内部的差异及其在劳资纠纷等问题上的行为方式。"除少数都市工业发达，容有相当之产业工人外，余则工人之种类殊无一定之分际，工人一身而兼数部门之工作者有之，半工半农者有之，其意识恬淡，劳资关系之维持，迥不若新式工业之严格，即发生纠纷，亦常以私谊予以解决，其与社会之影响，远不若各大都市之严重也。"[1] 循此路径，认定"落后"与"非革命"才是近代中国工人与工会的主要特征，则无疑走向另一个极端。应该看到，近代中国的工人与工会所依托的是一个剧变的社会与政治环境。政府政策与官方领袖言论等影响劳工政治的外部因素存在诸多变数。在政府与资本家的夹缝中求生存的工人与工会，必须尽一切可能，借助既有的意识形态话语以及政策条文等外部合法化资源进行有利于自身的解读和阐释，争取自身利益最大化。这种审时度势、善于利用各种资源的特点使得近代中国工人与工会组织呈现出集"革命"与"非革命"于一体的特点。因此，必须跳出"革命"与"非革命"二元对立的问题预设窠臼，用更具穿透力的理论视角加以统摄。

从国家和工人互动的角度，西方学界提出了一个基本命题，即在行政权力集中的国家，易于产生以国家为指向的激进的工人运动。[2] 据此，弱势独裁的国民党政权应催生出一个同质性的劳工阶级群体以及蓬勃发展的劳工运动。然而南京国民政府时期，劳工阶层并未形成具有统一身份认同与政治诉求的阶级力量，而是被技术、地缘、产业等各种因素分裂。因此，应当跳出对工人阶级"落后"或"先进"的简单判断，以国家与工人的互动过程理解现代中国劳工政治的逻辑。工会组织是其中的关键一环。

至此可见，在不同的历史叙事脉络下，研究者对工会组织的关注点与问题意识亦不同。共产党历史脉络下的研究集中在1919～1927年的早

---

[1] 中央民众运动指导委员会编《二十二年劳资纠纷调查报告》（1934年9月），中央民众运动指导委员会，1934，转引自国家图书馆选编《民国时期社会调查资料汇编》第23册，国家图书馆出版社，2013，第297页。

[2] 程秀英：《消散式遏制：中国劳工政治的比较个案研究》，《社会》2012年第5期。

期工运"三大高潮"时段,而国民党历史脉络下的研究则集中在1927~1937年南京国民政府时期的"头十年",对1945~1949年关注不多。必须看到,南京国民政府时期,国民党政权始终具有集权化的强烈趋势。抗战期间,这一趋势不断强化。在西方列强观察者看来,国民党政权在战时的集权化趋势既有因应战争结束后重建政治与社会秩序的需要,亦有提升自身在国际舞台政治地位的内在愿望。[①] 抗战结束后,"还都"南京的国民党政权迫切需要通过重建政治统治与社会秩序来证明自身统治的合法性。然而政局紧张、军事冲突加剧、通货膨胀、经济紊乱等危机的集中爆发,最终导致国民党政权的覆亡。从法团主义视角着手,这一时期经由国民党政权自上而下全面重建的工会组织,为何没能肩负起代表工人利益、实现社会整合的功能?理解这一问题,有助于从社会组织与国家政权的关系层面理解国民党政权溃败的深层原因。

三 研究思路与篇章安排

法团主义主张建立具有层级序列的行业垄断性社团组织,由国家政权赋予社团组织权威,进而集结组织内部成员的利益诉求,达成组织共识,并与国家政权积极互动,参与政治决策,完成社会整合功能。因此,运用法团主义视角考察社团组织,必须选择国家政权能够有效控制的区域作为研究对象。

在查尔斯·蒂利看来,前工业化社会中的农民和城关市民的政治是地方性的,他们的抗争活动主要表现为防火、抗税、打人、抢粮等;而在现代工业社会中,工人斗争发生在资本主义生产和现代国家统治的心脏地带——城市。[②] 查尔斯·蒂利揭示出一个事实,即现代工人阶级自诞生之日起,便与城市结下密不可分的关系。与之契合的是,中国共产党成立伊始即将工作重点放在城市,尤其是以上海为代表的具有雄厚工业基础的大城市。已有研究注意到中国现代革命与都市之间的紧密关系。

---

① Sir A. Clark Kerr, *Political Distribution form China: From Chongking to Foreign Office* (Jan - 5 - 1942), National Archives, Foreign Office Collection, FO - 371 - 31644.

② Charles Tilly, *Contention and Democracy in Europe*, 1650 - 2000 (NY: Cambridge University Press, 2004), p.78, 转引自陈周旺、汪仕凯《工人政治》,复旦大学出版社,2013,第7页。

王奇生指出,"当时中共认为,作为一个无产阶级政党,只有在上海这样一个拥有数十万产业工人的大都市开展革命,才最具典型意义"。[1] 苏智良、江文君认为,上海的工业化、现代化和国际化等外部条件,为中共的成立提供了最适宜的地理环境。[2] 由此可见,城市是国家政权与劳工群体密切互动、博弈的关键场域。

既有相关研究涉及不同城市,但研究者的关注重心大都未能集中在城市空间、社会与文化环境等层面与劳工政治的关系,而是通过对特定产业及行业工人群体的考察,回答近代中国工人阶级是否形成的问题。对城市社会组织及城市工人运动的研究有助于我们加深理解近代中国城市社会及政治。[3] 现代工人阶级最重要的政治行动即是通过结社,发展出自己的组织——工会,进而与国家政权展开博弈。然而长期以来,有关工会的研究,大都聚焦于工会组织自身的职能及作用,甚少注意工会所依托的外部环境。工会与城市之间的关系,似乎已经成为一个天然预设的研究背景,鲜见关注。

工会的产生得益于新式工业在城市的起源和发展。工会的存留兴废,亦是依托于其所在的城市空间及产业结构。城市在地理环境、产业结构等方面的差异不仅孕育出生存形态各异的劳工群体,也孕育出组织和运作形态各异的工会组织。裴宜理通过考察民国时期燕京大学与圣约翰大学的学生运动指出,这两所学校学生运动走向不同的关键原因并非两所学校主政者的政策影响,而在于两所学校依托的北京与上海两个城市的文化有巨大差异。[4] 这一研究揭示出京沪两个近代中国的重要城市,其不同的政治与社会环境对学生群体的抗争及走向产生的影响。

南京国民政府时期,国民党政权颁布了一系列关于人民团体组织制度的法规,对社团组织采取了严格的管控措施。"在传统语境中,城市是被国家控制得非常严密的领域,因为城市里布满各种机关单位。……中

---

[1] 王奇生:《党员、党组织与都市社会:上海的中共地下党》,载王奇生《革命与反革命:社会文化视野下的民国政治》,社会科学文献出版社,2010,第123页。
[2] 苏智良、江文君:《中共建党与近代上海社会》,《历史研究》2011年第3期。
[3] 王笛:《走进中国城市内部——从社会的最底层看历史》,清华大学出版社,2013,第109~110页。
[4] Elizabeth J. Perry, "Managing Student Protest in Republican China: Yenching and St. John's Compared," *Frontiers of History in China*, Vol. 8, No. 1 (March 2013), pp. 3–32.

国的城市也是各种民间团体发展最快的地方，社会力量增长迅速。"[1] 1927 年以后，城市是国民党的势力范围，其中心地带是沿海以及长江流域的主要城市。[2] 武汉和杭州都是国民党政权在长江中下游区域能够有效控制的重要城市。这两个城市都有较好的工商业基础，有相当数量的工人群体及组织。清末以降，武汉即为几大工业及军事重镇之一。民国初年，马克思主义者通过组织工会发动群众。除沦陷时期外，武汉一直是国民政府管辖下的华中地区工商业重镇。但在工人运动与工会的研究方面，武汉被关注的程度远远不能和上海相比。民国时期，浙江工商业发展迅速。杭州作为浙江省省会，面粉、纺织、丝绸等轻工业较为发达。民国时期，杭州登记注册的工会组织在规模与数量上位居浙江省前列。1927 年南京国民政府的成立使得以南京为中心的苏浙沪成为国家政权统治的强势地带，浙江成为为数不多的国民党能够全面控制的省份之一。[3] 除此之外，重庆是抗战时期国民党政权的临时首都，天津是华北地区的工业重镇，是国民党政权在长江中下游区域以外能够有效控制的重要城市。上述四个城市能够作为南京国民政府时期国家政权有效控制区域的代表。基于此，本书拟以武汉和杭州两个城市的工会为主要对象，辅以天津、重庆两个南京国民政府时期重要的工业城市，运用法团主义的视角，管窥民国时期城市社团组织的利益组织化程度与社会整合功能。

肇始于欧洲的法团主义理论，在被引入中国问题研究中时，经历了核心概念的"中国化"过程。研究者在秉承法团主义概念原意的基础上，对其意涵进行了清晰化界定。长期致力于法团主义研究的北京大学社会学教授张静对法团主义视角下工会组织的定位与角色有详细论述，兹引如下：

> 在理论层次上，工会作为一种社会团体，它的社会位置是中介性的，即连接国家和自己代表的社会成员（职工），将后者的需求传达到体制中去。针对欧洲社会的冲突状况，法团主义者希望，这个架构能够作用于，减低国家组织和社会组织间的冲突，因此他们

---

[1] 陈家建：《法团主义与当代中国社会》，《社会学研究》2010 年第 2 期。
[2] 〔美〕费正清主编《剑桥中华民国史（1912～1949 年）》下卷，第 735 页。
[3] 参见袁成毅《民国浙江政局研究（1927～1949）》，中国社会科学出版社，2007。

提出，工会的角色不应当是利益对抗式的，而应当是利益协调式的。工会需要代表其成员利益，它有责任将他们的利益诉求传达到决策体制中去，工会同时还将具有公共责任，这就是，它应当管理并约束其成员的活动，使之提高理性化和组织化的水平。一方面，它有义务组织并协调自己成员，将分散的、多样化诉求达成一致；另一方面，工会的代表性地位和权利，将获得国家的确认和保护，使之成为统一的、唯一的特定职业人群代表机构，并被接纳进入有关的决策咨询过程。

这样，工会实际上被赋予双重政治角色——代表其集团群体利益，又负有超越团体之外的公共责任。国家需要保证他们参与咨询和决策的合法地位，同时又确定工会的代表身份具有垄断性，即对同样身份代表组织的数量或称代表渠道作出限制，避免在同一职业中出现多个互不承认的代表性组织，出现代表地位的竞争。这种竞争，在法团主义者看来，是制造冲突的结构性原因。所以，在工会组织的领袖选择和利益表达地位方面，国家的角色是监护性的——即是它的保护单位，又是管制单位。[①]

可见，法团主义更看重工会超越特定集团利益之外的公共责任。这是法团主义视角的关注点。最高工会组织操纵工人代表，各个工会则是在财政来源上依靠这个中心的下属单位。[②] 这样的结构通过将利益群体平等地吸纳进国家体制内，为政权创造稳定的发展条件。

南京国民政府时期，政府以立法形式对工会组织的角色定位、性质功能等方面做出严格限定，旨在将其纳入管控范围。1929年10月21日，南京国民政府颁布了《工会法》。该法规对工会的定义是："同一产业或同一职业的男女工人以增进知识技能，发达生产，维持改善劳动条件和生活为目的的组织而成的社团法人。"[③] 对于工会的组织制度，该法规规定："在同一区域内之同一产业工人或同一职业只能组织一个工会。本法施行前在同一区域内，已有两个以上之同一产业或同一职业之工会，自

[①] 张静：《"法团主义"模式下的工会角色》，《工会理论与实践》2001年第1期。
[②] 邓正来主编《布莱克维尔政治学百科全书》，中国政法大学出版社，1992，第174页。
[③] 朱采真编《工会法释义》，世界书局，1930，第3页。

本法施行之日起两个月内，须行合并。"① 尽管此后国民政府多次对其中部分条款进行修正，但主体内容并未变更。可见，南京国民政府时期对产、职业工会的划分标准是纵向职能代表而非横向利益联结。

根据《工会法》，每一个在政府指导下成立的产、职业工会都是其所在地相关行业的垄断团体。"职业工会系以同一职业或相关职业的工人为基础，与中国旧有的行会制度颇相似，故常受一般工人的欢迎。此种工会的范围狭小，故其会员分子纯粹，易于团结……至于产业工会的范围，则比职业工会大。因一种产业内，往往有多种职业，每一种职业，各有自组工会的可能。产业工会收会员时，不问其职业如何，凡在同一产业内工作者，皆可入会。"② 各产、职业工会因所代表行业不同，相互之间为非竞争关系。隶属于政府的总工会为各产、职业工会的直接领导者，接受政府的管制。

南京国民政府多次制定相关规定，强化党政机构对工会的管控和领导。1947年，国民党召开六届三中全会，会议通过了《工人运动实施纲要》，其中规定："党部与社政机关，对于指导工会组织工作，应密切配合，党部并应指挥党员建立党团，切实领导，凡工会理监事书记重要任务，须设法使优秀党员当选充任。"③ 内政部拟定的《加强全国工运实施方案》针对全国总工会及各业工会联合会规定，"各会至少经常有常务理事一人主持会务，并与政府保持密切联系"。④ 在内政部颁布的《加强全国总工会及各业工会联合会组织办法》中规定："全国总工会及各业工会联合会会址，应设中央政府所在地。"⑤ 南京国民政府颁布的工会法令不仅对工会组织结构、行业划分进行规定，以促进其数量上的增长和治理结构的规范，也体现了政府对于工会在国家治理结构中的制度安排。这一组织结构决定了总工会和产、职业工会在与代表国家的政府打交道的时候遵循层级秩序。可见，南京国民政府时期的工会，在组织章程、

---

① 《湖北省社会处转工会法细则》，武汉市档案馆藏，档案号：9-17-260。
② 何德明：《中国劳工问题》，商务印书馆，1938，第99页。
③ 中华年鉴社编《中华年鉴》，中华年鉴社，1948，第189页。
④ 《内政部拟订加强全国工运实施方案》，《中华民国史档案资料汇编》第5辑第3编《政治》（4），第20页。
⑤ 《内政部颁布"加强全国总工会及各业工会联合会组织办法"》，《中华民国史档案资料汇编》第5辑第3编《政治》（4），第11页。

角色定位等层面，符合法团主义理论对社团组织的定义。

具体至本书研究对象，战后城市工会，其组织体系亦符合法团主义的概念界定。以武汉为例，汉口市总工会成立之后，即请求汉口市政府"授权本会指派"，并规定"各业工会呈报市府案件，须呈由本会核转，不得越级"。[①] 可知总工会比各产、职业工会更接近政权体制。因此，笔者认为，战后武汉、杭州的工会组织符合法团主义下"垄断性""非竞争性"与"层级性"的概念界定。这也是全书得以展开论述的基本前提。本书按照与政府及产业、行业的关系密切程度，将工会划分为总工会和产、职业工会两种类型。总工会由政府一手主导建立，在体制内对下属产、职业工会具有监督管理责任。产、职业工会依托企业组织或行业组织，受总工会的领导。全书按照该划分标准分类。

本书使用的文献资料主要分为两大类。一类是在CNKI、抗日战争与近代中日关系文献数据平台，以及晚清民国时期期刊全文数据库等专题数据库及图书馆目录中检索而得的相关资料和著述，属于背景性文献资料。另一类是有别于概论、通论等著述的特色文献资料。本书主要对与研究对象有关的档案、民国报刊和图书资料、地方文献以及专题资料汇编等四类文献资料进行系统发掘与归类整理。

南京国民政府在成立初期逐渐规范各级政府及部门之间的公文往来制度。抗日战争的全面爆发给国民政府的公文档案保管系统带来了灾难性打击，因此目前国内许多地市级档案馆所藏民国档案中，1927年至1937年的档案资料数量有限，全面抗日战争时段的档案更是残缺不全，1945年至1949年战后时段的档案资料则保存相对完整和丰富。武汉市档案馆馆藏该时期工会档案中，除了有汉口市总工会、汉口市码头业职业工会等工会的专门全宗，在汉口、汉阳及武昌的市政府、警察局等相关部门的专卷中，也有大量关于工会的案卷。此外，在武昌第一纱厂等部分厂矿企业的专题全宗中，也有关于工会方面的卷宗。杭州市档案馆馆藏的民国时期档案同样以1945年至1949年时段为主。除有杭州市总工会的专题全宗外，杭州市政府、杭州市警察局等部门的案卷中也有相关

---

① 《为各业工会呈报市府案件须由本会核转祈鉴核由》，武汉市档案馆藏，档案号：9-17-21。

资料。在武汉与杭州两地档案馆馆藏的档案资料中，涵盖了两地产业、职业工会战后整顿、改组的调查报告，各业劳资纠纷、工人纠纷、会议记录，工会领导人履历及自传书等大量内容，既构成了本书的主体资料，也为特定区域的比较研究提供了扎实的资料基础。本书旨在运用法团主义视角考察战后城市工会，故在系统发掘、整理武汉和杭州两地档案馆馆藏档案资料外，对重庆、天津等地的档案馆以及台北"国史馆"、英国国家档案馆等馆藏的档案也进行了利用。

除了一手档案外，民国时期各类报刊及调查资料也是十分重要的文献来源。其中部分文献已以影印形式公开出版，其他大多能够在"晚清民国时期期刊全文数据库""大成老旧刊全文数据库"等数据库中检索获取。这些报刊与图书资料大致分为两大类。第一，与劳工政治有关的文献，以前所列举的民国时期各类调查报告及分析著述为主。这些报刊与图书资料对还原民国时期劳工政治的真实场景具有重要作用。第二，以《杭州市政季刊》《汉口商业月刊》《工商半月刊》《湖北省政府公报》《浙江省政府公报》等为代表的有关民国时期武汉、杭州城市社会经济发展的背景性文献资料。这些文献资料对还原特定时期的社会、经济、政治等方面的情形具有重要作用，有助于研究者站在区域综合的角度深入理解和分析问题。

本书是建立在特定区域基础上的比较研究，选取1945~1949年的武汉与杭州为个案。基于此，本书也注重对地方文献资料的运用，其可分为两类。第一类是已有公开出版的多卷本《武汉市志》《杭州市志》以及多卷本《武汉通史》（皮明庥主编，武汉出版社，2008）、《浙江通史》（陈剩勇主编，浙江人民出版社，2005）等各地方史志和通史类著作。第二类是两地图书馆馆藏的民国时期地方报刊缩微胶卷，尤其以华中师范大学中国近代史研究所及杭州师范大学民国浙江史研究中心馆藏微缩报刊胶卷为最。前者收藏有相当数量的民国时期湖北省及武汉市的地方报刊文献胶卷，其中与劳工问题相关的主要有《劳工日报》《华中日报》《工人报》等。后者以民国时期浙江省及杭州市报刊文献胶卷为收藏特色，其中与劳工问题相关的主要有《大华日报》《东南日报》《大杭报》等。这些地方文献资料为本书涉及的相关个案提供了丰富的辅助文献。

在各种公开出版的文献资料中，除了《中华民国史档案资料汇编》

之类民国研究必备的综合性资料汇编外，与劳工问题相关的专题资料汇编也是本书使用的重要资料。其中较具代表性的有：（1）中华全国总工会中国职工运动史研究室编《中国工会历史文献》（1~5卷），工人出版社1958年出版；（2）《中国工会运动史料全书》编委会编《中国工会运动史料全书》（湖北卷），中国职工音像出版社2004年出版；（3）《中国工会运动史料全书》编委会编《中国工会运动史料全书》（浙江卷）（上、下），中华书局2000年出版；（4）杭州市档案馆编《民国时期杭州市政府档案史料汇编（1927~1949）》，杭州市档案馆1990年出版；（5）杭州师范大学民国浙江史研究中心编《民国杭州史料辑刊》（全5册）、《民国浙江史料辑刊》第1辑（全10册）、《民国浙江史料辑刊》第2辑（全44册），国家图书馆出版社2008年、2009年出版等。这些资料汇编，分别按不同的专题予以整理归类，为本书的展开提供了背景资料。

　　法团主义旨在关注社团组织在何种程度上能够将组织内部成员的利益组织化，形成组织凝聚力和组织权威，实现社会整合功能。基于此，本书的分析框架设计如下。第一章，以武汉、杭州为研究对象，从宏观层面分析民国时期的城市与劳工政治之间的关系。第二章，考察战后武汉、杭州两地工会组织在地方政府的主导下，复员与整改的过程、出现的问题及主要特点。第三章，聚焦工会组织自身的制度与运作。首先，考察南京国民政府时期对工会的立法与管控措施。其次，分析工会的组织结构、人事安排、财务与会员福利等几个方面，考察工会组织在微观层面的运作方式。第四章，考察战后城市工会组织的政治参与、日常活动与职业自主性等几个问题。第五章与第六章针对法团主义所忽视的市场与行业秩序等问题，以战后武汉码头业与杭州脚夫业为个案，考察两个行业的劳工群体的利益争夺问题以及工会在其中的活动方式。第七章以相较于劳资纠纷更为宽泛的会务纠纷为考察对象，探析战后城市工会在各类会务纠纷中组织权威丧失以及社会整合功能式微的原因。最后，在全书结语部分进行概括提升，通过对战后武汉、杭州工会的分析，探究南京国民政府时期社团组织利益组织化失败以及社会整合功能丧失的原因。

第一章　武汉与杭州：城市与劳工政治

武汉与杭州均是长江中下游重要的工商业城市。民国时期，武汉与杭州同为国民党政权管控的战略要地。武汉有"东方芝加哥"之威名，扼守九省通衢的要道，是华中地区工商业重镇。杭州有"人间天堂"之美誉，与上海、苏州、南京等城市共同支撑起江浙区域的富庶繁华。武汉与杭州，均经历了从传统市镇向现代城市的空间转型。

工业革命以来，新式工业大都集中于都市。"都市之性质，有经济及政治两种。经济之都市，自与工业有极大之关系，而政治性质之都市，则不尽然。例如上海、天津、武汉为都市之重着于经济者，……而北平、南京等处，其都市形成之要素，系基于政治的而非经济的。"[1] 民国时期，武汉和杭州的产业结构各有不同，孕育出两地在劳工政治方面的共性与特殊性。基于此，本章从城市转型、产业结构与劳工政治的发展过程三个层面，尝试勾勒民国以降武汉和杭州两地的历史与社会发展的演进脉络。

第一节　从传统市镇向现代城市的空间转型

在中国现代化的过程中，长江沿江城市在对外贸易、产业变迁、人口聚集、科学技术发展与文化传播等方面具有举足轻重的地位。[2] 武汉与杭州是长江中下游地区较为重要的两个沿江城市。武汉，西方人眼中的"东方芝加哥"，一个九省通衢的城市，位于长江与汉水交汇处。长江及其最大的支流汉水横贯市区，将武汉一分为三，形成了武昌、汉口、汉阳三镇隔江鼎立的格局。武汉尽管是一个内陆港埠，但汉口港居于长

---

[1] 龚骏：《中国都市工业化程度之统计分析》，载张研、孙燕京主编《民国史料丛刊》(568)《经济·工业》，大象出版社，2009，第224页。
[2] 张仲礼、熊月之、沈祖炜：《长江沿江城市与中国近代化》，上海人民出版社，2002，第3~5页。

江中游华中地区的门户枢纽位置，港口运力及辐射功能强大，在交通结构单一、货物运输主要靠水运方式的近代，给武汉发展航运业及商品贸易带来极大的商业价值。① 位于钱塘江与大运河终点的杭州，自古以来就以经济发达、美丽富饶著称，被视作"东方日内瓦"。② 杭州"水居江流海潮交会之所，是钱塘江流域的天然吐纳港，陆介于两浙之间，是自北徂南的天然渡口"。海岸石塘的修筑、城区运河的整治、手工业的发达等多重因素的影响，使唐宋以降的杭州快速发展，享有"东南第一州"的美誉。③

传统中国城市以政治职能与军事职能为主，是政治权力的中心与象征。④ 然而，这并不妨碍中国早期城市孕育出以工商业为主的市民经济、以宗教消费为表现形式的宗教经济等多种经济形态。⑤ 近代以前的武汉与杭州，都具有历史悠久的工商业经济基础。自三国时期孙权筑夏口城始，历经郢城、鄂州城、武昌城的发展历程，武汉三镇由最初的军事城堡发展成唐宋时期的"东南巨镇"、元明清时期的"湖广会城"，集区域政治、经济、文化中心于一体，在区域城市体系中发挥着重要作用。在19世纪兴起的新一轮全球贸易背景下，武汉的商业价值与地理区位优势引起西方列强与晚清洋务派的关注。武汉开始从传统内向型的商业市镇向近代工商业城市转变。

秦始皇统一六国后，在吴、越故地设立会稽郡，在杭州一带设立钱塘县。三国、两晋与南北朝时期，北方连年战争，使得北人南迁，给长江以南地区带来了先进的生产技术，促进了钱塘江流域的开发与航运业发展。隋文帝统一全国后，废钱塘郡，改设杭州，重新构筑州城，杭州

---

① 但瑞华：《近代武汉与长江中游城镇的互动发展》，《学习与实践》2013年第7期。
② 关于"东方日内瓦"之称的由来，以及杭州在中华人民共和国成立初期工业化发展过程中的特殊性，参见 James Z. Gao, *The Communist Takeover of Hang Zhou—The Transformation of City and Cadre, 1949–1954* (Hawaii: University of Hawaii Press, 2004)。
③ 谭其骧：《杭州都市发展之经过（一九四七年十一月三十日应浙江省教育会等之邀在浙江民众教育馆讲演）》，《杭州历史丛编》编委会编《民国时期杭州》，浙江人民出版社，1992，第7~18页。
④ 张光直：《关于中国初期"城市"这个概念》，载张光直《中国青铜时代（二集）》，三联书店，1990，第2~6页。
⑤ 何蓉：《探寻早期城市经济的可能路径：以北魏洛阳的个案研究为例》，《社会学评论》2020年第5期。

一名由此出现。隋炀帝时期,京杭大运河全线贯通,杭州成为运河南端起始点、江南漕运的枢纽,加强了与长江及北方各地区的联系,对杭州城市的发展产生了巨大影响。[①] 自唐朝开始,杭州进入全国著名城市的行列。杭州城区从城南的江干扩大到城北的武林门,城市人口从原来的1.5万户猛增到10余万户。[②] 宋元至明清时期,杭州更是因其工商业的繁荣以及旅游文化的兴盛被誉为"东南第一州"。近代以降,杭州"因着地理上的重要——当运河终点,扼铁路中枢",为"东南第一大都会"。[③]

城市的空间分布特性决定了人类社会关系的表现形式。[④] 1842年,中英《南京条约》签订,上海、福州、宁波等设立开埠口岸。外籍商人、来华传教士各色人等涌入口岸和租界,既加深了对中国广阔腹地的入侵和渗透,也在客观上影响了武汉与杭州的城市空间从传统封建城镇形态向现代工商业城市形态的转变。

汉口开埠前,城市街道在汉口沿岸至江口沿线发展,构成一片狭长的空间地带。1861年汉口开埠后,英国首先设立领事馆,划定租界,以后俄、法、德、日又相继设立租界,五国租界相邻,形成租界区。租界地点选择在邻近旧市区的滨江地段,今沿江大道中段、江汉路以北、麻阳街下码头以南。随后各国在租界内开拓街道,修筑堤防和码头。汉口租界的建设改变了汉口的城市格局,由"沿河"转变为"沿江",商业中心由原汉正街一带转移到江汉路一带。租界区的建设参考和使用了西方规划理念、技术,使汉口出现了新型街区,这些街区的结构和建筑风貌不同于其他区域。笔直宽阔的马路、整体统一的建筑、有效的空间组织与自然发展形成的旧汉口形成了强烈的对比。[⑤] 效率、环境、规划开始在普通市民中引起重视。在租界区发展的同时,华界市区也有明显的扩展,商业中心发

---

① 陈国灿、奚建华:《浙江古代城镇史》,安徽大学出版社,2003,第299~300页。
② 汤洪庆:《杭州城市早期现代化研究(1896~1927)》,中国社会科学出版社,2013,第11页。
③ 宋子元:《沦陷前后的杭州》,载张研、孙燕京主编《民国史料丛刊》(703)《社会·城市社会》,第429页。
④ 〔美〕R. E. 帕克等:《城市社会学:芝加哥学派城市研究文集》,宋俊岭、吴建华、王登斌译,华夏出版社,1987,第65页。
⑤ 李百浩、薛春莹、王西波、赵彬:《图析武汉市近代城市规划(1861~1949)》,《城市规划汇刊》2002年第6期,第23~25页。

生位移。沿河的旧街道因满足不了日益增长的商贸需要，从汉正街和长堤街、黄破街等旧市区向下推移，由武圣路一带延伸至今满春街、六渡桥、江汉路、大智路、车站路、一元路和江岸车站一线，江汉路取代了汉正街，成为市区中心。①

1895年，清政府被迫与日本签订《马关条约》，增开杭州等地为通商口岸。1896年，清政府浙江当局与日本驻杭州领事签订了《杭州日本租界原议章程》，正式确定杭州拱宸桥一带为通商场地，面积约1800亩，其中北半部辟为日本租界，面积约900亩。②此地被划分为日本领事管理和清政府管理两部分。经济繁荣使城市空间扩张，这是一种超越城墙的扩张运动，城墙外的商业区位于主要贸易路线的终点，边远的市镇成为急剧扩大的都会区域的一部分。③1896年杭州开埠时，清政府在拱宸桥租界设置海关，对来往大部分货物征收关税。1909年8月沪杭铁路开通后，通过铁路运输的货物无须再经过海关，只需经过厘金局即可，经过拱宸桥海关的只有一部分货物。④"自拱宸开埠以后，内河轮船交通愈形发达。迨沪杭路成，商业中心由拱埠移至城内，于是拱埠渐就衰落。"⑤

伴随城市空间转型，武汉与杭州都经历了区划建制与城市管理机构的变更。城市中心地位日益凸显，与周边辖区的关联更趋紧密，日益适应现代的市政建设。清末，武昌、汉阳、汉口三镇的城市建设各自为政。汉口的路政属江汉道管辖，武昌由劝业道负责，汉阳则由地方守令承担。1879年，由军需局（后改名善后局）管理土地使用的统一契式，颁发买卖房屋契证，并刊印《湖北省城内外街道总图》，由湖北清丈局负责管理房地产，主要是土地管理。⑥1899年，湖广总督张之洞奏准在汉口设

---

① 皮明庥、李策：《汉口开埠设关与武汉城市格局的形成》，《近代史研究》1991年第4期。
② 杭州市地方志编纂委员会编《杭州市志》第1卷，中华书局，1995，第28页。
③ 〔美〕林达·约翰逊编《帝国晚期的江南城市》，成一农译，上海人民出版社，2005，导言，第3页。
④ 丁贤勇、陈浩译编《1921年浙江社会经济调查》，北京图书馆出版社，2008，第43页。
⑤ 魏颂唐：《浙江经济纪略》，1929，载民国浙江史研究中心、杭州师范大学选编《民国浙江史料辑刊》第1辑第2册，国家图书馆出版社，2008，第32页。
⑥ 武汉市地方志编纂委员会编《武汉市志·城市建设志》（上），武汉大学出版社，1998，第22页。

立夏口厅，汉口与汉阳分制，将汉口从传统的管理体制中离析出来，为汉口的城市发展预留了充足的空间。[①] 光绪二十八年，先后成立的三镇警察局负责管理武昌、汉阳、汉口的沟渠疏浚、道路清扫、垃圾收运和公厕保洁等事宜。光绪三十二年，成立汉镇马路工程局，修筑大智门至玉带门一带的马路。光绪三十三年，官督商办的既济水电有限公司成立，成为武汉公用事业之发端。[②] 1923年，汉口市设立了地亩专局，大量私有土地归为"国有"，标志着武汉近代城市规划进入形成期。1926年，国民革命军攻克武昌城后建立了武昌市。1927年后，武昌与汉口、汉阳共同组成了国民政府京兆区、武汉特别市和武汉市，成为民国时期国民党政权统治下的华中重镇，强化了武汉作为政治中心的功能。南京国民政府时期，武汉市在行政上完成统一，三镇一体化的趋势得到加强。与此同时，中心城市地位上升。1929年7月，汉口特别市政府正式成立，直隶行政院，并设立公安、社会、财政、工务、卫生、土地、教育、公用八局。[③] 1931年，湖北省政府主席何成濬请准南京国民政府将汉口市划归湖北省，汉口从直辖市改为省辖市。[④] 至20世纪30年代，武昌、汉口均已发展成为华中地区重要的多功能工商业城市。

辛亥革命后，杭州也经历了区划调整。1912年初，浙江省军政府调整县区机构，废府，合并钱塘、仁和两县称杭县，为浙江省会所在地。[⑤] 1914年，设道制，置钱塘道，道尹驻杭县，原杭州府所辖各县归钱塘道管辖。1927年，废道制，析出杭县城区设杭州市，直属浙江省，旧属诸县直属于省，杭州确立为市的建制。[⑥] 同年，国民革命军攻克两浙地区。中国国民党中央政治会议浙江分会举行会议，议决通过筹办杭州市市政厅案，并推定浙江省务委员兼秘书长邵元冲任杭州市市政厅厅长。市政厅分设财政、工务、公安、教育、公用、卫生六局，掌理市财政、工务、

---

① 涂文学：《城市早期现代化的黄金时代——1930年代汉口的市政改革》，中国社会科学出版社，2009，第41页。
② 《武汉市志·城市建设志》（上），第25页。
③ 涂文学：《城市早期现代化的黄金时代——1930年代汉口的市政改革》，第66页。
④ 皮明庥主编《近代武汉城市史》，中国社会科学出版社，1993，第342页。
⑤ 汤洪庆：《杭州城市早期现代化研究（1896～1927）》，第49页。
⑥ 王月昀、邵雍：《辛亥革命后杭州的社会变迁》，《浙江师范大学学报》（社会科学版）2011年第5期。

公安、教育、卫生各项行政，并于厅内设总务科，掌理文牍编辑会计庶务等事项。另设市参事会，为咨询及代议机关。① 1928年7月3日，《市组织法》经中央公布后，杭州市直隶于浙江省政府。② 行政区划及政府机构的合理化调整为杭州城市发展奠定了良好的基础。与此同时，在拱宸桥商埠日租界租期满后，地方政府与租界内各租户完成续租事宜，使湖墅区域继续保持商贸功能。③

晚清以来，清政府的权力在应对各种危机的过程中逐渐衰弱，取而代之的是士绅阶层对乡村社会的组织和动员。而地方精英对城市事务的影响正在增长，缘于1895年甲午战争后，一批主张改革的知识分子在其中起领导作用的争论和思考的大潮所影响。④ 19世纪末至20世纪，地方精英分子在城市事务的处理上扮演着日趋重要的角色。⑤ 刘文岛与褚辅成对民国以降武汉与杭州的城市发展与现代市政建设起到了关键作用。

刘文岛（1893~1967），字尘苏，湖北广济人，早年曾就读于湖北陆军小学。辛亥革命爆发后，刘文岛与陈济棠、唐生智等人奔赴武昌，加入同盟会。袁世凯出任大总统后，刘文岛东渡日本学习。1919年梁启超邀请国内名流赴欧洲考察，刘文岛被特邀为随员赴欧洲学习。在欧洲期间，刘文岛因获得梁启超的赏识和资助，进入巴黎大学学习，于1924年学成回国。1925年6月，刘文岛加入国民党。北伐军占领武汉后，刘文岛兼代理武昌、汉阳与汉口三市的市长。1929年7月，刘文岛出任汉口特别市首位市长。⑥

在刘文岛以及现代城市市政机构的主导下，武汉开启了"黄金十

---

① 顾彭年：《杭州市之沿革》，《杭州市政季刊》第1卷第1号，1933年，第1页。
② 贺林庆：《十年来之市政沿革》，《杭州市政府十周年纪念特刊（1927年至1937年）》，转引自杭州市档案馆《民国时期杭州市政府档案史料汇编（一九二七年——一九四九年）》，1991，第1页。
③ 《杭州市长周象贤请示拱宸桥日本租界外人租地期满续租问题》（1934年11月3日），《拱宸桥日本租界外人租地问题及日领筹设沙市租界等案》，《外交部档案》，台北"国史馆"藏，典藏号：020-000001-4559。
④ 〔法〕安克强：《1927~1937年的上海：市政权、地方性和现代化》，张培德等译，上海古籍出版社，2004，第3页。
⑤ 〔法〕安克强：《19~20世纪的中国城市和城市社会：对西方研究成果的评论》，钟建安译，《城市史研究》第23辑，天津社会科学院出版社，2005，第306页。
⑥ 高士振：《蜚声中外的刘文岛》，《湖北档案》2007年第1期。

年"的城市规划与市政建设。"国民革命北伐告成后,桂系统治武汉,组织武汉市政委员会,包括旧日汉口、汉阳、武昌三地。引用市政专门人才,成绩斐然可观。"① 在刘文岛的推动下,20世纪30年代武汉的市政建设汲取了西方的城市规划理论,按照道路系统、用地分区、公园绿地系统等专项规划建设汉口。在具体事宜方面,国民党政权谨慎处理与租界的关系。汉口第一、二特别区系旧时英租界。区划调整后,该区仍保有领事裁判权,但在市政建设方面接受汉口市政局与地方政府的管理。② 这一区划调整方案面临巨大压力,在西人看来,该区"市政较为发达,收税亦多,今合并于市政尚未发达之市区,势必使该区市政日渐退步",对于合并后的市政管理规定等问题,亦是疑虑重重。③ 尽管遇到来自租界工部局董事会的反对,但地方政府仍然克服阻力,将辖区内的旧式围墙等相继拆除,"以利交通"。④ 特别市建制使近代武汉获得了发展契机。在集权政治的束缚下,地方政府有限度地开启了"专家治市"的城市治理模式,将城市管理制度化、规范化,致力于市民城市共同体意识的培育和城市生活习惯的养成。⑤ 市井生活与大众娱乐文化日益丰富多彩。在汉口进入城市现代化转型和城市空间拓展阶段时,伴随城市中心的区位转移,原本集中的文化娱乐中心被分散的会馆、茶园、街头和临时性西式娱乐场所替代。在城市发展日臻完善后,中心商业区形成,作为综合性文化娱乐中心的汉口民众乐园应运而生,成为民众娱乐生活的重要场所。⑥

褚辅成(1873~1948),字慧僧,浙江嘉兴人,1904年留学日本,

---

① 张锐:《比较市政府》,上海华通书局,1931,第615页。
② 《外交部汉口第三特别区市政管理局章程》,《外交部档案》,台北"国史馆"藏,典藏号:020-990500-0064。
③ 《王部长致汉口市长刘文岛函稿》,《外交部档案》,台北"国史馆"藏,典藏号:020-990500-0009。
④ 《市政府令拆除围墙因有合同关系董事会议否决祈鉴核备案由》(1929年8月7日),《外交部档案》,台北"国史馆"藏,典藏号:020-990500-0064。
⑤ 涂文学:《集权政治与专家治市:近代中国市政独立的艰难旅程——1930年代汉口个案剖析》,《近代史研究》2009年第3期;涂文学:《市制建立与中国城市现代化的开启——基于20世纪二三十年代武汉(汉口)建市的历史考察》,《江汉大学学报》(社会科学版)2017年第4期。
⑥ 胡俊修、钟爱平:《近代汉口大众文化娱乐空间的聚散与城市发展》,《武汉大学学报》(人文科学版)2012年第4期。

入东京警察分校，后转入法政大学。1905年7月，褚辅成加入同盟会，后奉派回国，任同盟会浙江支部部长。1909年，褚辅成出任浙江省谘议局议员。① 辛亥年间的革命推翻了清政府。以汤寿潜为都督的浙江军政府宣告成立，杭州迎来了一个新的历史发展机遇。浙江省会警察厅、浙江省会工程局等机构相继成立。褚辅成于1912～1913年先后出任浙江省政事部部长与民政部部长。"政事部下设秘书、叙官两课，民政部附设民事、劝业、警务、卫生、教育五课。"② 他致力于用现代化的方式改造这个城市。在褚辅成的积极推动下，1912年7月，杭州拆除钱塘门至涌金门的城墙，次年拆除旧旗营城墙，使城区与西湖连成一片，在湖滨路区域开辟新市场，打通了城区通往西湖旅游区及北部平原的通道，为城市发展奠定了基础。③

随着工业技术的引进，铁路、公路等新式交通方式日益普及，对杭州城市空间演变产生影响。新式交通克服了山、河、海等自然屏障的限制，"高山变坦途，天堑成通途……自然形成的流域交往格局开始被切破"。④ 沪杭、浙赣铁路先后建成通车，东南各省以及本省的丝、茶、米、木材等工农业产品，可以直接运抵杭州，再经水陆两路运往上海、南京等地，过境商贾与日俱增，春秋两季的游客也络绎不绝。⑤ 交通条件的改善，使杭州越来越处于上海的直接影响下，为杭州成为上海中产阶级旅游者的便利游乐场所提供了必要的条件。⑥ 交通的改变也影响到城市空间格局的变化。"城区中部，近年市面发达最速者，首推新民路一带，十二年间每亩地价值二千余元，嗣后马路开通，新建永宁桥后，遂为直达城站至要道，向西可通新市场，沿街市房，逐渐建筑，市面焕然一新。"⑦

---

① 一川：《褚辅成事略》，《民主与科学》1995年第2期。
② 《杭州都督府现状》，载浙江省辛亥革命史研究会、浙江省图书馆编《辛亥革命浙江史料选辑》，浙江人民出版社，1981，第531页。
③ 汤洪庆：《杭州城市早期现代化研究（1896～1927）》，第234页。
④ 丁贤勇：《近代交通与市场空间结构的嬗变：以浙江为中心》，《中国经济史研究》2010年第3期。
⑤ 丁贤勇、陈浩译编《1921年浙江社会经济调查》，第213页。
⑥ 汪利平：《杭州的旅游与城市空间的演变（1911～1927）》，《城市史研究》第23辑，第199页。
⑦ 实业部国际贸易局：《中国实业志（浙江省）》第3编第2章，华丰印刷铸字所，1933，第15页。

西湖在唐代以前"寂然无闻",自"李泌凿通湖流,白居易及宋苏轼出守是邦,筑二长堤,于是骚人墨客,高僧名妓,多来寄迹其间"。① 拆除城墙后,西湖从一个远离杭州普通市民的郊外景色转变为杭州都市风景圈的重要组成部分。随着西湖及绕湖秀美山林逐渐成为城市中的一部分,城内公众乃至沪上富商大贾们均将其作为重要活动场所,沿湖陆续兴建了居住及生活服务设施。② 城市的马路开始按照"棋盘"式样重新规划设计。作为现代城市中重要公共景观的公园被引入西湖湖畔的湖滨路。公园的设计展现了规划者极其注重未来商业中心和西湖风景的衔接,并使之成为"新市场"的核心部分。③

西湖与城区的融合,使杭州的旅游业、市政建设与经济均得到加速发展。20世纪20年代末举办的西湖博览会,是现代中国会展史上影响深远的展销会。提倡国货的政治意涵与提升经济的内在需求相结合,使杭州的城市娱乐与消费更趋繁荣。④ 政府大力推行自来水、园林、道路修葺、警政等市政举措。城市的治理者援引西方现代城市的功能分区理念,着手城市改造计划。政治区、商业区、工业区、风景区等不同的区块规划浮出水面。⑤ 20世纪30年代的杭州市共划分为八区,计城内三区,郊外五区。"城内南部,即俗称上城者为第一区,杭州市的茶行茶庄及纸行几全部集中在这区内……城内中部为第二区,是杭州最繁盛的商业中心……城内北部,即俗称下城者为第三区。这一区可以称为杭州的工厂区,举凡绸厂、丝厂、棉织厂、整理厂等都在这一个区域。"⑥ 城市人口显著增加。据建设委员会调查浙江经济所统计,1931年12月,杭州"户口总数,计有九万八千七百八十六户,五十二万三千五百六十九人。

---

① 佚名:《西湖名胜快览:游杭指南》,六艺书局,1928,第11页。
② 王昕、杨晓龙、朱晓青:《城市空间变迁与社会文化关系初探——以近代杭州发展为例》,《华中建筑》2011年第6期。
③ 汪利平、朱余刚、侯勤梅:《杭州旅游业和城市空间变迁(1911~1927)》,《史林》2005年第5期。
④ 马敏:《博览会与近代中国物质文化变迁——以南洋劝业会、西湖博览会为中心》,《近代史研究》2020年第5期;洪振强:《娱乐、消费与政治:1929年西湖博览会》,《近代史学刊》第8辑,华中师范大学出版社,2011。
⑤ 吕贤浚:《杭州市分区计划》,《杭州市政季刊》第1卷第4号,1933年,第4页。
⑥ 江南问题研究会编印《杭州概况调查》,1949年3月,第8页。

平均每户，计五·三人"。① 在1927年至1937年这一南京国民政府的"黄金十年"，武汉与杭州作为长江中游与下游区域的两个代表城市，完成了从传统商贸城镇向现代城市的蜕变。

第二节　工商业发展与产业结构变迁

唐宋变革，催生出了中国古代以商业为主体的城市经济形态。② 宋代以来，以武昌为主的武汉三镇就奠定了长江中游大规模、长距离转运经济中心的地位。明成化十年（1474）汉水改道（从龟山北麓入江）后，汉口开始独立发展商业与手工业贸易。作为湖广会城的武昌，在明代初年即有了较大规模的拓展和建设。③ 至清代，武汉已经成为名副其实的商品集散地与手工业市场。清中叶之后，汉口一跃成为超级市镇，经济辐射力的强大在一定程度上抑制了武昌的发展。杭州既是浙江的政治经济中心，亦是东南地区大宗农副产品的集散地和工业品的中转地。④ 唐宋以降，坊市制逐渐崩溃，杭州城区向外扩张，商业日益发展，人口不断聚集，市井生活丰富多彩。⑤

工业革命以降，与都市紧密关联的新式工厂工业战胜旧式工业，都市得益于工业化的飞速发展。⑥ 中英《南京条约》签订后，西方列强以开埠口岸为基地，凭借沿海和内地的通商航行权、海关管理权、协议关税权、领事裁判权等特权，在经济上扩大对华商品倾销，掠夺中国原料出口。⑦ 殖民主义侵略使中国走上后发型现代化道路，影响到城市的产业结构。1861年，汉口开埠。规模巨大的商贸往来使其在经济上的重要性超过作为区域政治中心的武昌，成为华中地区的经济中心。武汉最早

---

① 建设委员会调查浙江经济所编《杭州市经济调查》上编，1932铅印本，第31页，《民国浙江史料辑刊》第1辑第6册，第61页。
② 许宏：《先秦城市考古学研究》，北京燕山出版社，2000，第9页。
③ 欧阳植梁、皮明庥主编《武汉史稿》，中国文史出版社，1992，第219页。
④ 何王芳：《民国时期杭州城市社会生活研究》，博士学位论文，浙江大学，2006，第16页。
⑤ 姚永辉：《城市史视野下的南宋临安研究（1920~2013）》，《史林》2014年第5期。
⑥ 吴景超：《近代都市化的背景》，《清华学报》第8卷第2期，1933年。
⑦ 黄汉民：《长江口岸通商与沿江城市工业的发展》，《近代中国》总第9辑，上海社会科学院出版社，1999。

的近代工业企业——俄商顺丰砖茶厂的创办,源于西方列强把掠夺的廉价原料包装、加工出口的目的。该厂于1863年建于湖北羊楼洞,1873年迁入汉口,并改用蒸汽机制茶。职工常有800~900人,一年可压制砖茶15万筐,为当时全国同类工厂中创办最早、规模最大的企业。① 至1878年,汉口已有5家俄商机制砖茶厂和1家英商机制砖茶厂。② 《马关条约》的签订,不仅促使外商更大规模地进驻内地设厂,也促进民族资本主义的发展。许多民族资本家投资的工厂在汉口设立。1897年,宋炜臣说服上海富商叶澄衷,合资80万两白银,在汉口创办燮昌火柴厂。该厂雇用工人约700人,"只用人力不用机械,平均计算每日制造50箱,多销售于湖南、湖北、四川等省"。1908年,宋炜臣又创办了既济水电公司。该公司"初由两湖总督出官银三十万元,后又从事募集,逐年增资,从日本兴业银行借八百五十万圆,今改为股份公司……专营水电之业……内有美国技师一名,中国职员六名,职工五十五人"。③

丧失了区域经济中心地位的武昌,在张之洞督鄂之后,城市经济结构有所调整,由之前以商业为主的消费型城市向工商并重、以工业为主的生产型城市转变。④ 清末,武汉的官办工业规模庞大。在光绪十六年以后的清末,武汉共兴办官办、官督商办、官商合办工厂企业21家,其中湖广总督张之洞兴办的有17家,资金共约白银1300万两。最大的工业企业为汉阳铁厂,共耗资金达784万余两,占资金总额的60%。武汉官办工业约占全国官办工业的17%,兴建工厂的数量、规模与速度均居全国城市的前列。如冶炼、造纸等工业居全国之首,纺织工业仅次于上海居第二位,城市供用电一直在全国城市中处于较高水平。⑤

武汉市区早期手工业作坊散布于武昌、汉口、汉阳三镇,由手工业者聚集而成的汉口绣花街、打铜街,武昌筷子街等曾名噪一时。近代工业诞生后,在汉口外国租界内外,砖茶、蛋品制造、卷烟、制革、

---

① 《武汉市志·工业志》(上),第35页。
② 许涤新、吴承明主编《中国资本主义发展史》第2卷,人民出版社,1990,第115页。
③ 效彭:《武汉自办工业之状况》,《中华实业界》第10期,1914年10月,载陈真、姚洛编《中国近代工业史资料》第1辑,三联书店,1957,第417~418页。
④ 吴薇:《近代武昌城市发展与空间形态研究》,博士学位论文,华南理工大学,2012,第75页。
⑤ 《武汉市志·工业志》(上),第46页。

面粉等工业逐渐兴建起来。洋务运动以后,民族工业迅速发展,武昌逐渐成为近代纺织工业、造纸工业基地,汉阳则成为冶金、建材、机械制造、食品工业基地,汉口为轻工、电力、农产品加工比较集中的地方。20世纪20年代末,武汉全市工厂共236所,其中汉口143所,武昌37所,汉阳56所。①

  传统杭州经济基础是丝织与茶叶的生产。"农业生产,实杭市经济之下层基础。其中产额较巨、影响较大者,厥为丝茶。盖丝茶之生产多寡、销售利钝,实关系于杭市全部社会经济之盛衰。"②"清时于南京、苏州、杭州三处均设有织造衙门。"③ 浙江省丝织业"多采用家庭工业式机户,以旧式木机为主,每户产量不多,且星散零落,新式丝织厂并不多见"。④ 甲午战争之后,杭州被列为通商口岸,被迫对外开放。拱宸桥一带被划为日租界。杭州的传统丝织业、棉纺业以及近代军事工业等相继开始向现代工业转型。纺织业、丝织业以及内河航运业等工业得到发展。1889年,湖州富商庞元济和杭州富商丁丙集资53万3000元,在拱宸桥运河西面筹建通益公纱厂。经过八年的筹办,该厂于1897年竣工,共有纱锭1万5000枚,雇用工人1200余人。⑤ 1914年8月,由高懿丞另行集资,向通益公纱厂新公司租赁厂房和设备,改名为鼎新纺织股份有限公司。至1917年,"鼎新"新添电动布机110台,"1919~1920年拥有纱锭20360枚,布机增至320台,年产面纱12000件"。⑥ 1892年,台湾人戴玉书投资20万两白银,在杭州开办戴生昌轮船公司,经营沪苏杭之间的小汽船运输。⑦ 同益公司、甬利汽船局以及钱江轮船公司等相继成立。清末,杭州的工业资本总额居全国第五位,次于上海、广州、天津和武汉。

---

① 《武汉全市工厂调查》,《工商半月刊》第1卷第7期,1929年,第6页。
② 《杭州市经济调查》上编,《民国浙江史料辑刊》第1辑第6册,第272页。
③ 龚骏:《中国都市工业化程度之统计分析》,载张研、孙燕京主编《民国史料丛刊》(568)《经济·工业》,第371页。
④ 蚕丝协导会浙处资料室:《浙江省之制丝业》,《蚕丝杂志》第2卷,1948,载陈真编《中国近代工业史资料》第4辑,三联书店,1961,第180页。
⑤ 单建明:《浙江工人运动史》,浙江人民出版社,1988,第3页。
⑥ 杭州市纺织化纤工业公司编志办公室编印《杭州纺织化纤工业史稿》,1994,第90页。
⑦ 单建明:《浙江工人运动史》,第5页。

1906年后，清政府开始推行地方自治，江浙地区的绅商群体积极参政，兴办实业，促进了城镇工商业的繁荣以及传统商业资本向现代工业资本的转化。政府设立劝业所，推广先进的工业生产技术。"窃以为浙省现在情形，不但工业急于农商，而且手艺急于机械。盖机械制物，需资较巨，惟手艺则仅须资，此一手一足之烈，最易收普及之功，而于无业贫民，更为切要。"[1] 辛亥革命后，随着民族资本的兴起和发展，杭州近代工业进入了一个新的时期，轻纺业、手工业与商贸获得充分发展。以丝绸业为例，"杭州之丝织工业，分为两种。其用铁机制造，资本较大，间亦运用电力者为绸厂。用木机制造，资本不多者为机户"。据1906年调查，杭州已有新式之铁机"一千四百架"。[2] 1912年规模较大的振兴绸厂和纬成缫丝厂相继成立，1915年天章绸厂首先采用了电力织绸。毕业于浙江公立甲种工业学校机织专业的都锦生于1922年创办了都锦生丝织厂。通过创新工艺、提高生产技术、扩大生产规模等方式，1925年都锦生先后在上海、南京、汉口、北京等大城市设立了门市部，并拥有手拉机百余台，轧花机5台，工人130余人，产品也畅销国内外。至抗日战争前夕，"杭州丝绸厂有140多家，机坊4000多户，共有电力织绸机约8500台，手拉织绸机约5000台，月产绸缎约62000匹"。[3] 1924~1929年，浙江省机械缫丝业得到迅速发展。"1928年，杭州纬成厂拥有新式座缫车488台，年产生丝可达640关担。1929年浙江省建设厅拨款在杭州武林门外兴建了杭州缫丝厂，引进群马式立缫车等设备，和成为全省丝厂技术改造的试点。"[4]

产业结构转型使浙江省新式民生工业脱离口岸，遍布于全省各地，其建厂主要供省内所需，而非纯以大宗贸易为主。"浙江省拥巨资者大多移其资金于上海，上海为长江地区的总口岸，全国经济中心，又有租界

---

[1] 《劝业道通饬各属筹办手艺传习所文》，《杭州商业杂志》第1期，1909年，《辛亥革命浙江史料选辑》，第14页。

[2] 龚骏：《中国都市工业化程度之统计分析》，载张研、孙燕京主编《民国史料丛刊》(568)《经济·工业》，第372页。

[3] 闵子：《民国时期的杭州民族工商业概况》，《杭州文史资料》第9辑《杭州工商史料选》，浙江人民出版社，1988，第2页。

[4] 袁成毅：《区域工业化进程的重创——抗战时期浙江工业损失初探》，《浙江社会科学》2003年第4期，第144页。

保护，可以不受国内苛捐杂税及政治动荡的影响，他们在上海从事的多是金融业及航运业。"① "杭市工业自工厂机器工业代替家庭手工业以后，仍以纺织工业为中心。"② 然而好景不长，20世纪20年代末，世界经济危机给中国的棉纺织、丝织等产业带来负面影响。加之1931年九一八事变以及1932年淞沪抗战的影响，杭州的丝织业、棉纺织业进入了低谷期。纬成、虎林、天章三大公司以及其他共35家绸厂在1928年至1932年相继倒闭，绸机停歇约300台，占总机数的75%，生产量下降67%。③

战时中国城市的经济发展与社会民生受到重创。"沪战以来，市内各种工业因战时金融紧张关系，或以出品滞销而停业，或以资本短绌而破产。"④ 全面抗战爆发后，武汉工业向西南进行了大规模迁移。以纱锭而言，在武汉经常工作之27万纱锭中内迁者达18万余之多。其中，湖北织布局、申新第四厂、震寰纱厂共计121000枚迁至陕西，裕华纱厂、申新纱厂、震寰纱厂共计60000枚迁至四川。⑤ 武汉沦陷后，日军将各厂留下的机器强行拆卸拼凑起来，驱使中国工人开工生产，并以"委托经营"方式将华资企业转交给日本株式会社经营。据伪汉口工商会议厅统计，1942年武汉"复兴"工厂133家，约为全面抗战前武汉工厂总数的25.6%，年产额为全面抗战前的15.8%。这些工厂多用手工、半手工操作，集中分布在汉口三民路以上的"难民区"，产品主要供给日军需。⑥ 杭州沦陷后，日本工商业在杭州迅速膨胀。1939年、1940年两年在杭州开业的日本企业就有44家，它们控制杭州的茧行，垄断杭州的棉花。⑦

抗战胜利后，国民党政权曾制订雄心勃勃的工业振兴计划，这一计

---

① 李国祁：《中国现代化的区域研究——闽浙台地区（1860~1916）》，台北：中研院近代史研究所，1981，第310页。
② 《杭州市经济调查》，《民国浙江史料辑刊》第1辑第6册，第391页。
③ 何王芳：《民国时期杭州城市社会生活研究》，第18页。
④ 龚骏：《中国都市工业化程度之统计分析》，载张研、孙燕京主编《民国史料丛刊》(568)《经济·工业》，第366页。
⑤ 张玄龄：《武汉纺织工业》，《纺织建设月刊》第1卷第6期，1948年，第14页。
⑥ 《武汉市志·工业志》（上），第127~128页。
⑦ 《杭州市志》第3卷，第17页。

划的一个重要目标即是针对熟练工人极度匮乏的问题,为战后工业恢复训练熟练技术工人。① 然而随着日本政府的投降,接收沦陷区的物资成为政府的首要工作。虽对腐化行为已三令五申,欲予遏制,但负责执行的地方官员本身大多有违反这些规定的行为。② 战后接收中的不端行为加上国民党军队对地方企业的破坏,造成大批工厂关闭停产。"收复区的经济很快恶化,以致拆、卖工厂机器比让它们运转常常更为有利可图。"③ "国民党接收大员接收一个工厂,捞取一笔款子就关闭一个工厂。"④ 战时迁渝的武汉裕华纱厂致函国民党行政院特派员和湖北省政府,描述国民党军队的野蛮拆迁:"国军一再进驻,不加保存,并将日军所拆未搬用之砖瓦、木料,悉用卡车强载以去。阻拦,势又不敌;交涉,复不可能。"⑤

国民政府在战后接收工作中的贪腐和无序使武汉的工业发展再遇挫折。至1946年底,大小烟厂关闭90%,大小棉织工厂关闭75%,染织厂在1946年10月有300多家,一个月之内关闭200家。第六战区敌伪物资接收委员会于1945年11月接收的84个工厂单位中,到1946年3月只有湖北机械厂、汉口酒精厂、汉阳炼油厂、汉阳砖瓦厂、汉阳酿造厂、汉阳造纸厂、汉口纺织厂、汉口火柴厂等8个厂复工,工人总共只有1500人。⑥ 1948年初,武汉工业有动力设备的工厂233家,其中机械厂68家,纺织染整厂21家,面粉加工厂32家,卷烟厂18家,电力厂3家,火柴厂2家,印刷厂39家,肥皂厂27家,其他23家。⑦ 虽然国民政府实行了刺激经济发展的政策,但工业生产不景气的问题一直未能改观。汉口市警察局1947年对辖区内工厂状况的调查充分说明了这一问题。该报告调查的10家工厂中,只有1家"尚可",1家"平衡",其余全部不容乐观。至于工人福利则更是一再搁置(见表1-1)。

---

① Central News Agency English Service, *Industrial Traning, Films to be Introduced into China*, (Dec-11-1945), National Archives, Foreign Office Collection, FO-371-53677.
② 〔美〕胡素珊:《中国的内战:1945~1949年的政治斗争》,王海良等译,中国青年出版社,1997,第23页。
③ 〔美〕费正清主编《剑桥中华民国史(1912~1949年)》下卷,第843页。
④ 《武汉市志·社会团体志》,第42页。
⑤ 《裕大华纺织资本集团史料》编辑组主编《裕大华纺织资本集团史料》,湖北人民出版社,1984,第516页。
⑥ 武汉市总工会工运史研究室编《武汉工人运动史》,辽宁人民出版社,1987,第250页。
⑦ 《武汉市志·工业志》(上),第72页。

战争结束后，战时大批南迁的工人返回与工厂大批倒闭，导致武汉劳动力市场缺乏足够的吸纳空间，工人大量失业。1946年3月统计，武汉三镇失业工人已达10万人；5月，仅汉口就有7万工人失业；年底，汉口失业人数超过10万。① 当时汉口"总计各业男女工人达20余万"。② 汉口市总工会也承认，"失业工人众多，占全市工人的百分之五十"。③

政局动荡加之恶性通货膨胀，使民族资本主义工业发展难以为继，开工生产不如囤积物资有利可图。大部分工厂停工减产，转向商业投机，全市工厂用电不到全面抗战前的68%。武汉三镇临近解放时，一部分资本家抽走资金，转移设备，又使一些工厂陷于瘫痪。25家公营工厂中有14家停工。私营工厂陷于极端困难境地。据武汉工业会1949年3月的调查，2100余家私营工厂作坊"停工几近半数，机器工业则在一月即全部停顿，甚至达16个公营工业单位中亦有11个停工"。④ 武昌第一纱厂、裕华纱厂、震寰纱厂和申新纱厂全面抗战前拥有20.7万枚纱锭，解放时只有14.5万枚，实际运转的只有2.57万枚；面粉厂开工率只有50%；卷烟厂24户，间断开工的只10户。到1949年，全市工业固定资产仅有7000万元，产值为19766万元。残存下来的为数不多的工厂中，职工在30人以上的仅260家。⑤ 这些企业资金短缺，开工严重不足，设备大都陈旧不堪，濒临倒闭。

表1-1　汉口市警察局第四分局辖内已开工之工厂概况调查
（1947年1月28日）

单位：元

业别	厂名	员工福利	资本数目	每日工作最高时限	每日工作最低时限	营业概况
制造机器	民生	无	40万	12小时	9时半	不景气

---

① 《武汉工人运动史》，第250页。
② 《汉口市各业工人情况调查表》（1946年12月2日），武汉市档案馆藏，档案号：9-19-309。
③ 《社会部工运督导专员函请令总工会拟定工作计划编制预算》（时间不详），武汉市档案馆藏，档案号：9-31-1637。
④ 《武汉工业近况》，《银行周报》第33期，1949年，第30页。
⑤ 《武汉市志·工业志》（上），第130~135页。

续表

业别	厂名	员工福利	资本数目	每日工作最高时限	每日工作最低时限	营业概况
制造机器	洪泰	无	40万	12小时	9时半	入不支出
制造机器	新华	无	40万	11小时	9时半	不良
制造机器	合兴	无	40万	12小时	9时半	不景气
翻砂	汉渝	无	1000万	10小时	8小时	平衡
制造机件	阮恒昌	无	2600万	9小时	9小时	不景气
电机锯木	汉森	无	2000万	9小时	9小时	不景气
纺织	汉口纺织厂	无	5000万	8小时	6小时	收售本市
漂染	东华	无	10000万	10小时	8小时	不佳
翻砂	吕方记	无	1000万	8小时	6小时	尚可

资料来源：《关于工厂、公司、学校、消防、图书、文化、工会、商会等团体的调查表》（1947年1月28日），武汉市档案馆藏，档案号：40-13-113。

抗战胜利后，杭州城市工商业在一定程度上得到复兴。杭州市丝绸业复业的有78家，机坊2200户；织布厂增加到320余家。据1946年杭州丝织业同业公会登记，"有6台以上织机的绸厂约90家。6台以下的机坊2209户，织机约有5580台，其中电力织机300多台，同业公会还以丝织原料及成品作担保，申请工业贷款2亿元"。[①] 然而与武汉相似，战后通货膨胀、外资的充斥以及国民政府的腐败，严重阻碍了城市工商业的发展。据1948年统计，杭州市300多家布厂中，只有2/10开工，产量不及全面抗战前的1/10。丝绸业大多处于停产、半停产状态。机铁厂因为纺织业不景气而纷纷停闭。"1949年，全市工业总产值（按1980年不变价计算）仅1.41亿元，其中市区工业总产值9877万元。当时市区大小工业生产单位约有3000余家，百人以上的工厂有杭州电气公司、杭州自来水厂、杭江纱厂、光华火柴厂、长安纱厂、纬成丝厂、天成绸厂等33家。"[②] 戴笠在战后呈蒋介石的报告中认为，物价飞涨与中共的暗中策动是战后工潮迭起的表象，实际原因在于"生产停顿"。"抗战期间工人生活虽亦一般，国民同被压低，然因国家需要，大量物资刺激生产

---

① 杭州市档案馆编《杭州市丝绸业同业公会档案史料选编》，杭州市档案馆，第79页。
② 《杭州市志》第3卷，第71~72页。

加速,故工人得以充分就业,且以技术关系,每有要求均能满足。至胜利后金融风波影响,公私生产遽然停顿,且产品滞销,致后方工厂多倒闭或紧缩,工人生活不但未能改善,且反较抗战期间困苦,成为内在潜伏危机。稍加外力,一触即发。"[1] 产业结构对工人运动的影响可见一斑。

第三节 劳工政治的演进

民国时期的劳工政治离不开城市的政治秩序与经济社会环境。国共两党与帮会等各种政治与社会力量争相渗入劳工群体,希冀将劳工群体纳入其政治动员的范畴。民国时期的杭州,是国民党政权有效统治的核心区域,城市产业结构以手工业与轻工业为主。而民国时期的武汉,则在20世纪20年代中期一度成为共产党与国民党左派联手合作的重要区域,城市产业结构以商贸运输业、轻工业与新式工厂工业为主。这些差异使得民国时期武汉与杭州的劳工政治格局及走向不同。

19世纪初期,武汉三镇数万名手工业工人中即有帮口、行会等自发、分散且带有封建色彩的群众组织。[2] 俄商顺丰砖茶厂的创办,孕育了武汉最早的产业工人群体。武汉工人阶级的主体产生于1890~1911年。"光绪廿年(1894年),外商工厂工人约有1万余人,其中4家砖茶厂约5000人,4个打包厂约4000人,英美烟厂3000余人,是为武汉地区最早的一批产业工人。洋务运动兴起后,官办的纺织、炼铁、造纸及军事工业等厂中约有工人1万余人,其中汉阳兵工厂、汉阳铁厂、织布官局、纺纱官局几家工厂共有工人11550人。"[3] 辛亥革命前,武汉工人阶级的主体队伍已经初步形成。这一时期,武汉产业工人缺乏专门的组织,工人多被组织在行会、帮口等旧式组织下。"汉口的成年男性人口,可能有一半以上归属于某一类型的行会,很多人也许还不止加入一个行会。"[4]

---

[1] 《戴笠呈国民政府主席蒋中正为报告二月九日至二十一日上海工潮之实际状况与建议制止办法谨请鉴核》,《国民政府档案》,台北"国史馆"藏,典藏号:001-055000-00002-012。

[2] 《武汉市志·社会团体志》,第1页。

[3] 《武汉市志·工业志》(上),第128页。

[4] 〔美〕罗威廉:《汉口:一个中国城市的商业和社会1796~1889》,江溶、鲁西奇译,中国人民大学出版社,2005,第308页。

1912年后，武汉工会进入迅速发展时期。这一时期，武汉三镇的工业企业也得到了迅速发展，奠定了武汉产业的基本格局。武汉市工人"1920年约达到5.7万人。民族资本开办的工厂雇用工人在100人以上的有7家，雇用工人6457人；其余80%以上是几十人的工厂。500人以上的工厂集中了工人2.8万人，占全国同类规模工厂集中工人总数的8.8%"。①"武汉三市的工厂，使用职工数不下三万人。特别是百货集中地汉口……苦力据说达九、十万人。"② 一战期间，得益于民族资本主义发展的黄金时期，武汉的工业迅猛发展，产业工人队伍日益壮大。

中共建党伊始，即将注意力集中在工人运动上。共产党的组织动员对武汉工会的发展有重要影响。中共成立初期，即注意到武汉规模庞大的工人，并在汉口、汉阳等工厂密集区开展组织动员活动。成立于1921年9月的粤汉铁路徐家棚机车处职工联合会是武汉地区最早的工会组织。在中国劳动组合书记部武汉分部的领导下，1921年10月至1923年2月，武汉三镇发起罢工。1921年12月，武汉市人力车夫6000余人为反对增加车租罢工。"当时情形险恶，省政府、商会和工部局职员派人来作调人，人力车夫终得局部的胜利，乃大受刺激，即组人力车夫工会，颇有实力，汉口的工界因此渐渐觉悟，也分别组织起来。"③ 工人群众组织亦在斗争中获得发展契机。1922年7月成立的武汉工团联合会（后改为湖北省工团联合会），是中国成立最早、最大的现代地方工会组织。在其影响带动下，各业工会纷纷成立。到1922年12月，"参加省工联会的工会达27个，会员有48000余人"。④ 同年12月10日，汉冶萍总工会宣告成立，是现代中国成立较早的大规模产业工会之一。罢工与工会组织的蓬勃发展相互促进，推动了武汉工人运动第一次高潮的到来。

中国的第一批产业工人由破产农民和失业的城市手工业者转化构成。乡土社会的风俗与习性构成这一阶级的历史独特性与复杂性。⑤ 在武汉从事工人运动的早期中共党人已经意识到不同行业、性别与年龄的工人

---

① 《武汉市志·工业志》（上），第128页。
② 汪敬虞编《中国近代工业史资料》第2辑下册，科学出版社，1957，第1181~1182页。
③ 陈达：《中国劳工问题》，《民国丛书》第2编第17辑，上海书店，1989，第105页。
④ 《武汉工人运动史》，第55页。
⑤ 任焰、潘毅：《工人主体性的实践：重述中国近代工人阶级的形成》，《开放时代》2006年第3期。

在革命动员方面的差异。"汉口原以劳动运动为主要工作……惟江岸工会委员会分于［子］，尽属小工，帮匠也很少，故在工人中能力很薄弱。……汉阳方面工匠较多，亦因压迫比较和缓……现在工厂工人组织，只有桥口上的染织工人，较有希望。……英美烟草工人，数目虽达三千有奇以女工童工占十分之八九，组织上很感困难。"① 在北洋政府的武力镇压下，迅猛兴起的工运跌入低谷。京汉铁路罢工宣布之后，汉口吃重，最终罢工失败，京汉铁路工会及各段分会多被封，工人代表被驱赶。从此以后，汉口的地方长官采取高压手段对付工界，所以汉口的劳工运动颇少公开宣传的机会。② 消沉期中的武汉工会举步维艰。各级工会被迫关闭解散，只有人力车夫工会、纱厂工会等为数不多的几个工会勉强维持。

　　第一次国共合作后，革命形势再度发展，铁路、海员、矿产、纺织等行业的产业工会纷纷组织成立。"全国十三铁路皆有工会之组织，并且成立全国铁路总工会。全国的海员亦已有全国统一的组织。矿山工人如唐山、汉冶萍、安源、水口山等皆有工会之组织。上海十余个纱厂皆有纱厂总工会之组织。"③ 工会组织和工人运动开始恢复。④ 1926年9月，国民革命军北伐部队进入武汉，国民革命的重心从珠江流域转移到长江流域。武汉工会组织迅速恢复和建立，湖北省总工会宣告成立。1926年底，国民政府从广州迁至武汉。次年1月，武汉国民政府在汉口正式办公。"自国民党占领武汉后，对于工界采取宽容政策，所以新组的工会逐渐加多，截至民国一五年一二月止，已准注册的工会已有八十左右，约有会员十万人，这些工会虽分散在汉口、武昌、汉阳三处，但大多数在汉口一市。"⑤ 到1927年2月，武汉的工会组织已从北伐前的114个发展到242个，会员从9万多人发展到31万多人。⑥ 中华全国总工会也从广

---

① 《汉口地方报告》（1924年6月1日），载中央档案馆编《中共中央文件选集（一九二一——一九二五）》，中共中央党校出版社，1989，第263～264页。
② 陈达：《中国劳工问题》，《民国丛书》第2编第17辑，第105页。
③ 《工会之构造方面》，《中国国民党第二次全国代表大会日刊》第11期，1926年，第2页。
④ 邓中夏：《中国职工运动简史1919～1926》，《民国丛书》第2编第17辑，第109页。
⑤ 陈达：《中国劳工问题》，《民国丛书》第2编第17辑，第105页。
⑥ 《顺天时报》1927年2月28日，转引自王清彬等编《第一次中国劳动年鉴》，北平社会调查部，1928，第84页。

州迁至武汉。1927年2月20日，全总在汉口举行执委扩大会，选举李立三为代理委员长，刘少奇为秘书长，袁大石为组织部部长，邓中夏为宣传部部长。①"武汉工人群众从一九二六年九月经过八个月团结的结果，成立了十一个产业总工会，所属分会共八十余，职业组合有四十四种以上。"②工人的待遇得到明显的改善，"大多数工人的工资每人每月增加10元左右，工厂的劳动时间……规定为10小时以内，最多不能超过12小时"。③

在蓬勃发展的过程中，各种问题亦接踵而至。工会组织在迅速扩张的过程中出现放任与失控的苗头，"左"倾工潮逐渐抬头。七一五反革命政变后，武汉陷入白色恐怖状态。汪精卫主导的武汉国民党政权大肆镇压工人运动，强令解散工会组织。1927年7月15日，汪精卫在武汉清党后，由王法勤出任武汉国民党中央的工人部部长，接收全国总工会。④7月16日，国民党中央执行委员会宣布派张铁君以中央党部特派员身份接收和改组湖北省总工会，后又改组武汉地区各业大小工会，代之以官僚和工贼为骨干的"工会改组委员会"。⑤武汉及湖北省内的工人运动大受震动，迅即陷入低落状态。以拥有工人数量较多的纱厂为例，"武昌第一纱厂有九千工人，震寰有二千工人，裕华有三千工人。一纱过去有同志一百人，震寰有二百人，裕华有三百人，政变后一纱减为十余人，震寰减为四十人，裕华减为八十人。最近因一纱组织破获，同志被杀并示众于厂门前，于是组织瓦解，同志仅余几人"。⑥由中共发起组织的湖北省总工会也承认，"自国民党反动以后，省总工会及各工会无形倒台……事实上毫无工会工作，直到去年十二月才开始恢复"。⑦

---

① 《武汉市志·社会团体志》，第112页。
② 《中共湖北省委工委李震瀛报告——三个月（七—九月）来之武汉工人运动》（1927年9月26日），载中央档案馆、湖北省档案馆编《湖北革命历史文件汇集（省委文件）一九二六年——九二七年》，1983，第63页。
③ 皮明庥主编《近代武汉城市史》，第700~704页。
④ 王永玺主编《中国工会史》，中共党史出版社，1992，第210页。
⑤ 《武汉市志·社会团体志》，第27页。
⑥ 《中共湖北省委工人部报告——关于武汉工人的现状与目前斗争情形》（1927年10月底），《湖北革命历史文件汇集（省委文件）一九二六年——九二七年》，第311页。
⑦ 《湖北省总工会一年来工作报告》（1928年12月），载中央档案馆、湖北省档案馆编《湖北革命历史文件汇集（群团、苏维埃文件）一九二七年——九三三年》，1985，第218页。

南京国民政府时期，以立法形式承认工会为代表工人利益的合法组织，但必须在当地政府与国民党党部备案；宣布了改善工人待遇、实行劳动保险、安置失业工人、合理仲裁劳资纠纷等原则。① 国民政府抛弃了孙中山新三民主义劳工政策中的积极因素，代之以消极因素，其最终目的是严格控制所有社会团体，实施独裁统治。1929 年 6 月国民党三届二中全会通过的《人民团体组织方案》规定："人民团体必须遵守三民主义，接受国民党指挥，服从政府命令，向当地党部申请立案，经批准方可成立。对于非法团体或有违反三民主义的行为之团体，应严加纠正，或尽力检举，由政府分别裁之。"②

在高压管控下，相比于大革命时期，全国工会组织的数目和会员人数有不同程度减少。与此同时，国民党政权扶持了一批官办工会。尽管中原大战期间武汉工人运动曾经有短暂复兴，但在国民党的严厉管控下，南京国民政府初期的人民团体总体呈萧条的态势。"我国劳动组织，在最近 4 年中，颇不若民 16 年之盛。自从 19 年工会法施行法颁布以后，全国工会已无从之组织，各地依法改组或组织成立之工会，因限制太严，故成绩颇少。"③ 在工会组织一片萧条的大背景下，武汉工会自然不能幸免。据 1929 年汉口市党部民众训练委员会的调查，汉口的工厂工人有 18106 人，码头工人有 18599 人，车夫有 18100 人。④ 据实业部劳工司 1932 年的调查，汉口工会经过整顿改组，已经递减为 27 个，人数 68446 人，武昌和汉阳总共也仅有 13 个。⑤

随着城市工商业的平稳发展，武汉工人数量一度有所回升。1934 年《劳工月刊》载，"武汉三镇之工厂工人总数，合计约在五万八千人左右；若再将三镇之车夫、码头夫，及其他依据体力为生活之体力工人加

---

① 李明伟：《清末民初中国城市社会阶层研究 1897～1927》，社会科学文献出版社，2005，第 519 页。
② 实业部劳动年鉴编辑委员会编纂《第二次中国劳动年鉴》下册，北平大北书局，1932，第 39～41 页。
③ 实业部劳动年鉴编辑委员会编纂《民国二十一年中国劳动年鉴》第 2～3 编，载沈龙云主编《近代中国史料丛刊三编》第 60 辑，台北：文海出版社，第 1 页。
④ 《汉口工人概况》，《新汉口市政公报》第 1 卷第 6 期，1929 年，第 1 页。
⑤ 《民国二十一年中国劳动年鉴》第 2～3 编，载沈龙云主编《近代中国史料丛刊三编》第 60 辑，第 22 页。

入，则武汉之劳动工人，当在十四万人以上，约占武汉三镇全人口十分之一强"。① 1936年11月，武汉工业生产出现新高潮，"工人数量增加到13.39万人，其中男工11.29万人、女工2.1万人，占全市总人口数的11.41%"。② 在武汉的工厂工人中，棉纺织业工人占据的比重最大。"武汉工厂雇用工人在十人以上者共有六十七厂，共雇工人14171人，其中棉纺业10598人，占工厂工人总数之74.8%，棉织业443人，占3.1%，漂染业及弹花打包等共362人，占2.5%。棉纺织业合计共有工人11408人，占工厂工人总数之80.5%，其他各业工人人数为2763人，仅占全体工厂工人总数之19.5%。"③

这一时期，武汉市的工人工资十分低下，"平均每月不过十五元上下。……男工工资，制冰工人为最高，每月工资收入其最高者有六十六元，最低者亦有二十二元，平均数约在四十元左右。碾米工人最低，每月工资仅可得十元左右。女工工资，以火柴工业之工人为最高，每月最高者可得十六元，最低者亦有八元，平均在十二元左右。织袜工业工人最低每月工资收入，在八元与六元之间"。④

杭州的产业结构与政治格局决定了杭州劳工政治的特点与发展趋势。早期杭州工人主要从事手工业。开埠以后，外国资本与西方工业先进技术的引入，使杭州的工业经济得到发展，催生出近代杭州的产业工人。民国时期学者刘大钧在《中国工业调查报告》中对杭州市的产业结构与劳工概况有所描述："杭市男女工人，合在厂工作及包工在外者，约近十万，其中以织绸、缫丝、织布业居多数，次之则铁工业、印刷业，家数既多，工人自亦不少，又电气业、火柴业、纺纱业、造纸业虽仅一家，而工人人数，亦均不少，此皆在厂内工作者，至于厂外包工，以女工为多，杭市为产绸之区，凡料房之络经、络丝为织绸原料预备工作者，均妇女家庭职业，又火柴厂之糊盒及各种纸盒与糊箔等，亦多在厂外工作。"⑤ 可以看出，受制于产业结构的影响，民国时期杭州的产业工人主

---

① 《武汉工人之生活》，《劳工月刊》第3卷第7期，1934年，第24页。
② 《武汉市志·工业志》（上），第128页。
③ 李建昌：《武汉棉纺织业之劳工》，《实业统计》第3卷第3期，1935年，第209页。
④ 《武汉工人之生活》，《劳工月刊》第3卷第7期，1934年，第24页。
⑤ 刘大钧：《中国工业调查报告》，载李文海主编《民国时期社会调查丛编（二编）（近代工业卷）》（上），福建教育出版社，2010，第111页。

要分布在轻工业领域。经济建设委员会调查浙江经济所20世纪20年代末对杭州的工业概况的调查显示：杭州"全市工业共分八类，凡四十八业，五千五百零七家，统计职工总数七万四千六百五十五人，资本总数一千零五十四万七千七百八十五元，全年营业总数三千九百零四万七千二百八十四元"。① 全面抗战前浙江手工业保持着传统优势，从事手工业的人数众多，1936年全省从事手工业者不下500万人，而此时全省的人口为2033万人，从事手工业者占到了总人口的25%。②

清末民初，杭州的手工业工人已经为生计而频频抗争。搬运业、锡箔业等多个行业的工人开始有零星的罢工与抗争的集体行动。这些罢工和抗争围绕着工人的工资待遇而发。庙宇、祠堂等城市公共空间成为他们组织与联合的场所。1906年6月16日，杭州丝绸机工因与绸庄商议增加工价"一律停工。在观成堂绸业会馆门前，要求每户工折上加盖增价若干字样"。③ 1908年，杭州市木匠业与搬运业的工人发动了罢工，要求增加工资。"杭州因铜元拥挤，百物昂贵，商店均用洋码，否则增价，故中五月三十日，木匠帮因钱价过贱，要求增值，各工头不允，遂同盟罢工，会于佑圣观，有私作者，则同帮共打毁之。杭州挑夫，其在江墅各地者，刊发传单，谓铜元日跌，定于中六月七日，集议于丰乐桥，盖挑夫又将罢工矣。"④ 1919年11月，杭州市湖墅区锡箔业400多名工人"因米珠薪桂，生计困难，乃于九日要求各箔庄主人每件增加工资三分。……嗣因各庄主人不允，遂一律罢工，并在信义巷五界庙开会集议"。⑤

中共早期有意吸纳工人加入，在都市从事革命组织动员活动。其致力于在铁路工人、矿工、海员等产业工人群体中发展工会。"产业无产阶级的经济上、政治上的力量，必定要和他的组织力同时生长，因此党的最重要的职任，便是继续不断在产业的工人里有规划地创设工

---

① 《杭州全市工业统计》，《工商半月刊》第4卷第19号，1932年，第26页。
② 袁成毅：《区域工业化进程的重创——抗战时期浙江工业损失初探》，《浙江社会科学》2003年第4期。
③ 《杭州绸机工罢工要求增加工资》，《时报》1906年6月23日，转引自刘明逵编《中国工人阶级历史状况》第1卷第2册，中共中央党校出版社，第160页。
④ 《杭州各业工人同盟罢工要求增加工资》，《衡报》1908年7月8日，第8号（附录）。
⑤ 《箔庄工人同盟罢工》，《民国日报》1919年11月11日。

会的组织。"① 上海是中共早期革命的大本营和重要的活动基地。② 作为与上海一衣带水的城市，杭州也受到早期革命党人和学生知识分子的关注，有工人组织发展。与在武汉铁路、纺织等产业工人中发展工会不同，中共在杭州的革命与动员工作是在印刷业工人中展开的。其中，代表人物是倪忧天与徐梅坤。

倪忧天（1895～1978），原名倪中虚，浙江省鄞县（今宁波鄞州区）人，早年在五金商店当学徒，辛亥年间来到杭州，进入浙江官纸印刷局学习排字。五四运动中，倪忧天等人率领印刷业工人在杭州组织"救国十人团"，分赴城站、羊坝头、羊市街、三元坊等地，号召民众抵制日货、反对"二十一条"。③ 新文化运动时期，在知识阶层中处于边缘地带的师范学生往往具有更为激进的思想和更为强烈的行动主义取向。④ 在浙江省立一师和一中学生的帮助下，浙江印刷公司工作互助会于1920年7月至8月在杭州成立，会员70余人，印刷工人倪忧天为总干事。1920年12月，浙江省第一份工人报纸——《曲江工潮》半月刊在印刷公司工作互助会创办，以"革新旧工业、研究新艺术，图谋工界福利，增进工人知识"为宗旨。⑤ 与此同时，倪忧天等人还发起成立了工余补习学校，提高工人的抗争意识。

徐梅坤（1893～1997），浙江萧山人。14岁时，徐在杭州郭记订书坊做学徒，16岁开始学习印刷手艺。少年时代的徐梅坤常因替工友打抱不平而辗转多地。"一旦他们不接受意见，我就愤懑而去，所以我很难在一个地方呆较长的时间。"⑥ 五四运动前，徐先后从杭州、绍兴、宁波跑到无锡和上海等城市的印书馆、报社工作，结识了大批印刷业工人。1920年7月至8月，浙江印刷公司工作互助会正式成立，倪忧天为总

---

① 《工会运动问题决议案》（1924年5月20日），《中共中央文件选集（一九二一——一九二五）》，第234页。
② 王奇生：《党员、党组织与都市社会：上海的中共地下党》，载王奇生《革命与反革命：社会文化视野下的民国政治》，第123～135页。
③ 《杭州印刷工人成立"救国十人团"》，《时报》1919年6月7日。
④ Wen-hsin Yeh, "Middle County Radicalism: The May Fourth Movement in Hangzhou," *The China Quarterly*, No. 140 (Dec., 1994), pp. 903–925.
⑤ 中共中央马克思、恩格斯、列宁、斯大林著作编译局研究室编《五四时期期刊介绍》第2集，三联书店，1978，第465页。
⑥ 徐梅坤：《九旬忆旧——徐梅坤生平自述》，光明日报出版社，1985，第3页。

干事，徐梅坤当选为宣传股股长，负责《曲江工潮》的编辑与出版工作。

1921年底，徐梅坤与倪忧天等因浙江印刷公司总经理周佩芳的亲戚打了一名排字学徒工，组织工人罢工。罢工使浙江印刷公司的生意受到影响。公司宣布关闭，徐梅坤等不得不重寻生计。1921年底，徐梅坤来到上海，通过邵力子介绍，进入上海《民国日报》印刷厂当临时工。不久即由陈独秀介绍参加了中国共产党，成为江浙地区第一名工人党员。1922年5月，中共上海地方委员会改组为中共上海地方兼区执行委员会，兼管江浙地区党组织的发展，委员有徐梅坤、沈雁冰、俞秀松三人，徐梅坤担任书记，负责建立浙江党组织。1922年8月，徐梅坤在杭州开展党的工作。同年9月，中共杭州小组在皮市巷3号正式成立。"最早有4名党员……过两三个月，杭州小组改为杭州党支部，于树德任支部书记。后来杭州支部发展到大约十名党员，大都是我介绍的印刷工人。"①1923年3月9日，杭州印刷工人俱乐部成立，共产党人倪忧天为部长，会员150余人。同年5月29日，杭州职工联合会成立，各业代表二三百人参加大会，领导人为倪忧天。②1924年5月1日，杭州印刷工人俱乐部发动了"五一"游行示威活动，争取到了每年五一节休息一天并举行庆祝活动的权利。③

除了印刷业外，理发业工人也是中共早期组织动员与宣传的对象。"杭州所有理发店，统计有280余家，工人约有千余……工人底工资，系与雇主四六成分派。"④ 1921年初，杭州理发工人发动罢工。有学生去调查，去讲演，把工人的活动写成通讯，并且把知识分子文绉绉的用词和工人朴素的口语列表对照，以便改进宣传工作。⑤ 这也是各类旧式工商行会团体向新式工会转变过渡之时期。杭州传统手工业与轻工业发达，

---

① 徐梅坤：《九旬忆旧——徐梅坤生平自述》，第19页。
② 《浙江省工会运动大事记》，载《中国工会运动史料全书》总编辑委员会、《中国工会运动史料全书·浙江卷》编委会编《中国工会运动史料全书·浙江卷》（下），中华书局，2000，第1713页。
③ 史唐：《忆中共早期地下印刷所》，《中共党史资料》2007年第1期。
④ 《杭州理发工人的罢工风潮》，《杭州党史资料》第3期，转引自《中国工会运动史料全书·浙江卷》（上），第47页。
⑤ 《五四时期期刊介绍》第1集，第206页。

各业行会组织较为完善,向新式工会的过渡尚不明显。不少从旧式行会中分离出的工会,仍带有行会的特质。"杭垣各工商业,均设有会馆或公所,盖为一业团体,有事集合会议之所。若新式工会,目下尚属罕见。惟本年烟业绸业工友等,设有联合协济等会,所订章程,较为详细,但亦不脱旧式行会之性质。"①

北伐时期,国民革命军挺进江浙区域,工农民众运动高涨。"南京、杭州、宁波等各地的小军阀、政客、官僚、资产阶级、中小商人、知识分子等都有倾向国民政府的投机行为;工人、学生以及一切被压迫的市民更受到了一个奋兴剂,益发活动起来。"② 各业纷纷组建新式工会。1927年2月18日,北伐军进占杭州。杭州克复后仅一个多月,浙江全省就有20多个市县建立了总工会,拥有会员30多万人。③ 2月21日,杭州邮务工会成立,并于当天向邮务长、英籍印度人杜达提交了包含19条要求的请愿书,宁波、绍兴、湖州、嘉兴等11个县市的邮政员工纷起响应,相继罢工。④ 杭州市总工会也宣告成立并指导筹建各级工会,开设工人训练班。各行业也纷纷组建工会。以丝绸业为例,"各大绸厂的工人,先就同事合组工会……各厂先后成立工会,同时并组成机织总工会。而各厂的职员……则有丝织员工会的组织……各绸庄的伙友,则有绸业职业工会的组织"。⑤

工农运动的发展对江浙地区工商业市场秩序构成了一定冲击,引起了江浙地区资产阶级的顾虑。为了确保自身利益不受动荡时局的影响,他们凭借手中的经济资源,与浙籍政治领袖蒋介石结盟。⑥ 国共两党的罅隙也使杭州工人运动陷入低谷。由中共领导的国民党左派工作卷入浙籍精英沈定一派的政治斗争中,工会与工人的实际利

---

① 《杭州市早期的工人团体》,《中外经济周刊》第199期,载北京经济讨论处编《浙江省钱江流域劳工状况调查录》,1927年2月12日,第16~17页。
② 《江浙区各地最近工作方针决议录》(1926年10月17日),载中央档案馆、浙江省档案馆编《浙江革命历史文件汇集(省委文件)一九二六年、一九二七年》,1986,第33~37页。
③ 陶士和:《浙江民国史研究通论》,中国社会科学出版社,2007,第8页。
④ 《浙江省工会运动大事记》,《中国工会运动史料全书·浙江卷》(下),第1715页。
⑤ 祝慈寿:《中国工业劳动史》,上海财经大学出版社,1999,第255页。
⑥ 袁成毅:《民国浙江政局研究(1927~1949)》,第13页。

益被忽视,导致工会组织的领导权被地域性组织——东阳工界同乡会攫取。① 中共党员和国民党左派占据了杭州市党部组织与宣传部门的要职,而工人部部长杜震芎则倒向右翼,并以四府同乡会为基础,组织了"新工会"。由此,不仅杭州工会形成两派对立的局面,新老工会之间也发生了一场激烈的斗争。② 派系之间的分裂与内耗造成青年与民众对革命产生消极、悲观的情绪。③ 筹备中的杭州绸布业职员工会试图联合绸布、百货两个行业,"一面分发传单,促各界同情协助,此时老板们发生恐惧,终于履行协议,而当地治安机关,派武装警察进行开门营业,一面捕捉职工主要人物,结果被捕职工绸业一人,百货业二人"。尽管被捕职工由加入三青团的杭州市党部的李超武设法运作出狱,但"工会组织迄未达到法定地位"。此后"张建藩(绸布组)、钟文(百货组)、陈云隆(绸厂组)三人赴南京请愿(经费向职工劝募),一去半月,未有成就,以致诸职工渐渐冷心"。④

南京国民政府成立后,对民众团体进行了重新整理登记。当时杭州市"有组织之民众团体,计工会一百七十余,会员约二万以上"。⑤ 1928年颁布的《浙江省修正各级农商协会及工会立案办法》规定,组织工会须有呈请书、制定会章、申报职员及会员名册等,最后经国民党党部核准方可成立。"1928年9月,浙江省党务指导委员会根据中央法令,委派童平山、卢耀光等7人整理杭州市工运,成立杭州市工会整理委员会。整理8月之久,共成立各业工会80余个,于18年5月间开全市各工会代表大会,产生各业工会代表253人,选出卢耀光等14人为执行委员,于同年6月3日各执监委员在省党部大礼堂宣誓就职,分配工作在粮道山工整会旧址开始办公,每月由省党部津贴经费壹仟零伍元,通过各科工作人员计总务科文书1人,收发1人,录事1人,会计兼庶务1人,

---

① 马楠:《中共在浙江的早期组织与两个国民党省党部之争(1922~1926)》,《中共党史研究》2021年第1期。
② 江天一:《北伐前后浙江国民党活动的点滴回忆》,《浙江文史资料选辑》第2辑,1962,第74页。
③ 马楠:《中共在浙江的早期组织与两个国民党省党部之争(1922~1926)》,《中共党史研究》2021年第1期。
④ 《徐庆麟自白书》(时间不详),杭州市档案馆藏,档案号:J14-1-30。
⑤ 中国国民党浙江省执行委员会训练部编印《五年来之浙江民运概况》,1929,第1页。

干事2人，组织科干事2人，训练科干事2人，宣传科干事2人，经济科干事1人。"① 因杭州市区与杭县区域划分，"市行政区域外之各业工会，概归杭县党部指导，杭州市行政区域以内之各业工会，则归浙江省党部直接指导（因杭州市无党部）"。② 1929年4月浙江省党部报送的材料统计，当时杭州市共有工会90个，会员36659人。③

这一时期，杭州工会的组织规模与杭州以手工业、内河航运业等为主的产业结构相匹配。据上海国立劳动大学1930年在杭州的调查，这一时期的杭州工会，"人数最多者，为之江航业工会，内有工人3650人之多。其次为泥水工会，有工友2850人。丝织工会，有工友2100人，箔业打工工会，有工友1800人，其他工会人数，都是比较少的"。④ 国民党政权严格控制工会领导者。1929年4月26日颁布的《浙江省各县市总工会选举执委监委规程》规定候选人由党部圈定，有被选举权的必须是有工运经验的国民党党员。在1929年6月8日颁布的《浙江省县市各级工会暂行章程》中，重申"各级工会必须服从党部指导，有反动言行者不得加入工会"，各市县总工会在召开大会和举行选举时，必须"请当地政府派员监视"。⑤ 在国民党政权的高压下，杭州市工人运动进入低潮，工会组织呈萎缩萧条之势。据国民党中央执行委员会民众运动指导委员会的调查，1935年杭州市工会组织共18个，其中职业工会13个，会员数4563人，产业工会5个，会员数1973人。⑥ 这一时期，杭州市的劳资冲突发生频率明显降低。1928年发生30起，1929年发生24起，1930年发生9起，到1931年仅发生3起。⑦ 这一时期的劳工抗争大都是围绕工资、待遇、雇佣、失业等工人自身的生存展开的经济斗争。由于缺乏像武汉这样的工业产业基础，这一时期杭州的劳工抗争主体大都是

---

① 杭州市总工会：《本会成立经过》，《杭州市总工会工作汇刊》，1930年6月，第1页。
② 中央民众运动指导委员会编《二十一年度各地工会调查总报告》，1933，《民国时期社会调查资料汇编》第23册，第117页。
③ 《各省县市工会及会员数目之统计》，载工商部劳工司编《调查报告》，1930，第1页。
④ 国立劳动大学编《国立劳动大学月刊（杭州市社会事业调查专号）》，1930，《民国时期社会调查资料汇编》第29册，第276页。
⑤ 单建明：《浙江工人运动史》，第151页。
⑥ 国民党中央执行委员会民众运动指导委员会编《全国人民团体统计》（1935年），《民国时期社会调查资料汇编》第22册，第206页。
⑦ 单建明：《浙江工人运动史》，第161页。

米业、锡箔业、蜡烛业、造纸业等轻工业和手工业工人以及部分店员。这些抗争较为分散,难以发展成为大规模的集体行动。

抗战全面爆发后,在以国共合作为基础的抗日民族统一战线旗帜下,武汉工人组织与工人运动迅速发展,各业工人抗日救亡团体纷纷成立。国民党组织了汉口市总工会和96个基层工会。① 南京沦陷后,武汉曾作为"战时首都",成为全国政治、经济、军事、文化中心,也是全国工人抗日救亡运动中心。1938年初,大约有170家工厂从上海搬迁到武汉,武汉工厂短时间内激增。然而,随着武汉局势的日益严峻,国民政府开始计划将武汉的工业企业逐步迁至内地,由此,武汉的工业生产在全面抗战初期呈现忽上忽下的不稳定状态。② 武汉沦陷后,日军占据了未能搬迁的工厂,相继成立华中电气股份公司、日华纺织株式会社等公司、工厂。在劳工方面,采取统制政策,强迫工人参加伪工会和进行劳工登记。1939年8月,伪武汉特别市劳工协会成立。该会成立后,即制定《武汉特别市各业工会组织简章》,并多次在报上发表文章,强迫工人入会,但收效甚微。1940年8月伪劳工协会结束时,全市仅成立56个伪工会。③ 全面抗战爆发后,杭州工人在中共地下组织领导下,成立了消防队、运输队、纠察队、救护队等。交通运输工人把工厂设备、物资和难民运往浙西南后方。1937年12月,杭州沦陷,浙江省主席黄绍竑离杭。沪杭铁路、杭州电厂、三友实业社、纬成丝厂等工厂、企业的工人纷纷撤至后方。各种工会组织与人民团体在无形中解散。

小　结

民国时期的武汉与杭州是国民党政权在长江中下游地区有效控制的重要城市。两个城市均经历从传统商业城镇向现代工商业城市的转型。武汉形成了轻工业与重工业齐头并进的产业结构,杭州形成了以丝绸、纺织等轻工业与手工业为主的产业结构。20世纪20年代,两地劳工政

---

① 《武汉市志·社会团体志》,第37页。
② 〔美〕麦金农:《武汉:1938——战争、难民与现代中国的形成》,李卫东、罗翠芳译,武汉出版社,2008,第70页。
③ 《武汉市志·社会团体志》,第39页。

治的脉络演进有所不同。在武汉，共产党人将重点放在铁路、纺织等依托庞大工业基础的产业工人群体身上，后者成为20世纪20年代武汉工运的主要力量。在杭州，共产党的革命动员工作在印刷业工人中展开，他们也成为杭州早期工人运动的先驱。

  南京国民政府时期，武汉、杭州的工人运动都在国民党政权的高压管控下，国民政府在两地成立了各级工会组织，以控制工潮与减少劳资纠纷事件的发生。抗战全面爆发后，国统区中心城市相继沦陷，工会组织与工人运动在无形中解散。1945年抗战结束后，对于还都南京的国民党政权而言，其任务之一是要恢复工商业发展，整合社会群体。在这一背景下，在各地重建城市工会组织体系提上了地方政府的议事日程。

第二章 战后城市工会的重建

抗战时期，国民党政权通过行政三联制等一系列措施，在强化中央集权的基础上，促进官僚体制的理性化，提高行政效率。① 与此同时，战争给国民党政权的财政税收造成极大冲击。尽管国民党政权在抗战期间力图保持财税体制的稳定，然而战争对税收与经济等方面的负面影响使国民党政权不得不变更财税体制，开辟新税收来源，其措施备受诟病。② 抗战结束后，国民党政权立即着手沦陷区敌伪资产的接收工作，希望通过大规模的经济接收来挽救国统区濒于崩溃的财政经济。③ 在国统区中心城市，国民党政权希冀通过重建社会组织稳定社会秩序，巩固政权统治。战后工会组织重建，即是在这一背景下展开的。根据社会部统计处的数据，1945 年底的各类人民团体总数是 32526 个，其中工会 4359 个；1946 年底，各类人民团体总数上升至 46007 个，工会数量也达到 6353 个。工会的会员数也从 1945 年底的 1522003 人上升到 1946 年底的 2046710 人。④

战后工会组织重建过程的关键环节是对工会组织实施有计划、有步骤的改造。战争遗留的诸多问题，加之内战时期政局动荡与经济社会秩序的混乱，使这一过渡时期的国民党政权与工会组织的关系错综复杂，在城市工会重建的过程中，困难与障碍重重。基于此，本章拟以武汉、杭州为对象，考察战后国民党政权重建工会组织体系的过程。

---

① Morris L. Bian, "Building State Stucture: Guomindang Institutional Rationalization during the Sino-Japanese War, 1937 – 1945," *Modern China*, Vol. 31, No. 1 (Jan., 2005), pp. 35 – 71.
② Felix Boecking, "Unmaking the Chinese Nationalist State: Administrative Reform among Fiscal Collapse, 1937 – 1945," *Modern Asian Studies*, Vol. 45, No. 2, *China in World War II 1937 – 1945: Experience, Memory, and Legacy* (March 2011), pp. 277 – 301.
③ 刘克祥、陈争平：《中国近代经济史简编》，浙江人民出版社，1999，第 647 页。
④ 社会部统计处编《人民团体统计年报（1946 年度）》，《民国时期社会调查资料汇编》第 22 册，第 403 页。

第一节　民国时期的工会立法与管控

　　法律是国家意志的体现。政府颁布的工会法令不仅对其组织结构、行业划分进行规定以促进其数量上的增长和治理结构的规范，也体现了政府对于工会在国家治理结构中的制度安排。北洋政府时期，曾公布工会组织暂行条例，"凡从事同一职业之劳动者有五十人以上，得依本条例组织工会。工会为法人。工会之区域以市或县之区域为标准，其合两区域以上设立工会者，须经省之主管署认可"。[①] 南京国民政府成立后，国民党政权通过两种方式对工会组织进行规整和管控。第一，制定和颁布更为详细、具体的工会法规，切分工会的规模结构。1928年7月，南京国民政府颁布了《工会组织暂行条例》，规定工会系统由全国总工会—省、特别市总工会—县、市总工会，各业工会，各区、厂工会—分会支部—小组组成。随后，国民党中央常务委员会又通过了《特种工会组织条例》，规定铁路工会、海员工会、矿业工会、邮务工会、电务工会等五种工会为特种工会，其组织系统亦以纵向结构进行设置。[②] 相关工会组织条例沿袭了大革命时期关于劳工的条文规定，承认全国总工会及各特种工会的法律地位，希望通过模仿此前中国共产党组织工会的模式建立纵向的工会系统来打通和改变国民党与工人的关系。[③]

　　1929年10月21日，国民政府颁布《工会法》，以立法的形式对工会组织予以承认。然而该法案颁布后，引起广泛争议，各省市政府对《工会法》在具体案件中的解释尺度把握不准，纷纷上呈国民政府。[④] 为此，南京国民政府曾于1931年12月、1932年9月、1933年7月对《工会法》的个别条文做过三次修改，各类解释《工会法》的著述层

[①]《暂行工会条例》(1922年2月25日)，《司法公报》第4期，1922年，第49页。
[②] 中国国民党中央执行委员会秘书处：《工会组织暂行条例》，《中央党务月刊》第3期，1928年。
[③] 田明：《转型中的国民党与工会——以南京国民政府建立初期的劳资关系为视角》，《社会科学辑刊》2016年第5期，第143页。
[④]《行政院密呈据工商部呈为关于各省市政府请解释工会法疑义等情事》(1930年5月20日)，《国民政府》，台北"国史馆"藏，典藏号：001-012146-00014-021。

出不穷。① 相关法规提到工会组织成立的目的在于"以增进知识技能，发达生产，维持改善劳动条件及生活"，对于产、职业工会组织的区别与成立门槛，相较于北洋政府时期有所廓清。"16岁以上，现在从事业务之产业工人，人数在100人以上或同一职业工人人数在50人以上时得适用本法之规定。"对国家行政机构以及邮政、航海、铁路等国营企事业部门的工会组织做出严格限定，对工会组织的筹备流程、向上级政府报备程序等问题做了明确规定。②

1927年四一二政变后出任上海市工会组织统一委员会（简称工统会）组织部部长的李子峰曾言："国民党系以党治国，鄙人等虽非工人，然亦一国民党之党人，本以以党治国之主义，弥恐工人智识太浅，组织不能臻于完善，且动辄为人利用，故即以当人资格来指导一班人，组织一真实工会。"③ 李子峰的话体现出国民党政权管控工会组织的第二种方式，即安排国民党党员在工会组织担任领导，以便直接控制工会。曾任国民党中央委员的谬斌主张，"各民众团体组织的规模宜小，各直接隶属听命于所在地之党部，而由党部来网络整个的系统，不得再像从前为大规模政党式的组织"。④ 国民党在颁布的《民众运动案》中也强调，"人民在法律范围内，有组织团体之自由，但必须受党部之指导与政府之监督"。⑤ 1929年国民政府颁布的《工会法》对罢工有严格限定。"劳资间之纠纷非经过调解仲裁程序后，于会员大会以无记名投票得全体会员三分（之）二以上之同意，不得宣言罢工。工会于罢工时不得妨害公共秩序之安定，及加危害于雇主或他人之生命财产。工会不得要求超过标准工资之加薪而宣言罢工。"⑥ 可见南京国民政府时期，真正

---

① 相关著述主要有：立法院秘书处编《立法专刊》第2辑，民智书局，1933；朱奕真编《工会法释义》；张廷灏《中国国民党劳工政策的研究》，大东书局，1930；王云五编《劳工问题》，商务印书馆，1933；李剑华《劳动问题与劳动法》，太平洋书店，1928；俞钟骆《国民政府统一解释法令续编》，上海律师公会，1934；栗伯隆《县政大观》，1938；等等。
② 中国国民党中央执行委员会社会部编《工运法规方案》，1941，第2~6页。
③ 上海档案馆编《1927年的上海商业联合会》，上海人民出版社，1981，第256~257页。
④ 缪斌：《确定民众运动之方针案》，《申报》1928年8月8日。
⑤ 《民众运动案》，《中华民国史档案资料汇编》第5辑第1编《政治》（2），第55页。
⑥ 国民政府立法院编《工会法》（1929年11月1日施行），载张廷灏《中国国民党劳工政策的研究》，第179页。

独立的工人团体是不存在的,工会组织只能在国民党的政治与法律框架之下,为其政治需要服务。[①] 国民党政权在法理与组织人事制度层面将工会组织纳入官僚体制,提升了领导民众运动的组织规格,希冀通过对民众运动内部的"整理"来灌输"三民主义",达到有效控制民众运动的目的。

抗日战争全面爆发后,各级社团组织大都陷入瘫痪状态,失去组织功能。"各种人民团体,或因地区沦陷,或因人事变迁,组织停顿,渐多不能活动,其在后方者,亦难免有不合法定组织未能发挥其功能。"[②] 有鉴于此,国民政府颁布了一系列旨在加强控制人民团体的法规,并对人民团体进行重新备案管理。1940年8月,国民党第五届中央常务委员会第155次会议重新制定《非常时期党政机关督导人民团体办法》。原先管辖人民团体的社会部于1940年11月改隶行政院,对原有的人民团体重新加以整顿。1941年4月,国民党五届八中全会决定在人民团体管辖权移交政府后,国民党改取于各人民团体中组建党团的形式。根据1942年2月颁布的《非常时期人民团体组织法》和1942年3月颁布的《人民团体组织指导员任用(服务规则)》,工会的干部与书记要由政府任命,同时根据《国家总动员惩罚暂行条例》,禁止一切罢工。[③] 新的办法和条例将人民团体由国民党直接控制改为政府管理,使其在形式上作为政权组织整合社会的中介更加名正言顺,但国民党对"中间组织"的控制不但没有削弱,反而更加严密了。[④] 截至1942年2月底,"经部核准组织之人民团体,连同前中央社会部核准者,计共20806个,其中职业团体16273个,社会团体4533个,在职业团体中,各级工会3455个"。[⑤] 在调整社会组织的过程中,对于工会组织结构的划分,有特种工会、产业工会、职业工会等不同类型。"特种工会涵括公路工会、海员工会、民船船员工会、盐业工会、矿业工会几种类型;产业工会包括冶炼、面粉、棉纺织、

[①] 朱英主编《中国近代同业公会与当代行业协会》,中国人民大学出版社,2004,第334页。
[②] 社会部统计处编《社会部核准备案之全国人民团体统计》(1944年12月底),《民国时期社会调查资料汇编》第22册,第255页。
[③] 〔日〕中村三登志:《中国工人运动史》,王玉平译,工人出版社,1989,第177页。
[④] 许纪霖、陈达凯主编《中国现代化史》第1卷,学林出版社,2006,第440页。
[⑤] 社会部统计处编《社会部核准备案之全国人民团体统计》(1944年12月底),《民国时期社会调查资料汇编》第22册,第255页。

丝织、缫丝、制革、缝纫、砖瓦、玻璃、电器、煤炭、矿业、盐业、火柴、造纸、制药、自来水、水泥等行业；职业工会包括机器制造、冶炼、碾米、面粉、造酒、屠宰、制油、制糖、制茶、丝织、缫丝、毛织、针织、缝纫、兽运、人力车、板车、木工、石工、篾作、厨役、理发、油漆、造纸、印刷等行业。"①

这一时期，国民党政权颁布了强制工人加入工会的政策，并且加强了对工人的训练。1940 年 11 月公布的《非常时期职业团体会员强制入会与限制退会的办法》是组织农民、工人、渔夫及商人等最严厉的法规，亦是明显地剥夺人民自由的法规。② 1941 年 3 月 20 日，重庆市社会局发布了"办理强制工人入会"的政策，认为强制工人加入工会"关系今后劳工政策前途"，规定自指定的办理截止日期起，"凡经本局强制入会之主□，不得雇请该业无本局钤盖钢印会员证之工人。违则除取缔工人外，并处罚主方。凡经本局强制会员入会之各业工会，嗣后吸收会员，须由本局斟酌该业业务情形，决定应补充人数"。③ 1941 年 8 月 21 日行政院"非常时期为加强工会之管制起见"，公布《非常时期工会管制暂行办法》。该办法规定管制工会的顺序是"先从运输、市政、文化各类重要职业工会实施，次及各重要产业工会"；主要管制措施有"依法派遣曾经训练合格人员，充任工会书记""分期调集工会理、监事或会员，实施思想、生活、业务等训练"等。④ 这表明"工会的组织权是受限制的"，且"政府对于工会有极大的权力"。⑤ 这一时期，国民党政权开始注重对基层工会组织的管控。社会部部长谷正纲提出，"严密工人组织，强化基层机构，扶植正当优秀工人干部"，"训练合格之党员团员派充工会书记"，"尤着重与国防军需及人民生活关系最切之交通、运输、市

---

① 社会部统计处编《已履行总登记暨总登记后新成立业经社会部核准备案之全国人民团体统计》（1943 年 12 月底），《民国时期社会调查资料汇编》第 22 册，第 223～234 页。
② 陈达：《我国抗日战争时期市镇工人生活》，第 167～168 页，转引自刘明逵、唐玉良主编《中国近代工人阶级和工人运动》第 10 册，第 529 页。
③ 《为办理强制工人入会办法签请核示由》（1941 年 3 月 20 日），重庆市档案馆藏，档案号：053-2-1035。
④ 《非常时期工会管制暂行办法》（行政院 1941 年 8 月 21 日公布），转引自刘明逵、唐玉良主编《中国近代工人阶级和工人运动》第 10 册，第 529 页。
⑤ 陈达：《我国抗日战争时期市镇工人生活》，第 12 页，转引自刘明逵、唐玉良主编《中国近代工人阶级和工人运动》第 10 册，第 533 页。

政、文化及工矿事业工人,限期成立工会"。① 在 1944 年颁布的《工会章程准则》中,除保持"增进工人智识技能、发达生产、维持改善劳动条件及生活"的规定外,新增了"协助政府关于国防及生产等政令之实施",试图将工会组织与国家体制更紧密地维系在一起。②

抗战胜利后,经济与社会秩序亟待恢复。国民政府早年成立的一系列工会因超过选举期,再加上战争变故,早已名存实亡。沦陷期成立的伪工会也面临重组。还都南京的国民政府亟须通过重建工会将劳工群体纳入自身控制之下。战后,国民政府制定劳工政策,在劳工组织方面规定,"各业员工应依照从业类别依法组织工会","社会部于辅导劳工组织团体之际,应注意培养其政治意识及遵守纪律之精神与行使四权之能力,使成为健全之公民与坚强有力之民主集团"。③《收复地区人民团体调整办法》规定,"收复地区之人民团体,除系受敌伪指挥组织成立外,应一律勒令解散",又"收复地区人民团体之调整,由该地县市政府办理","凡应整理改组或改选之人民团体,均由该地县市政府派员指导"。④ 国民政府一面沿用全面抗战前颁布的《工会法》,一面"秘查修正工会法即将完成立法手续,公布施行"。⑤

这一时期,国民政府按照《收复地区人民团体总登记办法》,对收复区工会进行复原和整改,延续了抗战时期强制工人入会并限制退会的制度。1947 年 6 月 13 日,国民政府颁布修改后的《工会法》。该法令"最要者为省总工会,各业全国联合会与全国总工会之纵的系统组织,暨有关团体协约之缔结修改或废止,劳资纠纷事件之调处及参加仲裁,工会代表之参加工厂会议,童工得享受会员之福利权益等项。……自此再度修正之工会法公布后,各省总工会,各重要产业工会全国联合会,与

---

① 《社会部长谷正纲呈复加强组训工人之方针与现状》(1942 年 12 月 23 日),《国民政府档案》,台北"国史馆"藏,典藏号:001-055000-00002-007。
② 《工会章程准则》(1944 年 8 月 2 日社会部修正),载蔡鸿源主编《民国法规集成》第 43 册,黄山书社,1999,第 118 页。
③ 《中华民国劳工法令汇编》,第 817~821 页,转引自刘明逵、唐玉良主编《中国近代工人阶级和工人运动》第 13 册,第 339~340 页。
④ 《收复地区人民团体调整办法》,武汉市档案馆藏,档案号:9-17-21(1)。
⑤ 《为修正工会法即将颁布致社会科》(1946 年 1 月 20 日),武汉市档案馆藏,档案号:9-17-260(2)。

全国总工会，乃得依法筹组，顺序成立"。①

战后，国民党政权企图借重建各级工会组织的机会，由国民党党员把持各级总工会，实现国民党对工人和工会组织的掌控。这一时期，工运政策文件尤其强调对工会组织的控制。1947年3月召开的国民党六届三中全会通过的《工人运动实施纲要》规定，"党部与社政机关，对于指导工会组织工作，应密切配合，党部并应指挥党员建立党团，切实领导，凡工会理监事书记重要职务，须设法使优秀党员当选充任"。② 内政部拟定的《加强全国工运实施方案》针对全国总工会及各业工会联合会规定，"各会至少经常有常务理事一人主持会务，并与政府保持密切联系"。③ 此外，"防共"也是其目的之一。而为了同中共争夺工人领导权，国民党也势必要占领工会。内政部颁布的《加强全国总工会及各业工会联合会组织办法》规定，"各工会理监事，其有甘心附匪者，应即撤销其理监事职务，开除其会籍"，"全国总工会及各业工会联合会会址，应设中央政府所在地"。④ 不难看出，在内战时期，国民党政权对维系统治秩序高度敏感。

第二节 战后城市工会的重建

抗战胜利后，国民党政权的一项重要工作，即是恢复、重建各类社会团体。在地方政府的主导下，工会组织在国统区主要城市重建。在天津，地方政府接管了从日本人手中没收来的7家纱厂，并在这些纱厂里设立工会。在此之后，其他多数工厂和许多小厂也相继成立工会。1946年9月，注册的工会会员人数达到44148人。⑤ 规模最大、

---

① 中国劳工运动史编纂委员会编《中国劳工运动史》（四），第1669页，转引自刘明逵、唐玉良主编《中国近代工人阶级和工人运动》第13册，第511页。
② 《中华年鉴》，第189页。
③ 《加强全国工运实施方案》，《中华民国史档案资料汇编》第5辑第3编《政治》（4），第20页。
④ 《加强全国总工会及各业工会联合会组织办法》，《中华民国史档案资料汇编》第5辑第3编《政治》（4），第11页。
⑤ 〔美〕贺萧：《天津工人，1900～1949》，许哲娜、任吉东译，天津人民出版社，2016，第302页。

会员数量最多的纺织工会于1947年4月成立,天津市总工会亦于同年8月成立。① 武汉、杭州等长江中下游的重要城市,亦相继重建工会组织。

一 武汉工会的重建

国民政府重建工会组织体系的要求得到地方政府的响应。地方政府指定特定人选为总工会负责人,旋即以其为班底组织成立整理委员会,待人员基本就绪后召开成立大会,在政府监督下举行就职典礼,一个工会的改头换面即宣告完成。1945年9月,汉口市政府指定"舒元吾为工会指导员",着手各级工会的整体改造。② 然而舒元吾受命不几日,工作尚未全面展开,政府即对总工会下达"解散"指令,任命邮务工会理事长张恩泽为负责人,另行筹组总工会。地方政府不满汉口市总工会的选举流程,对其在沦陷期内的活动存在担忧。在汉口市政府看来,汉口市总工会尽管成立较早,但"未依照法定期限改选,早已无形消灭",且"在本市沦陷期内,在敌伪指挥下,组织成立"。1945年10月12日,汉口市政府要求汉口市总工会"依法应予解散,停止活动,听候另令处理"。③

接到政府指令两天后,汉口市总工会理事长倪元"将属会所有器具文卷信印造具清册存会",并"候命移交情形备文呈请鉴核,准予早日派员接管"。④ 10月16日,汉口市政府命令汉口邮务工会负责人"于本月18日上午九时前往该会暂为接管,并派本府社会科股长陈健同志监视交接"。⑤ 该日,邮务工会常务委员刘光汉、张恩泽、陈润东等人奉命前往接收。社会科股长陈健逐项清点总工会职员交出的"文卷家具移交清册",并指令邮务工会追回码头工会及第三区党部所借去的家具物件。⑥ 11月18日,汉口市政府宣布邮务工会的张恩泽、周齐平、刘光汉等七

---

① 中国纺织建设公司天津分公司编《天津中纺二周年》,1947,第181~182页。
② 《市党部加强民运,指定工、农、商会指导员》,《华中日报》1945年9月3日。
③ 《汉口市政府指令》(1945年10月12日),武汉市档案馆藏,档案号:9-17-21(1)。
④ 《为将属会器具文卷信印造具清册存会候命移交呈请鉴核由》(1945年10月14日),武汉市档案馆藏,档案号:9-17-21(1)。
⑤ 《汉口市政府指令》(1945年10月16日),武汉市档案馆藏,档案号:9-17-21(1)。
⑥ 《社会科职员陈健签呈》(1945年11月18日),武汉市档案馆藏,档案号:9-17-21(1)。

人为汉口市总工会整理委员会常务委员,①并督促其尽早"前往该会接收,组织本市总工会整理委员会理事整理"。②12月1日,新成立的汉口市总工会整理委员会在邮务工会会址举行第一次整委会议,敲定了内部组织及各部人选。"公推张恩泽同志为本会主任整理委员,周齐平、李雨田、李作舟三同志为本会秘书。"③自此,张恩泽出任整改后的汉口市总工会第一任主席,国民政府完成了对汉口市总工会的战后重建。

以由政府指定人选而非基层工会组织选举产生负责人的方式改造工会,无疑是要打造一个忠实于政府的拥趸。汉口邮务工会成立较早,会员较多,经济实力相对厚实,是国民政府的官办工会。"民国十六年间汉口邮工会一度组织工会,旋即无形停顿。二十一年五月上海等地发生罢工风潮,邮务总会派王树藩、王宣声二人来汉指导,爰于是年八月十四日依照总会所制章程,召集代表大会,选举执监委员,成立工会。汉口市有会员500余人,各县有会员约600余人,共计1100余人。经费分入会费及月费两种,入会费按薪收百分之三,月费按薪收百分之一,计平均每月收入在二百三四十元左右。会址现设于长康里。"④且邮务工会具有浓厚的国民党体制背景,"与党派和政府关系密切"。⑤因此,汉口市政府指定邮务工会负责人前往汉口市总工会任整委会委员,并办理交割手续。在改造的过程中,从资产清点到召开整委会大会,每一步都是在汉口市政府的指令和代表监督下进行。

1945年10月,汉口市政府规定,"暂将本市各人民团体名称,一律改为筹备会,现有之各负责人,改为筹备会员,听候本府派员督导组织

---

① 双方在决定整委会常务委员的人选上,略有波折。11月17日社会部武汉区特派员办事处用笺上说:"这是最后一次名单,双方弟兄苦心解释,均愿接受弟之意见,倘再发生问题,以后弟亦不便多过问矣。请兄速核,即日发表,免再生枝节,所谓快刀斩乱麻也即……"人选名单由汉口市政府定夺,总工会既然被整改,自然没有讨价还价的权力。因此,可以推测其波折为汉口市政府与邮务工会对人选意见的不一致。而能够产生波折,也说明邮务工会对汉口市政府的意见并非百分之百"言听计从"。鉴于原档案残缺不全,无法相对对照考证,只能做此推测。
② 《汉口市政府指令》(1945年11月18日),武汉市档案馆藏,档案号:9-17-21(1)。
③ 《汉口市总工会整理委员会致汉口市政府社会科》(1945年12月13日),武汉市档案馆藏,档案号:9-17-21(1)。
④ 《民国二十二年中国劳动年鉴》第2编,载沈云龙主编《近代中国史料丛刊三编》第60辑,第25页。
⑤ 刘明逵、唐玉良主编《中国工人运动史》第4卷,广东人民出版社,1998,第92页。

正式团体"。① 自此开始了对产、职业工会的重建工作。这一工作集中在1945年10月至1946年10月,少数工会的筹备与成立延至1947年和1948年。以武昌市为例。在1949年3月的调查表中,武昌市总工会下属各产、职业工会总共50个,其中1945～1946年成立的就有32个。② 到1946年4月,经汉口市总工会指导成立的工会有邮务、纺织、码头、人力车业等60余个,"约占本市工会百分之八十以上,其余少数未成立之工会,预计在一、二周内亦可尽数成立"。③

通过行政手续挂牌成立后,各工会组织相继召开会员代表大会,选举理监事成员,并上报总工会和市政府。1946年4月30日,湖北省政府致电汉口市政府,明文规定:"加强工人团体组织为本年度中心工作,亟应积极推动","务应于本年度内一律完成各业工会及市县总工会组织,尤应尽先于6月底以前完成运输、纺织、印刷、机器、冶炼、烟业等业工会之组织"。④ 经过汉口市总工会的整理,5月底,汉口市各业工会"正式选举成立者已有70余单位,占全市工会百分之九十以上"。⑤

国民党政权本希望能够按期完成工会组织的重建工作,但在重建过程中,派系矛盾、人事纠纷等问题不断,在一些规模比较庞大的工会组织内部,这一现象尤为突出。因此,又不得不对工会组织的人员构成、组织章程等问题进行修正。这样导致,虽然工会组织的主要重建工作在1947年前告一段落,但是1947年后直到1949年还是有断断续续的重建工作进行。在1947年8月至11月武昌市政府指导成立的12个工商团体中,有7个工会,4个同业公会,1个农会。⑥ 可见工会占比重最大。而规模较大者如第一纱厂纺织产业工会、人力车业职业工会等,因规模庞大,各方利益纠缠其中,内部关系协调复杂,其重建工作均在产、职业

---

① 《汉口市政府训令》(1945年10月20日),武汉市档案馆藏,档案号:9-17-21(1)。
② 《武昌市人民团体组织概况表(工会部分)》(1949年3月),武汉市档案馆藏,档案号:18-10-1394。
③ 《汉口市人民团体组织情况概况表》(1946年4月23日),武汉市档案馆藏,档案号:9-17-260(2)。
④ 《湖北省政府快邮代电》(1946年4月30日),武汉市档案馆藏,档案号:9-17-260(2)。
⑤ 《汉口市各业工会整改情况报告》(1946年5月28日),武汉市档案馆藏,档案号:9-17-260(2)。
⑥ 《武昌市政府指导组织工商团体一览表》(1947年8月至11月),武汉市档案馆藏,档案号:9-2-53。

工会主体整改结束之后完成。

重建工会的方式有两种，一种是从上至下按照政府指令组织成立，另一种是从下至上工人自行组织报政府批准成立。前者占绝大多数，以从业者数量较多的产业和职业群体为主。后者以各类手工业从业者群体为主。武昌市皮鞋业职业工会就是后者。1947年3月1日，该工会组织者李鸿钧联名20多人致函武昌市政府，以"增进工友福利及拥护复工政令"为由，要求成立武昌市皮鞋业职业工会。① 3月7日，政府批示"准予依法组织"。② 无论是自上而下还是自下而上，都必须在总工会和政府的管控范围内。政府用经过改组和重建的总工会监督产、职业工会的重建。无论是政府指令组织成立还是工人自行组织报政府批准成立的工会，都由汉口市总工会整理委员会监督改造，而后将情况上报市政府，由汉口市政府裁夺是否准予成立。

政府依照行政区划组织工会结构。汉口和武昌两地为市级区划，两市的总工会分别管理各职业、产业工会，各职业、产业工会下面再按职能划分不同的分会。而汉阳为县级区划，人口规模、职业分类均无法和汉口、武昌相比，因此，在工会隶属结构上也较汉口、武昌简单。以三镇码头业职业工会为例。1947年7月成立的汉口市码头业职业工会，下设13个分会，会员20391人；各分会常务干事78人，组长576人。③ 1946年3月7日成立的武昌市码头业职业工会，下设13个分会，1947年改为"支部"，共57个小组，理监事14人，干事20人，会员2397人。在汉口和武昌，两个码头业职业工会下是按地域划分的各个分会，向上隶属于本市总工会。而汉阳因地域规模限制，没有采取按地域划分的方式，而是按照码头业务成立相关职业工会。汉阳于1946年3月成立了码头业职业工会、竹木搬运业职业工会、抽包过档业职业工会和笆挖缝包业职业工会，均属汉阳县总工会，计有理监事31人，会员2561人。④

---

① 《为成立皮鞋业职业工会呈请鉴核由》（1947年3月1日），武汉市档案馆藏，档案号：18-10-4397。
② 《武昌市政府指令》（1947年3月7日），武汉市档案馆藏，档案号：18-10-4397。
③ 黎霞：《负荷人生：民国时期武汉码头工人研究》，博士学位论文，华中师范大学，2007，第157页。
④ 《武汉市志·交通邮电志》，第436页。

第二章 战后城市工会的重建

重建后，汉口工会组织的规模和数量远远超过武昌和汉阳。这与武汉三镇工业经济规模直接相关。重建后的汉口市产、职业工会总数为107个，总人数为290625人。根据统计，武昌市有工会43个，工人人数9583人。[1] 重建后的武汉工会，绝大部分为职业工会，只有小部分为产业工会。在近代，产业不发达，职业工会一直是工会组织的一种重要形式，与产业工会长期并存，并且，在相当长的一个时期，其组织的数目甚至超过产业工会。[2] 以汉口市工会为例，汉口产业工会仅有水电业产业工会、蛋厂业产业工会等8个，占汉口产、职业工会总数的7.47%，其余全部为职业工会。可见职业工会数目之多。

产业工会虽然数目不多，但并不妨碍其成为一支强大的力量。8个产业工会的会员人数总共为39839人，占工会会员总人数的20.4%，其中又以纺织业产业工会、印刷业产业工会、纸烟制造业产业工会、棉花产业工会的人数为多。在职业工会中，会员超过1000人的共有27个，占职业工会总数的27%，其余大部分会员只有区区数百人。产业工会的绝对数量少、相对人数多的特性，加之工人工作场所较为集中，既为其增加了与政府和资方谈判的底气，也造成其内部关系错综复杂，导致管理混乱。

在工会演变的过程中，工会领导的特征也在发生变化。来自下层的、以领导"一番事业"而自居的旧式工会领导人被更为专业的新式领导人取代。[3] 重建后，更换的理事及常务理事的专业背景更加突出。汉口市装修水管业职业工会新任理事长蔡鹏"历任营造厂设计师，经理"，常务理事赵诚三简历为"青岛大学，曾任专员等职"。在专业化趋势不断加强的同时，国民政府用加强理监事党籍化的方式实行控制。汉口屠宰业职业工会，其新任理事长李生亮曾为"第一区公益分会干事及汉口分团组长"，汉口驳船业职业工会新任理事长李静园为"各区党部委员"。[4]

---

[1] 《武昌市工会与工人统计》，《工人报》1947年2月19日。
[2] 常凯主编《中国工运史辞典》，劳动人事出版社，1993，第38页。
[3] 〔美〕摩尔根编著《劳动经济学》，杨炳章等译，工人出版社，1984，第392~393页。
[4] 《指导人民团体改组整理总报告表》，武汉市档案馆藏，档案号：9-19-169。按，《指导人民团体改组整理总报告表》所属案卷为《令发人民团体整理总报告表及各团体工会名单》（1946年5月），全宗号：9，目录号：19，案卷号：169。该案卷收录了多份《指导人民团体改组整理总报告表》。这些报告表是各职业工会完成改组整理后，由各工会指导员填报整改情况而成，填报日期有所不同，不一一注明具体时间。

在各产、职业工会领导层,理事的专业化、党籍化趋势明显优于监事,体现出工会权力重心所在。监事多为该行业多年从业工人。以汉口市屠宰业职业工会为例(见表2-1)。

表2-1　汉口市屠宰业职业工会改组后理监事略历(1946年)

职务	姓名	略历
理事长	李生亮	曾充第一区公益分会干事及汉口分团组长
理事	韩荣山	从事本业十年
常务理事	彭海卿	曾充本会常务理事及理事长
常务理事	田云山	从事本业十二年
常务理事	姚海鹏	曾充本会理事
常务理事	胡伯恺	曾充本会常务理事及理事长暨区分部执委
监事	朱全州	从事本业九年
监事	张松山	从事本业十三年
监事	彭安义	从事本业七年
监事	徐思千	从事本业十三年

资料来源:《指导人民团体改组整理总报告表》,武汉市档案馆藏,档案号:9-19-169。

国民政府在强化理监事专业化、党籍化的同时,一方面扩充工会理监事的数量,一方面精简会员,双管齐下以求达到控制工会的目的。对照《指导人民团体改组整理总报告表》中各工会重建前后的理监事名单发现,各级工会理监事的名单重建后比重建前均有不同程度的扩充。

表2-2　产、职业工会改组前后负责人对照(1946年)

汉口市屠宰业职业工会改组前负责人姓名及职别

职别	姓名	职别	姓名	职别	姓名
常务理事	胡伯恺	理事	吴国瑞	理事	姚海鹏
理事	彭春山	理事	张铭山		

汉口市屠宰业职业工会改组后负责人姓名及职别

职别	姓名	职别	姓名	职别	姓名
理事长	李生亮	常务理事	姚海鹏	监事	彭安义
理事	韩荣山	常务理事	胡伯恺	监事	徐思千
常务理事	彭海卿	监事	朱全州		
常务理事	田云山	监事	张松山		

汉口市装修水管业职业工会改组前负责人姓名及职别

职别	姓名	职别	姓名
代表	吴炳兴	代表	冯桃元
代表	萧幼臣	代表	吴协和

汉口市装修水管业职业工会改组后负责人姓名及职别

职别	姓名	职别	姓名	职别	姓名
理事长	蔡鹏	理事	冯桃元	候补监事	邱清明
监事长	吴自涛	理事	吕汉臣	候补理事	徐升六
常务理事	赵诚三	理事	丁松善	候补理事	萧幼臣
常务理事	汪景明	监事	吴协和		
理事	陈伯勋	监事	王少龙		

资料来源:《指导人民团体改组整理总报告表》,武汉市档案馆藏,档案号:9-19-169。

与理监事层面的专业化、党籍化、扩充化相反,重建后的武汉产、职业工会除个别工会外,其余工会其会员人数相比改组前增减不一。[①] 究其原因,虽然十四年战乱造成的人口非正常迁徙、死亡等使得工会人员锐减,但战争胜利,后方大量工人返乡,使得战后城市工人数量较抗战时期有明显增长。因此,《指导人民团体改组整理总报告表》中重建前各工会统计人数与战后实际人数出入较大,从而导致重建前后会员数增减不一(见表2-3)。

表2-3 整改前后汉口市工会人数对比(1946年)

工会名称	整改前人数	整改后人数
汉口市印刷业产业工会	6000人	1652人
汉口市纸烟制造业产业工会	3800人	3281人
汉口市旅栈业职业工会	4000人	1485人
汉口市装修水管业职业工会	80余人	187人
汉口市酒饭面馆业职业工会	800人	1740人

资料来源:《指导人民团体改组整理总报告表》,武汉市档案馆藏,档案号:9-19-169。

[①] 《指导人民团体改组整理总报告表》中有些工会的报表中未注明改组前人数,为量化分析工会整改的会员变化带来一定难度。

二 杭州工会的重建

抗战胜利后,国民政府即开始筹划接收沦陷区的工作。1945年8月,国民政府制定了《行政院各部会署局派遣收复区接收人员办法》,规定行政院各职能部门经陆军总司令部批准,可以派遣相关人员至沦陷区从事接收工作。① 1945年9月14日,浙江省政府主席黄绍竑从淳安到达杭州,同日,杭州市市长周象贤接收了伪杭州市政府。② 战后杭州市的行政区划恢复为全面抗战前的八个区公所:第一区辖上城,第二区辖中城,第三区辖下城,第四区辖里外西湖,第五区辖南星桥以迄闸口,第六区辖艮山门外一带,第七区辖笕桥,第八区辖湖墅及拱埠。③ 浙江省政府各级机构陆续迁回杭州办公,并对日伪在浙江的机构与财产进行接收。

战后初期,在浙江省建设厅以及杭州市商会等机构的推动下,浙江省内丝绸、纺织等行业开始恢复。不少工商业从业者从外地迁回杭州,从事工业生产。"各业复员,百废俱兴,而浙西各丝厂遂亦纷纷复业,虽不及战前之盛,但较之抗战期间,则已呈蓬勃之气象矣。"④ 至1947年,杭州第一纱厂拥有纱锭16944枚,线锭456枚,布机开工221台,生产工人总数1148人,全年棉纱产量8251件,棉布产量86582匹。⑤ 杭州市政府也开启了户政调查、人民团体登记等一系列战后重建工作。对地方政府而言,在战后各业矛盾纠纷频频的情况下,将为数众多、工作分散的各行业从业者组织起来,有利于进行统一管理。1945年9月,杭州市政府开始进行全市人民团体登记。各级工会在政府的指导下纷纷展开筹备活动。

作为本区域各级产、职业工会的上级指导单位,杭州市总工会在

---

① 秦孝仪:《中华民国重要史料初编——抗日战争初期》第7编《战后中国》(4),中国国民党中央委员会党史委员会,1981,第10页。
② 金普森、陈剩勇编《浙江通史(民国卷)》(下),浙江人民出版社,2005,第323页。
③ 《十个月来之杭州市政》(1945年8月~1946年7月),《民国时期杭州市政府档案史料汇编(一九二七年——一九四九年)》,第296页。
④ 陈真《中国近代工业史资料》第4辑,第184页。
⑤ 许超:《杭州第一棉纺织印染厂的变迁》,载杭州市政协文史委编《杭州文史丛编(经济卷)》(上),杭州出版社,2002,第175页。

1946年初即已召开多次筹备会议,推举汪廷镜为杭州市总工会筹备委员会主席,"择定旧藩署9号为会址,并自3月1日起正式开始办公"。① 该处只是总工会的临时办公地址。事实上,作为全市产、职业工会的总负责单位,杭州市总工会在征得市政府许可的情况下,专门筹建了办公场所以装点门面。为此成立了会所筹备委员会,负责总工会办公经费的筹措以及办公场所的落实,其人员由杭州市各产、职业工会负责人互推,"筹委会视工作需要得设筹募及建筑两组,设总干事各一人,副总干事各二人,分别负责筹募及建筑工作,并得提请理事会聘请或指派工作人员若干人协助办理工作"。② 然而,这一办公场所的产权属于浙江省区救济院,"该院扩展救济,拟将本会现有会所收回自用",杭州市总工会与其多次协商要求延长租借期限,"均商无成议,该院仍将本会新行修妥之房屋收回一部份。本会既感修缮经营之艰难,复觉寄人篱下之非计"。③

对组织而言,用自我扩张的方式凸显自身部门的重要性,是常见的发展方式之一。1948年6月12日,杭州市总工会上报杭州市政府,提出在战后下属产、职业工会数量和规模增加和扩大的情况下,应当扩张总工会的组织机构。"上次总工会成立时所有参加团体仅20余单位,而目今杭市工人团体已达80单位,几超过原有单位4倍,因此总工会一切的处理多不能适应各工会的需要。此次总工会行将改选下届理监事人选,实应以罗致各方人才,吸收新血液,扩大组织,健全基础为原则。"④

战后国民政府立法院颁布的《工会法》规定:"凡同一区域同一厂场年满20岁同一产业之工人人数在50人以上或同一区域同一职业之工人人数在30人以上时,应依法组织产业工会或职业工会。凡同一产业内各部份不同职业之工人所组织者为产业工会。联合同一职业工人所组织

---

① 《杭州市总工会致杭州市政府》(1946年3月22日),杭州市档案馆藏,档案号:J14-1-183。
② 《杭州市总工会会所筹建委员会组织条例》(时间不详),杭州市档案馆藏,档案号:J14-1-183。
③ 《杭州市总工会工作报告》(1946年4月~1948年4月),杭州市档案馆藏,档案号:J14-1-1。
④ 《为总工会改选拟具两点意见谨请鉴核采择由》(1948年6月12日),杭州市档案馆藏,档案号:J14-1-183。

者为职业工会。"[1] 尽管大规模的工会重建工作发生在 1945 年 8 月至 1946 年 7 月，但 1945～1949 年，杭州工会的筹备与组织登记等工作持续进行，产、职业工会总数与会员总数不断上升。在杭州市总工会筹备时期，"本市仅有劳工团体 13 个单位"。[2] 截止至 1946 年 7 月，"履行登记者，共五十六单位，内工人团体九，商人团体四十七"。[3] 至 1946 年 12 月，杭州全市登记在册的工会就有 57 个，其中总工会 1 个，职业工会 49 个，产业工会 7 个。[4]

在杭州市产业结构中，工业产业比重较小，丝绸、纺织等轻工业及手工业比重较大。这一特点体现在战后杭州工人团体的结构中。"市总工会一，职业工会三十六，产业工会四。"[5] 至 1947 年底，杭州市工会共有 66 个，其中总工会 1 个，职业工会 57 个，产业工会 8 个。[6] 1947 年 11 月至 12 月，杭州市新成立的工人团体"计有经绒染业、擦鞋业、制糖业、制帽业、娱乐业、茶馆业、年糕业、针织业、炒货水果业等 10 个职业工会"。[7] 1948 年 6 月至 8 月，"经本府筹组团体计有馒饼油条业职业工会、兽运业职业工会"。[8] 1949 年 1 月至 3 月，"经本府策组之团体计有自来水厂业产业工会、织补业职业工会"。[9]《杭州市总工会工作报告》统计，"团体会员 79 单位，会员总数 52591 人"。[10] 尽管该报告日期

---

[1]《工会法》，杭州市档案馆藏，档案号：J14-1-1。
[2]《杭州市总工会工作报告》（1946 年 4 月～1948 年 4 月），杭州市档案馆藏，档案号：J14-1-1。
[3]《十个月来之杭州市政》（1945 年 8 月～1946 年 7 月），《民国时期杭州市政府档案史料汇编（一九二七年——一九四九年）》，第 305 页。
[4]《半年来之杭州市政》（1946 年 7 月～1946 年 12 月），《民国时期杭州市政府档案史料汇编（一九二七年——一九四九年）》，第 386 页。
[5]《十个月来之杭州市政》（1945 年 8 月～1946 年 7 月），《民国时期杭州市政府档案史料汇编（一九二七年——一九四九年）》，第 305 页。
[6]《杭州市政府工作报告（1947 年度）》，《民国时期杭州市政府档案史料汇编（一九二七年——一九四九年）》，第 477 页。
[7]《杭州市政府三十六年（1947 年）十一月至三十七年（1948 年）二月工作报告》，《民国时期杭州市政府档案史料汇编（一九二七年——一九四九年）》，第 501 页。
[8]《杭州市政府三十七年（1948 年）六月至八月工作报告》，《民国时期杭州市政府档案史料汇编（一九二七年——一九四九年）》，第 556 页。
[9]《杭州市政府三十八年（1949 年）一月至三月工作报告》，《民国时期杭州市政府档案史料汇编（一九二七年——一九四九年）》，第 577 页。
[10]《杭州市总工会工作报告》（1946 年 4 月～1948 年 4 月），杭州市档案馆藏，档案号：J14-1-1。

不详，但据其内容分析，该统计数字截止时间当在 1948 年 3 月之后。而在新中国成立初期杭州市总工会筹委会报告中，1949 年以前杭州市"各业职工在 6 万以上"，"共有 11 个产业工会与 76 个职业工会。产业工会会员共 17553 人，职业工会会员共 39210 人"。[①] 对比两组数字可以看出，后者明显超过前者，此亦可见一斑。

在重建各级工会的同时，地方政府也在对产、职业工会进行整改。1945~1949 年，不断有完成重建工作的工会被政府要求整改。以杭州为例，1947 年 11 月至 12 月，"经本府令饬改组之工人团体，计有机器铁工业、纺织业、缫丝业、脚夫业等四个职业工会"，1948 年 1 月至 2 月改组的工人团体"计有电气业产业、棉织业等二职业工会"。[②] 1848 年 3 月至 5 月，又改组"缫丝业、人力车业等职业工会"。[③] 政府对工会的整改主要集中在两个方面，第一，在组织结构层面，对工会的名称、业务范围等内容予以变更；第二，在人事安排方面，对工会的理事长及理事、监事等成员予以撤换调整。政府对工会组织的整改涉及行业秩序、组织边界等问题，属于重建工作完成后政府对工会的治理与管控问题，故将其放入后续相应章节中加以详述。

第三节 身份、地缘与组织边界：工会重建中的三个问题

在战后城市工会重建的过程中，有三个问题值得注意。第一个问题是身份认定。这类问题主要指向沦陷时期曾出任伪职的人员。被控告的人员多会以"汉奸"之名受到惩治。然而倘或得到党政部门为其开具的证明材料，则能规避审查。武汉沦陷时期，张希麟曾在伪商会任职。抗战结束后，张希麟被控告"于敌伪盘踞武汉时代，曾对敌献金三千元，

[①] 《杭州市总工会筹委会关于组织工作的报告（节录）》（1949 年），《中国工会运动史料全书·浙江卷》（上），第 392 页。

[②] 《杭州市政府三十六年（1947 年）十一月至三十七年（1948 年）二月工作报告》，《民国时期杭州市政府档案史料汇编（一九二七年——一九四九年）》，第 501 页。

[③] 《杭州市政府三十七年（1948 年）三月至五月工作报告》，《民国时期杭州市政府档案史料汇编（一九二七年——一九四九年）》，第 532 页。

献铁二吨",并被湖北省高等法院证实。① 然而汉口市商会却为张希麟开脱,声称"张希麟对同业办事公正,故敌伪时一致推为公会理事长,并未任他项伪职。在献金、献铁时,虽经伪商会摊派铁二吨、金三千元,由张希麟主张不缴,并未照缴市府,同业可以作证"。② 工会方面亦有类似情形。1946年2月,福新、记尧记等12家面粉厂14名工人联名呈报汉口市总工会,控告面粉业工会张义胜不但在沦陷时期充任"伪总工会及一区党部委员等职务",且目前"该张义胜竟仍充整委,不仅会务无法推进,抑且后患堪虞","请准予改组该会,另行派员整理,以利工运"。③ 汉口市总工会根据此材料,做出"张义胜确曾充任伪职,与伪社会局长王锦霞并有密切联系"的结论,认为张义胜不可靠,并上报市政府"请改组该会,另行派员整理"。④ 然而国民党汉口市党部否定了汉口市总工会的要求,"查明张义胜原为本市党部留汉地下工作人员,因身份暴露,与本市党部□□□委员亦愚同时被捕,被迫参加伪民众团体及党部工作",并认为该人"在任伪组织工作期内尚未发现不当行为",汉口市总工会"所请改组面粉工会一节应毋属议"。⑤

在杭州,经历了沦陷时期的混乱,地方政府决心对各社团负责人职业履历进行考察,以确保他们对政权的绝对效忠。杭州市在战后重建人民团体的过程中,要求各人民团体必须接受政府的考核,并以填写自传履历的方式交代个人及家庭历史。"各人民团体书记,均应由本府考询合格后,予以任用。"在社会科的建议下,市政府据"直属人民团体书记甄选训练办法","通知各业书记来本府社会科第一股办理考询手续,拟饬作自传一篇,对其服务商业,改进意见及

---

① 《湖北省高等法院检查处为查明张希麟汉奸嫌疑一案情形致汉口市商会函》(1947年2月1日),载郑成林、刘望云主编《汉口商会史料汇编》第5册,大象出版社,2020,第284页。
② 《汉口市商会为张希麟汉奸嫌疑情形之报告》(1947年2月12日),载郑成林、刘望云主编《汉口商会史料汇编》第5册,第285页。
③ 《为张义胜充任伪职,妨害改组祈鉴核由》(1946年2月3日),武汉市档案馆藏,档案号:9-17-21。
④ 《为张义胜充任伪职问题祈另行派员改组由》(1946年2月8日),武汉市档案馆藏,档案号:9-17-21。
⑤ 《为改组面粉业工会一节应毋属议》(1946年3月10日),武汉市档案馆藏,档案号:9-17-21。

办法作文一篇"。① "计合格者三十八人，由市府加委，准予任用，不合格者七人予以免职。"②

第二个问题是地缘与党派关系网络。裴宜理在近代上海的劳工政治研究中指出，近代中国的城市工人大多来自周边农村地区。地缘因素造成上海劳工内部的职业分殊以及不同劳工群体之间的分裂，但也促进了劳工群体内部的团结。同乡身份与工作机会之间的密切关系意味着移民工人的职业依赖于他们的地理渊源。来自相同地区的移民和相同行业中的同姓，构成了集体行动的潜在基础。③ 如果说近代上海的劳工主要来自广州、宁波、苏北等岭南及江浙地区，战后杭州不同行业的劳工群体则主要来自浙江省内不同地区。以洗染业职业工会为例，杭州市洗染业职业工会第三届理监事共17人，其籍贯地单一，全部来自绍兴，学历方面私塾者2人，其余皆为小学2至5年不等，绝大多数成员均任职于九源、大美、永兴等几个市内较大规模的洗染行。杭州市火柴业产业工会第三届理监事共16人，其中杭州市籍贯者10人，绍兴籍贯者2人，萧山籍贯者2人，安徽、诸暨籍贯者各1人。④ 杭州市丝织业产业工会理监事总共17人，其中有5名来自绍兴，6名来自杭州市，2名来自杭县，来自萧山、诸暨二处的各1名。⑤ 杭州市人力车业职业工会理监事17人，其中绍兴籍贯者14人，萧山籍贯者2人，宁波籍贯者1人。由此可以推断，战后杭州市洗染业与人力车业主要为绍兴籍垄断，丝织业与火柴业主要为来自杭州市与绍兴两地籍贯的工人所垄断。可见地缘因素对于增强工会的组织凝聚力起到了重要作用。

在近代中国工人群体尚未被现代职业与社会团体充分组织化的情况下，传统地缘关系纽带起到了组织与凝聚工人群体的作用。不少行业的工人均有明显的地缘垄断特点。然而，依托地缘关系并垄断了相关行业

---

① 《杭州市政府社会科呈杭州市政府》（1946年1月30日），杭州市档案馆藏，档案号：J14-1-181。
② 《十个月来之杭州市政》（1945年8月~1946年7月），《民国时期杭州市政府档案史料汇编（一九二七年——一九四九年）》，第305页。
③ 〔美〕裴宜理：《上海罢工：中国工人政治研究》，第32页。
④ 《杭州市火柴业产业工会第三届理监事简历表》，杭州市档案馆藏，档案号：J14-1-102。
⑤ 《杭州市丝织业产业工会理监事略历表》，杭州市档案馆藏，档案号：J14-1-11。

的工人群体，在工作场所中基于劳动分工形成派系矛盾，这种矛盾也会呈现在工会组织的重建及改选过程中。在杭州市丝织业产业工会重建和改组过程中，牵机组、正机组、力织组几个班组的负责人均觊觎理事长之职位，彼此产生龃龉冲突。① 在战后城市社会中，各行业的工人群体之间极易产生各种纠纷冲突。一旦发生矛盾，双方往往并非在工会的牵头下谈判协商，而是依照地缘关系网络各自集结同伙、同乡工人滋事，大打出手。因此，战后城市社会中劳工纠纷的常见形态是首先矛盾双方械斗冲突，随后工会跟进调解。战后城市劳动力的生存及工作环境日趋恶化的局面导致依靠暴力震慑获得行业生存利益的行为方式日渐抬头，旨在消弭冲突、调停和解的工会组织能够起到的作用日益受限。

南京国民政府成立初期，即与帮会存在千丝万缕的关联。抗战时期，国民党政权对于其与帮会之间的关系持含混的态度，"在战地重在运用，使其能效忠于国族，免资敌用。在后方则不准其公开活动"。"惟目前帮会活动中，党内同志即社会上之若干领导份子，亦有与之接近或参加者，应如何因势利导，纳入正轨，实为党与政府目前所应慎重考虑之问题。"② 抗战胜利后，帮会向劳工组织及政府渗透的问题日益严重。在武汉的产、职业工会中，地域帮派与党政军各种势力渗透的现象同样严重。工人进厂多由工头推荐或招募，工头又多选择从自己家乡以宗族纽带为背景招募工人，汉口市染纱业职业工会"工友多系浙江省籍"，包席赁碗橱工会"汉阳人占多数"，书笺印刷业工会工人"完全系武昌黄陂汉阳等县人多"，杂货酱烛业工会"工友均系武汉附近民众"，烟业行职业工会工人"籍贯均系咸宁"。③

帮会是具有鲜明地域色彩的民间秘密组织。这种地域色彩使得一些规模较小的工会因其会员籍贯一致而较团结，而一些规模较大的工会内部，不同工头所招募的工人籍贯不同，为帮会等地域色彩浓厚的派系势力滋生提供了罅隙，加之党政军各方势力彼此渗透，各派相互争斗，大

---

① 《杭州市丝织业产业工会理监事略历表及下城区委会对丝织业工会情况初步了解报告》，杭州市档案馆藏，档案号：J14-1-9。
② 《社会部长谷正纲呈复加强组训工人之方针与现状》（1942年12月23日），《国民政府档案》，台北"国史馆"藏，典藏号：001-055000-00002-007。
③ 《汉口市工会组织研究调查整理工会工作报告表》，武汉市档案馆藏，档案号：9-17-42。

大影响了其运作能力。一纱厂"厂内中统军统两方各领导一部分工人，故工人不明真相以致意见分歧"。① 而问题的严重性在于，招募工人并拥有基层管理经验的地域色彩浓厚的工头往往又加入了某些国民党派系组织，如军统、中统等，二者在业务与具体活动等方面的叠合势必引起工人之间的分化，削弱工人之间的凝聚力。这些有党派背景的工人及工会领袖，往往在战后城市社会中上下其手，招致多方不满。政府对此类工人也有所忌惮，处置起来往往保守谨慎，以不扩大事态为原则，既削弱了政府的权威，也使工会逐渐变为少数强势领导者的敛财工具，削弱了工会对工人的组织凝聚力。

不同工会之间的组织边界不明晰是第三个问题。由于法团主义视角下的组织团体"被组合进一个有明确责任（义务）的、数量限定的、非竞争性的、有层级秩序的、功能分化的结构安排之中"，② 其极为强调团体之间的边界明晰。组织边界的模糊不仅会造成组织认同感与凝聚力的弱化，更会影响组织的功能目标及角色定位的实现。尽管《工会法》第6条规定"在同一区域内之同一产业工人或同一职业只能组织一个工会"，但整改中经常发生关于工会职业行业边界定义不清的纠葛。"一个业务成立数个工会以致业务混淆，时起冲突者亦不乏其例"，"工会因业务划分难清，迭起纠纷，此伏彼起，成为各业工会争执焦点"。③ 冲突加剧时甚至引起械斗，"既损政府威信亦复妨害社会安定"。④ 汉口市锯木业工人想要单独成立锯木业工会的请求遭到木作业工会的反对。木作业工会认为"锯工与木工同一性质，不能另行组织工会"，得到政府支持。⑤ 字义混淆产生的问题不仅出现在工会与工会之间，在工会与同业公会之间也时有发生。汉口市竹制篦器业同业公会发出通告，"凡营竹篦工商业者一概应向该会

---

① 《为一纱厂内部派系问题致汉口市政府》（1946年4月8日），武汉市档案馆藏，档案号：104-10-1785（1）。
② 张静：《法团主义——及其与多元主义的主要分歧》，第25页。
③ 《为工会业务划分难迭起纠纷祈鉴核由》（1946年5月6日），武汉市档案馆藏，档案号：9-17-260。
④ 《汉口市各人民团体、工人团体及自由职业团体概况调查表》（1946年3月16日），武汉市档案馆藏，档案号：9-17-99。
⑤ 《为锯工不能另组工会祈鉴核由》（1946年6月3日），武汉市档案馆藏，档案号：9-17-260。

登记，否则难逃法律制裁"，"工人亦因该会名称含混，纷纷前往登记，致对篾业工会会务殊多阻碍"，后得到政府批示"转饬该会予以纠正"。①汉口市蛋业职业工会成立后，遭到蛋厂业职业工会的抗议，认为蛋业职业工会"系与蛋贩业组织不合"。汉口市总工会派员调查后，认为蛋业职业工会"并非蛋贩，实系正式商人冠以'行号'二字为'行号蛋业职业工会'"，蛋业职业工会与蛋厂业职业工会"双方签订互不侵犯工作条约"。此后汉口市总工会有意合并性质相同的工会组织，然而蛋业职业工会认为"汉口各蛋厂尚未复业"，蛋厂业职业工会"组织尚未健全"，并不愿被并入蛋厂业职业工会，向汉口市政府申诉。②

针对这一问题，汉口市总工会提议"各业工人申请组织工会或申请变更各该会组织，应呈由市总工会发交组织调查组详细调查其业务范围，签具意见，提交常务理事会通过，转呈钧府核示，不得越级径呈市府办理"，得到政府许可。③可见，总工会的解决方案旨在明晰工会责任边界，然后确立各级工会与政府之间的层级秩序，符合法团主义特征。然而总工会自身掌握的体制资源有限，难以裁断纷繁的下级工会组织间的边界纠纷，起到政府与产、职业工会之间的中介缓冲职能，只能将问题上报地方政府，无形中增加了地方政府的治理和管控难度。

第四节 "双管"本质与"文明"外衣：地方政府对工会的管控

战后，国民政府为了强化对社团组织的管理，采取了多种方式。对于工会，地方政府采取了"双管齐下"和"文明执政"两种管理方式。除重建后的总工会及各级工会外，国民政府成立了各省总工会策进委员会与各市工运指导委员会，分别作为省与市工会及工运的上级指导机关。1946年7月12日，国民党中央执委会组织部、社会部致电汉口市政府，

---

① 《为竹篾业者应向工会登记由》（1946年3月22日），武汉市档案馆藏，档案号：9-17-260。
② 《汉口市蛋业职业工会为与蛋厂业工会不能合并呈市政府》（1946年11月22日），载郑成林、刘望云主编《汉口商会史料汇编》第5册，第243~244页。
③ 《为各业工人组织工会应向总工会登记备案由》（1946年8月12日），武汉市档案馆藏，档案号：9-17-99。

第二章　战后城市工会的重建

训令《复员期间领导工人运动办法》,"期使事权统一,力量集中,以收实际效果",① 并明令成立汉口市工运指导委员会。10月24日,汉口市党部、汉口市政府、湖北省社会处、武汉警备司令部等相关单位人员聚集于汉口市政府会议室,开会决定成立汉口市工运指导委员会。大会决定"本会任务为:(一)关于本市交通矿厂及公用事业工人团体组织训练设计指导事项;(二)关于本市交通矿厂及公用事业工人调查统计事项;(三)关于本市交通矿厂及公用事业工人党团组织活动推进事项;(四)关于本市交通矿厂及公用事业工人纠纷调处事项;(五)其他有关工运事项"。② 这个委员会的经费由"行辕市政府市党部青年团筹措之",并且办公地点"暂在市府",体现了其严密的党派背景。③

党团组织是国民党骨干力量的培养地。1947年2月,中央组织部向各省市党部及社会处致电,指令关于组织总工会策进委员会的问题,认为目前尚未组织工会者,应"速先行组织党团,透过党团策动组织,并由各省党部会同社会行政机关关于电到五日内推定有关负责人成立省总工会,组织策进委员会,秘密联系工运干部进行总工会筹组",并规定策进委员会"其任务仅限于策划省总工会之筹备,联系工作,对外不得公开"。④ 国民政府从组织党团到成立策进委员会,企图通过心腹力量加强对工会及工运的控制。此外,国民政府还通过举办有各地方政府劳工事务负责人参加的中央训练团,强化对劳工群体的管控。自1947年夏至1948年秋,国民政府社会部在中央训练团特设社会工作人员训练班,举办劳工训练两次,从全国30余省市共调训645人。⑤ 1948年9月,天津市社会局选派劳工行政科高峻垣参加中央训练团。⑥

---

① 《复员期间领导工人运动办法》(1946年7月12日),武汉市档案馆藏,档案号:18-10-2109。
② 《汉口市工运指导委员会第一次会议纪录》(1946年10月24日),武汉市档案馆藏,档案号:18-10-2109。
③ 《汉口市工运指导委员会组织规程》(时间不详),武汉市档案馆藏,档案号:9-17-179。
④ 《为组织总工会策进委员会办法致湖北省政府》(1947年2月20日),武汉市档案馆藏,档案号:9-17-260(2)。
⑤ 马超俊:《中国劳工运动史》第4册,第1807~1808页,转引自刘明逵、唐玉良主编《中国近代工人阶级和工人运动》第13册,第76页。
⑥ 《为选定本局参加中央训练团受训事致社会部谷部长代电》(1948年9月9日),天津市档案馆藏,档案号:J025-3-5453。

随着战后各级人民团体相继成立，构建一支政治上忠实于国民党统治的社团负责人队伍的现实问题被提上日程。杭州市政府从人事与财务两个方面加强对社团的掌控。在人事方面，政府建立了由下而上的双重信息渠道。一方面要求社团负责人定期向政府述职汇报。"各团体负责人及书记按月举行会报一次，报告一月来工作概况，并交换意见，共谋解决困难问题，以资联系。"① 另一方面，杭州市政府制定了《指导人民团体办法》，规定"社会科科员以上各社政人员，暂兼社政指导员，经常赴各团体巡回视导。对于各团体之会务、财务、会员增减、职员或办事员更动，以及各项活动情形，随时考察，报告本府核备"。② 此举意在向社团进行人事渗透，防范社团负责人单方垄断导致信息过滤与失灵。在劳资纠纷、行业利益冲突、工潮等事件中，市政府通常在接到劳资双方的报告后，下令由政府指派的指导员进行调查，得到反馈报告后再行评判决定。

然而，在政府颁布的政策规定中，社政指导员并非实职而是兼职，并未在体制内获得明确的组织渠道和资源权限。政府任命的社政指导员往往是社会科内的低级职员，其工作职责主要是收发文件、草拟一般性公文与报告，并不掌握关键行政资源，也无行政决断权。由此导致政府指派的社政指导员仅仅是在名义上代表政府，在社团开会、选举等仪式性工作中出席，对社团组织的人事安排、日常运作、重要议题的决断等没有实际影响力。所谓"巡回视导"，难免流于形式。尽管在战后各工会的筹备、成立、会员大会等各种重要活动中，均有指导员"莅临指导"，但其并不能代表政府有效控制社团。在工潮、行业利益冲突等事件中，矛盾双方均倾向于绕开作为政府职能部门的社会科以及作为行业主管部门的总工会，直接向市长周象贤上书表达自身的利益诉求。问题的解决也往往以市政府的训令和指令为最终依据。

在工会组织体系中，总工会受政府直接管辖，是各产、职业工会的上级机构，负有对下级工会进行监管的责任。政府希冀打造一个对上能

---

① 《十个月来之杭州市政》（1945年8月~1946年7月），《民国时期杭州市政府档案史料汇编（一九二七年——一九四九年）》，第305页。
② 《半年来之杭州市政》（1946年7月~1946年12月），《民国时期杭州市政府档案史料汇编（一九二七年——一九四九年）》，第387页。

够服从、贯彻政府指令，对下能够具有组织权威的总工会。为此，政府给予总工会物质与社会资源等方面的支持。1946年8月，市政府认为"目下工潮时起，该人员与各方接洽频繁，而电话之装置，似为必需"，"经本府函请杭州电信局予以设法敷装一具以利会务"。① 工会自身也主动迎合国民党政权强化社会控制的主观目的，扩张自身的权限范围。杭州市总工会成立伊始即向市政府建议，"举办本市人民团体干部讲习班"。② 在总工会的建议下，杭州市政府开办了农工团体干部讲习班。第一期"调训本市各工人团体理事长（或常务理事）及书记六十九人，于十一月十一日开班讲习，至十一月三十日结业。先后共三星期，每日上午讲习三小时，共计授课四十八小时，讲习班之经费，列入市地方总预算内，计开办费五十万元，经常费七十万元，均由市库支付"。③ 除了地方政府举办的针对工会干部的训练班外，一些大型工业企业也会在内部发起面向普通劳工的教育培训班。战后，中国纺织建设公司天津分公司下属的各工厂普遍开设了劳工补习教育特别班。④ 1948年10月，两浙地区盐务管理局要求下属各级工会全面开展劳工教育。⑤

除了在明处成立工运的指导机关外，国民政府还通过派心腹人员在现行各级工会中暗中组织"工运小组"等机构，控制工会。秘密成立的"工运小组"，其领导成员均有党派背景，为党政心腹，在工会管理中主要发挥为在明处的管理机构以及政府决策提供信息、通报工人动向的作用。在重建后的汉口码头业职业工会，78名常务干事中有57人是"中统"成员，他们在工会中组织"工运小组"，是汉口"中统"组织的工运重点。⑥ 中国国民党天津市执行委员会也要求社会局等部门密切留意

---

① 《为该人员应即装置电话，经本府函杭州电信局核示等由》（1946年8月19日），杭州市档案馆藏，档案号：J14-1-183。
② 《为建议举办人民团体干部讲习班由》（1946年9月6日），杭州市档案馆藏，档案号：J14-1-183。
③ 《半年来之杭州市政》（1946年7月~1946年12月），《民国时期杭州市政府档案史料汇编（一九二七年——一九四九年）》，第387页。
④ 《关于改订劳工补习班讲师酬金标准给第三厂的函》（1948年12月3日），天津市档案馆藏，档案号：J0157-1-66。
⑤ 《推进各级工会劳工教育办法》（1948年10月3日），浙江省档案馆藏，档案号：L057-9-1718。
⑥ 黎霞：《负荷人生：民国时期武汉码头工人研究》，第157页。

观察本地与共产党地下组织有往来的劳工。[①]

这种旨在加强管理的双重控制有其不可避免的弊端。首先，叠床架屋的管理机构造成了行政低效。工会原先归社会部及各地市政府社会科管辖。国民政府加强工会管理的措施不是强化原有监管机制中的直线管理，而是在原有管理机制上增设新的管理部门，采取多线并进、多套机构并存的管理模式。这样就有多个部门同时拥有工会管理权，无形中增加了部门之间协调的难度，增大了相互推诿的可能，降低了行政效率。

其次，在组织运行层面，政令下达渠道应当与信息反馈渠道并行而不应采取同一通道，但其前提是信息反馈渠道同样为正式管理机构。在国民政府管理下，发挥信息反馈作用的多为具有党派背景的秘密渠道。其党派背景决定了其信息反馈目的是进行独裁监控，而非社会利益整合。这决定了国民政府设置的秘密组织无法起到通过信息反馈调整政策的作用，反而因其对工人的防范监视而日益被民众敌视。

在人事层面，政府采取会员备案与人事监控两种方式管理工会。在会员备案方面，无论是总工会还是各产、职业工会，其选举出的理监事必须上报政府备案，在得到政府鉴核许可后方可正式成立。在人事监控方面，尽管各工会得以在政府监督下自行选举理监事，但政府对其人选有最终处置权。通常政府对工会自行任命的理监事不加干涉，但若工会活动超过了政府容忍范围，政府便会使出勒令解散工会、重新改选的撒手锏。汉口市裱画业工会早先"因要求增加工资不遂而形成闹工，且有捣毁资方营业之事件发生"。政府先将事态稳定下来，令劳资双方"获协议而复工"，但"捣毁营业"事件"为不法行为"，"故予以明令解散"，"由警察局执行"，"由市府指派整理委员数人"，"疑似整理完竣，另行定期成立"。[②] 对于一些预防工潮不力的工会领导，政府也予以惩罚。1948年3月，泥瓦、木作业工会因要求增加工资未获批准而发动工潮并与警察有冲突。"警局报称，此事该会虽无主持工潮之证据，俱事先未能尽防制之责，实为领导无方。"政府"据报后，刻将该两工会理事

[①] 《为严惩周青并防范各地附匪之劳工事致社会局的函》（1948年11月3日），天津市档案馆藏，档案号：J025-3-5778。
[②] 《裱画业工会将从新整理成立》，《工人报》1947年4月6日。

长着记大过一次"。①

会费征收是政府在经济层面控制工会的主要项目,这不仅因为会费是维持工会本身运行和发放工人福利的费用,而且因为其是政府摊派的各种活动费用的来源之一。这种摊派费用名目繁多。除汉口、汉阳、武昌市总工会由相应地方政府补助外,各产业、职业工会的经费均自行筹措,并将所得经费部分上缴政府。此外,政府对辖区内工会进行考核,"成绩优良者得报本部于年终核发奖金",将选出的示范工会作为宣传榜样,通过奖金以资鼓励,号召其他工会学习。②需要说明的是,这种"羊毛出在羊身上"的回馈激励方式,将物质鼓励与意识形态相结合。1946年底选出的示范工会是汉口市码头业职业工会。示范工会工作成果检查表反映出该工会除了在各方面成绩显著外,在贯彻党国意识形态方面也积极主动。该工会"全体工作人员,已在推行三民主义'建国'以及'民主'运动工作",有"中统"背景的主任委员黄华山"曾发表建国论文",其靠拢国民党政权意识形态的主观意图足见一斑。③

在意识形态层面,政府采用干部培训的方式。国民党政权的干部训练工作始于抗战期间。国民党四中全会议决"设立中央训练委员会",负责全国各级各类军事干部及党政干部的训练。1938年5月5日,中央训练委员会在武昌成立,"除调集全国各类中上级干部在中央训练团训练外,对各省训练工作并力谋整理推进,以期达成统一意志集中力量之目的"。④抗战胜利后,国民党政权在重建工会组织体系的过程中,注意对工会干部的训练工作。汉口市政府为"健全各业工会,组织并加强其领导",于1947年6月至10月成立了人民团体干事调查处,免费召开4期培训班,培训工会干部。"受训之工会干部已有114人,大都为各业工人中之优秀。"政府对其除了培训,"给予结业证"外,"分别小组作经常联系",目的是使其与政府保持更加紧密

---

① 《理事长受处分》,《劳工日报》1948年6月20日。
② 《关于对辖区内工商团体考核办法细则》(1946年5月20日),武汉市档案馆藏,档案号:9-31-7990。
③ 《汉口市码头工会模范事迹报告》(1946年12月20日),武汉市档案馆藏,档案号:9-31-7990。
④ 中国国民党中央执行委员会训练委员会编《七年来之训练工作》,1945年10月,第5页。

的联系。① 1947年上半年，武昌市政府拟订《人民团体干部训练班实施办法》，原定计划训练20期，后因经费困难，"仅将农工及商业团体理监事及书记训练2期共计242名"。② 为了配合"戡乱动员"令施行，"一面规定各团体应依法定期召集会员大会及理监事联席会议，由本府派员出席指导精神讲话"，"务使一般民众均能拥护政府，发挥戡乱力量"；"一面集中训练，于十月召集各商业同业公会理监事，假商量开会。十一月召集各职业工会理事长在本府开会，尽量阐述戡乱期间民众应尽之一切义务"。③

政府统一工会会员证的样式。总工会与产、职业工会会员证右页上的誓词，"奉行三民主义，遵守国家法令"排在前，"尽忠本身职责，努力生产事业"放在后也说明了国民政府对工会意识形态的强力灌输。每个工会成立之时，都必须召开成立大会并宣誓效忠党国。工会成为贯彻政府意识形态的工具，其生产职能反倒居其次。

另外，战后国民党政权在管控人民团体的措辞及问题处置方式上，出现"文明"化的趋势。在工会组织方面，"各业员工应依照从业类别依法组织工会"。④ "工人拒绝加入工会，经劝告警告仍不接受者，得由工会依章程规定或经大会（或代表大会）决议予以一定期间内之停业。"⑤ 值得一提的是，虽然国民党对人民团体加强控制的目标始终如一，但在执行措施上，开始有所转变。国民政府废除了战时《非常时期职业团体会员强制入会与限制退会的办法》。内政部拟定的《加强全国工运实施方案》规定，"督导并充实全国总工会及各业工会联合会"。⑥ 1945年10月30日国民党中央常务委员会第四十四次会议通过的《劳工政策纲领实施办法》也规定，"社会部根据劳工调查所得督导各业员工调整并筹组

---

① 《人民团体干事调查处培训班结业报告》（1947年10月6日），武汉市档案馆藏，档案号：9-4-110。
② 《人民团体干部训练班实施报告》（1947年6月9日），武汉市档案馆藏，档案号：9-2-53。
③ 《为各团体应依法召开会员大会令饬遵照由》（1947年9月21日），武汉市档案馆藏，档案号：9-2-53。
④ 《中华民国劳工法令汇编》，第817~821页，转引自刘明逵、唐玉良主编《中国近代工人阶级和工人运动》第13册，第339页。
⑤ 《国民政府公报》第11函第106册，第85页。
⑥ 转引自《中华民国史档案资料汇编》第5辑第3编《政治》（4），第18~25页。

工会"。①

"督导"意味着政府对社会团体的控制方式开始由战时的直接操办转变为战后的间接控制。汉口市政府似乎注意到了中央政策的调整之处，专门就此事指示汉口警察局，"惟工会法中对拒绝加入工会之工人并无强制之规定……除商民团体外，凡各产、职业工会之登记会员应以劝导为主，嗣后为有向该局呈请强制入会或勒令入会情事，自可随时拒绝受理，以符法令"。②1948年10月，武昌市政府就酒菜面馆业工会呈报未入会会员问题进行批示，"未入会会员可由该会先行调查，予以劝导入会，拟此饬遵照"。③"劝导"比"督导"更加文明。可见国民政府的工运政策话语由"强制"变为"督导"的同时，地方政府也在积极回应中央政策的调整，由"督导"转变为"劝导"，表明国民政府在社会控制的总体目标不变的前提下也在追求行政文明和管理措施的改进，体现了政府现代化努力的另一个侧面。

在齐锡生看来，国民党"是一个浮游于国家之上而没有一个阶级基础的国家军事官僚机构"。④在工会方面，表现为政府通过各种渠道全面控制工会时，也有一些秉公处理的案例。1947年10月，汉口市马车业工人杨振浩上报政府，控诉该工会理事长江玉治滥收长期会费、开路费、涨价费，并呈诉其人"深恐同业不服，购买枪支豢养□□胁迫同业以遂其私欲"。⑤政府饬令汉口市警察局"彻查严办"。⑥经调查，"长期会费、开路费、涨价费等征收俱属事实"，政府立即下令警察局照章查办。⑦对于类似由工人上报反映工会领导人的问题的案件，政府通常指令警察局调查处理，而并未因其为工会领导，就对其一味包庇纵容。同

---

① 《中华民国劳工法令汇编》，第817~821页，转引自刘明逵、唐玉良主编《中国近代工人阶级和工人运动》第13册，第339页。
② 《汉口市政府训令》（1947年5月23日），武汉市档案馆藏，档案号：9-31-7990。
③ 《武昌市政府训令》（1948年10月12日），武汉市档案馆藏，档案：18-10-4448。
④ 〔美〕齐锡生：《国民党的性质》（下），徐有威、曾忠梅译，《国外中国近代史研究》第27辑，中国社会科学出版社，1995，第132页。
⑤ 《为控诉马车业工会理事长江玉治请予制裁由》（1947年10月3日），武汉市档案馆藏，档案号：9-19-309。
⑥ 《汉口市政府指令》（1947年10月12日），武汉市档案馆藏，档案号：9-19-309。
⑦ 《为令饬彻查马车业工会理事长江玉治据实具请鉴核由》（1947年10月19日），武汉市档案馆藏，档案号：9-19-309。

年,《武汉时报》排字工人因与社长戴震之间就工资问题无法达成一致而集体罢工。事发后,汉口印刷业产业工会迅速介入调停,并在上报政府的文件中,认为此次工潮的原因在于社长戴震"违背政府命令,压制工人,不予加薪","自行停刊,故意激动工潮"。① 社长戴震也同时上报政府,另执一词,将肇事责任推到工人身上。汉口市政府在得到警察局的调查报告后,认为此次事件原因"究系资方不遵案实行",但同时"抑系劳方,擅自罢工",并召开调停会议,令双方各做让步,"武汉时报实行复刊,应遵照评断案照原薪增加七成",且"在复刊未实现之中,报社应负担工人伙食",问题才得以解决。② 上述两个案例中,政府的处理裁决并未表现出偏袒资本家的倾向,甚至在一定程度上向劳方倾斜。

小　结

本章对武汉和杭州两地地方政府重建工会组织的工作进行考察,可以看出,尽管战后国民党政权重建的人民团体和其会员数量大幅增加,但重建过程中存在不少问题。首先,在关于沦陷时期是否出任过伪政权社团组织职务的问题上,尽管始终存在各方争议,但往往因党政军方面的开脱之词,大都不了了之。其次,地域帮派与党政军各种势力向工会组织的渗透,不仅使工会之间相互分裂,也在工会内部造成领导者与工人之间的分裂,为政府的调处裁断带来难处,从而削弱了工会对工人的组织凝聚力。最后,不少工会组织相互之间工作权责不清,边界模糊,由此在战后城市工会的日常运作中产生了许多纠纷。地方政府阻止部分行业工人组织工会,更导致相关行业工人通过组织工会实现政治参与的渠道被人为封锁,使大量基于维护和扩大行业利益产生的劳资矛盾与行业间利益冲突无法在体制内合理消化,间接促使工人走向危及社会秩序的抗争,削弱了工会的组织权威和调停功能,增加了政府的社会管控成本。

法团主义突出组织和社会集团的作用,认为为了减少和控制冲突,

---

① 《为武汉时报社长戴震违抗政令以致工潮请鉴核由》(1947年10月7日),武汉市档案馆藏,档案号:40-13-72。
② 《汉口市政府训令》(1947年10月28日),武汉市档案馆藏,档案号:40-13-72。

必须削弱个人或团体的突出地位,使社会组织都遵循由国家主导的权威秩序。① 据此,法团主义要求社团组织之间具有明确的边界,各类社团组织不仅全部涵括下属成员,且均能够镶嵌在国家体制的相应位置中,与体制进行有效互动。战后,国民政府重建工会组织的目标与实际成效之间存在相当距离。各类工会组织尽管在数量和会员人数方面大幅增加,但并未达到充分整合劳工群体的目的。对于重建过程中的身份认定、党派与地缘网络的渗透以及组织边界模糊等问题,政府均无法有效予以遏制,由此导致社会团体、劳工与政权之间无法形成联结纽带,也间接促使大量矛盾冲突频繁发生。而国民政府叠床架屋式地增添管控社团的机构,极大地增加了体制运作的成本,使这个战后飘摇不定的政权更加危机丛生。

---

① 孙晓莉:《中国现代化进程中的国家与社会》,中国社会科学出版社,2001,第196页。

第三章 工会的组织体系与运作机制

　　工会的组织体系和运作结构，要适应劳工组织的主要功能，即集体交涉活动。一般工会的结构和行政在很大程度上受到它与之进行交涉的产业公司的结构和行政的影响，同时又受到国家本身的政治体制的影响。[①] 对于工会组织的功能，有两种观点。一种倾向于强调工会组织的"垄断性"特征，认为工会协助会员工人以非竞争形式获得额外经济收益及发展机会；另一种则强调工会组织的积极效用，认为工会扮演了工人"代言人"的角色，有助于缓和劳资双方的利益冲突，为双方的制度化交流提供了平台。[②]

　　法团主义在制度层面要求劳资双方各自的组织都具有单一性，即一个工会联合会和一个雇主联合会；双方成员都被强制要求加入这两个组织，即会员资格具有强制性；两个组织间的关系是非竞争性的，通过协调与合作以促进共同利益；两个组织内部会有各种行业和地域的分会，这些分会按等级化的方式整合起来，内部有明确的纪律，以保证整个联合会的统一性；此外，这两个联合会获得了垄断性代表地位，并得到国家承认，具有合法性，但作为交换，国家也取得了一定程度的对两个联合会的领袖选择及利益表达方式的控制权。在这个基础上，国家让劳资群体通过各自的顶级代表来参与全国层级的工资和价格等事项的集体谈判；实质是国家将已经组织起来的雇主群体与劳工群体吸纳进国家的决策结构中，实现劳资间的合作式关系。[③] 组织体系与运作结构既是工会组织角色定位的基础，也是工会实现组织功能和目标的制度性保障。南京国民政府重新建立了从上至下的工会组织体系，目的在于管控劳

---

　　① 〔美〕摩尔根编著《劳动经济学》，第399页。
　　② 〔美〕理查德·B. 弗里曼、詹姆斯·L. 梅多夫：《工会是做什么的？美国的经验》，陈耀波译，北京大学出版社，2011，第4~6页，转引自夏涛《西方学者对工会组织的观察与思考》，《国外社会科学》2015年第4期，第120页。
　　③ 吴建平：《理解法团主义——兼论其在中国国家与社会关系研究中的适用性》，《社会学研究》2012年第1期，第181页。

工组织与劳工运动。这一时期工会组织既参与劳资纠纷的调处，也在影响劳动政策方面提出建议，在一定程度上为提高工人福利、改善工人待遇等做出了努力。而上述活动都是在国民政府的严密管控下进行的。抗战结束后，国民政府重建的工会组织体系与运作结构延续了全面抗战前的模式。基于此，本章拟从组织制度、选举制度、财务情况、角色定位几个方面，考察战后城市工会的组织体系与运作结构。

第一节 组织制度：强制性会员资格与基层组织架构

工会的组织制度是用法律和规章的形式确定的工会各级组织和工会会员共同遵守的办事规则。[1] 在多元主义模式中，利益团体的数量不受限制，因而在一个行业甚至是一个阶层中，可能出现多个相互竞争的团体。法团主义提出，利益团体的总数应当受到限定，让每一个功能行业只有一个最高的代表团体。[2] 南京国民政府时期的工会，其组织制度的核心有三个方面。第一，会员资格；第二，组织结构；第三，选举制度。决定任何社团的组织基础的首先是会员资格问题。工会成员有三种身份。第一种是数目巨大的工会会员。凡属工会界定产业或职业范围内，缴纳会费者皆具会员资格。第二种是工会单独聘请的脱离于产、职业之外的纯粹"职员"，如会计、出纳之类文职人员。第三种是具有双重身份者，既具产、职业的工作身份，又在工会中出任理事或监事等。总工会，是政府授权代表区域内所有工人组织的垄断团体，其会员自动涵括下属各产、职业工会会员，体现了非竞争性、垄断性与强制性的特点。汉口市总工会规定，"本会以汉口市行政区域为区域，凡区域内各产业工会职业工会为基本会员"。[3] 杭州市总工会规定，"凡在杭州市区域以内之产业工会暨职业工会均应加入本会为会员"。[4]

---

[1] 李世明、郭稳才编《工会组织工作概论》，中国工人出版社，2006，第18页。
[2] 张静：《法团主义——及其与多元主义的主要分歧》，第112页。
[3] 《汉口市总工会组织章程》（1946年4月26日），武汉市档案馆藏，档案号：9-17-260（4）。
[4] 《杭州市总工会章程》（1946年5月），杭州市档案馆藏，档案号：J14-1-1。

在战后地方政府的授意下，总工会设定了各级工会会员人数与代表人数的比例。从表3-1可知，政府考虑到了各工会利益均衡问题，在各工会代表人数上做了平衡，并没有单纯依照固定比例产生会员代表数量，使得会员人数少的工会能够保证有代表列席，会员人数多的工会其代表人数不至于过多，从而将各工会的组织利益竞争转变为政府科层控制中的上下排列，体现了法团主义特性。

表3-1 汉口市总工会整委会会员代表大会各会会员代表出席人数比额
（1945年10月17日）

会员人数	代表人数
30~100人	1人
101~200人	2人
201~500人	3人
501~1000人	4人
1001~2000人	5人
2001~5000人	6人
5001~10000人	7人
10000人以上	8人

资料来源：《汉口市总工会整委会会员代表大会各会员代表出席人数比额表》（1945年10月17日），武汉市档案馆藏，档案号：9-17-260（2）。

与总工会类似，产、职业工会既然是经政府批准成立的行业垄断性社团，其会员资格是强制性获得的。凡属同一产、职业内的工人自动成为工会会员并需向工会登记注册。通常情况下，除转业及严重违反国家政策与会规中禁止之条例外，不允许会员退会。汉口市手工卷烟业职业工会规定："凡在汉口市充任手工卷烟职业之工人均应为本会会员，向本会申请登记并由本会发给会员证及证章。如不遵章向本会申请登记者，得呈请市总工会特呈主管官署勒令登记入会。"[①] 其退会条件为"业外人；有违反现行国策政纲之言论或行为者；摙（褫）夺公权者；受工会

---

① 《为手工卷烟业工人加入工会规则祈鉴核备查由》（1946年3月2日），武汉市档案馆藏，档案号：9-17-64。

除名者；有不正当行为者；有不良嗜好者"。① 汉阳理发工会规定"凡属本区同业均为本会之当然会员"，关于退会，规定"本会会员如有违反本会章程及决议案或有其他不法情事致妨害本会名誉，由监事会检举者予以除名处分"。② 汉阳粮食业职业工会的入会条件较为严格，"凡属同一性质之职业工人，须有本会会员二人以上之介绍，经审查合格者方可入会"。③ 战后，各业工人纷纷从后方回流城市，城市流动人口增加。在工会看来，暂时在城市工作的流动劳工也必须纳入其组织管控之下。杭州市丝光纱线染业职业工会规定："别省市县之同业工人来杭暂为工作者应事先至本会登记作为临时会员，临时会员在本市区域内工作期满二星期以上者应作会员论，应履行入会手续缴纳入会费。"④

工会的组织结构分为内部与外部两个层面。外部组织结构指工会作为一个整体，在现有政权体制内与其他社会团体及机构组织的层序关系。1928年7月，国民党中央执委会通过了《工会组织暂行条例》，规定工会的组织系统为："全国总工会—全国代表大会—全国总工会执行委员会。省（特别市）总工会—全省（特别市）代表大会—省（特别市）总工会执行委员会。县市总工会，全县市代表大会—县市总工会执行委员会。各业工会—同业代表大会—各业工会执行委员会。各区厂工会—全区厂代表大会或会员大会—各区厂工会执行委员会。分会（支部）—分会（支部）会员大会—分会（支部）干事会。小组—小组会议—组长。各级工会……以各该级代表大会为最高机关，各该级代表大会闭幕期间，以各该级执行委员会为最高机关"。⑤ 1929年10月，国民政府颁布的《工会法》规定，工会的主管监督机关为其所在地之省市县政府。⑥ 此后南京国民政府时期，各级工会组织大体上均按照此组织结构建立。战后武汉、杭州两地的工会有总工会及产、职业工会两种类型。总工会

---

① 《为手工卷烟业工人加入工会规则祈鉴核备查由》（1946年3月2日），武汉市档案馆藏，档案号：9-17-64。
② 《汉阳理发工会章程》（时间不详），武汉市档案馆藏，档案号：18-10-510。
③ 《汉阳粮食工会章程草案》（时间不详），武汉市档案馆藏，档案号：18-10-530。
④ 《杭州市丝光纱线染业职业工会规约》（1946年2月3日），杭州市档案馆藏，档案号：J14-1-86。
⑤ 邢必信、吴铎：《第二次中国劳动年鉴》下册，民国社会调查所，1932，第239~242页。
⑥ 邢必信、吴铎：《第二次中国劳动年鉴》下册，第241页。

对上隶属于两地的地方政府,日常业务受社会科管辖,负责汇报下属各产、职业工会的人事动态、矛盾冲突等情况;对下统领各产、职业工会,负责推进各项与劳工有关的政策措施、监督下属工会的会务工作等。

1928年7月颁布的《工会组织暂行条例》对总工会及下属各级工会的内部组织结构做了相关规定,大致为:全国总工会设有五处,即一是组织处,其职能为掌理所属工会之组织事项,并促成或协助各地工人组织工会等事项;二是宣传处,其职能为掌理宣传并指导所属工会之宣传方针等事项;三是训练处,其职能为掌理工人之政治的、社会的、组织的、行动的各种训练事项;四是经济处,其职能为掌理工人在社会上的经济活动,及筹办各种合作社等事项;五是总务处,其职能为掌理一切文件收发、交际、调查、统计、报告、庶务、会计等事项。全省总工会和县总工会的内部组织与全国总工会大体相同,唯改处为科;各厂区工会改科为股,但未设经济股。特别市总工会内部组织与省同,其组织系统与县同,但直属全国总工会,市总工会组织与县同,直属全国总工会。① 为了进一步规范工会的内部组织结构,抗战时期国民党中央民众运动指导委员会颁发了工会下设分会支部小组的组织办法,规定"凡各产业工会或职业工会均得设立分会支部,支部之下划分小组,每组以5人至30人为限;分会设干事会,支部设干事小组,设组长,受上级工会之指导,处理一切事务但分会支部小组均不得单独对外;分会、干事会设干事三人,候组(补)干事二人,支部干事设干事一人,候补干事一人,小组设组长一人,均由所属会员依法选举之;分会干事会之下得设左列三股,各股设主任一人,由干事互推兼任,并得设助理员一人至二人,由干事会就所属会员中择用,承各股主任之命处理本股事务。第一股掌理文件收发会计者及会务报告及不属他股之事项。第二股掌理合作储蓄、卫生、娱乐、介绍及其他工人之福利事项。第三股掌理教育、训练、登记统计事项"。② 该规定得到了各工会的执行。战后重新组建的汉口市总工会组织架构包括会员代表大会、理事

---

① 邢必信、吴铎:《第二次中国劳动年鉴》下册,第239~241页。
② 《工会之分会支部小组组织简则》(1940年9月21日),杭州市档案馆藏,档案号:J14-1-1。

会与监事会三部分（见图3-1）。会员代表大会为最高权力机构，但并不为常设机构。汉口市总工会会员代表大会每年召开一次，其内容为听取理监事工作报告以及选举理监事等工作。理事会与监事会为平级。但理事会下设总务组、组织组、指导组、训练组、宣传组、福利组六个职能小组，"本会设理事二十一人，候补理事七人，监事七人，候补监事三人"，并且"理事会得设秘书一至三人，并分设下列各组设组长一人"。① 理事会职权与开会频率均高过监事会。理事会"每两星期开会一次"，其职权为"处理本会会务；对外代表本会；召集代表大会并施行其决议案；接纳及采行会员之决议"。② 监事会"每一月或两月开会一次"，其职权为"稽核本会经费之出入；审查各种事业之进行状况；考核职员工作勤惰及会员言论行动"。③ 监事会名义上与理事会平级，监事会的职权仅仅在于审查经费及各种事业的开展，并不具有对理事会的行政制约权，可见其设置的象征意义超过了实际意义。与各产、职业工会不同的是，总工会的各项事务包括会员大会、代表大会、理监事会的会议记录及各项议案议决都要呈报市政府批准，可见在组织架构的设置和实际运行过程中，权力掌握在理事会和市政府手中。而监事会的这种象征性质和缺少实权也是其在运作中与理事会逐渐产生矛盾的原因之一。

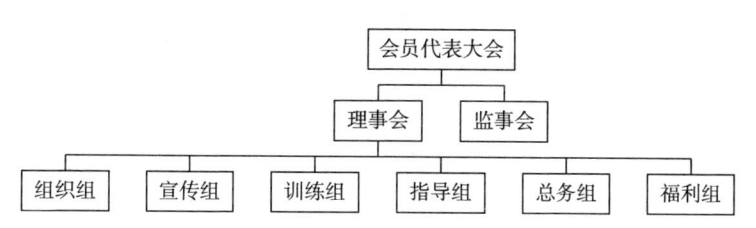

图3-1 汉口市总工会组织架构

资料来源：《汉口市总工会组织章程》（1946年4月26日），武汉市档案馆藏，档案号：9-17-260（4）。

---

① 《汉口市总工会组织章程》（1946年4月26日），武汉市档案馆藏，档案号：9-17-260（4）。
② 《汉口市总工会组织章程》（1946年4月26日），武汉市档案馆藏，档案号：9-17-260（4）。
③ 《汉口市总工会组织章程》（1946年4月26日），武汉市档案馆藏，档案号：9-17-260（4）。

小规模的产、职业工会组织架构较简单，有固定会址和理监事职员，负责本会日常会务。理事会下属的事务性工作机构通常有3~4股。杭州市火柴业产业工会规定："理事会分设下列三股，第一股掌理本会的一切文件收发及会务报告及其他不属于各股之事项；第二股掌理本会教育、训练、出版、登记、组织调查、设计宣传等事务；第三股掌理本会合作储蓄、仲裁、卫生、娱乐、介绍学校及工人初到等事务。"① 杭州市制帽业职业工会规定："理事会属下分设三股各股主任一人由理事互推分掌各该事务。第一股（总务）掌理本会一切文件收发会计及其他不属于各股之事项。第二股（组训）掌理本会教育训练登记调查组织等事项。第三股（福利）掌理本会合作储备仲裁卫生娱乐职业介绍及工人福利等事项。"② 杭州市小货车业职业工会规定："理事会得设下列四股，各股设主任一人，由理事互推兼任之分别掌理各该股事务。一，总务股 掌理本会一切文件收发庶务及其他不属于各股之事项。二，经济股 掌理本会出纳会计等事项。三，组训股 掌理会员组织训练暨调查统计等事项。四，福利股 掌理本会合作储蓄仲裁娱乐职业介绍及委托供应车辆调度等事项。"③ 而挂靠在大型企业组织下的产业工会为健全会务，除了上述三级结构外，还设立了基层工会组织。这种基层工会组织多根据工厂现有生产管理架构而来，其干事多由现生产工头或领班组长兼任。因此，这种工会既隶属于产业工会，又隶属于该工厂，更归总工会管辖，其日常关系与所挂靠的工厂更为密切。工会会员均为该企业或工厂的工人。上级工会的权限仅在下属的工会组织和工会干部，其工作内容通常是通报情况、知会政策、发放通知等等，而单位行政领导实际上指挥着本单位的工会干部和职工。④ 以武昌第一纱厂纺织产业工会为例，该会规定其基层组织"系斟酌第一纱厂之南北布三厂各部之情形及会员工作实际之需要设立"（见图3-2）。⑤

---

① 《杭州市火柴业产业工会章程》（时间不详），杭州市档案馆藏，档案号：J14-1-102。
② 《杭州市制帽业职业工会章程》（时间不详），杭州市档案馆藏，档案号：J14-1-71。
③ 《杭州市小货车业职业工会章程》（时间不详），杭州市档案馆藏，档案号：J14-1-57。
④ 张静：《利益组织化单位——企业职代会案例研究》，第164页。
⑤ 《武昌一纱厂纺织产业工会基层工会组织章程》（时间不详），武汉市档案馆藏，档案号：62-1-147。

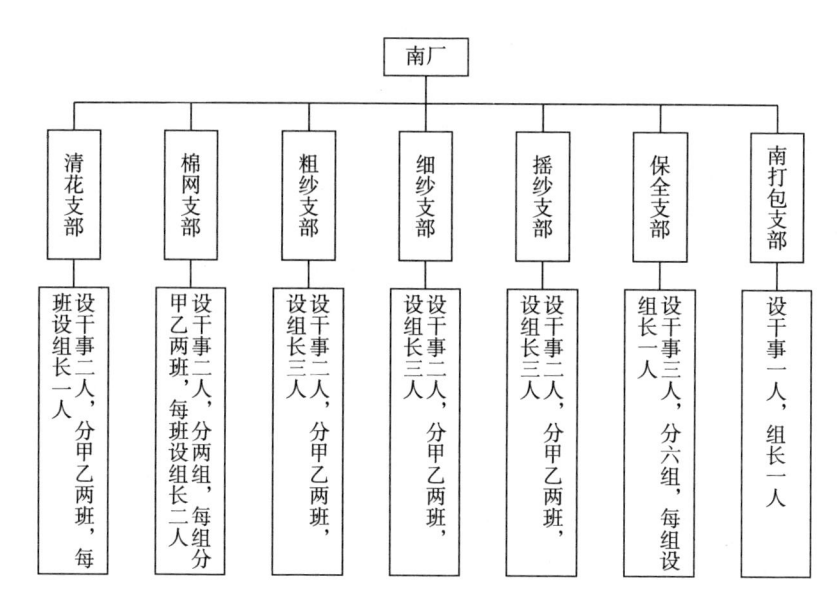

第三章 工会的组织体系与运作机制　　93

```
                              ┌─────┐
                              │ 南厂 │
                              └──┬──┘
    ┌──────┬──────┬──────┼──────┬──────┬──────┐
 ┌──┴──┐┌──┴──┐┌──┴──┐┌──┴──┐┌──┴──┐┌──┴──┐┌──┴──┐
 │清花 ││棉网 ││粗纱 ││细纱 ││摇纱 ││保全 ││南打包│
 │支部 ││支部 ││支部 ││支部 ││支部 ││支部 ││支部 │
 └──┬──┘└──┬──┘└──┬──┘└──┬──┘└──┬──┘└──┬──┘└──┬──┘
```

| 设干事二人，班设组长一人分甲乙两班，每 | 设干事二人，甲乙两班，每班设组长二人分 | 设干事二人，组长三人分甲乙两班， | 设干事二人，组长三人分甲乙两班， | 设干事二人，组长三人分甲乙两班， | 设干事三人，组长一人分六组，每组设 | 设干事一人，组长一人 |

图 3-2　武昌第一纱厂纺织产业工会基层工会组织（以南厂为例）

资料来源：《武昌一纱厂纺织产业工会基层工会组织章程》（时间不详），武汉市档案馆藏，档案号：62-1-147。

第二节　选举制度："事前追认"与"事后控制"

关于理监事的任期问题，各工会规定不一，通常为一至两年不等。到期重新选举，可以连任。杭州市总工会、杭州市小货车业职业工会等的理监事任期均为两年。杭州市火柴业产业工会则规定理事、监事任期为一年。对于未达预期效果的产、职业工会，政府通常会授意在总工会的监管下进行改组。战后成立的杭州市棉织业产业工会在政府看来"组织散漫，应予改选，并下设技术、织布、花线三个支部"。在政府授意下，杭州市总工会派员出席了该会理监事会议，参与了改选过程。[①]

理监事是工会组织的主要核心成员，肩负着工会组织日常工作的主要内容，对工会组织的运作与发展起到关键作用。已有研究认为，尽管存在明显的地区与行业组织差异，但近代中国工商社团都经历了选举制

---

① 《为呈复棉织业改组经过并定期举行调解会议，报请派员出席指导由》（1948年12月27日），杭州市档案馆藏，档案号：J14-1-183。

度从"公推"到"票选"的过程。① 在战后城市工会的筹备过程中,负责人多从筹备成员中"公推"产生。杭州市火柴业产业工会于1946年底召开筹备会议,"推举薛马根为筹备主任",规定"会员登记日期自本年12月26日起至36年1月2日止为起记时间"。② 待工会组织正式成立后,通常由理监事会议与会员大会进行投票选举工会内部各职能部门负责人。会员大会负责选举理监事,理监事互选理事会与监事会的核心成员,进行业务分工。杭州市总工会的会员代表大会"为最高权力机关,以本会所属之各职业工会各产业工会之会员大会或会员代表大会所选派之代表组织之"。③ 理事长负责日常会务,其下按业务分工设立若干股,由此不仅导致理事数量及理事会的组织结构占据了工会的主要部分,也使掌管工会日常业务的理事会可以名正言顺地雇用文职人员处理日常杂务。杭州市总工会"设理事十五人,候补理事八人,监事五人,候补监事三人,由会员代表大会选举之","理事会设常务理事五人,由理事互选之,组织常务理事会,并由常务理事互推一人为理事长,处理日常会务,对外代表本会","理事会设下列五股,每股设正、副主任各一人,由理事互推担任之:总务股、组训股、福利股、调解股、调查股","理事会设秘书二人,办事员三人至五人,由理事会聘任之"。④ 杭州市火柴业产业工会"设理事九人,候补理事三人,监事二人,候补监事一人,均由会员大会或代表大会选认之"。⑤ 部分工会将选举理监事等工作放在总工会举行。1947年4月20日,杭州市人力车业职业工会因"本届理监事任期已满",在总工会大礼堂召开第二届第二次会员代表大会,商讨改选事宜。⑥

由工会理事互选出的理事会主要负责工会业务,与主掌监督稽核之

---

① 朱英:《从"公推"到"票举":近代天津商会职员推选制度的曲折演进》,《近代史研究》2007年第3期,第66页。
② 《杭州市火柴业产业工会筹备会第一次会议记录》(1946年12月24日),杭州市档案馆藏,档案号:J14-1-102。
③ 《杭州市总工会章程》(1946年5月),杭州市档案馆藏,档案号:J14-1-1。
④ 《杭州市总工会章程》(1946年5月),杭州市档案馆藏,档案号:J14-1-1。
⑤ 《杭州市火柴业产业工会章程》(时间不详),杭州市档案馆藏,档案号:J14-1-102。
⑥ 《为呈报改选日期仰祈派员出席指导由》(1947年4月17日),杭州市档案馆藏,档案号:J14-1-162。

职的监事会在名义上相互监督、牵制。《杭州市小货车业职业工会章程》规定，理事会的职权主要有"处理本会会务；对外代表本会；召集会员大会或代表大会并执行决议案；接纳及采行会员之建议"。监事会的主要职权有"稽核本会经费之出入；审核各种事业之进行状况；考核本会职员工作之勤绪及会员之言论行动"。① 然而事实上，监事会由于组织规模和成员数量大大低于理事会，很难起到监督作用。以杭州市总工会为例，前引该工会章程规定，理事总数为 23 人，而监事仅为 8 人。理事会下设了 5 个业务股，而监事会下不仅没有分支业务机构，而且仅"设常务监事一人，处理日常事务"。② 与总工会一样，各产业、职业工会形式上均设有代表大会、理事会和监事会三级机构。会员代表大会为最高权力机构，但同样不常设，通常每年召开一次全体大会。理事长大权在身，负责本会会务，监事管稽查之事。汉阳理发工会"理事长综理会内一切事物，对外代表本会，监事掌理收支帐项之审核及职员工作考核事项"。③

总工会中理事会权重于监事会的现象同样存在于各产、职业工会中。各产、职业工会的理事也往往较监事更精英化、党派化。理事尤其是常务理事往往多由本产业或职业内中高层管理者或工头担任，监事多由本业中多年从业工人担任。汉口市纺织产业工会理事长柯华阶是"第一区党部委员"。④ 汉口市纸烟制造业产业工会理事长沈鹿午"现充三民主义青年团汉口工人分团区队长"。⑤

若仅从工会章程看，无论是总工会还是产、职业工会，其完备的由会员大会投票选举理监事的制度似乎暗示着国民党政权的专制统治与民主政治并行不悖。而深究工会选举本身则会发现，在选举程序雷同的背后是政府对总工会与产、职业工会的选举有着不同的对待方式——事前控制与事后追认。

政府采取事前控制的方式严格监控总工会理监事的人选。尽管构成汉口市总工会组织体系的理监事"均由会员代表大会选任之"，但其候

---

① 《杭州市小货车业职业工会章程》（时间不详），杭州市档案馆藏，档案号：J14-1-57。
② 《杭州市总工会章程》（1946 年 5 月），杭州市档案馆藏，档案号：J14-1-1。
③ 《汉阳理发工会章程》（时间不详），武汉市档案馆藏，档案号：18-10-510。
④ 《指导人民团体改组整理总报告表》，武汉市档案馆藏，档案号：9-19-169。
⑤ 《指导人民团体改组整理总报告表》，武汉市档案馆藏，档案号：9-19-169。

选人名单要经过政府的鉴核认可后方可参加选举。① 由于理事长对外代表工会，很多事情由理事长负责，政府对理事长的控制一般比较严格，对理事长的更替因人、因事而异。整改后的汉口市总工会第一任理事长张恩泽尽管多次上书政府请求辞职，"另选贤能"（或许辞职本身仅为一种姿态），但由于出身邮务工会的张恩泽为国民党得力心腹，汉口市政府一再"应予慰留"，命其"打消辞意"。②

但重建后的汉口市总工会，其选举制度却因内部组织松懈而未能制度化。章程中规定"理事监事任期二年"。③ 到1948年，"已逾法定改选"，"惟该会组织松懈，负责无人，以致召集不易"。④ 而该会理监事9月开会商讨的解决方法是由汉口市政府"分别通饬定期召开理监联席会议，推定筹备委员，并商讨筹备进行事宜"。⑤ 本已规定好的组织架构、章程和会员，现在却不能直接召开会员大会选举，而是再设一个筹委会，选举筹备委员，并由这个筹委会办理"总工会选举代表之产生，改选经费之筹措，及正式召集选举大会"。⑥ 如此冗沓的方式令人费解。而这个筹备委员非会员大会选举而来，而是由现有的理监事在市政府及党部的监督下开会选举产生。自此耗时3个月的开会、选举、向政府报告所产生的人选无非"换汤不换药"。可见制度执行中的去制度化，不仅损害了制度的权威性，也导致工会运作过程中的行政低效。

对担任总工会理监事职务的会员而言，也会出于自身利益，主动向政府提出延长理监事任职期限的建议。1948年2月24日，杭州市总工会向市政府提出，有鉴于现行《工会法》无理事长的设置，全体理监事不

---

① 《汉口市总工会组织章程》（1946年4月26日），武汉市档案馆藏，档案号：9-17-260（4）。
② 《为汉口市总工会理事长张恩泽辞职一事应予慰留由》（1947年9月12日），武汉市档案馆藏，档案号：9-17-260（2）。
③ 《汉口市总工会组织章程》（1946年4月26日），武汉市档案馆藏，档案号：9-17-260（4）。
④ 《为汉口市总工会组织松懈应予改选祈鉴核由》（1948年4月2日），武汉市档案馆藏，档案号：9-17-260（2）。
⑤ 《为召开理监事联席会议祈派员指导由》（1948年9月12日），武汉市档案馆藏，档案号：9-17-260（2）。
⑥ 《为成立汉口市总工会筹委会祈鉴核备查由》（1948年9月23日），武汉市档案馆藏，档案号：9-17-260（2）。

得连选连任，建议要求变更。"查现行工会法无理事长之设置，全体理监事亦不得连任，时值非常，殊非加强团体组织，充分发挥团体组织机能之应有措置。盖工人知识水准比较低落，所谓自觉自动自发之民主精神尚有待于今后之继续扶持与培养。而在现阶段中，欲求团体负责人员普遍健全，实不可得，且理监事之连选连任办理以来已有年，所实具历史，似不应骤然变更。申言之，理监事之能否连任，其重要关键是基于平日工作表现能否继续获得多数群众之拥戴，为断言事出自然，绝非勉强。今明文予以限制，似非所宜。"[①] 尽管此言似乎不无道理，但由于总工会是在地方政府的指导下成立，其主要成员由授意任命，故判断总工会理监事工作是否合格的检验权也在政府，而非广大的普通会员。该议案的提出距离杭州市总工会即将进行的换届改选仅有几个月。在临换届选举之际向政府提出此建议，其欲保理监事职位之意不言而喻。尽管4个月后，杭州市总工会又向市政府建议，向各产、职业工会进一步开放理监事选举名额，"此次总工会之改选，应绝对门户开放，自由竞选，凡在本市现有工人团体之优秀分子均有服务总工会之机会"，且"已当选省总工会职务或市参议员及国大代表者均应放弃竞选，令让贤能"，[②] 然而比照上一条旨在自保理监事职位的建议，此条议案的真诚度多少打了折扣。

与总工会的管理不同，政府采取事后追认的方式管理产、职业工会。因此，各级工会在人事任命上有一定的自主权。与总工会选举程序相同，产、职业工会的理监事首先由会员大会票选任命，再由选举出的理监事互选常设的理监事会。汉阳理发工会"由会员大会票选会员五人为理事，三人为候补理事，三人为监事，一人为候补监事。由理事中互选三人为常务理事，并推一人为理事长。监事中互选一人为常务监事"。[③] 各工会自行推选理监事后报政府鉴核备案。即便政府代表到场监选，也通常对选举并不多加干涉。

[①] 《为现行工会法无理事长之设置拟请转请予以变通由》（1948年2月24日），杭州市档案馆藏，档案号：J14-1-183。
[②] 《为总工会改选拟具两点意见谨请鉴核采择由》（1948年6月12日），杭州市档案馆藏，档案号：J14-1-183。
[③] 《汉阳理发工会章程》（时间不详），武汉市档案馆藏，档案号：18-10-510。

但这并不等于说政府对产、职业工会的领导任命放手不管。在政府看来，小规模的产、职业工会其会员数量有限，难以引发大的社会秩序问题，故对其管制有一定放松。而较大规模的工会，其主要领导多有国民党党政背景。汉口码头业工会理事长黄华山为中统成员。武昌一纱厂工会理事长陈九九，在1947年就一纱厂工资纠纷问题上书武昌市政府，其言辞恭敬，对政府唯命是从之态度可见一斑。

> 窃九九等服务第一纱厂已十余年，深明工等与厂方有相互关系，故一切行动均以政府法令为范畴。虽不敢自诩有功，但检查过去有领导工友地位当无大过。有时因细故未能及时消弭实力所难能，非工等敢于造成也。历蒙各长官之明鉴及厂方之谅解，工等感激之余以后在进厂工作时当益奋勉警。在法令范围内从事工作，严守岗位，遵从厂规。嗣后愿以最大努力从事服务，努力生产。如有违背，愿受以厂规处罚。谨此具文。敬请鉴核！①

具有基层组织的大型产、职业工会，尽管其对基层组织人员的选举具有一定自主权，但由于带基层组织的工会多隶属于大型企业或产业，故政府对其选举也未掉以轻心，必须派政府及总工会人员到场监选。武昌一纱厂基层工会各部干事的选举即由"市政府市总工会进厂监选"，各支部组长由一纱厂工会"全体理监事分途前往南北两厂监选"。②

工会选举出的理监事并非都尽职尽责。有些理监事在任期内发生工作调动等情况，也有些理监事很少参加相关会议和工作。遇到类似情况，工会往往会因会员要求而进行内部调整并将改选结果呈报政府批准。政府对工会的改选结果一样采取事后追认的方式。汉口市针织袜衣业工会理事长陈章"因另有他就，离汉已久"，会务由常务理事张华山代理，然而这一人事变动难以服众。"惟时日已久，该会殊多困难，以致各会员均感不满，纷纷向市总工会申请召开代表大会，改选理事长。"得政府批

---

① 《为一纱厂劳资纠纷问题致武昌市政府》（1947年8月22日），武汉市档案馆藏，档案号：104-10-1785（1）。
② 《一纱厂产业工会值日簿》（1947年10月12日），武汉市档案馆藏，档案号：62-1-291。

准后，工会"推选周明轩为理事长"，"呈报市府备案"。① 1946年11月30日，武昌市藕业工会针对"本会理事中有已就别业、多次未及到会，以致会务迟滞"者，致函武昌市总工会，决议"加推尹呈弼君为理事并公推为常务理事"，并"备文呈报"，请市政府"鉴核"。② 12月2日，政府批示"准予备查"。③

当工会主要负责人离职等故导致会务松弛，日常工作难以正常推进时，不得不重新召开理监事会议乃至会员大会，选举新的领导班子。1948年3月，杭州市矸布业职业工会常务理事宋炳生"因体弱多病呈请辞职"，后该会召开理监事联席会议，"当场公推理事倪长根为常务理事，其遗理事缺以候补理事冯金奎抵补"。④ 杭州市木匠工会因常务理事刘天开"自本年元月六日起不知去向，会务亦未交人代理，以致无人负责，日趋废弛，兹为免使会务贻误起见，经本会第九次理监事联席会议讨论决定，推楼理事福有暂代本会驻会常务理事，处理会务"。⑤ 1948年11月，杭州市电影业职业工会常务理事马镛"请辞常务职务"，后"经议决照准，并由各出席理监事票选理事汪象贤继任常务理事"。⑥

第三节　财务情况："入不敷出"与"杯水车薪"

劳工组织正如一切规模的人类组织一样，必须具备某种财政方面的支持。如果劳工组织想实现它的目标，那就必须有相当稳固的资金开支，因而也就要有可靠的收入来源。⑦ 这一财政收入的重要组成部分即是工会经费。工会经费是工会收入的组成部分，是工会组织的主要经济来源

---

① 《针织袜衣业工会选举》，《工人报》1947年4月5日。
② 《为藕业工会推尹呈弼为常务理事祈鉴核备查由》（1946年11月30日），武汉市档案馆藏，档案号：18-10-4379。
③ 《武昌市政府训令》（1946年12月2日），武汉市档案馆藏，档案号：18-10-4379。
④ 《为呈报本会常务理事宋炳生辞职抵补情形仰祈核备由》（1948年3月8日），杭州市档案馆藏，档案号：J14-1-152。
⑤ 《为本会常务理事刘天开不知去向，推楼理事福有暂代本会理事由》（时间不详），杭州市档案馆藏，档案号：J14-1-183。
⑥ 《为改选常务理事呈祈核备由》（1948年11月2日），杭州市档案馆藏，档案号：J14-1-47。
⑦ 〔美〕摩尔根编著《劳动经济学》，第416页。

和物质保障。① 战后国民政府颁布的《工会法》规定了工会会费的征收方式和征收比例:"县市总工会、省市总工会产生工会、全国联合会及全国总工会会员工会入会费由成立大会议定,征收之经常会费由会员大会在各该会员工会收入百分之十范围内议定征收之。"②

总工会的经费名目较多,其主要来自政府资助与各产、职业工会按比例征缴的会费。汉口市总工会的经费来源"分会员入会费、经常费、特别基金、临时募集费、政府补助费五种",其名目超过了各产、职业工会。③ 且汉口市总工会直接隶属于汉口市政府,其接受的政府补助力度也远超过基本自负盈亏、偶尔象征补助的各产、职业工会。早在整改完成时,时任整理委员会主任委员的张恩泽便请求汉口市政府"准自本月份起按月核发补助费10万元",得到了批准。④ 而武昌市政府也就如何对其属下武昌市总工会补助询问汉口市政府并仿效之。

然而战后,国民政府面临严重的通货膨胀压力,对工会的伸手要钱并非有求必应。1946年12月16日,汉口市总工会再度请求市政府,鉴于"战乱日紧,异党蠢动之际","非充实内部人手,加强组织力量","难以应付裕如",故"敬祈鉴核,准予自36年1月份起,增加本会补助费为每月50万元"。⑤ 对于这次请求,政府只承诺"每月补助30万元"。1947年8月29日,汉口市总工会又以类似的理由请求市政府"按月补助本会经费200万元",政府同样只答应补助100万元。⑥ 1948年3月10日,汉口市总工会再次向政府伸手要求每月1000万元的补助,而政府似乎有意减少这笔支出,让这个不断开口要钱的总工会自生自灭,遂回应"一次补助3000万元,嗣后应由该会自行设法,不再补助"。⑦

---

① 张宏岩:《谈工会经费、会费之区别与联系》,《中国工会财会》1999年第7期。
② 《工会法》(时间不详),杭州市档案馆藏,档案号:J14-1-1。
③ 《为总工会经费筹措致汉口市政府》(1946年1月20日),武汉市档案馆藏,档案号:9-17-21。
④ 《为补助总工会经费致汉口市政府》(1946年1月25日),武汉市档案馆藏,档案号:9-31-7759。
⑤ 《为增加补助总工会经费祈鉴核由》(1946年12月16日),武汉市档案馆藏,档案号:9-31-7759。
⑥ 《为按月增加补助总工会经费祈鉴核由》(1947年8月29日),武汉市档案馆藏,档案号:9-31-7759。
⑦ 《汉口市政府训令》(1948年3月15日),武汉市档案馆藏,档案号:9-31-7759。

除了政府补助外，总工会也从各产、职业工会处按比例征缴会费并监督各产、职业工会会费账目。1947年4月，汉口市总工会通过的督导方案中规定，"本会所属各业工会应按月按照各该会所收会费总目之百分之五，缴纳本会做经常费"，"各业工会每月收入会费总数应按月报告本会，不得有以多报少"，并制定了针对"隐匿不报"的强制措施。[①]

产、职业工会的经费来源主要是会员会费与募捐杂项经费。杭州市制帽业职业工会规定："本会经费之来源分入会费、经常费、月费与事业费三种。入会费分为五万元，于入会时一次缴纳。至于经常费分（甲乙）二种，甲级缴纳计为一万元，乙级为八千元。正如遇会员失业或灾难时，得酌情减免之。临时会费如有特殊情况需要时，经会员大会或会员代表大会决议并呈准杭州市政府后方得征收之。"[②] 杭州市火柴业产业工会规定："本会经费之来源分会员入会费、经常会费、特别基金、临时募集金四种，会员入会费每人至多不得超过其入会时一日工资之所得，于入会时缴纳之。经常会费每人每月至多不得超过收入百分之二，由会员按月缴纳。如遇会员失业或灾难时，得报告理事会酌减或免除之。特别基金及临时募集金因有特别需要时，经会员大会或代表大会决议呈准杭州市政府临时征收之。"[③]

工会会员人数决定了工会组织能够征收的经费总量。会员数量多的工会，其经费自然相对充裕。在这一点上，规模较大的产、职业工会有着先天优势。以武昌一纱厂纺织产业工会为例，该工会规定："本会经费之来源，以会员入会费、经常会费、特别基金、临时募集四种。"尽管规定"经常会费每会员每月至多不得超过百分之二"，而实际征收额度为百分之一，但由于该工会人数众多，1948年5月会费收入为345108000元。[④] 码头业职业工会也因有会员"两万余"人，而被认为是"全市各业工会的经费最富足，和组织最大的一个工会"。[⑤] 而一些会员相对较少的工会，不得不通过提高会员入会费或缴纳其他形式的资金维持自身资

[①] 《市总工会督导工作展开》，《工人报》1947年4月13日。
[②] 《杭州市制帽业职业工会章程》（时间不详），杭州市档案馆藏，档案号：J14-1-71。
[③] 《杭州市火柴业产业工会章程》（时间不详），杭州市档案馆藏，档案号：J14-1-102。
[④] 《为武昌一纱厂纺织产业工会经费筹措祈鉴核由》（1946年5月20日），武汉市档案馆藏，档案号：62-1-147。
[⑤] 《码头工会》，《工人报》1947年4月2日。

金周转和财务运作。尽管这样，仍面临严重的运转困难。

需要说明的是，许多工会的会费收入并不是稳定不变的。尽管已经实行复式记账，但不少工会仍然出现会费账目不清的现象。武昌一纱厂工会"于开始征收会费为表示慎重并制就三联收据"，"其支付手续均照规定办理"，但账目显示出的问题仍不得其解。该厂工会"1948年1月份上半月共收会费37566000元，但下半月仅收4665000元"，二者相差巨大令人疑惑，且"文内与备考栏内并未载明"。而"1月份全月所收会费为42231000元，而2月份全月共收会费为129452000元"。① 尽管有厂方未能及时结算工资等客观原因，但会费收入的不稳定也是导致福利等多项会务进展不利的重要原因。

在会费征收方式上，各产、职业工会有所不同。以个体劳动为主、工作场所分散的工会如包席厨工业职业工会、码头工会等，更多靠会员征集的方式征收。这种依赖会员自觉缴纳的方式，难以保证会费按期足量有效征收，对于部分会员少缴或者不缴工会会费的问题缺乏有效遏制措施，增加了工会组织用于收缴会费的工作成本，亦引发会务纠纷。处理不好时还会使矛盾扩大，需待政府处理。而依托于大型企业的工会如武昌一纱厂工会，由工厂按照一定比例在工人工资中代扣，再由工会向厂方领取，从而避免了工人拖欠会费的问题。武昌一纱厂工会经常费从1948年1月起，"按工人所得工资百分之一代扣"。② 这种由雇主直接从工人工资中扣除会费的制度使会员的经济状况有安全保障。③ 稳定的工会经费征收方式也为其工作开展提供了保证。

总工会内部大都建立了较为完善的财务制度，由专职会计负责财务，采取复式记账法，对每项经济业务往来开支都以相等的金额在本工会与政府部门相互联系的账户中进行记录并在政府社会科留存复本，既防止财务纰漏，保证会务实施，也便于政府对工会财务的监督。

总工会在多数时间为超预算负债经营。从1946年8~12月的武昌市

---

① 《武昌一纱厂纺织业工会1947年10月至1948年2月收支对照表》，武汉市档案馆藏，档案号：62-1-296。
② 《一纱厂工会经费收支计算书》（1948年2~5月），武汉市档案馆藏，档案号：18-10-4312。
③ 冯同庆：《工会经费问题》，《工会理论与实践》1999年第5期。

总工会收支图反映了总工会每月的亏空随着上月结转与本月支出的增加而增加（见图3-3）。工会本身的非营利性，使得工会要想筹集经费，只能是在有条件的情况下向政府或各下属工会伸手要钱。而无论是地方政府还是各产、职业工会，其财政状况都是随着通货膨胀和战事波动起伏，导致工会因不能获得稳定的经费而无法开展或维系各项活动。

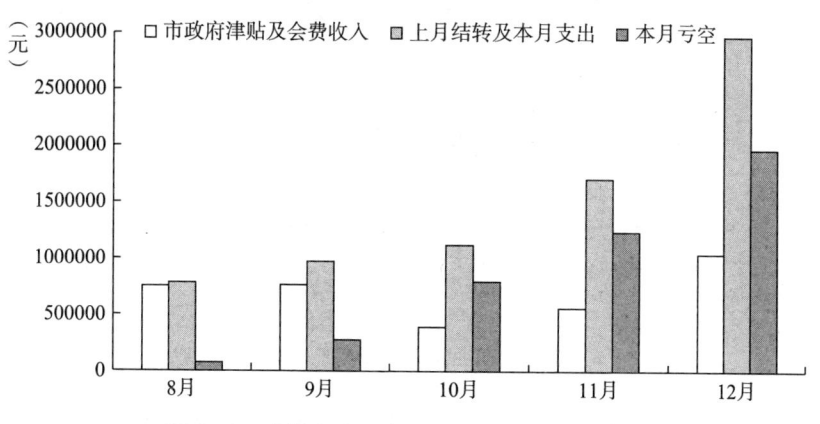

图3-3 武昌市总工会1946年8～12月总收支

资料来源：《总工会收支单列表及员役薪饷名册》（1946～1947），武汉市档案馆藏，档案号：18-10-4368。

负债经营的总工会最大的开销在何处呢？武昌市总工会1946年8月至12月各月支出项目图告诉我们，其最大开销在于职员薪金。8至12月各月员工薪金总数依次为470000元、730000元、730000元、761300元和780000元（见图3-4）。[①] 根据汉口市职业工人工资概况可算得汉口市职业工人每日平均工资为4120元，月平均工资为123600元（见表3-2）。而总工会薪金最高的理事长张华山月薪也仅100000元，秘书、会计、干事、工役的工资更低，50000～90000元不等。可见，总工会职员薪金在当时并不算高。但考虑到总工会的职员多为各产、职业工会现任理监事兼任，其个人薪金由其所在产、职业工会与总工会共同发放，其收入总和便不可谓少了。

---

① 参见《总工会收支单列表及员役薪饷名册》（1946～1947），武汉市档案馆藏，档案号：18-10-4368。

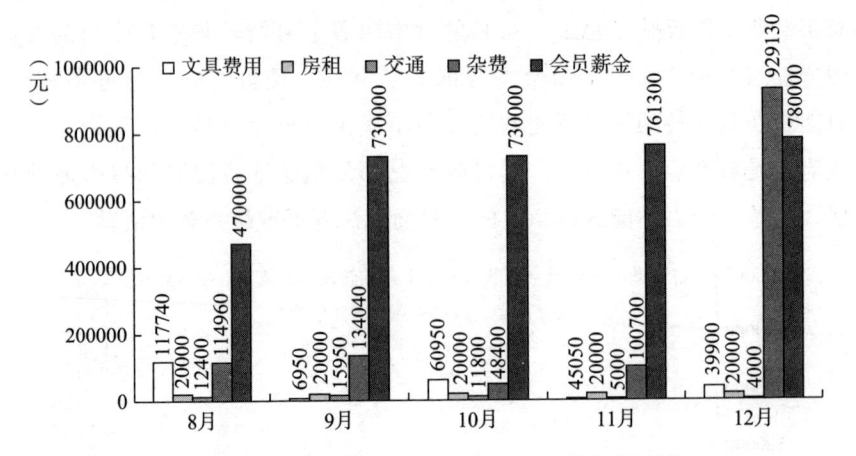

图 3-4 武昌市总工会 1946 年 8~12 月支出项目

资料来源：《总工会收支单列表及员役薪饷名册》（1946~1947），武汉市档案馆藏，档案号：18-10-4368。

表 3-2 汉口市职业工人工资概况（1946 年 11 月）

单位：元

类别	日平均工资	类别	日平均工资
码头工人	5500	木作工人	4250
泥瓦工人	4250	碾米工人	2250
锯木工人	4300	印刷工人	4500
机器工人	3900	洗染工人	3000
人力车夫工人	5250	缝纫工人	4000

资料来源：《汉口市政府统计要览》（1946 年 11 月），武汉市档案馆藏，档案号：9-31-3112。

此外，总工会在得到政府补助的同时，也担负着部分政府财政摊派。随着国共内战的白热化，国民党政权的军费开支急剧增加。在通货膨胀的局面下，政府不得不采取各种摊派的方式强刮民力民财。涉及相关产、职业劳工的摊派均由总工会负责代为征缴。武昌市总工会负担部分武昌市政府摊派的市银行警备股股款。1947 年 3 月 29 日，在市政府相关人员出席督导下，武昌市总工会监事联席会议通过决议，"本会任市银行股东 5 股，计 50 万元，由工会方面负责"，"其股款，限定 4 月 15 日以前□□"。① 1948 年 1 月，杭州市总工会奉命向下属产、职业工会征缴布鞋

---

① 《武昌工会监事会议》，《工人报》1947 年 3 月 30 日。

劳军品，"应缴布鞋代金计共三亿元，每会员应摊派六千元"。①

总工会隶属于市政府，其职员又多从各产、职业工会之领导者中产生，这些在总工会任职的理监事就有了双重身份。这种双重身份为总工会的理监事提供了一个分摊办公费用的渠道。1948年，国民政府把持下的中华民国全国总工会筹委会召开，代表的往返差旅费究竟由谁负责成为一个问题。经决议，"有业务机关者由当地政府转请各该业务机关补助"。②不仅如此，同年11月，在武昌一纱厂任职的总工会职员刘汉臣、陈九九等人参加中央训练团第十二期社训班，"所有赴京旅费约共200元"，政府规定"上项赴京旅费应由各调训学员之业务机关担负"。③ 政府要进行意识形态控制，但又不给原本就支绌的财政开支上增加压力，于是将这笔费用转移，由各产、职业基层工会负担。

同总工会类似，产、职业工会也制定了较完备的收支账目监审制度并受政府监督。武昌一纱厂工会规定："本会收支情形由理事会每月造具计算书连同有关之单据送交监事会审核公布之并须于每届改选时得将财产状况报告大会并另呈报武昌市政府备案。"④

产、职业工会的经费支出因工会实力不同而有所不同。经济实力较好的工会，有能力在薪金支付外提取一定的福利基金及事业费基金，作为工会开展工作的经费保证。按照武昌一纱厂工会5月会费收支计算书，该会5月会费345108000元共由上、下两届会费与2月、3月、4月起卸部会费三者构成，本月支出由5月经常费、会员福利基金、事业费基金、本会经常费准备金四部分构成，等于会费总和（见表3-3）。当月支出的经常费占会费总额的30%。事业费基金与会员福利基金各占39%和30%（见图3-5）。应该说，这份支出比例反映了该工会在会员福利基金及事业费基金上保留了相当比例，从而为工会的工作开展提供了经费保证。

---

① 《为奉令办理布鞋劳军令仰遵照办理由》（1948年1月14日），杭州市档案馆藏，档案号：J14-1-11。
② 《市工会补助费等财务文件》，武汉市档案馆藏，档案号：9-31-7759。
③ 《关于伪工会选举的文件》，武汉市档案馆藏，档案号：62-1-147。
④ 《关于伪工会选举的文件》，武汉市档案馆藏，档案号：62-1-147。

表3-3 武昌市第一纱厂纺织产业工会1948年5月会费收支情况

单位：元

款	项	目	科目	收入计算数	支出计算数
1			武昌市第一纱厂纺织产业工会会员会费	345108000.00	
	1		会费	345108000.00	
		1	5月上届会费	138028000.00	
		2	5月下届会费	192080000.00	
		3	2月、3月、4月起卸部会费	15000000.00	
	2		本会5月经常费		104812000.00
		1	5月经常费		104812000.00
	3		会员福利基金		103532400.00
		1	福利基金		103532400.00
	4		事业费基金		135000000.00
		1	事业费基金		135000000.00
	5		本会经常费准备金		1763600.00
		1	本会经常费准备金		1763600.00

备考：会员会费系以武昌一纱厂工人每月工资所得征收百分之一由本会照纱厂发工资册列由厂代扣再具领到会；会员福利基金系以本月份会费收入照规定提存百分之三十；事业费基金系以会费收入开除经常费及福利基金外提存之；本会经常费准备金系以会费收入开除经常费、福利基金、事业费基金外尾款移做准备费。

资料来源：《一纱厂工会经费收支计算书》（1948年2~5月），武汉市档案馆藏，档案号：18-10-4312。

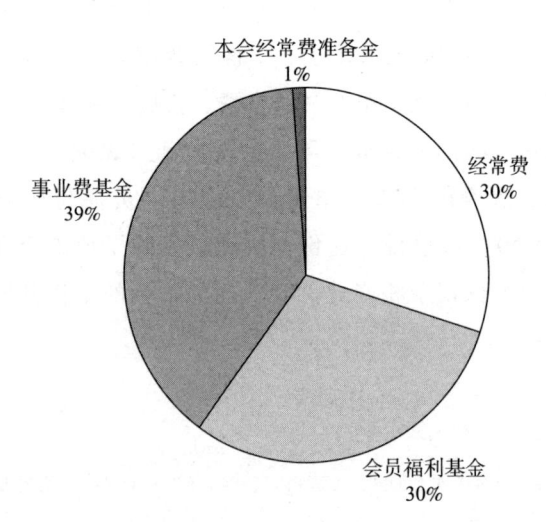

图3-5 武昌第一纱厂工会1948年5月会费支出比例

资料来源：《一纱厂工会经费收支计算书》（1948年2~5月），武汉市档案馆藏，档案号：18-10-4312。

但我们倘或就此得出具有经济实力的产业工会的收支状况良好的结论，则未免为时过早。我们还需了解30%的经常费到底花在了什么地方。从1948年4月武昌一纱厂工会支出之各项数据可看出，与总工会的支出大部用来发放职员薪水不同，该厂工会支出较多的除了职员薪金外，还有招待费一项，甚至超过了薪金。从表3-4和图3-6可看出，该会支出的两大部分为职员薪金及招待费。有此支出特点的并不仅武昌一纱厂工会一家。尽管战后整体经济状况并不乐观，但各级工会之间往来的请客吃饭、烟酒打点等"面子"开支却是"一个都不能少"。以至于

表3-4　武昌市第一纱厂纺织产业工会收支对照（1948年4月）

单位：元

支出之部	金额	支出之部	金额
薪俸及工资	20690000	文具纸张	1965000
购置	3060000	茶水薪炭	1820000
杂支	2655000	伕马费	3150000
特别办公费	5950000	补助费	1800000
报费	5400000	招待费	24058000
合计	70548000		

资料来源：《一纱厂工会经费收支计算书》（1948年2~5月），武汉市档案馆藏，档案号：18-10-4312。

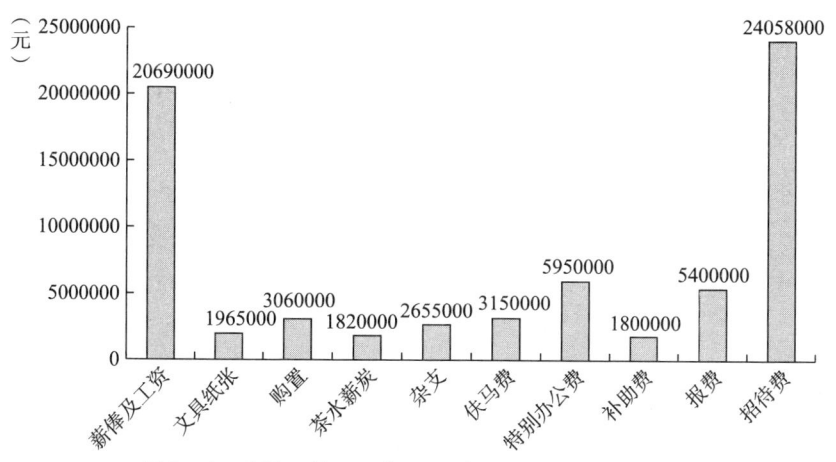

图3-6　武昌一纱厂工会1948年4月经常费支出各项

资料来源：《一纱厂工会经费收支计算书》（1948年2~5月），武汉市档案馆藏，档案号：18-10-4312。

有人认为工会选举期间"惟对与会人员及其会众招待殷势肴宴殊奢，值此戡乱建国时期，殊违节约开支"，建议"一律可改为茶点招待"。①

杭州市丝织业产业工会的情况也不容乐观。由于丝织业产业规模庞大，会员人数多，故工会所收会费不少。然而根据该会1947年至1949年间的经费收支情况，在支出方面，绝大部分用于工会理监事成员的生活费与津贴费、办公及差旅费的开销也不容小觑。以1947年3月1日至12月31日的数据为例。这一时期，工会经费总收入为250242628元，以常年费及下属各组织缴纳的会费为主要来源。总支出为263962140元，其中生活费及津贴费139564050元，为所有支出科目中数额最大者。其次为办公费，为14633740元。其余福利事业费、上缴总工会会费等明显较少。②

此外，工会收支状况也受物价水平的影响。当物价上涨，工人生活状况恶化时，一些规模较大的产业工会尚可通过减免会费的方式规避风险，维持运营。1948年7月28日，武昌市第一纱厂纺织产业工会第15次理监事联席会致电武昌市政府，以物价上涨，工人生活日益困苦为由，要求暂停征收会费。"所有本会经常开支暂由本会前征收会费之存款项下撙节开支或另行向外筹措，以减轻会员制负担。再查本会原征收会员会费系每月分上下两届，在六月份业经停止征收一次。此次为减轻工友之负担，自七月份起全部停止征收。"③ 而一些规模较小或负担较重的工会，则面临难以为继的困境，以致出现个别工会因为经费难以负担日常运营，打算与同业公会合并的情况。熟鸭业职业工会"因经费困难，决与同业公会合并，已报呈市府"。④ 也有工会因经费入不敷出，反其道而行之，商议提高会费征收额度。杭州市铁工业职业工会1946年6月25日召开代表大会商议会费问题，决议"本会会员月费收入寥寥，而支浩大，娄实不敷支配，通过由各代表提议酌予增加，连前项每月月费计1000元"。⑤

---

① 《汉各工会改选，不应大肆铺张》，《劳工日报》1948年6月17日。
② 《杭州市丝织业产业工会三十六年度经费收支报告》（1947年3月1日～1947年12月31日），杭州市档案馆藏，档案号：J14-1-18。
③ 《武昌市第一纱厂纺织业工会文件》（4），武汉市档案馆藏，档案号：18-10-4403。
④ 《熟鸭业工会经费困难，决与公会合并》，《工人报》1947年6月9日。
⑤ 《为呈报本会酌增会员月费祈核备由》（1946年7月1日），杭州市档案馆藏，档案号：J14-1-79。

杭州市总工会在筹备期间，除了向政府申请各种办公费用20.5万元外，其日常支出费用，"修缮电灯之装置，办公用具购办等"由政府"按月拨补五万元补助"，并且向下属各工会"缴收筹备费一次一百"。① 而在实际运作中，总工会常常无法正常向下级工会收缴会费，为总工会的日常运作带来困难。"惟各团体会员中，未能按照规定比额缴纳者颇多，致使本会经费感受困难。"② 杭州市火柴业产业工会成立之初规定，"登记费以每一女会员一千五百元男会员三千元，将来正式工会成立后在入会费内扣还（此款作代表会及筹备会费用）"，会址暂设海月桥"惟善亭奉圣寺内"。③ 杭州电影放映技师职业工会规定会费标准为"失业会员每人贰仟元；在职会员每人三千五百元；各戏院主持技术工作之会员每人六千元"。④

在公众眼中，政府需对社会弱势群体予以一定程度的帮扶。政府对社会弱势群体的帮扶需要借助社会团体这个中介渠道。社会团体亦需要借助政府的资源，履行组织职能。工会机构的目标不仅是要让贫困家庭得到资助，而且还要让上级部门和其他群体得知它的工作业绩，从而得到工会作为一个组织存在的合法性。⑤ 南京国民政府对劳工的福利事业范围有明确规定。"所谓劳工福利事业，包有工人教育、储蓄、卫生、保险、安全、住宅及托儿所等。"⑥ 在1929年颁布的《工会法》第15条中规定工会负责承担的劳工福利主要有："1. 会员之职业介绍，及职业介绍所之设置。2. 储蓄机关、劳动保险、医院、诊治所、及托儿所之举办。3. 生产、消费、购买、信用、住宅等各种合作之组织。4. 职业教育及其他劳工教育之举办。5. 图书馆及书报社之设置。6. 出版物之印行。

---

① 《杭州市总工会致杭州市政府》（1946年3月22日），杭州市档案馆藏，档案号：J14-1-183。
② 《杭州市总工会工作报告》（1946年4月～1948年4月），杭州市档案馆藏，档案号：J14-1-188。
③ 《杭州市火柴业产业工会筹备会第一次会议记录》（1946年12月24日），杭州市档案馆藏，档案号：J14-1-102。
④ 《电影放映技师职业工会第一次筹备会议记录》（1946年4月22日），杭州市档案馆藏，档案号：J14-1-47。
⑤ 周雪光：《组织社会学十讲》，社会科学文献出版社，2003，第104页。
⑥ 何德明：《中国劳工问题》，第185页。

7. 会员恳亲会、俱乐会及其他各项娱乐之设备。"① 可见南京国民政府执政时期，对劳工的福利措施在相当程度上通过工会组织实施。

抗战时期，国民党政权对就职于各类产、职业的劳工福利保障有较为详细的规定。1943年，国民政府颁布职工福利金条例，"规定公私营之工厂、矿场或其他企业组织及工会均应依法提拔职工福利金，办理职工福利事业"，"在工厂、矿场及其他企业组织于创立时就其资本总额提拔百分之一至百分之五，每月比照职员及工人薪津总额提拔百分之二至百分之五，每月于各个职员工人薪津内各扣百分之零点五，营业年度结算有盈余时就盈余项下提拔百分之五至百分之十"，"在工会则规定无一定雇主之工人应由所属工会就其会费收入总额提拔百分之三十为福利金，必要时得呈请主管官署酌予补助"。② 抗战结束后，城市工会组织通常将用于会员福利的经费并入会费中进行征缴。杭州各级工会从缴纳的会费中提取一定比例的资金，用于开办各种福利事业。小货车业职业工会在筹备时期，就决定向每位会员"征收事业费1500元，以作基金"。③ 1948年1月，杭州市总工会向下属产、职业工会征缴福利事业经费，决议按每人5000元额度征收。④ 湖北省政府也响应政策，令各县市政府与工会"饬属督筹办工人各项福利事业"。⑤

总工会、垄断行业工会以及普通产、职业工会的福利各有不同。负债经营与巨大的职员薪金支出比重造成的沉重负担不仅使得总工会缺少充足的经费推进会务，实现自身职能，更使得本来就处于起步阶段的福利措施举步维艰。但尽管如此，与产、职业工会相比，总工会与部分体制内工会的福利措施相对较为完备，涵盖了医疗、教育、餐饮、娱乐等多项活动。战后杭州市总工会成立了消费合作社和工人子弟学校。即便如此，在办公场所以及相关福利措施的具体执行层面，经费的分配利用

---

① 何德明：《中国劳工问题》，第187页。
② 《主计部关于劳工福利工资及生活费调查统计》（1948年6月），《中华民国史档案资料汇编》第5辑第3编《财政经济》（4），第198页。
③ 《为经本会第十三次理监事会议决议征收福利事业基金费呈请鉴核备案由》（1947年3月21日），杭州市档案馆藏，档案号：J14-1-57。
④ 《为征收福利事业经费电仰遵照由》（1948年1月13日），杭州市档案馆藏，档案号：J14-1-144。
⑤ 《注重劳工福利》，《工人报》1947年4月2日。

难以平衡,会员响应度低,面临不少障碍。杭州市总工会消费合作社的负责人员针对会员消费福利议题多次召开代表大会,然而"终以到会代表不足法定人数,未能获致决议。迄今无法继续进行"。子弟学校方面,战后杭州市总工会最初拟"决定捐献工友一日所得,自行筹办工人子弟学校",然而"时逾半载,捐献寥寥"。后又决议"以五一节工友倍发工资部分中之三成捐献本会,作为事业基金",然而此项经费亦不足用。在为工人谋福利与改善自身办公条件的选择面前,总工会倒向了后者,致使工人子弟学校一事遥遥无期。"本会以此项收入,系属事业经费,既不能移作他用,或补经常支出之不足;而存储银行,又以物价高涨,影响币值,亦非所宜。因念事业之举办,必需适当场所,而本会现有部分房屋,倾塌甚虞,极需优先修缮,备为后用。逐将以上两款,修理房屋五间,余款购置课桌四十张,条凳百条,稍作此后扩张业务准备。"[1]

由于工会举办的福利事业旨在为本行业内部劳工提供福利,这种福利仅限于行业内,并不扩散到其他行业。杭州市丝织业产业工会创办了私立集成小学。因收取的学费不抵浩繁的支出,多次向工会提出申请补助。在收取学费方面,经校董事会议讨论,决议"外界子弟照本会子弟加倍征收"。[2] 武汉市海员工会"创办会员识字班"。[3] 1947年2月18日,武汉电信工会组织业余剧团,"所有演员全为工会会员"。[4] 在战后通货膨胀,工人生活普遍下降的时期,能够组织剧团,丰富"精神生活",该工会的福利可见一斑。4月,该工会创办群益社,"内包括书报室、游艺室、理发室、沐浴室、小食部,专门供给各会员享用,取费低廉","其开设经费,由工会及局方员工福利社所共同负担"。[5] 平汉路铁路工会为庆祝该年五一劳动节"进行筹备,决议300万元为经费"。[6] 该会还组织有工人足球队、篮球队并参加武汉市组织的比赛。

---

[1] 《杭州市总工会工作报告》(1946年4月~1948年4月),杭州市档案馆藏,档案号:J14-1-1。
[2] 《杭州市私立集成小学37年度第1学期第3次校董会议纪录》(1948年2月6日),杭州市档案馆藏,档案号:J14-1-17。
[3] 《海员汉分工会》,《工人报》1947年4月26日。
[4] 《电信工会组织业余剧团》,《工人报》1947年2月18日。
[5] 《武汉电信工会创办群益社》,《工人报》1947年4月28日。
[6] 《庆祝劳动节》,《工人报》1947年4月27日。

对政府而言，必须举办一些哪怕是象征性的福利事业以提高公众信任度。1947年，杭州市政府督导成立了人力车业及泥水业等行业的职工福利委员会，并指导各工厂将原有福利股、惠工股等扩大为职工福利会。[①] 1947年4月底，隶属于湖北省社会处的武汉工人福利社"于社内增设工人理发室，为优待工人及平民起见，定价特别低廉，又该社为改善劳工生活，便利劳工用膳起见，经在武昌各交通路口举办特约工人食堂三所，平价供应餐食"，"餐价每客1200元，餐料每份1菜1汤1包饭"。[②] 该社经社会部批准指拨汽车举办的运输业务"自开办以来，各方均称便利"。[③] 在武昌市汽车公会提出"视同商车，要求本社汽车加入该会之组织并编入该队，负担缴纳会费及其他各种杂款"的不合理要求后，该社上报湖北省政府及武昌市政府，驳回了资方同业公会的要钱令，请求政府声明该社"举办汽车运输业务服务社，既无商股，又无以营利为目的，与商本性质迥然不同，自无加入当地同业公会之必要"，"请予转函武昌市政府令饬汽车业公会不得阻碍等情，经查各地社会服务机关举办社会服务事业为无商股而又无以营利为目的，故得不加入当地各同业公会"，[④] 便利了工人。每逢节假日，特别是五一劳动节之类的劳工节日，总工会也要做一做惠民的姿态。汉口市总工会为庆祝1947年的五一劳动节，决定"照去年办法，假民众乐园大舞台举行代表大会，凭证入场；优待工人观剧，按各剧场容纳人数上演，凭票入场"。[⑤] 武昌市总工会也"进行筹备庆祝劳动节，定期招待汉市新闻界，并请武昌各戏院免费招待工友"。[⑥]

不能不说这种象征性福利措施反映了政府努力表现"亲民"的一面，也客观上给工人带来一定好处，但也仅此而已。微薄的福利优惠对于经济状况拮据的工人来说无异于杯水车薪，并且还打了折扣。以上述五一节庆为例，尽管总工会做出了惠民的姿态，但是战后国民政府在自身面临巨大的财税缺口的情况下，并无余力筹措劳工福利经费，遂采取向各大型工业

[①] 《杭州市政府工作报告（1947年度）》，《民国时期杭州市政府档案史料汇编（一九二七年——一九四九年）》，第478页。

[②] 《便利劳工，平民用膳》，《工人报》1947年4月30日。

[③] 《各业工会关于会务纠纷》，武汉市档案馆藏，档案号：18-10-4448。

[④] 《各业工会关于会务纠纷》，武汉市档案馆藏，档案号：18-10-4448。

[⑤] 《庆祝五一劳动节》，《工人报》1947年4月23日。

[⑥] 《武昌市总工会庆五一召开筹备会》，《工人报》1947年4月22日。

企业及地方工会组织征缴劳工福利费的方式。① 工会组织当然不会自掏腰包，自然将这笔经费转嫁给一线各产、职业工会。汉口市总工会规定"经费来源由各工会自由乐捐"，② 武昌市总工会规定"除由当局补助外，不敷由各纱厂负担分摊"。③ 优惠工人的活动还需工人掏腰包，尽管只是"部分"。很难相信这种"羊毛出自羊身上"的举动能带给工人很大实惠。而各笔收缴上来的经费经过工会与政府的几道转手，不免产生损耗，实际受到影响的还是工人自身。

产、职业工会的福利经费主要依靠从会费中提取的会员福利基金。会员福利基金的运作类似于现代社会保险资金，起抗风险作用。该基金充足，则可以提高对会员的风险救助能力，从而增强会员对工会的向心力。在工会经费短绌、通货膨胀、物价居高不下、政局动荡的情况下，工会开展的福利工作对于工人来说无异于杯水车薪。

产、职业工会中，会员人数较多的以及工人工资较高的工会会费充足，从而福利工作开展得相对较好。前面提及武昌第一纱厂工会按百分之三十的比例提取会费用作会员福利基金，加上会费基数庞大，会员福利基金、事业费基金来源充裕。该厂福利事业有"合作社、职工子弟学校、托儿所、医务所等机构"，④ 基本解决了工人医疗、子女入学等主要问题。而规模较小，或工人工资较低的工会，其福利工作则相对匮乏。这种工会的福利设施多集中于医疗范围内。一些职业工会试图将福利措施与营利相结合。汉口市西服业职业工会组织缝纫生产合作社，既方便本会会员，也打出"价廉物美，服务社会，品质高尚，技术优良"的广告，对外接活，赚取经费。⑤

然而，大多数工会组织由于缺乏充足的经费、战后物价飞涨、部分人员工作不力，在提供福利的过程中出现运作不良、乱收费等问题。重庆豫丰纱厂工人消费合作社战后因为"社员人数太多"不堪重负，遂决定解散，历年公积金等盈余资金核实后按社员人头数平

---

① 《关于限期缴纳全国劳工捐献基金一事给中纺一厂分会的通知》（1948年9月23日），天津市档案馆藏，档案号：J156-1-123。
② 《庆祝五一劳动节》，《工人报》1947年4月23日。
③ 《武昌市总工会庆五一召开筹备会》，《工人报》1947年4月22日。
④ 《武昌市第一纱厂的历史概况》，武汉市档案馆藏，档案号：62-1-115。
⑤ 《汉口市西服缝纫生产合作社启事》，《劳工日报》1948年6月23日。

均发放。① 武汉木作业职业工会创办的工人子弟学校"以其办理成绩较差,学校秩序太坏,清洁卫生亦毫不注意,而为社会人士所不满"。该学校因开运动会而向学生收费,"一二年级学生,每人五千元,三四年级学生每人七千元,五六年级学生每人九千元,全校学生六百余人,此项数目相当可观,因此,各工人多有怨言"。② 此外,一些工会的福利经费未能做到收支平衡,所产生的问题超出了自身的能力范围,给工会正常运营造成了困难。武汉人力车业工人"对工会的义务,是每天缴会费100元。这100元的支配是,学费40元,福利费20元,会费40元"。但"因车工们大都是穷困的","他们应享受的权利是生死病苦,工会负责救治或安葬","生了病,无钱医治,由工会送入医院",如此之类负担造成"该会的困难较多",运营维艰。③

第四节 角色定位:"公务员""领导者"与"福利者"

社团的社会合法性主要有三种基础,一是地方传统,二是当地的共同利益,三是有共识的规则或道理。④ 南京国民政府时期注册的各级工会组织并非真正意义上的自治机构,更像一个代政府行使劳资协调与社会整合职能的机构。1929年颁布的《工会法》中规定:"工会是以增进智识技能,发达生产,维持改善劳动条件和生活为目的。"⑤ 可见国民政府在组织工会伊始,即有意淡化工会的利益抗争职能,强调工会对于劳资双方的协调和解的职能。因此,尽管工会的组织者不无抱着获得现实利益的目的发起筹组活动,但在上报政府的过程中,必须将成立工会的目的确定为联络感情、维护行业同人利益,借此获得社团组织存在的正当性。

对政府与工会双方而言,一个规模庞大的行业劳工群体是不容忽视

---

① 《为报豫丰纱厂工人清理消费合作社资金情形祈核备由》(1946年4月20日),重庆市档案馆藏,档案号:082-1-3。
② 《木作工人子弟学校》,《工人报》1947年4月23日。
③ 《人力车,工人温床》,《工人报》1947年3月28日。
④ 高丙中:《社会团体的合法性问题》,《中国社会科学》2000年第2期,第104页。
⑤ 朱采真编《工会法释义》,第4页。

的潜在政治力量，必须将其组织化，纳入社会管控的范围内。无论是政府的政令推动，还是工会发起者自身的吁求，都将从业人数多视为组织工会的重要理由。在杭州市小货车业职业工会成立的过程中，杭州市政府社会科在对该行业从业状况进行调查后上报市长周象贤，指出"全市小货车达一千余辆之多，以此为业者计四千余人之众。为整顿同业之风纪，调整同业之工资以及供应政府之必要事项，实有组织人力（车）工会之必要，以便政府之指导及同业福利事业之发展"。[1] 1947年，浙江省社会处致电杭州市政府，亦以"制茶、针织、烟草、汽车司机等业工人众多"为由，建议"依法策组各该业工会"。[2]

除了以从业人员规模作为筹组工会的理由外，要想获得政府批准，还必须用某种方式将社团组织嵌入现代社会及国家的共同体结构中，获得社团组织存在的正当性。南京国民政府时期，国民党政权严格控制民众的政治参与，但为了确立政权的合法性基础，又必须向民众宣传国家对民众所肩负的宣教职能。工会的目的被表述为于私于公两个方面。"对本身方面，是要从外我的环境而改善到内我的理想生活；对国家方面，是要帮助政治革命而进到社会革命的完成。"[3] 为了迎合国家政权，社团组织自身亦须彰显其有益于现代社会与国家建设的地方。政府与社团两者都心照不宣地将社会与国家的现代化置于公开措辞的首位。在1946年杭州市小货车业职业工会筹备会向市政府的报告中，筹备者不仅用"每日以汗血所得而维生活，为此职业者教育水准大都低劣，每遇事故而无合理解决，处处受亏被人歧视欺凌"来形容小货车从业者的艰苦现状，并且将其描述为"只图自己之私生活，缺乏社会与国家观念"，以此获得成立工会的必要性，"使同业间感情连络，以谋本业福利，卑将来服务社会有所保障"。[4] 通过这种话语表述，筹组工会前的劳工群体被隐然地放在了与现代社会和国家政权建设无法协调、相容的位置上，只有通过

---

[1] 《为发起组织杭州市小货车人力工会请求准予许可组织事由》（1946年5月30日），杭州市档案馆藏，档案号：J14-1-57。

[2] 《为电饬将制茶等业工人分别筹组工会组织经过情形具报凭核由》（1947年5月29日），杭州市档案馆藏，档案号：J14-1-183。

[3] 《劳动行政》，《南京社会特刊》第3册，南京文心印刷社，1932年4月8日，第69页。

[4] 《为发起组织本市小货车职业工会祈准予颁发许可证由》（1946年6月3日），杭州市档案馆藏，档案号：J14-1-57。

工会组织，才能使这些原本"落后""狭隘"的劳工被现代国家政权吸纳和动员。

法团主义视角下的工会有两种职能。一方面，它有义务组织并协调自己的成员，使分散的、多样化的诉求达成一致；另一方面，工会的代表性地位和权利，将获得国家的确认和保护，使之成为统一的、唯一的特定职业人群代表机构，并被接纳进有关的决策咨询过程。法团主义视角下的工会实际上被赋予双重政治角色——代表其集团群体利益，又负有团体之外的公共责任。[①] 作为各级工会的领导者，总工会的地位具有层级性、垄断性和非竞争性的特点。对国民党政权而言，在重建各级工会组织的过程中控制总工会，只是社会控制的一个环节。如被置于政府直接管控下的总工会因超脱了各产、职业工会所代表的行业及产业的特定利益诉求而带上了法团主义所谓的社团组织"公共责任"色彩，接下来的问题是，总工会是否能够整合下属产、职业工会组织的利益诉求，做一个名副其实的"领导者"？

当据此视角观察总工会时可发现，其章程与档案资料中体现的是"公务员"与"领导者"的双重角色。所谓"公务员"，是指面向政府，执行政府的各项政令指示。所谓"领导者"，是指面向下属产、职业工会，起到统领的作用。在章程方面，1946年4月通过的汉口市总工会章程中规定，本会"以领导促进本市各产业、职业联系，提高生产效能，协助政令推行为宗旨"。尽管该宗旨将"领导"放在前面，将"协助政令"排后，但章程中规定汉口市总工会的任务包括以下方面：

一、协助各工会团体条约之缔结修改；二、会员之职业介绍及职业介绍所之设置；三、会员储蓄、劳工保险、医院治诊所之举办；四、生产消费、购买住宅等各种合作社之组织；五、职业教育及其他劳工教育之举办；六、图书馆及报社之设置；七、出版物之刊行；八、会员恳亲俱乐部及其他各项娱乐之设备；九、劳资间纠纷之调处；十、工会或会员纠纷事件之调处；十一、关于劳动法规之规定修正事项得陈述意见于行政机关及立法机关，并答复行政及立法机

---

① 张静：《"法团主义"模式下的工会角色》，《工会理论与实践》2001年第1期。

关之咨询；十二、调查工人家庭生计、经济状况及其就业失业，并编制劳工统计；十三、各项有关改良工作状况，增进会员利益事业之举办；十四、其他有关法令实施之协助事项。①

上述任务中的第2、3、4、5、6、7、8、13条为劳工福利方面，第9、10条为劳资纠纷方面，第11、12、14条为执行政令方面。可见，总工会将重点放在了劳工福利与执行政令上。由于国民政府对总工会的要求是在不触动其专制统治的前提下本着劳资协调的原则增加劳工福利以安抚劳工，减缓社会冲突，因此，劳工福利与配合政府政策的相关统计调查等辅助工作均可被视为广义的"执行政令"。在战后成立的杭州市总工会章程中，规定工会承担的任务条款与汉口市总工会基本相似。在此兹引如下，不赘分析。

（一）协同团体会员缔结或改废协约。（二）职业介绍所之设置。（三）储蓄保险治疗及托儿所之举办。（四）生产消费购买居住等各种合作之组织。（五）图书馆及书报社之设置。（六）出版刊物之印行。（七）职业教育及其他劳工教育之举办。（八）设置俱乐部充实劳工康乐之设备。（九）工会或会员间纠纷事件之调处。（十）劳资纠纷事件之调处。（十一）关于劳动法规之规定改废事项陈述意见于行政机关法院及立法机关并答复行政机关立法机关之咨询。（十二）调查工人家庭生计经济状况及其就业失业并编制劳动统计。（十三）其他有关于改良工作状况增进会员利益事业之兴办。②

面对下属产、职业工会，总工会更多的是积极主动地扮演"领导者"角色。1945年12月9日，汉口市总工会刚刚完成重建之际，便以"各业工会指导员对于各业工会工作进度影响甚巨"为由，请求汉口市政府"授权本会指派"，并规定"各业工会呈报市府案件，须呈由本会

---

① 《汉口市总工会组织章程》（1946年4月26日），武汉市档案馆藏，档案号：9-17-260（4）。
② 《杭州市总工会章程》（1946年5月），杭州市档案馆藏，档案号：J14-1-1。

核转,不得越级",企图垄断与政府的沟通渠道。① 1946年8月23日,刚刚整改成立的武昌市总工会致电武昌市政筹备处,首先强调该会成立的目的"原在于统一管理以资加强本市工运工作",而"当本会未成立以前,各工会均由钧处直接管理","因循故例对于本会竟以第三者视之,而继续与钧处保持直接关系,以致本会事权空虚,不能积极推进会务",造成管理渠道混乱,行政低效。末尾,总工会请求市政筹备处"交本会负责办理,以克实本会事权而盼组织系统实为便!"②武昌市政府批示,"特饬各职业工会今后对上行文应由总工会待③呈以盼组织系统",满足了总工会的要求。④ 1947年3月27日,汉口市总工会召开理监事会议,通过决议"请调查各基层工会组织,遇有不健全之工会,应派员督导,本会所属各业工会,由本会全体理监事分别督导"。⑤杭州市总工会也主动就如何防范工潮、管控工人及工会等问题向杭州市政府建言。1946年8月,杭州市总工会向市政府提议,为防范工潮、加强与各方联络,"电话之装置,似为必需"。杭州市政府批准了此建议,"经本府函请杭州电信局予以设法敷装一具以利会务"。⑥直至国民党政权溃败的前夕,地方政府还在致力于强化总工会对下属工会的领导职能,以维系社会整合。1949年2月初,浙江省社会处向杭州市政府提出进一步健全工会组织的方案。

1. 希望市总工会经常开会,经常有人办公。2. 希望市总工会与各业工会多开联席会议。3. 市总工会对各业工会行文以后一律用代电或通知。4. 希望各业工会均能健全,然后市总工会亦能健全经费,亦较易收齐。5. 市总工会会所盼能从速建筑,使各业工会会员可常

---

① 《为各业工会呈报市府案件须由本会核转祈鉴核备查由》(1945年12月9日),武汉市档案馆藏,档案号:9-17-21。
② 《为推进会务克实本会事权祈鉴核备查由》(1946年8月23日),武汉市档案馆藏,档案号:18-10-4334。
③ 此处系原文,笔者疑为"代"字。
④ 《武昌市政府训令》(1946年8月27日),武汉市档案馆藏,档案号:18-10-4334。
⑤ 《市总工会理监事昨召开联席会议》,《工人报》1947年3月28日。
⑥ 《为该人员应即装置电话经本府函杭州电信局核示等由》(1946年8月19日),杭州市档案馆藏,档案号:J14-1-183。

到总工会来，以收集中意志之效。6. 各业工会改选之期已届临者，应依期改选。①

尽管总工会极力扮演这两种角色，但在独裁统治下其先天不足。在典型的法团主义国家，行使利益代表职能的社团往往以等级体系的形式组织起来，其全国性的总会便在利益表达和政策制定方面扮演极为重要的角色。② 然而，弱势独裁的南京国民政府对民众与社会团体高度戒备，并不会在科层体制内给社团组织以自主权和信任。其下属机构并不具有独立充分的"领导者"角色。汉口市总工会向市政府要求"各业工人申请组织工会者应呈由本会核转其径呈钧府办理者，并请发交本会调查签注意见"，"以一事权而杜纠纷"，③ 政府虽然应准其请求，但又批示"如遇各业工会发起人未向该会呈报径呈本府者，仍由本府核办并随时训令遵照"，牢牢攥住最后的裁夺处置权。④ 这就使得各业工会上报的渠道不统一，基层工会有两条上行渠道，总工会无法统一事权。基层工会便会在估算政府与总工会对同一问题的不同处理上做文章，争取最有利于自己的结果。这种管理手续的复杂化所导致的权责不分，各派势力的此消彼长，使得工会与政府之间的信息流通渠道不畅以及不同部门之间的推诿龃龉，弱化了政府对工会的监控，也为国民政府最终覆灭埋下隐患。

除此弊端外，是否可以认为法团主义的工会角色在总工会身上得到完整体现呢？如果是的话，为什么国民党政权一贯追求的社会控制目标最终却导致了政府取缔"不听话"的人民团体？如果不是的话，总工会又在哪些方面存在致命的缺陷？

要回答这些问题，首先需进一步明确法团主义定义下的"领导者"是一个怎样的领导者。法团主义为了避免多元主义下利益团体竞争的无序与不公，提出通过政府限制代表的渠道和方式，建立垄断社团。作为

---

① 《为工运座谈会决定如何健全工会组织一案电希办理由》（1949年2月3日），杭州市档案馆藏，档案号：J14-1-183。
② 顾昕、王旭：《从国家主义到法团主义——中国市场转型过程中国家与专业团体关系的演变》，《社会学研究》2005年第2期。
③ 《为各业工人组织工会应呈由本会核转祈鉴核备查由》（1946年1月20日），武汉市档案馆藏，档案号：9-17-260。
④ 《汉口市政府训令》（1946年1月24日），武汉市档案馆藏，档案号：9-17-260。

有组织的团体以及在国家权威机构中进行政策咨询的常规代表,这样的垄断组织取代了非正式、不稳定的地位竞争行动。① 法团主义的基本建制是利益协调和代表体系。它有双重作用:利益聚合和(被委托)推行政府政策的责任。因此,法团主义的核心关怀,是社会利益的集结和它的传输机构。② 法团主义下的垄断性组织以集结下属各团体利益为资本,采取与政府进行政治交换的方式参加政治活动。结果是,国家将部分的决策咨询权交给劳工组织。这样,一方面可以参与国家的部分政策的制定;另一方面,它的主要收益是参与限制资方投机的决策,防止他们任意利用市场机会损害劳工利益,从而保护劳工团体就业。③

"公务员"与"领导者"的双重角色体现了政府通过垄断法团由上至下控制社会的渠道,而法团主义要求的由下至上利益集结代表的另一面,则未在汉口市总工会身上体现出来。在前面征引过的章程规定中,并未见到关于总工会应当如何集结下属产、职业工会的利益诉求并纳入组织的渠道,在现行政权体制通道内积极与政府及资本家互动,影响政治决策的规定。因此,总工会在利益代表者职能上有明显缺失。既然无力集结下属产、职业工会的利益诉求,也就失去了各产、职业工会支持的基础,从而导致总工会的存在合法性只能来源于政府授权而非产、职业工会的支持。无法与下属产、职业工会组织形成坚固的组织纽带和利益关联的总工会身处政府与劳工群体之间,只能向政府一方倾斜,以无关痛痒的福利、劳资协调及调查统计等事务性工作为主,而将法团主义所主张的以组织利益代表为基础,以政治协商为手段的组织职能隐去。事实上,组建一个绝对听话的总工会,正是国民党政权的初衷和本意,哪怕为此付出削弱总工会存在合法性的代价。

在政府面前,无论是总工会还是产、职业工会,均会表现为听话的"公务员"角色。尽管产、职业工会就其性质而言更多依赖于所属行业或产业,但这并不等于产、职业工会能够抛开政府自行其是。这一角色定位使得各产、职业工会的章程中工会的宗旨、任务等方面的条款十分相似。汉口市手工卷烟业职业工会以"协助政府推进政令及增进同业公

---

① 张静:《法团主义——及其与多元主义的主要分歧》,第113页。
② 张静:《"法团主义"模式下的工会角色》,《工会理论与实践》2001年第1期。
③ 张静:《法团主义——及其与多元主义的主要分歧》,第102~103页。

共福利矫正会员行为,改善会员生活并增进其技能"为宗旨。在此宗旨之下,其办理事务有"关于主管官署及市总工会指办事项;关于解决同业劳资纠纷事项;其他依法由本会办理事项"三个方面。① 杭州市制帽业职业工会以"为会员联络情感及谋各工友之福利加强会员能力扶持会员困难情形及改善生活为目的",其主要负责的事务工作有:"会员职业之介绍、会员生产消费合作社之组织、会员教育及训练事业之举办、劳资及会员间纠纷之处理、团体协约之缔结修改或废止、其他有关会员福利事业之举办。"②

总工会身处政府与产、职业工会的纵向科层体制之间,并不直接面对一线劳工群体。因此,与总工会在面对下属产、职业工会时的"领导者"角色不同,产、职业工会在面对劳工群体时,其角色更多表现为在与政府政策相一致的前提下,做一个为同业劳工谋取福利的福利者。汉阳理发工会以"谋本同业人精神团结,联络感情,增进知识技能,改善劳动条件及生活,拥护政府建设"为宗旨,以"谋同人福利及服务社会"为事业。其举办事项为"职业教育及工人子弟学校之举办;简易书报室之设置及其他各项娱乐品之设备;会员或劳资间纠纷事件之调处"三方面。③ 武昌一纱厂工会以"增进工人知识和技能,发达生产,维持工人生活,改善劳动条件"为宗旨。④

产、职业工会这种"公务员"和"福利者"的双重角色与法团主义对工会的要求相冲突。法团主义下,不仅一个行业或一个职业只能有一个垄断性的合法授权组织,并且这个组织必须对其所属成员具有高度约束性、整合性。而国民政府控制下的各产、职业工会对内部成员并不具有高度约束性和整合性,其只是一种较为松散的、福利性质与联络感情的机构。工人更多是与所在工厂、所在行号发生联系。导致这种问题的是国民政府的独裁专制。在政府独裁专制下,工会无法以紧密组织化的社团利益为基础与政府以利益协商的方式进行社会整合,而只能是被动地在政府面前做一

---

① 《汉口市手工卷烟业工会章程》(时间不详),武汉市档案馆藏,档案号:9-17-64。
② 《杭州市制帽业职业工会章程》(时间不详),杭州市档案馆藏,档案号:J14-1-71。
③ 《汉阳理发工会章程》(时间不详),武汉市档案馆藏,档案号:18-10-510。
④ 《武昌一纱厂纺织产业工会基层工会组织章程》(时间不详),武汉市档案馆藏,档案号:62-1-147。

个听话的"公务员",在工人面前做一个和善的"福利者"。

按照产、职业工会的职能侧重不同,可将其划分为侧重工人福利、提高劳工生活条件的"消费型"工会与侧重提高劳动生产力、促进经济发展的"生产型"工会。依附于工厂的产业工会,由于工厂的生产职能更多由专事生产的部门完成,故工会职能更多地侧重于消费方面。以武昌一纱厂为例,该厂具有完整的组织架构,分为仓库、会计、厂务、事务、营业五部,每个部门下设科,科下设班组,各部门间有明确分工协作。[①] 尽管该厂部分管理人员与工会职员相叠合,但他们是以工头、车间主任的身份而非工会理监事身份进行生产管理。因此,第一纱厂工会值日簿中的工会理监事及职员的日常工作更多是处理劳资协调与职工福利等事宜。

而职业工会因其分工协作尚未达到产业化程度,更多为同业工人团体,其为工人谋取福利,许多工会除制定本会章程外还积极订立职业规约条款,涉及生产等问题,其角色兼"生产者"与"消费者"。汉阳理发业工会订立的同业规约中对于同业开业、营业的细则规定得十分详细,许多条款都与雇主同业公会的行规章程如出一辙。与同业公会章程一样,理发工会的同业规约限制同行恶性竞争,规定"同业新店铺面须隔十五家之距离";统一行业营业价目,规定"同业各店铺应由本会发给经政府核实之等级价目表悬挂室内,照价收财。不得任意向顾客恶索及私自少价营夺生意"。[②] 杭州市脚夫业工会对于脚夫的搬运工作有详细的规定。"挑夫须身体强壮,熟悉路径,无不正当行为,并具殷实铺保当存工会。挑费价目由各船自行议定,按照挑送地点之远近详细列表,呈由警察局转饬市警察局核转本府备案。挑夫概须于工作时穿着由工会制发之号衣。挑夫不得于路上强占生意,挑夫对于货物不得于定价外别立各自任意需索。"[③] 可见职业工会相较于产业工会更多地介入行业规则的制定和实施,这种工会"生产者"的角色并非基于现代产业扩大利润、引进新技术,而是与同业公会、行业协会之类的组织一样,更多体现出对行

[①] 《商办汉口第一纺织股份有限公司组织结构图》(时间不详),武汉市档案馆藏,档案号:62-1-281。

[②] 《汉阳理发工会章程》(时间不详),武汉市档案馆藏,档案号:18-10-510。

[③] 《杭州市脚夫业工会挑埠组织规则》(1946年10月11日),杭州市档案馆藏,档案号:J14-1-139。

业的规范。

小 结

战后，城市工会延续了全面抗战前人民团体的组织体系和运作结构。会员资格具有强制性，国民政府对产、职业工会的会员总人数及相应的工会代表人数按比例做了相关规定。总工会与下属产、职业工会构成具有纵向层级关系的伞状组织结构。

战后，城市工会的组织结构分为理事会、监事会与会员大会三级。监事会名义上与理事会平行，但监事会的职权仅仅在于审查经费及各种事业的开展，并不具有对理事会的行政制约权。工会组织的权力重心主要在理事会层面，理事会决定着工会经费支出以及重要会务。在人事安排方面，政府采取"事前控制"与"事后追认"两种方式控制工会组织人选。在角色定位方面，总工会一方面致力于做下属产、职业工会的"领导者"，另一方面在政府面前做一个听话的"公务员"。产、职业工会直接面向一线劳工群体，其角色更倾向于"福利者"。工会组织的角色定位限制了其不能以集结工人利益的方式主动介入政权。在战后通货膨胀、政府财政支出紧张的情况下，总工会与产、职业工会大都入不敷出，有限的经费多用于支付工会职员的薪水及办公开销。有限的经费来源渠道使得在工会章程中有意凸显的为会员谋取福利的内容，在实际运作中仅具有微弱的象征意义。尽管一些会员数量多、产业规模大的工会组织提供的福利明显高于普通工会，但在战后劳工群体生活水平急剧下降的环境里，有限的福利无法抑制劳工群体的不满情绪。无论是在组织制度抑或财务收支方面，还是在福利供给方面，战后城市工会都未能表现出法团主义所要求的社团所具有的特性。

根据国家与社会力量的差异，有"国家法团主义"和"社会法团主义"两种不同的结构安排。前者是一种自上而下的组织关系，在其中，国家的作用是主要的；后者则代表自下而上的组织关系，其中社会力量主导着关系的秩序。[①] 关于二者的主要特性，斯密特认为，社会法团主

[①] 张静：《法团主义——及其与多元主义的主要分歧》，第29~30页。

义是相对自治的，有多个地方单位，开放的、竞争的选举过程和政党，以及多种变化的政治理念和政治文化传统；国家法团主义则同与中央科层协调的政治体系相联系，它通常有取得支配性地位的政党，行政权威有政治理念统一的传统，它通过特别渠道招募成员，其政治文化的基础是阶级或种族，并伴随着对地方主义的抑制。[1] 据此标准分析战后武汉与杭州两地重建的工会组织，不难看出其应归入国家法团主义。工会的数量一定，每个行业、职业只有一个代表工会。工会的组织结构由国家强制安排，相互之间职能不同，是一种非竞争性的组织间关系。总工会与各产、职业工会之间层级分明，边界清晰。

南京国民政府时期，弱势独裁的政治统治与社会管控使多元分化的社会力量无法组织化、合法化，成为家庭与国家之间的组织，而终究被政府控制。缺乏中间组织的问题仍然没有被系统地加以解决。[2] 尽管战后城市工会组织结构与特性符合国家法团主义的定义，但国民党政权并未赋予工会组织独立的组织权威与职权责任。工会仅具有发放会员资格证、征收会费等"橡皮图章"的作用，无法集结工人利益，并在劳资谈判与政治参与中发挥积极作用。战后重建的武汉、杭州两地的工会组织在规模与会员数量上的发展不是真正意义上的社团组织成长。

---

[1] 转引自张静《法团主义——及其与多元主义的主要分歧》，第32页。
[2] 〔美〕吉尔伯特·罗兹曼主编《中国的现代化》，国家社会科学基金"比较现代化"课题组译，凤凰出版传媒集团、江苏人民出版社，2005，第387页。

第四章　工会的政治参与、日常事务与职业自主性

　　现代政治社会体系是由民众、政治社团、政党、政府四元主体彼此互动构成。① 在当代社会，与国家的关系是决定利益团体性质特点的重要因素。② 政治参与是现代经济社会发展的产物，是政治现代化的一个重要内容。政治参与的形式具有多样性的特点，主要有政治选举、政治结社和政治表达等。③ 社团组织的政治参与，对形塑国家与社会的关系起到了重要作用。法团主义认为，利益团体具有公共政治身份，其社团的合法性来自国家授权，因此应当进入国家政权的科层体制序列，践行对公共事务的协调与推进之责任。社团组织以何种方式和程度参与政治体制，既决定了社团在政权组织结构中的地位和话语权，也意味着社团能够在多大程度上对其内部成员具有约束效力，达成团体内部的共识秩序。

　　对社团组织而言，政治参与是其与政党、国家之间的连接纽带，日常事务是凸显其作为科层体制下的组织机构，正常运转需要处理的核心内容。这些内容构成社团组织的存在合法性。能否有效化解组织机构需要因应的现实问题，是考察社团组织日常运转是否具有有效性的重要依据。对工会组织而言，文山会海的会务工作与对各类劳资纠纷等的处理，是日常事务的主要内容。

　　工会组织成立的基础在于其是职业群体表达利益诉求的合法机构。职业自主性与国家中心性是现代社会分化过程中，职业群体与国家之间关系的两个重要面向。产、职业工会的组织基础是数量庞大的劳工群体。在战后城市社会中，具有特殊技能或科层体制身份的劳工群体借助工会组织吁求职业尊严，是职业自主性的体现。基于此，本章在明晰工会的

---

① 王楷模：《政治社团：生成机理与特征、功能》，《政治学研究》2003年第4期。
② 张静：《法团主义——及其与多元主义的主要分歧》，第119页。
③ 聂运麟：《政治参与与政治稳定》，《华中师范大学学报》（人文社会科学版）2000年第1期。

组织体系与运作结构的基础上，从政治参与、日常事务与职业自主性三个维度，对战后城市工会组织的运作机制予以考察。

第一节 政治参与：仪式、选举与抗争

南京国民政府成立后，对商会、同业公会等商业团体及工会等政治团体进行了改组整顿，社团组织被纳入训政体制下的社会控制体系。郑成林、魏文享等研究者对南京国民政府时期的商会、同业公会等经济类社团组织的政治参与进行了考察，认为尽管商会的参政热情与政治活动和民国初年相比有所削弱和减少，但商会努力争取商人选举权，积极参与国民会议，没有完全丧失政治自主性。同业公会扮演双重政治角色，一方面，它与国民政府在体制内进行政治合作，促进了政府的社会整合与国民党党治的推行；另一方面，同业公会虽经整顿，但仍有出于商人自身利益的主动性政治表达。[①]

相较于"在商言商"的经济类社团组织，南京国民政府时期的工会组织自创建之始即被赋予了劳资协调与社会整合的政治任务。这一事实决定了国民党政权必须为工会提供相应的政治参与渠道，使工会能够将劳工群体的利益诉求带入体制内，并通过实施政府指令，有效传递政府的公共权威。然而，执政后的国民党政权日益封闭，对民众高度戒备，并未给予社团组织合理的政治参与途径。与此同时，国民党政权为了构建自身的政权合法性，又必须给予社团组织一定的政治活动空间。这一内在矛盾使南京国民政府时期工会的政治参与一方面表现在配合国民政府的政治活动而发起的仪式性活动以及各类政治选举中，另一方面表现在以工潮为主要形式的政治抗争中。前者是配合国家对社会的治理，后者则对政治权威构成了局部的挑战和颠覆。

一 仪式政治与选举政治

政治现代化的要义在于扩大社会不同阶层和群体政治参与的广度与深

[①] 参见郑成林《抗战前夕中国商会的政治参与》，《河南大学学报》（社会科学版）2012年第1期；魏文享《近代工商同业公会的政治参与（1927~1947）》，《开放时代》2004年第5期。

第四章 工会的政治参与、日常事务与职业自主性

度。对于战后城市工会而言,政治参与的方式主要有仪式政治、选举政治和抗争政治三种。仪式政治,是一种利用特殊对象、场景、氛围、话语、道具和感性手段营造统一性象征符号的可操控性流程体系。[1] 1945年底,美国总统杜鲁门派遣马歇尔作为特使来到中国,调处国共冲突。国民政府基于形势压力以及自身政治利益,摆出了"行宪"的"民主姿态"。各种仪式政治行为的操演和运用,成为内战时期的国民党政权巩固统治的重要手段。

战后重建政治与社会秩序的国民党政权有意通过仪式活动树立工会组织在劳工群体中的威信和地位。在各类节日以及工会成立、会员大会等场合,党、政、军界要人代表均莅临到场,构建出仪式政治所必需的氛围、话语和场景。1945年12月6日,即将展开全面重建工作的汉口市总工会在武汉市政府社会科举行总工会整理委员会成立暨整委宣誓就职典礼。典礼得到各方重视,党政军各方代表及各工会代表均到场出席,现场气氛十分隆重。"钧府代表张科长及六战区长官部警备司令部暨党团机关代表莅临监视训词,秩序良好,情绪热烈,于下午五时礼成散会。"[2]

战后国共关系吃紧,内战一触即发。刚刚宣誓就职的汉口市总工会整理委员会在就职典礼上发表了分别致蒋介石与毛泽东的两封电文,从中既可以看出政府对其监控的程度,也可以看出政府欲在控制总工会的基础上,使其借电文表达对中央的服从。汉口市总工会致蒋介石的电文:"钧座领导全面抗战,卒获最后胜利,促进同盟团结,永得世界和平,英武贤明,神人共服,坚苦卓绝,中外咸钦,令者山河残破,亟需收拾,建国伟业,尤待努力,吾人誓以至诚追随钧座,愿为实现三民主义,完成国民革命之崇高理想而奋斗,兹值本会成立之期,谨电致敬,伏维垂登。"字里行间透露了其应持的态度。致毛泽东的电文为:"抗战八年,国家与人民创巨痛深,奄奄一息,方欣胜利初后,即施宪政,共谋和平建设,致国家于富强,登斯民于衽席……八年艰苦抗战,千万将士牺牲,等于虚掷,亲者所痛,挥泪无从,先生洞悉国际大局与时代趋向,应知群众意志,即为正义,背此正义,绝天伟成。目前任何政论是非,应采

---

[1] 田海林、李俊领:《仪式政治:国民党与南京国民政府对孙中山的祭祀典礼》,《史学月刊》2007年第4期。
[2] 《汉口市总工会整理委员会致汉口市政府社会科》(1945年12月13日),武汉市档案馆藏,档案号:9-17-21(1)。

取和平商讨与民意选择，倘出之以内战方式，将为国家民族之罪人，不仅为国家民族所共弃，且为举世所不容。本会谨代表本市全体工人，为国家民族请命，以惜民命，为固国本，不胜翘企之至！"① 其中的政治因素十分明显。

在文化领域，权力往往不需要严密的组织体系来支持，主要以符号、场景、仪式、语言等文化密码为媒介，以"可商量"的方式来运作，呈现为一种隐性的存在。② 仪式政治原本是借助场景、话语等媒介塑造一种庄严神圣的政治心态，南京国民政府时期各类仪式政治活动频频，由此导致仪式政治的泛滥，但未能形塑政治参与者对国民党政权合法性的认同和崇敬，更多的是刻意迎奉、虚与委蛇的政治过场或政治幌子。各类仪式政治消耗了政府与社团组织等机构的大量资源，这也是战后难以消弭民众对政府的不满情绪的原因之一。

选举政治是资产阶级民主的重要组成部分。在代议民主政治下，公民并不直接参与政治决策，只能选择少数人作为代表来直接行使政治决策权。③ 通过各类政治选举，推选出相关人员进入政权体制，参与政治运作，是社团组织政治参与的重要方式。

战后城市工会组织的选举有别于工会组织内部的理监事选举，而是涉及国民党政权的官僚体制。工会组织以人民团体的组织身份参与其中，不可避免地带有政治色彩。1946年1月31日，政治协商会议闭幕，通过了《关于政府组织问题的决议》《关于国民大会问题的协议》等五项决议。④ 1947年3月31日，南京国民政府颁布了《国民大会组织法》《国民大会代表选举罢免法》等法规。5月1日，国民政府又颁布了《国民大会代表选举罢免法施行条例》。⑤ 第一届国民代表大会选举工作在国统

---

① 《汉口市总工会为和平建国致蒋介石与毛泽东电文》（1945年12月6日），武汉市档案馆藏，档案号：9-17-21（1）。
② 李恭忠：《丧葬政治与民国再造——孙中山奉安大典研究》，博士学位论文，南京大学，2002，第6页。
③ 施雪华：《论西方国家选举政治的属性、功能与规则》，《社会科学研究》2013年第2期。
④ 韩信夫、姜克夫编《中华民国史大事记（1945~1946）》第11卷，中华书局，2011，第7969页。
⑤ 夏新华等编《近代中国宪政历程：史料荟萃》，中国政法大学出版社，2004，第1130~1143页。

区各省市展开。汉口市政府积极配合，督促总工会"在整理或筹备中之工会自应赶速成立，以配合选改之据"，并开具正在整理或筹备工会之名单，顺便督促其加快整改步伐。① 国民政府颁布的《国民大会职业团体代表名额分配办法》中规定，农业团体代表134名，渔业团体10名，工人团体126名，工商业团体31名，教育团体90名，自由职业团体59名，总计450名。② 工人团体和农业团体的代表名额最多。1947年7月，国民党中央召开国防最高会议，决定在11月12日召开国民大会。③ 同年11月，杭州市各机关团体开展选举国大代表工作。杭州市总工会要求下属各产、职业工会在21日至23日分区域进行选举投票，"时间为每日上午8时至下午2时"。④ 对于部分会员不满100人的工会，杭州市总工会在咨询市政府及浙江省社会处后，决议直接召集会员大会，不用另行召集会员代表大会。⑤ 杭州市总工会理事长汪廷镜被推举为浙江省工人团体候选人以及浙江省总工会发起人。"本市劳工当选为国大代表者计有汪廷镜，赵李洪，张汉仙，顾碧岭等四人。最堪引为欣慰者厥为投票时之勇跃情形，每一工友均能亲自到场，投其最神圣之选票，实为吾工界之光荣。"1947年12月，杭州市展开国民政府劳工团体立法委员的选举工作。"选举情形亦极为热烈勇跃。本市劳工以投陆京士票为最多。陆氏后获当选。凡此均足表示本市劳工皆有参政之兴趣与能力，在来日之民主政治中，必能善尽其职责也。"⑥

除了1947年的国大选举外，战后各省市相继设立省、市两级议会，议员采取普选方式产生，由此各级选举活动展开，工会组织也参与其中。1945年12月，杭州市成立临时参议会，核定参议员40名，由市政府遴

---

① 《为速成立各业工会以配合改选令饬遵照由》（1946年5月8日），武汉市档案馆藏，档案号：9-17-260（2）。
② 《国民大会职业团体代表名额分配办法》，《国民政府公报》1947年7月5日，第1版。
③ 李友仁、郭传玺主编《中国国民党简史（1894~1949）》，档案出版社，1988，第373页。
④ 《为电知国大代表选举日暨报核地点由》（1947年11月19日），杭州市档案馆藏，档案号：J14-1-3。
⑤ 《为工会会员不满百人时应召集会员大会奉饬令仰知照由》（1947年11月20日），杭州市档案馆藏，档案号：J14-1-3。
⑥ 《杭州市总工会工作报告》（1946年4月~1948年4月），杭州市档案馆藏，档案号：J14-1-1。

报省政府圈定。1946年3月18日至4月6日,在全市范围内办理选举人及候选人登记工作。1946年4月7日至5月初,编制选举人名簿与候选人名簿。① 1946年5月6日,杭州市举行职业团体暨市参议员初选代表正式选举。杭州市总工会积极参与,分派监选员及投票所主任,从事选举中的事务性工作。5月12日,初选代表在杭州市总工会会址进行复选工作,"汪廷镜、沈剑卿、赵廷秀、赵绥庚,当选市参议员,吴清泉、林景赞、马文元,当选为候补参议员"。② 此外,武汉、天津等地总工会也享有出席国际劳工会议的名额。这些名额多半由总工会自行推荐,报备市政府及社会部审核备案。③ 1948年10月,天津市总工会推荐朱曾襄作为代表,参加国际劳工会议。④

在政治选举方面,参与度以及参与意愿最高的是直接隶属政府管辖的总工会,并非一线产、职业工会。总工会直接隶属于政府,相较普通产、职业工会自然更容易获得政府授予的政治身份与地位。然而,这些政治资源往往也仅仅局限于总工会的领袖个人。比如杭州市总工会理事长汪廷镜获得国大代表资格暨浙江省工人团体候选人。而张恩泽也凭借汉口市总工会理事长的职务获得类似的政治身份。相较于总工会,一线产、职业工会自身所属的产业及行业在地方工业体系中的分量轻重不等。纺织、染整等规模庞大的工会组织中,会有少数理监事得以在总工会内任职,而其他大多数工会的理监事则难以进入政权体制。因此,在各类政治选举活动中投入大量人力、物力的通常是总工会,普通产、职业工会政治选举的参与度和参与意愿大幅下降。不少选举活动也因此而流于形式。此外,与民国初年的议会选举一样,战后各类政治选举中,不乏结党营私以及舞弊等现象。1949年,重庆市总工会召开第四届会员大会期间,就因使用欺诈等手段妨碍选举,遭到会

---

① 《十个月来之杭州市政》(1945年8月~1946年7月),《民国时期杭州市政府档案史料汇编(一九二七年——一九四九年)》,第300页。
② 《杭州市总工会工作报告》(1946年4月~1948年4月),杭州市档案馆藏,档案号:J14-1-1。
③ 《为推荐代表出席国际劳工会议事会致天津市总工会训令》(1948年10月19日),天津市档案馆藏,档案号:J025-3-5827。
④ 《为该市总工会推荐出席国际劳工会议事致天津市社会局训令》(1948年10月1日),天津市档案馆藏,档案号:J025-3-5827。

员的强烈抗议。①

二 抗争政治

抗争政治源于西德尼·塔罗、查尔斯·蒂利等一批海外学者提出的用于解释社会运动事件的概念。"抗争政治包含着这样一些互动：在其中，行动者提出一些影响他人利益或导向为了共同利益或共同计划而做出协同努力之要求；政府则在这些互动中作为所提出要求的对象、要求之提出者抑或第三方而介入其中。抗争政治由此而将人们所熟悉的社会生活的三个特征：抗争、集体行动以及政治，聚合到了一起。"② 抗争政治的主体是社会的中下层民众，在行为方式上呈现冲突和对抗的色彩。抗争政治涵盖了社会革命、社会运动和集体行动等各种以大众动员为基础的社会行动。③ 在抗争政治中，政府、民众、社会组织等多方力量均介入其中，形成利益博弈场，并影响着事件的态势和走向。如果说仪式政治和选举政治是工会组织与政权体制内的上一层级发生互动的主要方式，作为抗争政治出现的工潮则是工会组织与一线工人互动的主要方式。

1927年，国民党政权执政后抑制和限制工人运动的目的在于维持自身的统治秩序。当工人以过高的要求和过激的手段对付资本家，打击资本家的生产积极性，以致影响国家财税收入与经济发展时，政府不会坐视不管。同样，当资本家对工人压迫过甚，激起工人的强烈反弹和反抗，以致引起社会恐慌时，政府亦会居间调解。④ 内战时期的国民党政权对待劳资纠纷时，常采取安抚双方、向劳方或资方做适当让步以消弭事态的策略。然而工潮意味着对统治秩序的直接冲击，是国民党政权不能容忍的。日本投降后，失业人数的骤然增加以及物价的飞涨，导致劳资纠纷以及工潮事件在国统区重要城市频发。1945年11月至1946年12月这

---

① 《为重庆市总工会第四届会员大会使用诈术及非法之方法妨害选举一案祈澈查由》（1948年10月19日），重庆市档案馆藏，档案号：053-15-38。
② 〔美〕查尔斯·蒂利、西德尼·塔罗：《抗争政治》，李义中译，译林出版社，2010，第9页。
③ 黄冬娅：《国家如何塑造抗争政治——关于社会抗争中国家角色的研究评述》，《社会学研究》2011年第2期。
④ 王奇生：《工人、资本家与国民党：20世纪30年代一例劳资纠纷的个案分析》，《历史研究》2001年第5期。

14个月的时间内，天津市纺织工业罢工停产的次数就达到了59次，罢工人数达到8044人，其中纠纷原因多为"要求增加工资、要求复工救济、要求分发遣散费"等。冶铁工业和机器制造业罢工次数达到了16次，罢工人数达到2907人。① 1945年下半年，上海邮政业、百货业等多个行业工人发起工潮。上海市政府召集市党部、工会、商会等组织商议调解对策。钱大钧在呈蒋介石的电文中认为工潮不断的原因在于"物价之波动，使不肖份子得借口煽惑，继续涨之原因固由于交通之未完全恢复，而接收物资冻结"。② 在杭州，工潮的发起者以丝织、印刷等轻工业、手工业以及人力车业工人为主。1946年2月22日和1947年5月2日，杭州市出现两次大规模的抢米风潮，捣毁米店500余家。1946年3月，杭州光华火柴厂1500多名工人向市政府请愿，要求保障工人生活。同年7月，杭州机器、丝织、印刷等业工人及店员冲进国民党杭州市党部，要求改善生活。1947年3月，杭州万余名人力车业工人和1700多名锡箔业工人先后举行罢工。同年5月，杭州丝织业、制伞业、面点业、面粉业、染织业等多个行业工人集体发起"反饥饿、求生存"的工潮风暴。③ 在同一时期的武汉、天津等各类政府直营的工业企业密集的城市，工潮的发起者主要是纱厂、被服工厂、自来水厂等大型企业的工人。

为了避开国民党政权在长江中下游地区的渗透和控制力量，抗战时期的中共选择在西北和华北地区建立根据地。这一策略使得内战时期中共组织者的动员网络在以天津为代表的北方工业城市中迅速发展。1947~1948年，天津电车业、纺织业、烟草业等行业的工人相继发动了多次工潮。1947年10月，汉口市美华烟厂包装部工人因待遇问题发动罢工。机制卷烟业同业公会上报汉口市政府，认为包装部工人"屡次要挟，无理要求，阻止其他各部工作以致全部罢工，煽动工潮"，要求"将滋事为首分子澈查究办"，敦促卷烟业产业工会将涉事工人革除。④ 1946年12月，资

---

① 《天津市劳资纠纷概况》（1945年11月~1946年12月），《劳动统计月报》第1期，1947年，第14~18页。
② 《电呈沪市发生工潮情形及处理经过附拟解决办法乞钧裁》（1945年11月11日），《国民政府》，台北"国史馆"藏，典藏号：001-055700-00001-001。
③ 杭州市地方志编纂委员会编《杭州市志》第8卷，中华书局，1997，第284页。
④ 《为美华烟厂工人罢工案业已调解等情准予备查由》（1948年3月27日），武汉市档案馆藏，档案号：9-31-2456。

源委员会下属的天津八大工厂,计一、二、三机器工厂,造纸厂,电工器材厂,化学工厂,汽车工厂及炼钢工厂的工人发动罢工,要求增加工资,时间持续一周。国民党天津当局由警备司令部出面,要求工厂工人限期复工,同时又派出大批军警特务人员,分赴各工厂,监视复工情况。① 事后,天津市政府认为这次工潮源于工人借助工会组织暗中串联,要求严加防范。② 对于1948年中国纺织公司天津第一厂发动的工潮,天津市社会局认为其中有学生的渗透和煽动,要求严加防范。③ 此外,天津的国民党势力还不得不提防中共及其同盟者借各类纪念日发动工潮。④ 1947年11月,武汉被服总厂工人与厂方就工资待遇问题进行交涉,却遭遇军警及宪兵的镇压,死伤多人。⑤ 事件发生后不久,南洋烟厂与福华烟厂的工人酝酿罢工,引起汉口市警察局的注意,认为应当"密切防止该厂工人在厂外有越轨行动"。⑥ 此事甚至引起了参谋总长陈诚的注意。在致汉口市市长徐会之的电文中,陈诚认为该事件"显有奸匪操纵,查该厂正赶制夏服,不容延缓,影响军需至钜务,希严即限期复工,并督饬军警切实保护工厂,为再不复工亟应作有效处理,惩戒肇事工人"。⑦ 汉口市警察局逮捕了12名"为首分子",被服总厂开除了七八十名工人,停职了21名职员,处罚不可谓不重。⑧

战后,国民党政权意识到防范工人的组织动员活动的同时,还须对工人薪资与福利给予哪怕是最微弱的保障。1947年5月,天津市社

---

① 《天津蒋记八大工厂工人联合罢工一周》,《解放日报》1947年1月9日。
② 《为资源委员会所属工厂企图发动工潮事致社会局》(1947年12月16日),天津市档案馆藏,档案号:J025-3-5836。
③ 《关于严防注意职业学生渗入工潮煽动问题致中纺一厂分会的训令》(1948年6月22日),天津市档案馆藏,档案号:J156-1-116。
④ 《为严防五月纪念日中共及民盟煽动工潮事给社会局的指令》(1947年4月20日),天津市档案馆藏,档案号:J025-3-5774。
⑤ 《为呈请严惩枪伤工人以利早日复工的呈》(1947年11月8日),武汉市档案馆藏,档案号:9-31-2453。
⑥ 《为据报被服总厂及南洋烟厂工人罢工,福华烟厂工人亦在酝酿中,请鉴核一案电请核办由》(1948年2月1日),武汉市档案馆藏,档案号:9-31-2453。
⑦ 《参谋总长陈诚致汉口市市长徐会之》(1948年3月9日),武汉市档案馆藏,档案号:9-31-2453。
⑧ 《为据报被服总厂经登记复工情形一案电请核备由》(1948年3月17日),武汉市档案馆藏,档案号:9-31-2453。

会局拟定了防止工潮的措施，其中规定国（民）营工厂工资应当按照工人生活标准由厂方逐月主动调整。对于难以逐月调整者，厂方亦应注意实际需要，主动调整。与此同时，"选择纯良工人干部注意本厂工人动向，防止不良分子的举动（由本局负责任调训干部）。主动宣传有关劳工的政策法令，防止奸邪思想之渗入。督促各厂依照法规，参照各厂情况发放福利，本局随时视察"。① 重庆市社会局颁布的《加强工会督导防止奸伪煽动工潮实施办法》中规定，工会组织应当"随时晓谕工人，凡属军需工业、公用事业，不得罢工，及罢工在程序上、行动上之限制，使工人明了工潮之发动完全失却法律上之凭籍"。② 1946年7月，天津市海河施工段发生工潮。社会部认为"复员伊始，各地经济情况未臻安定"，要求天津市政府"亟应严加防范，以免影响社会秩序"。③

战后工潮多由劳资纠纷未能得到合理调解而引发。在地方政府的授意下，社会局通常是负责核实劳资双方利益矛盾、裁决调解方案的中间人。在调解过程中，时常会遇到资方"抗命不遵"的情况。1947年底，烟草业颐中公司工厂罢工。得到颐中公司工会的请示后，天津市社会局通知劳资双方到局调解。然而资方未出席，调解难以进行，社会局亦拿不出有效制约的办法，既削弱了地方政府的执政权威，亦无助于事态平息。④ 在无法迅速平息劳资矛盾时，地方政府处理劳资纠纷的职能部门从社会局变为警察局，因应方式趋于武力镇压，经济纠纷转为政治抗争。1947年1月，中纺公司天津分公司第四厂发生工潮，"驻厂长警因双方工人斗殴甚烈，无法制止，于万不得已之下鸣枪数十响，始行收效"。⑤ 1946年，海河工程局工人因待遇过低，数次请求增薪。与工会理监事多次交涉后无果，6月22日，全体工人推举宋文清等四人作为临时代表，

---

① 《天津市社会局关于防止工潮的具体措施》（1947年5月9日），天津市档案馆藏，档案号：J0025-3-005427。
② 《重庆市社会局加强工会督导防止奸伪煽动工潮实施办法》（时间不详），重庆市档案馆藏，档案号：060-1-075。
③ 《社会部就海河工潮事致天津市政府训令》（1946年12月10日），天津市档案馆藏，档案号：J002-3-59。
④ 《天津市烟草业颐中公司分会关于工潮事件劳资双方调解情况致社会局的呈》（1947年12月25日），天津市档案馆藏，档案号：J0025-3-005800。
⑤ 《为保警队第4大队第13中队驻卫中纺4厂因制止工潮打消子弹呈请鉴核备案由》（1947年1月17日），天津市档案馆藏，档案号：J002-3-7196。

赴该局办公室请愿。局长徐世文拒绝谈判，双方产生口角继而发生肢体对抗，工程局立即通知警察局将四人逮捕。①

工潮为工会组织提供了动员和团结工人的"机遇"。这样做需要小心翼翼，一旦被发现，就面临地方政权的严厉制裁。1946年1月，重庆市西服业工人因要求提高工资未遂而发起罢工。同业公会指斥工会暗中煽动。然而重庆市警察局第12分局局长杨遇春奉命调查后，认为"尚无该业职工籍请增加工资发动罢工情事"，对同业公会的指责不予采信。②在重庆市社会局的调处下，工会与同业公会双方均愿遵照协定，"不愿作罢工之举动，决定即日起西服业全部立即复工"。③

介入工潮调停不力的工会，往往面临地方政府不乏随意性的惩处。这使得工会要么在政府的处罚到来之前先低头请罪，以获得从轻发落的机会，要么在工潮之后面临被动改组的"秋后算账"。1947年11月，天津市烟草业发生工潮。烟草产业工会颐中分会理事长孟传玺因调停不力，主动向社会局局长胡梦华要求予以处分。④ 1947年3月，杭州人力车业工人发起工潮。杭州市政府随后发布安民布告，一方面以"增加车租暂缓实行"等方式对人力车业工人做了一定让步，另一方面整顿工会组织，令人力车业职业工会改选，并且对人力车业进行业务分割，"三轮车组划归三轮车职业工会管理"，借此强化对工会组织的管控，削弱工会领导层的职权以及人力车业工人的集体行动力。在通告中，政府认为"有少数不良份子夹杂其间，竟敢散布谣言鼓动工潮并纠众搁车，此种行动殊堪痛恶"，对人力车业工人的威胁和警告之意显而易见。⑤

即便工会没有介入发动罢工，在工潮发生后，工会也必须为工人出头说话。当工潮发生时，工会理监事或重要职员往往会第一时间赶到现

---

① 《天津市政府社会局对海河工程局罢工处理方式的报告书》（1946年7月17日），天津市档案馆藏，档案号：J0002-3-007367-013。
② 《为呈复本区西服业职工尚无罢工情事祈核备由》（1946年11月13日），重庆市档案馆藏，档案号：061-5-69。
③ 《为西服业罢工纠纷经调处请查照由》（1946年11月11日），重庆市档案馆藏，档案号：061-5-69。
④ 《为无力平息工潮请求惩处事致天津市社会局胡局长呈》（1947年12月25日），天津市档案馆藏，档案号：J025-3-5800。
⑤ 《杭州市政府布告》（1947年4月8日），杭州市档案馆藏，档案号：J14-1-162。

场，争取缓和工人情绪，平稳事态，然后将工人要求向上传达。"大凡有组织的工会对于罢工的纪律是狠严的，工会的职员不愿意工友们任意扰乱秩序，触犯法律，使得他们不能达到罢工的目的。但是罢工的时候，工人们容易感情用事，工会领袖不能充分的用理智管束他们，所以暴动也难免。"① 1947年，武汉时报社工人因工资问题发起工潮。汉口印刷产业工会"得讯后，诚恐事态扩大，一面派员监视该报工人行动，一面将该报停刊之经过情形已报请市政府裁夺"，并负责该报纸停业工人每日膳食住宿，"但不准该报工人擅自离一步滋生事端"。② 在劳资双方存在利益矛盾时，工会通常出面召集劳资双方调解，在调解无效的情况下，工会只得向上级机构反映。战后通货膨胀，民众生活水平急剧下降。1946年5月30日，天津市机织业产业工会代表以工人代表身份向资方代表公开提出，因工人生活无法维系，期望比之前工资提高25%，未能获得资方同意。机织业产业工会向天津市社会局呈报，希冀由社会局出面，调整工资，平息罢工。③ 然而社会局也未能消弭双方分歧。1946年6月15日，天津市织染业工人举行全体罢工。④

对产、职业工会而言，在工潮中的行为重点在于如何能够说服政府与总工会，提高本行业工人的待遇，消弭冲突。过于激化的矛盾由政府亲自出面调停，一般问题多交由总工会或各产、职业工会召集劳资双方协调解决，政府仅派代表出席。1947年武汉时报社工人增加工资未遂而罢工一案，劳资双方僵持多时，最后由汉口市政府指令警察局"定于本月（1947年10月——引者注）18日下午在本局会议室举行调解会议"。⑤ 市政府、总工会、印刷工会、报业同业公会、《武汉时报》负责人、报业工人均派代表出席。1947年5月，杂货业工人工资调整纠纷一案由武昌市总工会在政府代表出席监督下召集各方调停。1947年4

---

① 陈达:《近八年来国内罢工的分析》,《清华学报》第3卷第1期,1926年,第819页。
② 《为武汉时报工潮情况呈报市政府祈鉴核由》（1947年9月27日），武汉市档案馆藏，档案号：40-13-72。
③ 《天津市机织业产业工会第二分会关于工资问题引发怠工、罢工情形致天津市政府社会局的呈》（1946年6月7日），天津市档案馆藏，档案号：J0025-3-005770-037。
④ 《天津市政府警察局对织染业工人罢工事件的防范通知》（1946年6月15日），天津市档案馆藏，档案号：J0025-3-005781-019。
⑤ 《汉口市政府指令》（1947年10月12日），武汉市档案馆藏，档案号：40-13-72。

月初，武昌市总工会在第七次理监事会议中通过各业工会理监事提出的"不准资方任意调遣或革退工人"要求，并获政府批准。① 1948年6月20日上午10时，武昌一纱厂工会"各代表干事自动来会，计30余人，请求向厂方加倍发薪，当时并决定全体干事于明日前往交涉"。② 6月30日上午10时，武昌一纱厂工会干事代表与理监事数十人，"前往市政府，请求自6月1日起按生活指数10倍发给，以示救济"。③

可见，战后城市工会组织的政治参与倾向于借助工会组织成员的政治身份，通过政治仪式与政治选举的方式，进入政权体制的上一层级，在参政、议政的活动中发挥作用，影响政策制定。然而，在民国时期尚未形成健全的议会政治运作制度的环境下，这种方式的效果十分有限。除了总工会拥有少量得以晋级的名额外，绝大多数一线产、职业工会进入上级政权体制的通道被堵塞，这一类型的政治参与多流于形式。作为战后抗争政治主要表现方式的工潮，是战后工会政治参与的第三种方式。在各类工潮事件中，工会所扮演的角色有两种，一种是作为工潮的间接发起者和鼓动者，一种是自身的"关系协调者"。前者在使工会得到工人的认同、强化工会与工人的联结纽带的同时，又使工会面临来自政府方面的制约和清算。而后者则使工会以息事宁人为平息工潮的原则，在调处的环节中缩手缩脚。

工会本是代表工人利益，用集体谈判的形式为工人谋取货币或非货币形式的利益的组织。因此，工会作为工人利益的组织化团体，其谈判对象应当是资方的利益组织化团体同业公会。但战后城市工会组织并未扮演在政府与资本家面前坚决捍卫工人利益，与同业公会博弈的利益代表者角色，而更多是扮演奔走于多方之间协调冲突的协调者角色。对于控制工潮不力的工会，政府还有撤换领导人或明令解散的撒手锏。这使得无论是总工会还是产、职业工会，其似乎都避开了劳资谈判协商的主题，而被界定为"劳资间的桥梁"，实际上只求息事宁人。工会的这种运作偏向，在一定程度上可能缓解了劳资之间的矛盾冲突，但却在无形中导致了工会运作功能的弱化。当工人逐渐感到工会并不会为他们的利

---

① 《不准资方任意调遣革退工人》，《工人报》1947年4月2日。
② 《一纱厂产业工会值日簿》（1948年6月20日），武汉市档案馆藏，档案号：62-1-291。
③ 《一纱厂产业工会值日簿》（1948年6月30日），武汉市档案馆藏，档案号：62-1-291。

益挺身而出而只是在他们与资本家抗争的时候敷衍地说"好好好"时，他们还会团结在工会周围吗？

地方政府应对社会抗争事件时有两类显著的行为策略，一类是使用制度框架内的方式，依法、依规地处理，一类则是使用强制性手段，刚性压制。[1] 1947年8月，汉口市商会向下属各业同业公会发布通告，要求"嗣后各工厂工人、各商店职工如因要求改善生活或调整工资，应呈由各同业工会、各职业工会报请各主管机关，予以合理合法之协商解决……倘不遵照此项规定，动辄以怠工、罢工，甚至聚众斗殴、组织纠察队四处捣乱、胁迫要挟者，即以捣乱治安，从重治罪"。[2]

相较于工会在劳资纠纷中有限的调停作用，战后国民党政权原本有意赋予工会更多的权威与责任。重庆市社会局发布的《加强工会督导防止奸伪煽动工潮实施办法》里规定，工潮发生后，应当争取由工会出面领导"以组织对组织——以工会代替或对付罢工委员会"。[3] 然而由于全面抗战前控制工人运动的组织网络失效，在战后国共对峙的政局下，对工潮的处理倾向于依靠军警等暴力机构强硬镇压。由此导致在相关文件和政策中被赋予了责任和组织权威的工会，在具体的工潮事件中并无斡旋的谈判空间和议价能力。因此，战后城市工会的三种政治参与方式均未能起到联结国家、社会组织与劳工三者的作用。

第二节　日常事务：文山会海与应急管理

作为科层化的社团组织机构，工会组织的日常事务有两个方面。第一，日常工作中与上下级组织机构的往来。这一工作内容以迎来送往与文山会海为主，体现出工会组织运作的科层化趋势。在涉及政府及上级部门的公务往来中，免不了迎来送往的各类礼节及活动。这类活动主要发生在直属地方政府的总工会身上。对总工会而言，迎来送往包括出席

---

[1] 郁建兴、黄飚：《地方政府在社会抗争事件中的"摆平"策略》，《政治学研究》2016年第2期，第56页。

[2] 《汉口市商会为查禁怠工、罢工致各业同业公会函》（1947年8月26日），载郑成林、刘望云主编《汉口商会史料汇编》第5册，第419页。

[3] 《重庆市社会局加强工会督导防止奸伪煽动工潮实施办法》（时间不详），重庆市档案馆藏，档案号：060-1-75。

与政府政策相关的活动以及与下级工会的往来。汉口市总工会理事刘松山出席国际劳工第29届代表大会，回到武汉，获得"武汉工界热烈欢迎"。[①] 在政府关于战后工人复员、人民团体干部培训、慰问国军等活动的会议中，也少不了总工会的作陪。各产、职业工会的理监事选举等活动，总工会也必须到场监督。

随着战后工会组织体系的建立、地方政府对工会的管控力度的加大，总工会与政府及各产、职业工会之间的文件往来日趋频繁。以杭州市总工会为例，比较杭州市总工会1946年与1947年两年收发各类文件的数量，可见各类文件的收发频率明显增加（见表4-1）。在这些文件中，公函、代电之类的事务性公文增幅最大，可见地方政府通过事务性活动介入并主导工会日常工作的程度日益加深。然而，文件往来工作加剧，相应的职员人手却并未有明显增多，加大了政府与工会组织双方的工作量。1947年的国大代表选举对于各产、职业工会而言是一场浩繁的工作。在人手有限的情况下，各工会都不得不临时调整部分干事及文职人员的工作，抽身从事选举人名册的登记和誊抄等工作。杭州市丝织业产业工会为应对国大代表选举，决议"瞿干事暂停收费，暂时抄写名册，孙书记、王会计除处理日常会务外并赶抄工作。临时雇佣抄写员2人"。[②]

表4-1 杭州市总工会收文与发文统计（1946年4月至1948年4月）

单位：份

发文类别	1946年	1947年	1948年	总计	收文类别	1946年	1947年	1948年	总计
训令	80	124	21	225	训令	68	89	12	169
指令	38	43	8	89	指令	139	207	40	386
通知	29	52	29	110	通知	22	46	6	74
代电	54	175	55	284	代电	40	105	34	179
公函	115	242	64	421	公函	31	51	8	90
笺函	24	47	17	88	笺函	4	6		10
密令		1		1	密令	1	1		2
批示		1	20	21	批示				

---

① 《刘松山返汉，工界热烈欢迎》，《工人报》1947年2月18日。
② 《杭州市丝织业产业工会第五次理监事联席会议记录》（1947年8月31日），杭州市档案馆藏，档案号：J14-1-19。

续表

发文类别	1946年	1947年	1948年	总计	收文类别	1946年	1947年	1948年	总计
呈	293	605	150	1048	呈	96	82	9	187
报告	3	5		8	通令	5	5		10
签呈	3			3	聘书	4	2	1	7
合计	641	1313	344	2298	合计	410	594	110	1114

资料来源：《杭州市总工会工作报告》（1946年4月~1948年4月），杭州市档案馆藏，档案号：J14-1-1。

各产、职业工会规模大小不等，其活动也各有不同。以武昌一纱厂工会为例，从1948年6月《一纱厂产业工会值日簿》与《工人报》中有关产、职业工会的记录中可一瞥工会的日常活动。武昌一纱厂工会的值日簿上随处可见各种迎接上级组织机构参观座谈的接待活动。1948年6月2日下午2时，"陈王刘出席省总工会联合欢宴，重庆裕华纱厂工会吴理事长宴后来厂参观"。① 6月3日上午，"会同市政府市总工会进厂监选各部干事"。② 6月17日上午10时，"全体理监事及全体代表出席厂方对成绩优良各工友授奖大会"。③ 6月25日，"驻胡林翼路309卫生部第二卫生巡回队队长黄浩东前来本会交涉，对汉安里等工人区拟实施防疫工作"。④ 7月6日上午9时，"白总司令⑤在省参会训话，本会全体理监事准社会科函届时出席参加"。⑥ 8月5日上午，"市府社会科召集本会理监事谈话"，次日上午"出席市政府召集工资会议"。⑦

基本会务包括工会考勤、理监事会议及特定会务。对于工会而言，除了劳资纠纷等事情外，工会自身的运转经费、开办的福利事业、理监事的换届改组等大小事宜均是工会基本会务的范畴。一些较为正规的工会对各类会议有详细的考勤记录。武昌一纱厂工会因规模较大，有独立办事机构，因此每天都要行政考勤。工会理事轮流值日。当班值日

---

① 《一纱厂产业工会值日簿》（1948年6月2日），武汉市档案馆藏，档案号：62-1-291。
② 《一纱厂产业工会值日簿》（1948年6月3日），武汉市档案馆藏，档案号：62-1-291。
③ 《一纱厂产业工会值日簿》（1948年6月17日），武汉市档案馆藏，档案号：62-1-291。
④ 《一纱厂产业工会值日簿》（1948年6月25日），武汉市档案馆藏，档案号：62-1-291。
⑤ 指时任华中"剿匪"总司令的白崇禧。
⑥ 《一纱厂产业工会值日簿》（1948年7月6日），武汉市档案馆藏，档案号：62-1-291。
⑦ 《一纱厂产业工会值日簿》（1948年8月5日），武汉市档案馆藏，档案号：62-1-291。

理事要填写值日簿，记录下当天应到及实到人数、收发传达文件数量及当天要事。杭州人力车业职业工会、火柴业产业工会等也有详细的会议记录。

理监事联席会议也是工会日常活动的主要内容之一。总工会既要与地方政府及主管部门往来，又要指导下级产、职业工会的会务工作，其理监事会议的开会频率高于各产、职业工会。而理事会由于权重于监事会，故开会频率也高于后者。汉口市总工会"理事会每两星期开会一次，监事会每一月或两月开会一次"。[①] 汉阳理发职业工会"由理事会召集之理事会每月举行一次。由理事长召集之监事会每两月举行一次，由常务监事召集之"。[②]

工会的特定会务既与工会共性也与各工会自身性质有关。共性方面，战后各工会在不同程度上均有扩充会员的行为。数量庞大的会员不仅意味着会员会费来源充足、工会领导职权扩大等一系列好处，更意味着其在与政府、资方的博弈中有更强的谈判实力。为此工会的领导者想尽办法吸纳会员入会，一般有两种做法，扩大会员范围与强制"不入会"的会员登记入会。当登记注册的会员达不到其预期值时，工会领导便在章程上做相应修改。其章程中会员从业范围划分清晰者，则做扩大修改。1947年2月27日，武昌区藕业工会致函武昌市总工会，就本会原章程第5条第一项"凡在本会组织区域内从事本业而年满十六岁之男女员工皆有为本会会员资格"，"经公同议决"，修改为"凡在本会组织区域内从事本业之男女员工均应为本会会员"，请示鉴核，得到武昌市政府批准。[③] 而一些从业范围划分不清晰的工会，如五金业、建筑业、篾业等，在成立之后扩大了会员登记范围。汉口五金业职业工会成立之时其会员登记范围限于打铁、打锡、铸锅工人。但不久该工会呈文市政府，请示把"包斗桶铁皮工人、包烟桶头工人、修脚踏车工人、修钢铁机器工人"等凡与五金业有关的工人全部列入会员登记范围，政府批示这些人

[①]《汉口市总工会组织章程》（1946年4月26日），武汉市档案馆藏，档案号：9-17-260（4）。
[②]《汉阳理发工会章程》（时间不详），武汉市档案馆藏，档案号：18-10-510。
[③]《呈为本会组织区域内之男女员工均为会员祈鉴核由》（1947年2月27日），武汉市档案馆藏，档案号：18-10-4379。

"即日起向该会登记，否则即依法强制入会"。①

战后国民党单方面召开国民大会，武汉地方政府配合"制宪国大"选举，也需要更多注册会员投票。工会充实自身的愿望与国民政府"行宪"要求相叠合。而工会会员的增加也成为以捞取政治资本为目的的部分工会领导人得以进阶的条件之一。因此，整改工作完成，各级工会纷纷建立后，增加会员数量成为当务之急。一些工会领导人虚报会员名单，而将由此造成的收支不平衡等问题搁置一旁，产生所谓的"皮包工会"。

与工会自身特性有关的会务，包括不同工会对会员身份与资格的鉴定问题等。以个体劳动为主、工作场所分散、工人流动性强的职业如人力车业等，工会通过对会员证进行定期检查，确保工会会员身份属实。1947年3月16日，人力车业工会以"所发会员证迄今日久，多有损坏遗失"为由发出通告，要求会员统一更换会员证件。"新式会员证请市警局派警士协助，检查会员证。如无证件者，限期申请补领，或旧证件损坏者，即予更换。"②

工会日常事务的第二个方面，以因应处理工人纠纷与突发事件为主。工人当中不时发生纠纷。对发生在组织内部的纠纷，工会自然本着息事宁人的态度处理。武昌一纱厂中发生的工人纠纷或工人因故被开除等事，都要工会代为交涉。工会也尽量为工人争取利益。1948年6月10日，"南甲钢第26号替工师傅夏氏因生产请假2月，事后假满复工，却被厂方除名，现由本会开始交涉"。③ 6月28日，"北乙厂细④女工肖刘氏于昨夜因工潮被殴，受伤在医治，其母来会申诉家中贫穷，请设法维持医药费"。⑤ 8月11日，"养成工冯成英因工作不力致被革除，后经本会□□已允暂准工作，似观后效"。⑥ 6月6日，细纱车间工人打架，"特来呈报请求交涉以正公理"。⑦

---

① 《为五金业工人入会登记祈鉴核由》（1946年2月21日），武汉市档案馆藏，档案号：9-21-2355。
② 《人力车业工会普遍检查会员证》，《工人报》1947年3月16日。
③ 《一纱厂产业工会值日簿》（1948年6月10日），武汉市档案馆藏，档案号：62-1-291。
④ 指细纱车间。
⑤ 《一纱厂产业工会值日簿》（1948年6月28日），武汉市档案馆藏，档案号：62-1-291。
⑥ 《一纱厂产业工会值日簿》（1948年8月11日），武汉市档案馆藏，档案号：62-1-291。
⑦ 《一纱厂产业工会值日簿》（1948年6月6日），武汉市档案馆藏，档案号：62-1-291。

第四章　工会的政治参与、日常事务与职业自主性　　143

对于溢出组织边界之外，发生在不同行业之间的工人纠纷，工会多通过组织渠道，为本行业工人谋取利益。武昌市粮食衡量业工人与武泰闸一带码头工人业务有交集，均从事量衡业务，双方有过摩擦。全面抗战前早经武昌市政处规定，划定彼此从业区域，"限定彼等（码头工人）仍以武泰闸内为其工作界段"。① 1947 年 7 月 1 日下午，有"来自崇洋之粮船二只，装载粮食三百余担"，"船靠新桥外沿，于法于理，应归本会工友过斛。讵料武泰闸码头挑夫恃众凌人，强行以小斗过量，本会工友无法制止"。② 事后粮食衡量业工会理事长及理事二人出面请码头工会负责人评理并据理力争，但遭到码头工会理事的言语威胁："新桥量衡工作，有胆量者来做，只要不怕杀头。"③ 粮食衡量业工会上报政府要求调解，并得到政府的指令："凡武泰闸以内粮食过斛由武泰闸手工作。武泰闸以外粮食过斛由量衡工会工人工作。"④

应急处理则主要针对工潮以及其他各类突发情况。值得注意的是，许多突发事件，属于工人在从业过程中出现的意外情况，照理应归警察局等职能部门处理，然而不少事件均由工会出面处理。1946 年 6 月 7 日，一位名为吴剑华的旅客"偕友人由竹斋街至西乐园门首"，雇乘人力车，然而由于疏忽，将数十万法币忘在车内，"并有军委会汽车材料总局即出发票一纸"。吴将此事上报人力车业职业工会。工会派员侦查，后将目标锁定在隶属工会的 3341 号车。在工会理事将该车车主传唤至工会询问后，车主声称"于一周前车上确遗留币包一个，中有法币 25 万，尤且有零星文件"。工会据此通知吴本人来工会与车主当面对质核实。⑤ 1949 年 3 月，杭州市太平洋大戏院职工王家凤、冯志华两人"被警察局督察员张卓扣押 36 小时及男女同居禁于一室，及审问后不宣读笔录，宣读罪

---

① 《为粮食业与码头业工人业务划分析鉴核由》（1947 年 5 月 21 日），武汉市档案馆藏，档案号：18 - 10 - 4354。
② 《为武泰闸码头工人恃众侵占工作祈彻查严惩由》（1947 年 7 月 3 日），武汉市档案馆藏，档案号：18 - 10 - 4354。
③ 《为码头工会蛮横强占工作事祈鉴核由》（1947 年 7 月 5 日），武汉市档案馆藏，档案号：18 - 10 - 4354。
④ 《汉口市政府训令》（1947 年 7 月 10 日），武汉市档案馆藏，档案号：18 - 10 - 4354。
⑤ 《为旅客吴剑华雇乘人力车遗失钱物一案报请核夺由》（1946 年 6 月 18 日），杭州市档案馆藏，档案号：J14 - 1 - 162。

状，强制盖指纹，同时在被禁时不准任何人接见，禁止送棉被及食物"。杭州市电影业职业工会召开理监事会议与紧急联席会议，商讨对策，决议于3月20日下午2时在国货街1号本会会议室招待新闻记者，"将该案事实登报向各界呼吁。如该张卓督察员不予答复或强词夺理，向法院告诉。本案进行过程中所需经费由太平洋大戏院负责四分之三，本会负责四分之一"。[①] 1947年5月12日，重庆市运输业职业工会朝天门码头支部护院胡义文与妻子发生家庭矛盾，不料辖区马王庙派出所警员韦仲华却小题大做，"以工人暴动，请速制止"为由，"率领全所警士，荷枪实弹，如临大敌，将胡义文捆绑而去"，并在派出所内将胡殴打，致其重伤。[②] 重庆市运输业职业工会上报市政府，要求依法保障人权，严惩该警员。

新式职业的出现，必然会引发新职业从业者与旧式从业者之间的结构性矛盾冲突。在近代中国的社会变迁中，此类矛盾屡见不鲜。这些矛盾冲突，也多由工会出面介入。战后各省市开始推广公共汽车事业。杭州市政府于1946年3月，"与工商领袖金润泉、张忍甫、周曹裔诸先生发起筹议创办市区公共汽车。……先辟湖滨至城站，及湖滨至玉泉两线，行驶客车。旋于七月一日增车，加辟湖滨至宝善桥一线。嗣又增辟湖滨至九溪、湖滨至笕桥、湖滨至闸口三线，现在该公司已有客车二十八辆，并由该公司出资整修六和塔至四眼井、净慈到湖滨，及闸口至南星桥，三处马路，一俟工竣，即可增线通车"。[③] 可见，在战后不到一年的时间里，迅速布局杭州市内的公交路网，开始构建覆盖市区的基本交通网络。

新式公共交通的推广，涉及人力车夫的生计问题。战后国民政府社会部颁布了《各省市人力车夫安置就业办理要点》，其中规定："各省市对于现有人力车及车夫之数量体质工作技能等于文到一月内举办清查、登记；人力车限于三年内禁绝，惟各省市得视实际情形分区分期办理，至每期应行减少人力车之数量，须与当地经济状况及劳力供需情形决定

[①] 《杭州市电影业职业工会召开第十七次理监事及会员代表紧急联席会议》（1949年3月18日），杭州市档案馆藏，档案号：J14-1-47。

[②] 《为马王庙警察所非法拘捕工人并擅用刑毒殴打致受重伤一案请予依法严办肇事人员由》（1947年5月19日），重庆市档案馆藏，档案号：053-15-108。

[③] 《半年来之杭州市政》（1946年7月~1946年12月），《民国时期杭州市政府档案史料汇编（一九二七年——一九四九年）》，第383页。

之;人力车夫之安置就业,应由行政主管机关会同有关单位组织委员会依据各地有关机关之需要商定安置就业实施计划负责办理;人力车禁止使用后代用交通工具如三轮车、脚踏车、汽车、电车等,其驾驶工人应尽先训练人力车夫充任之。"[1] 尽管政府意在逐渐转变人力车业的从业状况,但在人力车夫看来,此举仍然直接威胁到他们的基本生计。工会屡次向政府呈文,要求对公共汽车的行驶区间、行驶路线等方面加以限制。杭州市政府尽管拒绝了人力车业职业工会要求缩短公共汽车行驶时间的提议,但也做了妥协,向市汽车公司发布训令,要求"有关公共汽车站与站间之距离应予放长"。[2]

不仅如此,战后杭州人力车业职业工会甚至在诸如社会风俗之类与自身行业的生存利益并不直接相关的问题上主动介入。工会因认为男女共同乘坐三轮人力车"有碍风化",上报市政府,要求予以禁止。[3] 杭州市政府对此持开明态度,认为男女并坐并非"猥亵行为","并不构成妨害风化",驳回了人力车业职业工会的要求。[4]

第三节　劳资纠纷:以人力车业 "增加车租案"为例

近年来,劳资纠纷渐受学界关注,佳作迭出。研究者致力于通过分析作为事件过程的劳资纠纷,考察劳资之间互动博弈的方式和结果。[5] 尽管劳资纠纷的调处过程中必然涉及工会组织,但对于工会组织在劳资

---

[1] 《各省市人力车夫安置就业办理要点》,杭州市档案馆藏,档案号:J14-1-162。
[2] 《杭州市政府训令》(1947年3月14日),杭州市档案馆藏,档案号:J14-1-162。
[3] 《为电请制止三轮车二人并坐由》(1947年4月15日),杭州市档案馆藏,档案号:J14-1-162。
[4] 《杭州市政府指令》(1947年4月23日),杭州市档案馆藏,档案号:J14-1-162。
[5] 相关代表性成果主要有:霍新宾《"无情鸡"事件:国民革命后期劳资纠纷的实证考察》,《近代史研究》2007年第1期;王奇生《工人、资本家与国民党——20世纪30年代一例劳资纠纷的个案分析》,《历史研究》2001年第5期;徐思彦《20世纪20年代劳资纠纷问题初探》,《历史研究》1992年第5期;徐思彦《合作与冲突:劳资纠纷中的资本家阶级》,《安徽史学》2007年第6期;田彤《民国时期劳资关系史研究的回顾与思考》,《历史研究》2011年第1期;田彤《目的与结果两歧:从劳资合作到阶级斗争(1927~1937)》,《学术月刊》2009年第9期;等等。

纠纷中的作用和行为方式却少有专题研究。1947～1948年，战后通货膨胀加剧，各业工人工资大幅贬值，由此引发的劳资纠纷层出不穷。在许多产、职业工会的会议记录中，劳资矛盾是最主要的议题。"惟是争议案件过多，限于篇幅，不胜屡举。"① 值得一提的是，尽管大多数劳资纠纷案的矛盾是劳资双方就薪金、待遇等方面产生的分歧，然而也有少数以劳资纠纷案形态呈现的事件，其矛盾核心并非劳资双方的待遇分歧。基于此，本节以战后武汉与杭州两地人力车业的"增加车租案"为例，加以分析。

一 "拘拿法办，以利工运"：武昌人力车业

在人力车业中，最集中、数量最大的劳资纠纷莫过于人力车商和人力车夫关于车租的争斗。② 汤蕾关于汉口人力车夫的研究认为，在车夫与车商的博弈中，车夫并不完全是绝对意义上的受害者，而政府本着安定社会秩序的目的，并不一定偏袒车商。③ 汤蕾的研究专注于车租所导致的劳资纠纷。而这里要分析的"增加车租案"，看似是劳资纠纷，实则更像是"醉翁之意不在酒"的工会内部人事纠纷。

1949年1月11日晚，武昌人力车业职业工会会员张长发、张作钧、汪能全等，"率领同帮二十余人蜂拥入会，质询此次增加车租理由"，看上去来者不善，在场的工会负责人尽管"一一解答"，但"伊等存心寻衅，不问理由，竟将理事长予以侮辱。经会员从中拦劝，不理质酿成朋殴纷端"。④

增加车租，提高了顾客的用车成本，车行与车夫获益。作为与资本家对立的工会似乎并无反对理由。即便有不同意见，亦可通过代表大会

---

① 《杭州市总工会工作报告》（1946年4月～1948年4月），杭州市档案馆藏，档案号：J14-1-1。
② 汤蕾：《战后汉口人力车夫的生存合力（1945～1949）》，《华中师范大学学报》（人文社会科学版）2007年第6期。
③ 参见汤蕾《多重权力网络下的近代中国人力车夫——以1945～1949年的汉口人力车夫为中心》，硕士学位论文，华中师范大学，2006；汤蕾《战后汉口人力车夫的生存合力（1945～1949）》，《华中师范大学学报》（人文社会科学版）2007年第6期。
④ 《为人力车会员张长发等殴辱本会理事寻衅滋事祈彻查由》（1949年1月13日），武汉市档案馆藏，档案号：18-10-4448。

商讨谈判。会员之间何以爆发冲突呢？人力车业职业工会理事长童斌臣认为另有原因。他致函武昌市政府，披露"张长发前曾充任本会常务理事、理事长之职"，认为"此次本会改组，竟然落选，不甘心，腹[①]纠众出而寻衅，侮辱工会，捣毁器皿。正义会员拦阻无效，故而公愤朋殴"。为此，童斌臣请求武昌市政府"依法严惩，以免效尤"。[②]

但问题并非仅此而已。冲突若果真如童斌臣所言为张长发个人落选所导致，他又何能集结二十余人一同发难呢？张长发应需找到其泄私愤与被鼓动的会员对工会决策的不满之间的某个契合点，才能促成一次集体行动。张长发很可能出于泄私愤的目的，但他要鼓动会员的集体行动，就必须有足以让会员感到愤怒以及利益受损害的理由。可见"增加车租"一事并非没有会员反对。那么，什么是本事件中的"增加车租"呢？

1948年3月26日，武昌市政府召开劳资评议会，"议决定按照汉市（汉口市——引者注）调整案九五计算并迟一星期实行等语纪录在簿"。[③]这一决定大体得到了贯彻，"惟九五折扣及迟一星期施行决议后以实际状况，武市（武昌市——引者注）两方车商一切捐税负担，本市实有超过汉口之处"。[④]为了冲抵捐税负担增加造成的利益损失，"增加车租"，将税收转嫁给搭车的消费者。但此次车租的增加似乎并非工会与同业公会商谈协调的结果，而是人力车商在得到同业公会的消息后，自行加价，"每辆暂收十二元"。得到消息后，工会"一面派员赴汉市职工会询洽，一面通知各支部转嘱各会员听候消息，另行通知，按章缴纳车租"。[⑤]

由此可看出，在这次增加车租的事件中，人力车业职业工会并没有集中代表工人的利益与同业公会谈判协调，而更像是同业公会下属的一个执行部门。汤蕾认为在车租问题上，人力车夫通常不会被车商过分剥

---

① 此为原文，疑为"复"字。
② 《为人力车会员张长发等殴辱本会理事寻衅滋事祈彻查由》（1949年1月13日），武汉市档案馆藏，档案号：18-10-4448。
③ 《武昌市人力车业劳资纠纷评议会议纪录》（1948年3月26日），武汉市档案馆藏，档案号：18-10-4448。
④ 《为本市人力车捐税负担超过汉市重新调整车租祈鉴核由》（1948年5月20日），武汉市档案馆藏，档案号：18-10-4448。
⑤ 《为人力车会员张长发等殴辱本会理事寻衅滋事祈彻查由》（1949年1月13日），武汉市档案馆藏，档案号：18-10-4448。

削，工会的作用不可忽视，政府还会通过牺牲人力车商的部分利益为人力车夫争取权益。① 可见工会在集体谈判中并不处于弱势地位。因此，人力车商通常是在社会物价上涨后提出加租请求，工会与其雇主同业公会有利益一致性，其很可能并不反对车租的增加。② 只是工会在此次增加车租事件中与同业公会交涉时的唯命是从态度让部分会员感到工会不为工人出头，自己的利益被损害，由此产生愤怒情绪。

既然会员"愤怒有理"，工会在"增加车租"中的做法并非无可挑剔，工会理事长童斌臣在报告中为什么将纠纷原因归结为张长发个人"落选，不甘心"？将原因归结为私人怨恨，既可以对其个人"以牙还牙"，又可以巧妙地化解政府对"增加车租"本身的关注，这或许是童斌臣的内在动机。童斌臣的请求得到了武昌市政府的响应。事发一个多月后，2月24日，武昌市政府致电湖北省警察局，将张长发等"烦局拘拿法办，以利工运"。③ "增加车租案"以肇事者的"拘拿法办"为结果，车租则增加依旧。

尽管法团主义呼唤的垄断性社团组织所具有的内部高度凝聚力及强制力在战后城市产、职业工会中并不具备，但是产、职业工会组织内部的核心人物仍然可以借政府权威达到目的。此次纠纷背后是现任工会理事长童斌臣和前理事长张长发两个对手之间的较量。张长发欲达成自己的目的（拆童斌臣的台），或许利用了部分会员的愤怒情绪。而由此，工会内部两种势力彼此均不容易立即抑制对方，这种时候借助外力或许更高一筹（毕竟我们只看到童斌臣在积极上报政府，没有看到任何张长发与政府来往的档案资料）。童斌臣就是采取了与政府机关保持良好关系和将事件转化为私怨的方式，挫败了张长发，可见当工会遇到内部纠纷而不好化解时，转而将其上报市政府，借助政府力量解决不失为一条途径。

但必须看到，尽管这种做法达到了挫败对手、增强自身"圈子"力

---

① 汤蕾：《战后汉口人力车夫的生存合力（1945～1949）》，《华中师范大学学报》（人文社会科学版）2007年第6期。
② 汤蕾：《多重权力网络下的近代中国人力车夫——以1945～1949年的汉口人力车夫为中心》，第58页。
③ 《为将张长发等拘拿法办以利工运由》（1949年2月24日），武汉市档案馆藏，档案号：18-10-4448。

量的作用，但这种内部凝聚力的增强却没有跳出社团组织制度中派系关系与人事权力斗争的窠臼，并非法团组织在制度层面的整合控制。法团主义的社会整合要求以避免弱肉强食，坚持公正为着眼点，而本案人事权力争斗背后的真实原因却是工会领导者无法与他人共享利益。产、职业工会尽管可以挣脱角色定位的束缚，争取规则之内的利益，但却无法完成向现代意义上的法团组织蜕变。

二 "浮收押租应予制止"：杭州人力车业

民国时期，人力车是杭州城市交通的重要工具。杭州人力车之行驶，始于民国初年。1911年，浙江省警务公所制定《人力车营业管理规则》，规定凡使用人力车不问自车、货车与家用，须向所辖巡警局缴纳月捐，领取执照；人力车夫不问营业或受雇须领有准许状，每年须去所辖巡警局检验一次。[1] 全面抗战前，杭州市人力车业工人向车行租用车辆，当时并无押金规定。战后，在物价飞涨、通货膨胀严重的情况下，车行采取收取押金的方式，将增加的劳动成本转嫁给工人，给人力车工人的生计带来影响。1945年11月23日，人力车业劳资双方召开联席会议，商讨车租事宜，并约定此后每个月就车租征收问题召开一次劳资联席会议。双方协定，"以双钱牌车胎单价作为增减车租比例，是时双钱牌车胎售价为3万6千元，如全新车辆无押租者，每天车租为342元，旧车辆为160元，嗣后如增减车租，以半月为一次"。时隔不久，双钱牌车胎价格跌落。工会要求资方按车胎价格涨跌幅度调整车租，然而"资方借故不遵守协约，反再将增加每天车租80元"。[2] 工会与资方沟通无果，要求市政府出面协调。

1945年12月24日，杭州市政府召集杭州市人力车业劳资双方举行谈话会议，对车租缴纳问题达成三项协议："（一）未经整理之车辆自12月25日起每天车租为200元；（二）车辆破坏而在车行修理如超过一天者得向资方减除车租一天；（三）已整理之车辆经劳资双方同意并经劳

---

[1] 参见马陵合《杭州城市化进程中的人力车问题初探》，载杭州文史研究会编《近代化进程中的杭州——民国杭州研究论文集》，杭州出版社，2011，第41页。
[2] 《呈为资方违反协约请求调解祈鉴核由》（1945年12月19日），杭州市档案馆藏，档案号：J14-1-162。

资二会证明后，自12月25日起，每天车租为310元。"① 然而时隔不到两个月，车行以材料成本上涨等理由大幅上涨车租，"向各工人任意收缴押租金，每辆自1万元至3万元，如有异言，即行停租"。此举使原本就处于弱势地位的人力车工人更加被动，"不得不忍痛缴纳"。人力车业工会认为车辆成本早已在人力车工人长年累月的租赁使用之中收回，"车行方面所得利润不可谓不优厚，今复苛收押金1万元至3万元，实非本市已入会之人力车职业工人所能担负"，向政府要求取缔该项押租规定。②

经过调查，杭州市政府社会科为车租征收额度设定了上限，认为车租的收取不应当超过一个月车租的总和，且应当在人力车工人退租时还给工人，并指出"就公会规定外之浮收押租应予严厉制止"，立场上倾向支持人力车业工会。③ 杭州市政府采纳了该建议，饬令劳资双方遵照执行。然而，这一建议在人力车业工会看来，仍然"事欠平允"，要求再次召开劳资协调会议商讨此事。人力车业工会提出的理由主要集中在两点，第一，全面战前并无收取押金之先例；第二，押金征收额度过高，超过工人负担能力。④

不仅如此，人力车业工会声称，1945年12月召开劳资会议时，"本会出席代表曾经再三说明，已'整理'车辆以车胎不色，装车篷不漏水为准，并得资方出席代表之协议"。⑤ 1946年初，杭州市政府下令整顿人力车业，一方面对所有人力车业从业车辆予以检查，重新钉号牌；另一方面以少数人力车夫在载客时不完全参照路程远近收钱，有宰客嫌疑为由，要求同业公会与工会各方共同拟定人力车业从业价目表。⑥ 这一指令实将人力车业的定价权赋予车行与车夫二者共同所有，车行从中作梗，

---

① 《为车行违背劳资协定收缴车租案再叙理由的呈》（1946年2月15日），杭州市档案馆藏，档案号：J14-1-162。
② 《为呈请明令取缔人力车押租金由》（1946年1月11日），杭州市档案馆藏，档案号：J14-1-162。
③ 《杭州市政府社会科笺呈》（1946年1月23日），杭州市档案馆藏，档案号：J14-1-162。
④ 《为呈请取缔人力车押租金案再叙理由的呈》（1946年2月5日），杭州市档案馆藏，档案号：J14-1-162。
⑤ 《为车行违背劳资协定收缴车租案再叙理由的呈》（1946年2月15日），杭州市档案馆藏，档案号：J14-1-162。
⑥ 《杭州市政府训令》（1946年1月4日），杭州市档案馆藏，档案号：J14-1-162。

在人力车的查验环节上做文章。"凡经检验之车辆,资方则借口以经检验认可手续,不论车胎新旧、车篷是否经过修理,强迫会员一律缴纳租金310元,因之劳资纠纷层出不穷,会务进行诸多窒碍。"① 更有少数人力车商行"独不知足,于车辆实施检验时,将车身略加修理、车胎换新以适合检验标准,事后仍将新胎拆除换装色胎借口车辆已经整理检定,责令承租人每日缴纳车租310元"。②

面对车商在人力车查验环节的加价,杭州市人力车业职业工会常务理事赵廷秀、俞士华高调出场,指斥人力车商"不顾人力车业工人生活之艰苦,实行收缴押租金以遂其剥削劳工",要求取消收缴押金。③ 与此同时,二人上报杭州市政府,要求根据1945年12月24日劳资协议的结果,重新将车租调整为:"(一)车胎换新、车篷不漏水者每日车租为310元;(二)旧胎色装每日车租为200元。"④

杭州市政府同意了工会的要求。1946年2月20日,市政府向杭州市商会发文,令其转告人力车业同业公会,要求车行向车夫收取押租金时,不得超过一个月车租之总和,并于退租时即行退还,"否则一经查获即依法予以惩处"。⑤ 可见政府意在明晰人力车业的租金,不愿由车行掌握行业生存环境的主导权。面对政府指令,资方坚持要求应收取1万元押金,不予让步。僵持之下,杭州市劳资争议调解委员会介入。3天后,杭州市劳资争议调解委员会决议人力车业的车租"以车胎(双钱牌)为评价标准,以外胎价目百分之零九五为准"。然而物价飞涨导致车胎价格骤增,"2月28日人力车双钱牌外胎价格计每副法币5万8千元,依照前项决议案规定,每日车租应更订为法币551元,应于3月1日起实行"。同业公会方面也做出了一定让步。"于3月1日起至15日止,每日车租减

---

① 《为各车行违反劳资协定收缴车租的呈》(1946年2月18日),杭州市档案馆藏,档案号:J14-1-162。
② 《为车行违背劳资协定收缴车租案再叙理由的呈》(1946年2月15日),杭州市档案馆藏,档案号:J14-1-162。
③ 《为请求取消人力车租金并请设法救济的呈》(1946年2月22日),杭州市档案馆藏,档案号:J14-1-162。
④ 《为车行违背劳资协定收缴车租案再叙理由的呈》(1946年2月15日),杭州市档案馆藏,档案号:J14-1-162。
⑤ 《为奉令制止车行收取押租金一案的呈》(1946年2月20日),杭州市档案馆藏,档案号:J14-1-162。

为450元。"①

但在工会看来，同业公会的让步并不够。1946年3月4日，人力车业职业工会推派常务理事赵廷秀、谢志春等人与同业公会协商，达成的结果是"3月1日起每日车租准予减为460元，16日起，每日车租为550元，以符原议，至4月1日起，再照胎价增减"。②然而3月15日，人力车业职业工会再次召开会员代表大会，做出以下决议："一、以每副双钱牌人力车胎价万分之九五为车租标准，望予承认；二、以粮价为车租增减标准，本月份车租总和为一万三千八百元，平价米每石为二万三千元，即此为标准，而为车租之增减；三、超额押租金应绝对取缔。"③ 这一决议无异于自行推翻了之前赵廷秀、谢志春等理事与同业公会商议的结果。工会一再"违约"，要求降低车租，令同业公会方面颇感头痛。此后几个月里，双方就车租问题始终未能谈拢。

1946年10月初，杭州市劳资纠纷评断委员会再次召集双方商定车租标准。"当经议定如左：一、车辆经修理完整送工务局检验合格后，每日每辆车租为1800元。二、车辆未加修理者，每日每辆为1250元。三、押租金以承租时一月车租之总和为原则，绝对不得超过。四、规定在11月30日以前一律修理完竣。五、本标准自10月5日起实行。"④ 然而，工会对此标准仍然不满意，要求再行斟酌。不仅如此，人力车业职业工会向国民政府社会部发去呈文，要求取消人力车押租金，并对人力车业工人予以救济。社会部回复杭州市政府，要求杭州市政府依据社会部颁布的《禁止人力车实施要点》以及《各省市人力车夫安置就业办理要点》政策规定，"对于从业工人应即设法开拓可能转业途径，妥谋安置，所请取消人力车押租金，应召集双方调处，就已定一万元之标准再予酌减，必要时可依法仲裁，至拨款补助进行福利事业一节，应转饬该会

---

① 《为体念车夫生存艰难决议减少车租案的呈》（1946年3月13日），杭州市档案馆藏，档案号：J14-1-162。
② 《为体念车夫生存艰难决议减少车租案的呈》（1946年3月13日），杭州市档案馆藏，档案号：J14-1-162。
③ 《为议定车租增减标准暨有关劳资纠纷的呈》（1946年3月18日），杭州市档案馆藏，档案号：J14-1-162。
④ 《为奉颁市劳资纠纷评断委员会有关本会劳资争议之决定电请鉴核由》（1946年10月9日），杭州市档案馆藏，档案号：J14-1-162。

依法组织福利委员会，成立工人福利社，拟定业务计划及经费预算，遽呈本部，再行核办"。① 接到社会部的指令，杭州市政府旋即回复，申明"本府曾于本年 2 月 23 日召集劳资双方调处，当经决议（一）押租金以一个月车租总和为准，超过者发还，不足愿补者补足之。如能免缴经双方同意者听便，未满一个月者退租时照原额发还；（二）退租时应早一个月通知，最后一个月不缴车租，以预缴之车租抵补租金涨落"。② 言下之意，已经对本地人力车业的车租问题有充分调处。

对于工会方面的步步进攻，杭州市人力车商业同业公会理事长郑志堃向政府吐露不得已的苦水，并委婉地要求待车辆全部修整后，以上海为参照标准，重新调整车租，试图为资方争取回旋空间：

> 本市材料价格既昂于沪市，路面尤较沪市为差，则成本更高，消耗特重，而车租不但不及沪市三分之二，即苏州无锡等处每日车租均在 2 千元以上，亦相差甚巨，实难维持，应续请当局顾全车商血本，比照沪市重予调整。③

然而在人力车业职业工会看来，资方的要求并不合理，原因在于上海与杭州的市场行情、物价指数均不相同，不能将杭州与上海相提并论。"战前杭沪两地车租差额比较杭市当上海十分之四，以最近各业劳资纠纷之多，工资增加实际情形，丝织业增加三成，洗染、铁工各增四成，服装业增加五成。如资方认为杭州车租应与上海相等或仅次于上海，则本会会员感无力负担，本会亦表示坚决反对，盖上海无押租金之名义，杭州有押租金之存在，上海与杭市荣枯互异，人力车工人之收入及租赁关系均各不同，自不能视同一律，所谓湖水不比河水，亦复是理。"不仅如此，工会认为新式公共交通对人力车业工人的生计构成了影响。"公共汽车增辟路线后，车次加多，行车时间亦复延长，人力车工人收入已大不

---

① 《为杭州市人力车业工会呈为请求取消人力车押租金并设法救济一案电请查明核办具报由》（1946 年 10 月 4 日），杭州市档案馆藏，档案号：J14 - 1 - 162。
② 《为电复社会部 10 月 4 日第 9580 号代电》（1946 年 10 月 9 日），杭州市档案馆藏，档案号：J14 - 1 - 162。
③ 《为车租虽奉评定但仍不敷成本呈请鉴赐予车辆修整后比照沪市重予调整由》（1946 年 10 月 12 日），杭州市档案馆藏，档案号：J14 - 1 - 162。

如前,事至现今,人力车业工人每人每日平均不能有四千元之收入,假令每日负担二千二百元之车租,所剩无几。"

不仅如此,人力车业职业工会认为1946年10月初由劳资纠纷评断委员会召集的讨论中,资方的庞菊甫委员公然压制工会方面的推派代表沈天佑的发言,导致讨论会议草草结束,引起人力车业职业工会的强烈不满。"商会所推派之评断委员与本会即推派之评断委员初无二致,何以沈委员天佑发言时,庞委员声色俱厉,予以制止,如本案提付表决,本会所推派之评断委员应该弃权原属道德行为,而庞委员于沈委员发表意见时,即妄加干涉,主席对庞委员之过分行为不加纠正或制止亦非会议场中应有之体态。"① 劳资双方对车租征收的分歧如此之大,导致此次劳资纠纷提交大会讨论的结果未能得到有效执行。

1948年4月21日,杭州市人力车业职业工会以近来物价飞涨为由,召开理监事联席会议,决议增收会员每月缴纳的月费,由先前的"每月每辆征收三千元"更改为"自五月份起会员月费每辆照战前五分基数按各上月份生活指数计算征收"。② 1948年10月,人力车业职业工会又以行业工作性质差异为由,要求暂缓增加车租。"本业工人生活与他业工人生活实有不同,人力车夫向采租用制,他业工人且系受雇制,人力车夫每日工作所获均须取得于雇客身上,况有淡月旺月之分,依照向例,若在淡月,租金必减一成之数,然现我业增租,且有依照生活指数按月增加,实胜不堪负荷,现且有适值淡月,请予转呈,自十月份起,暂以停止增租。"③ 面对人力车业职业工会频频提出的调整车租要求,市政府和人力车商不堪其扰,却也无法强行征收。一场调整车租的劳资纠纷案,就在人力车业职业工会持续的"软磨硬抗"中不了了之。

武昌人力车业的"增加车租案"表明,工会内部的理监事会借助劳资纠纷的形式挑起人事矛盾冲突。杭州人力车业的"增加车租案"表明,以人力车业为代表的非技术性行业的工会在劳资纠纷中,会以会员

---

① 《为电请废除二次评断委员会有关本会劳资争议各项记录请求叩请鉴核施行由》(1946年10月9日),杭州市档案馆藏,档案号:J14-1-162。
② 《呈为增收会员月费请鉴核赐备由》(1948年4月21日),杭州市档案馆藏,档案号:J14-1-162。
③ 《为电请自十月份起暂予停止增租由》(1948年10月7日),杭州市档案馆藏,档案号:J14-1-162。

生存底线为抗争理由，频频主动出击，不断打破劳资协议，增加了劳、资、政三方的协议成本，发展出"软磨硬抗"的策略方式，拒绝按劳资协议约定的金额缴纳车租。

第四节 职业尊严与职业自主性：以司机与邮工为例

一 问题的提出

涂尔干认为，从机械团结型的传统社会向有机团结型的现代社会转型，意味着专业分工与职业团体的诞生。职业团体凭借制定组织制度、制定行业标准、确立职业伦理等方式，形成行业共同体的内部权威，借此对抗中世纪的教权与近代以来不断扩张的王权。[1] 这一论断意味着近代社会分化过程中孕育出的新兴职业群体具有形塑国家与社会关系的巨大潜力。自涂尔干以来，职业与国家之间的关系始终是职业社会学领域的核心议题。职业自主性与国家中心性是该议题的两种主要观点。前者以 Freidson 为代表，主张职业意味着劳动者对自身工作的资质、内容等核心问题具有合法控制权。[2] 然而，这一理论主张未能回答职业如何能够抵御外部力量的干涉而保持自主性这一问题。[3] 后者以 Johnson 为代表，认为职业自主性需要国家权威的保障和认可。[4] 然而，受制于英美国家职业发展的历史渊源，这一理论主张无法就现代国家权力侵蚀职业自主性的问题提供有力的解释框架。[5]

---

[1] 〔法〕埃米尔·涂尔干：《职业伦理与公民道德》，渠敬东译，商务印书馆，2015。

[2] Freidson Eliot, *Professional Powers: A Study of Institutionalization of Formal Knowledge* (Chicago: University of Chicago Press, 1986).

[3] 刘思达：《职业自主性与国家干预：西方职业社会学研究述评》，《社会学研究》2006年第1期。

[4] Johnson Terence, "The State and the Professions: Peculiarities of the British," Antony Giddens & G. McKenzie, eds., *Social Class and the Division of Labor* (Cambridge: Cambridge University Press, 1982); Johnson Terence, "Govern Mentality and the Institutionalization of Expertise," Johnson Terence, Gerry Larkin & Mike Saks, eds., *Health Professions and the State in Europe* (New Yoke: Routledge Press, 1995).

[5] 刘思达：《职业自主性与国家干预：西方职业社会学研究述评》，《社会学研究》2006年第1期。

职业并非自然生成，而是一个历史化的演变过程。因此，职业社会学研究的一个重要历史维度是对近代中国社会转型中所孕育的职业群体加以考察。在此方面，有互构论与冲突论两种主要观点。姚泽麟以医生群体为对象，认为民国时期的国家政权与职业群体之间是互构合作的关系。国家需要医学来摆脱民族危机、管理民众；而医生职业则需要国家的支持，以确立其在医疗与健康领域的垄断地位，是互构论的主要代表。① 徐小群、魏文享、江文君等研究者以出版业从业者、律师、大学教师等群体为对象，认为民国时期的国家政权与职业群体之间存在不可调和的矛盾冲突。新兴自由职业群体用结社的组织化方式向政府和公众主动发声，甚至采取集体行动，维护职业利益，提升职业自主性权威，实现政治参与和社会参与，是冲突论的主要代表。② 可见，互构论强调国家权力对职业共同体的规训与整合，与国家中心性相契合。而冲突论强调职业共同体对国家权力的制约，与职业自主性相呼应。

互构论与冲突论是近代中国职业群体与国家关系复杂性和动态性演化的两个主要面向。这两个面向对职业群体的形成及其与国家的关系等问题关注不足。职业群体的形成源于社会分工。然而，这一分工是以市场与行业秩序为主导，还是以国家对相关行业的垄断经营为主导，对职业群体的影响截然不同。前者属于专业分工，其形成的职业群体以不可替代的稀缺技能为主要特征，在此基础上，形成完备的职业晋升路径与职业伦理。而后者依附于科层体制，其形成的职业群体并非以稀缺技能为主要特征，而是以科层体制的内部分化为主要特征。在与国家的关系方面，前者更接近冲突论，而后者则更接近互构论。

然而，历史维度的复杂性意味着上述两类职业群体与国家的关系并不能够被冲突论和互构论所化约。在社会分工的过程中，职业群体需要

---

① 姚泽麟：《近代以来中国医生职业与国家关系的演变：一种职业社会学的解释》，《社会学研究》2015年第3期。
② 参见徐小群《民国时期的国家与社会——自由职业团体在上海的兴起（1912～1937）》，新星出版社，2007；朱英、魏文享编《近代中国自由职业者群体与社会变迁》，北京大学出版社，2009；魏文享《职业团体与职业代表制下的"民意"建构——以1931年国民会议为中心》，《近代史研究》2011年第3期；江文君《文人议政：近代上海大学教授职业团体之考察》，《史林》2015年第3期；江文君《万众一心：自由职业团体与近代上海的民族主义实践（1927～1941）》，《史林》2016年第2期；等等。

确立从业者的权责边界、建立行业秩序。这一过程通常发生在与其他职业群体摩擦、碰撞产生的行业纠纷中。阿尔伯特将职业系统内部不同主体的边界争夺称为"管辖权冲突"。[①] 国家建设的本质在一定意义上可以说是政府通过不断完善的官僚体制，消弭冲突，实现对社会的管控和治理，确立国家权威。二者相互平行，却又在不同力量介入的争议纠纷中产生交集。这些争议纠纷具有持续性、动态性等特点，常因冲突矛盾的发酵出现突变。前一事件中的妥协合作，在后一事件中也许会演变为剑拔弩张。理解近代中国职业群体与国家关系的复杂性和动态性，需要理解职业群体与政府在争议纠纷事件中形成的交集场域，考察双方在这一场域如何借力打力等。

在研究对象方面，已有研究多以大学教授、医生、律师等代表性职业群体为考察对象。与上述职业群体相比，以社会底层形象出现的劳工群体，似乎只是一群通过出售自身的体力和技能，在最低生活水平线上挣扎的"粗人"，与职业自主性等蕴含现代权责意识的概念毫无关联。他们的社会参与被以工潮为代表的政治对抗掩盖和化约。

1918年11月16日，蔡元培在天安门前举行的庆祝协约国胜利大会上提出了日后影响深远的著名口号——"劳工神圣"。该口号的提出，第一次真正使"劳动"进入中国人的社会公共生活视野。通过知识精英的思想启蒙和广泛发动，社会大众开始以"劳动"的眼光来重新审视自己的社会作用，并以"劳动"为核心确立起自身的身份认同和社会价值认同。[②] 作为肇始于新文化运动时期的口号，"劳工神圣"并没有像"民主"和"科学"等口号那样为世人所关注。[③] 知识精英高呼"劳工神圣"，其目的之一为确立自身对民众启蒙的合法性。民国时期的职业群体并非劳工，而是以出卖体力为生的城市苦力。[④] "我国工人，大多数恃筋肉劳动为生，除少数有技能者外，概可称为苦力。"装卸（肩货夫，搬运夫，码头挑夫，车站脚夫，装米脚夫，米船夫，扛米、挑黄泥夫）、脚行

---

① Andrew Abbott, *The System of Professions: An Essay on the Division of Expert Labor* (Chicago: University of Chicago Press, 1988).
② 付长珍:《启蒙伦理场域中的劳动观念变迁》,《文史哲》2018年第1期。
③ 冯志阳:《从"民贵说"到"劳工神圣"——从蔡元培的民本思想谈起》,《史林》2009年第6期。
④ 任吉东:《概念史视域下的近代城市苦力》,《史学月刊》2019年第2期。

(脚夫、轿夫、运米夫)、清洁（粪夫、清道夫）、水业（挑水夫、自来水夫、井水夫、零水夫)、车夫（小车夫、人力车夫、骡车夫、趟子车、高低架手车夫、拉煤车夫、踏车夫）等均属苦力。[①] 手工业工人、工厂工人以及其他冠以劳工的新兴职业群体，其经济收入与社会地位均明显高于苦力。

近代中国的劳工群体在构建职业自主性的问题上并非哑默无声。其中，值得注意的是经济收入相对优渥、社会地位相对较高的劳工"贵族"。这一特殊群体尽管在数量和规模方面不占优势，但他们或具有稀缺的职业技能，或具有体制化的职业身份，使得他们具有集体行动和社会参与的潜力。抗战结束后，国民党政权对产、职业工会进行了重组，试图恢复经济与社会秩序。1945~1949年，工会组织主动介入市场与行业秩序的重建过程中，由此产生大量纠纷事件。[②] 尽管其中绝大多数都以经济利益诉求为主，但亦有部分代表劳工"贵族"的工会组织积极发声，呼唤职业尊严，其作用和意义值得关注。基于此，本节以司机和邮工两个群体为例，对该问题加以考察。

二 稀缺技能与科层体制身份：民国时期的司机与邮工

在近代中国劳工阶层中，汽车司机与邮务员工是工资收入与社会身份较高的两类职业群体。前者具有稀缺的职业技能，后者具有体制化的职业身份。清末民初，伴随新式交通工具的出现，汽车作为一种舶来品，开始进入城市社会。汽车司机也随之成为一个新兴的职业群体。早期汽车司机多由外商洋行里的低级雇工、私家公馆中的用人，以及传统交通运输业的工人、周边农民等转化而来。20世纪20年代中后期，各类汽车职业学校相继创办。各汽车传习学校要求驾驶科学员具有小学学历，这意味着要求司机基本识字。[③] 对汽车司机职业技能的要求和培训明显提升了汽车司机的职业门槛。约束和管理汽车司机的规则也相继出台。陕西省公路管理局规定，汽车司机的考试内容包括体格检验、驾驶技能、

---

① 王清彬等编《第一次中国劳动年鉴》，第625页。
② 胡悦晗：《市场、职业工会与行业秩序重建（1945~1949）——以杭州脚夫业纠纷案为例的分析》，《开放时代》2018年第4期。
③ 倪琦：《近代上海汽车司机群体研究（1901~1937)》，硕士学位论文，杭州师范大学，2015，第20页。

行车规则与机械构造及功能几个方面。① 在识字尚未全面普及、公路交通尚不发达的民国时期，汽车司机的职业技能门槛可见一斑。

邮政行业是南京国民政府时期的垄断性行业之一。清末，中国开始创办新式邮政。民国以降，政府逐渐统一邮政权。南京国民政府试图通过重新招考邮政员工、利用邮政盈余发展航空邮政、建立独立的储金汇业总局等措施，将邮政系统纳入国家官僚财政系统中去。② 1934年，邮政系统整体并入交通部，意味着国民政府统一邮政努力的成功。南京国民政府时期的邮政行业建立了严格的职务等级制度。邮政员工按照工作等级高低分为邮务长、高级职员、听差、信差、苦力和铜匠几个层级。其中，听差和信差统称"差工"，是邮务系统中的主要工作人员。听差"所做的是跑街"，信差的主要工作是"收取信件和投递信件"。③

民国时期，通过考试是邮政行业从业者入职的必要条件之一。"局长对于邮务佐和信差，可按考卷之优劣，有自行决定录取与否的大权，但对于邮务员必须将考卷批阅并将拟取人员及其试卷呈送总局核准。"④ 邮政系统内部存在严格的职务等级晋升序列，从下层员工晋升至中上层员工需要经历漫长的进阶过程。"邮务佐入局年龄平均为二十岁；乙员为二十二岁，达到最高级，邮佐为四十三岁，乙员为四十六岁，加以中途的挫折，其达到最高级的年龄，总在五十岁前后。"⑤ 差工是否隶属于公务员管理体制尽管在南京国民政府初期尚未明确，但在20世纪30年代中后期得到确认。邮局信差"系邮政法第44条所称之邮政人员，并系刑法第10条第2项所称之公务员"。⑥ 可见，民国时期的邮务员工具有体制化的职业身份。

在收入方面，汽车司机与邮务员工均属劳工阶层中的高收入群体。

---

① 《陕西省管理汽车司机规则》（1932年1月14日），载陕西省政府法规审查委员会编《陕西省单行法规》第1辑，1932年3月，第57页。
② 田明：《1927~1937年上海邮务工会研究》，中国社会科学出版社，2017，第81页。
③ 朱邦兴、胡林阁、徐声编《上海产业与上海职工》，上海人民出版社，1984，第441页。
④ 朱邦兴、胡林阁、徐声编《上海产业与上海职工》，第432页。
⑤ 四维：《积资升等的实惠》，《南昌邮工》第2期，1946年6月15日，第6页。
⑥ 《江西高院请释邮局信差是否为邮政人员暨刑法上之公务员》（1938年7月12日），台北"国史馆"藏，典藏号：015-010301-0080。

以上海为例。据陈达20世纪20年代的调查，上海邮电工人每日工资：信差0.39~0.99元，检信生0.60~1.00元，粗工0.30元。汽车司机每日工资：正司机0.83~1.20元，助手0.50元。[①] 据朱邦兴等人20世纪30年代的调查，汽车司机"每月薪金各公司不同，然大体在二十一元左右"。邮务信差"每月的收入不过三四十元，家庭的开支很多，住很小的三层搁要出十三四元的房租，每天的伙食（包括盐、油、酱、柴、米、菜）至少要六毛大洋，人口多还不够"。尽管邮务系统内部薪资待遇等级差异颇大，但"由于中国经济一般的落后性，在其他企业部门的职工看来，邮务职工的位置已经属于'金饭碗'之列了"。[②]

全面抗战爆发后，公路、铁路等主要交通路网遭到破坏，给公路运输与邮政业务的正常运转带来极大影响。保持军事物资运输渠道的畅通，成为国民政府的当务之急。交通部下设公路运输局，负责战时交通物资运输以及汽车司机的考核、登记与管理等业务。[③] 军事委员会制定了战时公路运输条例，规定其下设的运输总司令部总体负责战时公路军事运输，并具有征调中央及各省公路局汽车的权力。"凡在公路上放空行驶之公私运输机关车辆，于军运必要时，运输总司令部得统制使用之。"[④] 汽车在战时军用物资运输方面具有不可替代的巨大作用。"现在后方交通端赖汽车，故汽车司机亦感缺乏。陇海路东段员工除已组织有线无线电报训练班外，复开办汽车司机训练班，遴选合于部定招收公路司机资格之各段厂青年职工，并经考验录取后入班受训。"[⑤] 行政院、交通部及军事委员会等部门联合颁布了战时汽车司机的雇用及行车规范等问题的相应政策。[⑥] 在邮政业务方面，为因应战时邮政业务的进行，邮政总局增设

[①] 陈达：《中国劳工问题》，上海商务印书馆，1929，第301页。
[②] 朱邦兴、胡林阁、徐声骥《上海产业与上海职工》，第444页。
[③] 《交通部公路总局组织法》（1943年7月3日），《中华民国史档案资料汇编》第5辑第2编《财政经济》（10），第355页。
[④] 《战时公路军事运输条例》（1939年11月15日），《中华民国史档案资料汇编》第5辑第2编《财政经济》（10），第362页。
[⑤] 交通部战时交通员工训练管理委员会：《第三周年交通失业员工之救济》（1941年1月1日），第15页。
[⑥] 《战时汽车驾驶人及技工受雇解雇暂行办法》（1940年4月3日），台北"国史馆"藏，典藏号：014-080500-0046；《汽车司机行车守则》（1942年5月17日），台北"国史馆"藏，典藏号：003-010501-0037。

西北、蒙古等边疆地区的邮政机构。① 在此基础上，政府对邮政业务进行了优化重组。"如遇邮路阻断，亦必竭力设法绕道寄递，或自备汽车，往来运邮，或另组水道或旱班邮路，在可能范围内，用种种方法互相衔接联络。至各区内地局所，如与其主管管理局失去联络，则暂拨邻区管辖，加以调整，指定该段内等级较高交通较便之局，承转收发其临近各局之票款，以资接济。"② 可见，国民政府在抗战时期对邮政与公路运输两个行业采取了大量管制调控措施，确保军事物资运输与情报信息传递工作的延续。

尽管政府加强了对邮政和公路运输两个行业的管控，但是汽车司机的职业身份却并未借此纳入公务员体制。1940年1月，国民政府军事委员会就公路汽车司机与铁路机车司机等职业是否具有公务员身份的问题向行政院发函。后者明确答复，汽车司机"所司职务，并非公务，不能认为有公务员之身份"。③ 可见，虽然抗战期间汽车司机更多受雇于体制部门，但其职业仍然属于自由劳动雇佣性质。

三 "侮辱司机，实属不当"：电影行业的放映风波案

民国时期，汽车司机的职业称谓经历了从"汽车夫"向"汽车司机"的转变。早期上海租界工部局在指定汽车捐照时，将汽车归入马车类管理，捐税对比马车缴纳。④ 汽车司机也被《顺天时报》《申报》等各大报刊传媒称为"汽车夫"。从20世纪20年代末开始，政府公报与传媒报刊上开始出现"汽车司机"的称谓，二者时常并用。1928年颁布的《上海特别市汽车司机人规则》中规定，"凡在本市区内驾驶或学习驾驶之汽车主、汽车夫均应在公用局登记、考验，领取执照"。⑤ 全面抗战爆发后，汽车司机的职业地位有明显提升。汽车司机敢于对"汽车夫"的职业称谓公开表达不满。时人曾撰文专门谈及"汽车夫"与"司机"两

---

① 《邮政总局关于增加边疆邮政设备公函稿》（1943年12月16日），《中华民国史档案资料汇编》第5辑第2编《财政经济》（10），第700页。
② 《邮政总局编1937与1938两年度邮政事务年报》（1939年），《中华民国史档案资料汇编》第5辑第2编《财政经济》（10），第717页。
③ 《解释公路局汽车司机及各铁路机车司机有无公务员身份》（1940年1月5日），台北"国史馆"藏，典藏号：014-090101-0090。
④ 陈伯熙：《上海轶事大观》，上海书店出版社，2000，第296~297页。
⑤ 《上海特别市汽车司机人规则》（1928年11月23日），上海市政府，1929，第553页。

个称谓背后的差别。

> 抗战前的汽车夫现在都称作"司机"了。我们虽然看不出这两个名词间有什么差别；然而在他们听来，"汽车夫"这三个字就非常刺耳。要是有人当面把司机误唤成"汽车夫"的话，那么受两个白眼还是便宜的事，说不定还要遭到严重的行动上的抗议。我们应该记住："司机"并不是"汽车夫"，正如"明星"并不是"戏子"。①

这段话透出两个含义。第一，"司机"一词，"司"取动词义，为掌控、执掌的意思；"机"为机器、机械的意思。两字组成"司机"，当为掌控机器之意。② 而"汽车夫"则在职业类别上仍被归入苦力、劳役一类。第二，从"汽车夫"到"司机"的职业称谓转换，主要发生在抗战期间。汽车司机之所以有足够底气推动自身职业称谓的转换，其原因在于他们自身具有的职业技能是战时物资运输不可或缺的重要条件之一。通过职业称谓的悄然变化，汽车司机群体的职业尊严得到明显提升。然而，"汽车夫"的职业称谓在战后公开上映的电影中重新出现，令司机群体感到愤怒。

1946年，由朱石麟编导，大中华影业公司出品的《玉人何处》电影问世。③ 少女王飞云在做伴娘时，结识了做伴郎的富家子弟唐少良。唐少良被王飞云的美貌吸引，以为王飞云是千金小姐，向她展开热烈追求，却发现王飞云是唐少良家中汽车司机老王的女儿。④ 该影片中有一片段，唐少良骂王飞云："你不过是一个臭汽车伕的女儿，算个啥东西？"⑤ 这一台词不仅出现了"汽车夫"这一敏感称谓，在剧情上也令汽车司机不快。影片上映后，立即掀起风波。南京、上海、重庆等地的司机业工会均向政府提出抗议，要求禁止上映该影片。⑥

---

① 夏羊言：《司机们》，《国文杂志》第1卷第3号，1942年，第35页。
② 倪琦：《近代上海汽车司机群体研究（1901~1937）》，硕士学位论文，杭州师范大学，2015，第64页。
③ 朱枫整理《朱石麟生平与创作年表》，《当代电影》2005年第5期。
④ 该影片剧情梗概来自《玉人何处》百度百科词条。
⑤ 李景芳：《〈玉人何处〉的风波》，《电影评介》1985年第4期。
⑥ 钟瑾：《民国电影检查研究》，中国电影出版社，2012，第36页。

第四章　工会的政治参与、日常事务与职业自主性　　163

　　南京国民政府执政时期的电影审查制度旨在将电影制作纳入"三民主义"与民族国家政治认同的框架内。①《玉人何处》涉及的争议内容并未对国民党政权的意识形态构成挑战。尽管遭到多地工会组织的抗议，但影片并未在全国范围内禁映。上海市司机工会于1947年11月7日推派代表向影片制作方大中华影业公司交涉，不仅耗时两个月无果，甚至"被申地恶势力所包围"。② 可见在政府未强制干预的情况下，汽车司机与电影业从业者两个职业群体之间的较量成为拉锯战。

　　1948年3月9日，杭州太平洋与大光明两家电影院的代表徐梦痕至杭州市司机业工会，告知该片将于近日在两家影院上映。工会当即要求先行招待会员试映，以观效果。果不其然，与重庆、广州等地的抵制意见一样，工会部分会员在观看完杭州市太平洋戏院提供的试映后，认为该影片存在明显的侮辱司机的剧情，要求杭州市政府饬令太平洋戏院及大光明影院暂勿上映。③ 接到报告后，杭州市政府当即发出通告，要求两家电影院暂不上映该片。④ 然而，政府通告并未得到遵守。金城与国际两家戏院仍计划上映。司机业工会遂向杭州市总工会提出抗议，要求总工会代为呈请市政府，禁止放映该片。⑤

　　考察司机业工会向总工会提出的抗议书，可以看出其中蕴含的火药味。首先，通过强调司机群体在抗战中为后方交通运输业做出的贡献，抢占道德制高点。"本会会员在抗战期内，担任地方运输，参加前线军用，凤兴夜寐，不分昼兴，历尽艰苦，不无微劳。"其次，借助政府公文使用的职业称谓，彰显其职业尊严与社会地位。"政府为提高技术人员地位，纠正社会鄙习起见，曾于民国29年3月12日通令全国，凡汽车驾驶者称为'司机'，修理者称为'技工'，相沿迄今。"再次，指斥影片

---

① 汪朝光：《检查、控制与导向：上海市电影检查委员会研究》，《近代史研究》2004年第6期。
② 《为历叙〈玉人何处〉影片不能在杭上映情形祈鉴核由》（1948年4月6日），杭州市档案馆藏，档案号：J14-1-68。
③ 《为〈玉人何处〉一片请令饬暂勿上映由》（1948年3月10日），杭州市档案馆藏，档案号：J14-1-68。
④ 《据呈〈玉人何处〉一片在洽妥前情令饬暂勿上映的函》（1948年3月15日），杭州市档案馆藏，档案号：J14-1-68。
⑤ 《为请制止放映〈玉人何处〉影片据情电请鉴核由》（1948年4月8日），杭州市档案馆藏，档案号：J14-1-68。

歪曲呈现汽车司机群体的工作与生活，视其为下层群体。"表演各种不堪触目之丑态，所有对白竟以汽车夫呼唤主人'唐老爷'，苛待司机，非打即骂，一举一动确有侮辱司机。"最后，披露该影片在上海、昆明等地上映时接连遭遇抗议的情形，暗示其危及社会秩序的潜在后果。"全国各省市汽车司机之不满，一时情形紧张，纷纷提出硬性交涉，要求禁映。昆明重庆等地所映（玉人何处）戏院接连捣毁，损失不少。"①

一波未平，一波又起。1947年，朱石麟和同仁自组大成电影公司，编导了以家庭生活中的代际矛盾为主题的电影《第三代》。②该电影于1948年5月在杭州国际、大华两家戏院放映的过程中，又因影片主人公方虹的仆人阿三的人物形象招致司机业工会的强烈抗议。"饰无赖阿三者，编导其实仅以有无执照之分，查政府法令早有明文规定，凡无执照者不准驾驶车辆，而编导者故弄玄虚，以书挖苦之能事，借词运用夸张手法，影射司机，捏造卑鄙恶劣之行。"③

1948年5月26日，司机业工会派员与大华、国际两个戏院的负责人胡荣生、李磷石商谈解决之道。双方达成协议，戏院"自动停映"，工会除"登报警告大成影片公司编导朱石麟"外，还要求市政府下令转两戏院，"定期放映招待本市各机关首长以及文化界人士以作公论"。④在与影戏院的正面较量中，司机业工会明显胜出。

受到攻击的戏院避开与司机业工会的正面交锋，以自身营业受损为由，向市政府诉苦。杭州国际大戏院经理吴浩然与大华戏院经理朱虹如搬出国民政府的电影审查法规作为理由，声称所放映之影片不仅经过了政府审查，且"在京沪等各大都市放映，从未发生纠纷，租映此片亦经依照规定手续先行报请钧府核准有案"。其次，强调电影放映制度规则，认为影片是否涉及敏感内容，应"依照正常途径据理向影片公司方面提出交涉，倘经公断该片应予停映，则杭市与全国各地皆应

---

① 《为历叙〈玉人何处〉影片不能在杭上映情形祈鉴核由》（1948年4月6日），杭州市档案馆藏，档案号：J14-1-68。
② 朱枫整理《朱石麟生平与创作年表》，《当代电影》2005年第5期。
③ 《为第三代影片有蓄意侮辱司机情事恳请钧府对会放映招待本市文化界人士以求公论由》（1948年5月29日），杭州市档案馆藏，档案号：J14-1-68。
④ 《为第三代影片有蓄意侮辱司机情事恳请钧府对会放映招待本市文化界人士以求公论由》（1948年5月29日），杭州市档案馆藏，档案号：J14-1-68。

一律停映，而因停映所受营业损失即可向影片公司交涉赔偿"。最后，指责工会不按正常途径交涉，妨害戏院经营，要求政府裁决，"确有侮辱，商等则向影片公司交涉赔偿损失，否则因被迫停映之营业损失即应由该会负责赔偿"。① 针对戏院经理的上诉，杭州市政府召集矛盾双方调解。尽管司机业工会此后再未滋事，然而受到争议的电影，也未再公映。

朱石麟的早期电影作品大多以婚姻爱情及家庭生活为主要叙事线索。他对个体的关怀和理解，建立在社会本位基础之上。其电影中的个体人物，则只不过是作者的某种社会意识或道德概念的简单演绎符号。换言之，朱石麟早期电影中的人物形象，并不特别重视普遍人性的基础依据，缺乏个性价值的追求，有些作品中甚至没有个性意识的自觉表现。② 这一特点使得朱石麟早期电影中的个体人物缺乏职业尊严与抗争意识。与此同时，必须看到，在两部影片的放映风波背后，汽车司机群体的职业地位在抗战期间有明显提升，使得这一群体萌生出希望得到社会公众尊重与认可的职业尊严诉求。从这个层面，对两部影片的严厉抨击，显然是汽车司机职业工会的借题发挥。

四　战后邮政行业中的"差工"改名风波

抗战结束后，通货膨胀引发的物价飞涨，使得邮政行业面临经营困境。"每封信即赔四百三十元。固然邮政以便民为本，不以牟利为目的；但最低也要使其足以维持。"③ 1946年4月4日，邮政总局局长徐继庄向交通部呈文，要求将邮资增加四倍，以便维系邮政行业的整体运营，得到交通部应允。"去年十月，邮资初加时，收复区物价尚低，且有跌落之势。今则半年以来，情形全非，市面通用为千元、伍佰元之票，二十元一件平信之邮资，几于无可找换。而衡之邮局，处理成本亦实属相差太甚。"④ 与此同时，邮政行业从业者要求邮政总局提高薪资，改善待遇。"邮务员之基数最高为二百七十元，而邮务佐则仅为一百三十四元，比邮

---

① 《为放映第三代影片无辜被杭州市汽车司机业职业工会理事及会员工胁迫停映损失严重，呈请鉴核赐予保障由》（1948年5月27日），杭州市档案馆藏，档案号：J14-1-68。
② 陈墨：《早期朱石麟电影中的家、国、时代与人》，《当代电影》2008年第5期。
③ 祝思斌：《谈邮资加价》，《上海邮工》第6期，1946年，第10页。
④ 《邮政总局关于将国内各类邮件资费增加四倍呈》（1946年4月4日），《中华民国史档案资料汇编》第5辑第3编《财政经济》（7），第760页。

务员竟低一倍，与差工比只多九元，似此邮务佐待遇上不及邮务一员半，下等于差工甚至不及。"①

战后邮资加价与提高薪资的诉求是邮政系统因应通货膨胀、物价飞涨的行业自保行为，涉及邮政系统所有从业者。与经济利益诉求相伴的是，处于邮政系统中下层的"差工"群体因对其职业称谓不满，呼吁改名。

1945年12月3日，成都信差汪知耻上书政府，以信差等下层邮务职员"既在中华民国政府领导下为中华民国时代国家民族服务，又系经过考试院制定公布的特种考试"，且为抗战做出了巨大贡献，而"邮政总局仍仿用帝国时代所定的差役奴隶名称"为由，要求变更"信差"名称为"邮务佐"或"邮务员"。② 1946年9月21日，全国邮务总工会在南京召开第45次常务委员会。在这次会议上，通过了更改"差工"名称的议案。"信差改为递信生，听差改为服务生。邮差改为运输生，局役改为杂务生，局役派为押差时，其名称应改为押车。"③ 这个议案通过，表明"差工"改名的诉求得到了行业主管组织全国邮务总工会的支持。

然而全国邮务总工会通过的决议案并未得到国民政府行政院与交通部的采纳。交通部与邮务系统的各类公文中仍旧沿用"差工"之名。这一时期，全国各地邮务工会纷纷呈文，认为"差工""力夫"等邮政工作的特定职业名称中含有奴役性质，要求予以改正。有人撰文呼吁，"差工名称，我们呐喊声嘶已逾数年，当局好似勿听勿闻，硬生生地要将这洋人留下侮弄我国人的封建名字，载在我们的头上。现在抗战已经胜利了，我们是五强之一的国民，并经过极严格的正式考试入局，绝非其他机关工人差役所可比拟"。④ 河北邮务工会唐山支部组会认为"差工"一名属于"专制恶习名称，鄙视低级同事，贱事服务心理"，认为应当将"信差""听差""邮差"和"力夫"四个邮政系统中的下层职业名称分

---

① 后：《为邮务佐呼吁》，《南昌邮工》第2期，1946年6月15日，第7页。
② 《为呈请更改信差、听差、邮差等名称以慰全国大众邮工渴望由》（1945年12月3日），《国民政府》，台北"国史馆"藏，典藏号：001-054531-00008-017。
③ 佚名：《基数要调整，名称要更改——差工同志的呼声》，《上海邮工》第9期，1946年12月5日，第18页。
④ 佚名：《基数要调整，名称要更改——差工同志的呼声》，《上海邮工》第9期，1946年12月5日，第18页。

别改为"邮递生""邮务生""邮运生""邮转生"。① 唐山邮局全体信差向天津市邮务工会上书,"拟将信差名称改为信务佐"。②

"差工"改名的背后,是对邮务系统内部等级制度的不满。1947年,《上海邮工》杂志发表了一篇题为《调整人事机构的检讨》的文章。作者认为针对当下邮政系统内部等级与职称混乱、非正式雇员名实不副等问题,应进行人事制度改革,"将甲等邮务员、乙等邮务员、邮务佐、临时雇员等名义一概废止,统称邮务员以资统一。将所有杂司人员如听差、电梯司机等名义,一律取消,以示整齐,统称邮务佐"。③ 然而在次一期的读者信箱栏目中即有人对该文作者对差工的工作等级定位提出异议。"将听差和电梯司机混在一起,下面又注明初小毕业程度,似乎听差的内勤工作、学历、地位等等,仅相等于电梯司机而已。实际上,电梯司机的工作是单纯的,目前除由远东清洁公司所代雇。听差是经过合法考试的,口试:中英文各一节,读断及解释。笔试:国文、英文、三民主义。……照目前,邮政员工分员佐差役四个等级,听差与信差同在差的一个等级里,照先生的意思,信差可改称'投递员',难道听差就不可称'邮务员'吗?"④

1947年9月,交通部下属的邮政总局向下属各区邮政局发文,针对各地邮务工会呼吁的"差工"改名一事提出调整方案。"信差:改称(1)递信,(2)送信,(3)递信工,(4)送信工,(5)司信。邮差:改称(1)邮夫,(2)负运工或运输工,(3)运邮夫,(4)司运,(5)仍称邮差。听差:改称(1)勤务,(2)勤务工,(3)公役,(4)司事。力夫(及局役局内苦力)改称(1)杂务,(2)杂务工,(3)仍称力夫。"⑤ 这一方案因大量采用"工"和"夫"的字样,没有令各地邮务工会满意。1947年12月,全国邮务总工会第五次全国代表大会在上海召开。对差工而言,这是一次改善差工群体待遇、为差工群体正名的好机会。⑥ 在会上,湖

---

① 《唐山支部组会来呈:关于差工改称意见》(1948年4月22日),天津市邮政公司编《天津邮工运动史料》第2辑,天津社会科学院出版社,2012,第202页。
② 《唐山邮局全体信差呈请信差改称》(1947年10月),《天津邮工运动史料》第2辑,第202页。
③ 德采:《调整人事机构的检讨》,《上海邮工》第14期,1947年,第6页。
④ 仁文:《听差和电梯司机》,《上海邮工》第15期,1947年,第17页。
⑤ 《交通部邮政总局密函》(1947年9月6日),《天津邮工运动史料》第2辑,第209~210页。
⑥ 孟晋:《所期望于五全大会》,《上海邮工》第16期,1947年,第6页。

北代表张恩泽提出"差工"更名的议案,获得会议通过。① 1948年3月,全国差工联谊会在北平召开。这次联谊会得到了全国邮务总工会的支持。"许多同志情绪非常激昂,认为既然是全面问题,必须全国差工同志打成一片,作一致之强硬表现,方能有济于事。"联谊会通过决议,要求更改"差工"名称,提升湖北、贵州、广西等地差工的薪资待遇,恢复全面抗战前的养老金制度。②

然而,"差工"改名一事风声大,雨点小。国民政府行政院与交通部批驳了这一提议。对此,《北平邮工》月刊等邮政系统报刊表示强烈反对,声称政府的批驳"绝无道理",呼吁"我四万邮工——尤其是全体差工同志一致团结起来,继续努力奋斗……再向部局力争"。③ 话虽这么说,但被政府驳回的议案终究难以翻盘。"差工"改名的诉求始终未得到圆满解决。中华人民共和国成立后,1950年2月22日,天津邮政管理局根据1949年12月全国第一次邮政会议和1950年2月16日邮政总局通令,将上述历史名称更正,信差改称邮递员,邮差、力夫改称邮运员,听差改称邮助员,杂差、局役改称邮勤员,机匠改称机务员,司机改称驾驶员。④ 这一方案在全国范围内推广开来,"差工"改名的事件落下帷幕。

通过本节的考察可见,战后城市劳工阶层中,掌握稀缺劳动技能、具备体制化职业身份的少数劳工"贵族"要求提升自身的职业尊严,萌生出职业自主性意识。在工会组织的积极介入下,体制外的社会舆论与体制内的组织间往来齐头并进,其目的在于改变政府与民众对相关行业的认知。这种呼求与社会行动并非具体为了经济利益,而是工会组织强化组织凝聚力、提升组织权威、实现社会参与的重要手段。

在马克思主义理论脉络中,劳工贵族是劳工阶层中的特权群体。⑤

---

① 《全国邮务总工会第五次全国代表大会会议记录》(1947年12月8日),大会秘书处印,1947年12月,第9页。
② 王洪业:《全国差工阶层的悬案》,《北平邮工》第4卷第3期,1948年,第16页。
③ 佚名:《差工改善名称应坚决要求必须兑现!》,《北平邮工》第4卷第7期,1948年,第2页。
④ 《天津邮工运动史料》第2辑,第210页。
⑤ Timothy Kerswell, "A Conceptual History of the Labor Aristocracy: A Critical Review," *Socialism and Democracy*, Vol. 33, No. 1 (2019), pp. 70–87.

第四章 工会的政治参与、日常事务与职业自主性

这一特权表现在具有稀缺劳动技能的熟练工人发展出官僚化的工会组织，借此获得相较非熟练工人更为优渥的经济收入和社会地位。[①] 司机与邮工，是民国时期劳工"贵族"的缩影。在战后"正名"的职业尊严诉求中，两个群体均借助工会组织发声。不同的是，具有稀缺劳动技能的司机群体是以和影戏院等其他行业机构与从业者发生冲突的方式表现出来的，而具有体制化职业身份保障的邮工群体则是通过在行业内报刊上撰文，并向国家行局等上级单位不断呼吁的方式表现出来的。

战后劳工"贵族"职业自主性意识的抬头，既源于全面抗战爆发前新兴职业群体的分化与发展，也得益于抗日战争这一外部事件的干预。战时国民党强化了对相关行业的管制，政府的官僚化超越了职业群体的专业分化过程，由此导致了职业群体在加深对国家依附的同时，获得了"报效国家""服务抗战大业"的政治话语资源。这一政治话语资源赋予相关从业者在道德与意识形态方面的优越感，是他们战后提升职业尊严的关键依据。因此，战后劳工"贵族"的职业尊严诉求并非完全出自专业分工而孵化的职业自主性意识，也有政府自上而下的授权。但他们所呼吁的职业尊严无助于构建与国家权力相互制约的职业自主性权威，而是恰恰相反，有助于国家权力通过对职业群体的全面管控。从这个意义上，劳工"贵族"群体与国家之间的关系更接近互构论而非冲突论。问题在于，这种互构主要体现在职业群体对政府授权的亟盼，而非政府对职业群体呼吁的积极响应。战后国民党政权面临军事冲突、政府选举、通货膨胀等多重因素叠加的总体性危机，使劳工"贵族"的职业尊严诉求在政府推诿、不作为的因应方式下化为泡影。对政府授权的亟盼在遇冷后极易转变为对政府权威与公信力的失望和挑战。至此，互构终止，冲突抬头。只是这种冲突已经不是社会专业分工所孕育的职业共同体与国家在规则与制度范围内的制约与互动，而是国家权威与职业自主性双双破灭后的混乱与失序。1949 年政权更迭，结束了国民党政权治理下的溃局，职业群体与国家之间的关系翻开了全新的一页。

[①] 吴木生：《近代英国工人贵族的形成及其危害》，《历史教学》1982 年第 4 期。

小 结

本章考察了战后城市工会组织的政治参与、日常事务、劳资纠纷以及职业自主性建构等几个方面,可以看到,城市工会组织的政治参与以配合国民党政权的政治选举以及相关纪念活动为主,呈现出形式化与低效化的特点。利益诉求难以通过有效的政治参与进入体制渠道,达至合理解决目标,是战后劳资纠纷与工潮事件频发的主要原因。工会组织在因应这类事件的过程中,既缺乏统合工人的组织权威,亦不具备政府授权的谈判能力和斡旋空间,在处理过程中力不从心,以上传下达的"传话筒"形象存在。迎来送往与文山会海的日常事务和现象体现出工会组织的科层化运作特点。可以看到,并非所有劳资纠纷事件都单纯指向劳资双方的利益分歧,其中蕴含着工会组织内部的派系矛盾等问题,使得劳资纠纷呈现出多重面向。

作为工人利益的合法代表机构,工会组织在必要时候需要为会员工人所属行业发声,捍卫工人所属行业的整体利益。这种整体利益既包括薪酬待遇等经济利益,亦有职业形象以及职业自主性等声誉名望方面的利益。杭州电影业的放映风波案与邮政业"差工"改名风波,表明以具有稀缺技能的司机和具有科层体制身份的邮工为代表的战后劳工"贵族"群体,通过职业工会就本行业在公众舆论中的尊严与身份问题主动出击。工会组织提出的诉求不乏合理性,其行动的方式为试图通过制造道德话语的制高点来影响政府,希冀借助政府自上而下行政干预的方式达到目的。由此可见,尽管战后城市工会组织缺乏体制渠道内的有效政治参与,难以消弭劳资之间的矛盾,但在处理劳资纠纷及突发事件等问题的过程中,也试图协调政府、资方与工人之间的关系,化解事态,并通过自身的组织渠道,对工人职业尊严与职业自主性的建构起了一定作用。

第五章　市场、职业工会与行业秩序的重建（一）

——以汉口码头业纠纷案为例的考察

上一章涉及工会组织参与劳工群体职业自主性建构过程的问题。职业自主性与劳工群体所属的行业秩序密切相关。这一行业秩序或由国家体制主导，或受市场规律自发调节。具有稀缺技能的司机群体与具有科层体制身份的邮工群体，其行业自主性与行业秩序主要依赖国家体制的等级确认。对于普通城市工商业而言，其行业秩序主要依赖市场规律调节。抗日战争结束后，一方面需恢复工商业行业秩序，另一方面城市工商业从业者在战后工商业复员中也存在内部竞争无序化和恶性化，行业纠纷接踵而来。重建工商业的行业秩序，是战后国民党政权需要因应的重要问题之一。民国时期的武汉和杭州，水路交通运输发达，两地均有规模庞大的码头工人群体。战后武汉和杭州的码头工人因争夺工作权产生了大量纠纷冲突。这些纠纷冲突的起源和演变过程，呈现出两地码头业工人和工会组织重建行业秩序的方式。基于此，本章拟通过对几个典型个案的分析，考察战后汉口码头业工人的生存空间以及政府和工会等各种社会力量介入与应对的方式，进而探析战后国民政府整合城市社会失败的原因。

第一节　工会与行业秩序：市场社会学的视角

多元主义认为，社会与国家应该是分立的，市民社会是一个自主活动的领域。社会中的权力是多元的、分散的，不同的社会群体通过组织社团参与选举竞争来表达自己的利益诉求，影响国家的政治决策。[1] 作为旨在解决多元主义难以克服的社会组织之间冲突的替代方案，法团主

---

[1] 陈家建：《法团主义与当代中国社会》，《社会学研究》2010年第2期。

义主张由强势的国家限制利益群体的自由与行动,同时吸纳利益群体与社会组织进入国家政权的层级序列,代表组织成员利益,参与政治与公共政策过程。由于法团主义理论不相信多元主义所主张的由一个自由竞争的市场协调利益主体的分化能够形成一个有组织的公共体系,法团主义将关注点放在国家政权向社会组织的授权以及社会组织代表政权执行社会整合功能等方面,鲜见对市场、自由竞争、行业秩序等多元主义侧重的问题展开讨论。

然而,这并非意味着在一个由国家政权支配,以垄断性、层级性的社会组织体系为主导的社会形态下,市场问题不重要。事实上,各种社会力量都在市场中博弈,形塑市场的建构和运作方式。从市场的支配群体角度而言,国家、资本家与工人三个行动主体均会为对己而言有优势的市场制度和行业秩序而努力。在弗雷格斯坦看来,上述三种社会力量博弈的结果是会出现六类理想的市场制度:国家主导模式、资本家主导模式、工人主导模式、资本家-国家联盟模式、工人-国家联盟模式、资本家-工人均衡模式。[①] 晚近,历史学与社会学两个学科均对市场问题加以关注。在历史学层面,近代中国社团史研究的重点为商会、同业公会及行业协会等经济社团,随着研究的推进,研究者开始关注民国时期市场秩序与行业规范的建构与形成,强调社团与行业经济、市场制度变迁的结合等问题。[②] 在社会学层面,研究者通过对特定产业链做个案观察,分析市场结构变迁与秩序转型背后的社会机制,探究市场孕育及发展的社会逻辑。[③] 然而,持市场视角的研究者多以同市场关系密切的经济类社团或产业链为观察对象,尚未注意发掘工会等政治类社团与市场之间的内在关联。事实上,依托相关产业或行业工人群体的工会组织,尽管被革命政党抑或国家政权赋予社会整合等政治任务,其集体行动依然牵涉与市场秩序之间的关系。

前文述及,已有工会研究多将重点放至钢铁、纺织、电力、铁路等大

[①] 符平:《迈向市场社会学的综合范式——评弗雷格斯坦〈市场的结构〉兼议其范式修正》,《社会学研究》2010年第2期。

[②] 魏文享:《回归行业与市场:近代工商同业公会研究的新进展》,《中国经济史研究》2013年第4期。

[③] 相关研究主要有符平《市场的社会逻辑》,上海三联书店,2013;陈林生《市场的社会结构——市场社会学的当代理论与中国经验》,中国社会科学出版社,2015;等等。

型产业工会上，由此则忽略了手工业、搬运业等劳动形式分散、生产方式落后、资本数量稀少的职业工会与工人。必须看到，从同业公会组织内部分化发展而来的工会，其下属主体是数量庞大的以手工业及半机器化生产方式为主的职业工人群体，并非建立在机器化大生产上的现代工厂制度下的产业工人群体。由此，不仅近代中国的职业工会在规模与数量上远远超过产业工会，职业工会在组织结构、角色定位以及政治参与方式等方面的特点也更接近同业公会与行业协会，在维护从业工人利益的同时，也非常重视保持行业门槛与维护行业整体利益。在这个意义上，近代中国的职业工会与工业革命以来在近代欧洲工业国家先后萌芽的产业工会迥然不同。如果说工业革命以来，在近代欧洲诞生的产业工会意味着马克思赋予工人阶级的革命性与主体行动力的话，近代中国的职业工会从诞生之日起，就不具备产业工会的客观革命条件。如果说钢铁、交通等具有规模性、垄断性的行业，其产业工会因被革命政党与国家政权有效动员而呈现出"强国家""弱市场"的特点，覆盖各种"前近代"行业从业群体的职业工会则因更加依赖行业所依托的市场秩序与行业规范而呈现出"弱国家""强市场"的特点。基于此，引入市场视角，以职业工会为对象，考察特定时期工会组织与行业及市场秩序之间的互动，进而分析这种互动如何形塑社会结构，既有助于推进工会史研究，也是本章的旨趣所在。

"内卷化"一词是美国人类学家格尔茨（Clifford Geertz）在《农业内卷化》一书中提出的概念。根据格尔茨的定义，"内卷化"是指一种社会或文化模式在某一阶段发展为一种确定的形式后，便停滞不前或无法转化为另一种高级模式的现象。[1] 受格尔茨的影响，黄宗智、杜赞奇（Prasenjit Duara）等一批海外中国研究者相继对这一概念做出了新的阐释。黄宗智把"内卷化"这一概念用于中国经济发展与社会变迁的研究，他把通过在有限的土地上投入大量的劳动力来获得总产量增长的方式，即边际效益递减的方式，称为没有发展的增长即"内卷化"。[2] 杜赞奇提出国家政权内卷化的概念。在杜赞奇看来，政权内卷化与农业内卷化的主要相似之处在于：没有实际发展的增长（即效益并未提高），固

---

[1] 参见 Clifford Geertz, *Agricultural Involution: The Progresses of Ecological Change in Indonesia* (California: University of California Press, 1969)。

[2] 参见〔美〕黄宗智《长江三角洲小农家庭与乡村发展》，中华书局，2000。

定方式（如赢利型国家经纪人）的再生和勉强维持。其不同之处在于正规化和合理化的机构与内卷化力量常处于冲突之中，功能障碍与内卷化过程同时出现。进入20世纪的国家政权不是靠提高自身效率来扩大财政收入，而是靠扩大外延——增设机构和增加税种来增加收入，这样做的后果是国家财政收入的增长伴随着"赢利型国家经纪人"贪污贿赂的增长，表明国家政权现代化努力的失败。①

内卷化的趋势在战后城市工商业重建的过程中体现出来。大量战时内迁的人口纷纷返回原籍。工商业资本的匮乏使工商业无法吸纳数量剧增的回流劳动力，加之战后国民政府在民营经济领域放弃战时统制经济政策，企业和工作者均可以自由进入和退出市场，使得战后城市社会中劳动力市场出现分化的同时，劳工整体薪酬在惨烈的竞争下呈现出廉价化的趋势。以火柴业为例，"工厂设备既极简易，所需资本，亦复无多，在国人大规模投资极不发达之时，此种工业实极轻而易举"。② 全面抗战前火柴业的机械化程度十分有限，"非人工所能为者，始赖机械"。③ 上海各火柴厂"全部用机械者颇少，通常半用机械，半用人工"。④ 在全面抗战前经济稳定发展的整体环境下，火柴业工人待遇尚能维持生计。杭州火柴业方面，"工人工资，男工月给十八元至四十元，女工童工月给七元至十六元……每日作工九小时，星期日照例给假，住屋由厂方建造，半价租与工人，疾病得至公济医院诊治，由厂方付给医药费，厂内亦聘有医生随时诊治。女工遇生产时，得酌给津贴。工人子弟送入附近指定之学校肄业，一切学杂书籍等费亦由厂方负担"。⑤ 战后，大量火柴业工人则因面临失业危机而多次向政府请愿，要求火柴厂复工。"现在全体工友千余人生活倒悬，如涸望霖，犹嗷待哺，不堪言状。"⑥ 工商业企业普遍开工不足给工人生存带来直接冲击。缫丝业"去岁年关各厂均以原料不济为词，相继停工，迄

---

① 参见〔美〕杜赞奇《文化、权力与国家——1900～1942年的华北农村》，王福明译，江苏人民出版社，2003。
② 吴瓯编《火柴业调查报告》，天津市社会局，1931，第1页。
③ 《上海火柴业概况》，《中央银行月报》第4卷第12期，1935年，第2796页。
④ 《上海火柴业概况》，《中央银行月报》第4卷第12期，1935年，第2796页。
⑤ 《杭州市经济调查》，《民国浙江史料辑刊》第1辑第6册，第434页。
⑥ 《杭州光华火柴厂失业全体工人请愿书》（1946年3月13日），《中国工会运动史料全书·浙江卷》（上），第328页。

今为时已久，未闻有一厂复工之消息"。① 由此可见，在战后城市工商业重建的过程中，工商业资本的匮乏使其无法吸纳回流剧增的劳动力，导致有限的劳动力需求面对近似无限的劳动力供给，压低了劳动力整体的收入水平，恶化了劳动力的生存环境。城市劳动力供给超过了行业承载力，导致行业生存竞争加剧，从业者的边界收益递减，陷入一种"内卷化"的停滞状态。

一个普遍繁荣的劳动力市场能够在一定程度上带来劳资双方的共赢，而一个趋于萧条和供需失衡的劳动力市场则可能导致劳工群体因日趋惨烈的生存竞争和工资差别而产生内部分裂。职业工会所依托的行业，依照技能与经验，可以大致分为技术行业、半技术行业与非技术行业。必须看到，战后城市工商业重建的过程，是一个各行业在相互摩擦中重新确立行业边界、重建行业秩序的过程。这一过程既涉及行业组织内部的资源整合，又有产、职业工会及地方政府的主动或被动介入，是一个多方力量涉足其中的、持续的、动态的过程。三种不同类型行业的工人群体为了扩张自身的利益边界相互挤压。在这个过程中，技术行业、半技术行业与非技术行业，其各自的职业工会采取的行为方式各有不同。基于此，本章拟以该部分档案资料为主，辅以相关文献，对战后城市工商业重建的过程中职业工会的行为方式加以考察，并分析工会与行业秩序重建的关系，以及这种关系如何影响到国民党政权重建城市社会秩序的努力。

第二节　码头工人的工作权与战后码头业的整改

码头本指江河沿岸及港湾内船只停靠时装卸货物以及方便乘客上下的建筑设施。近代以来，随着交通运输业的发展，此类依托港口而形成的码头称为"水码头"，而依托火车站、汽车站等交通枢纽形成的码头则称为"陆码头"。《新汉口》杂志1931年第2卷第11期上刊载了一篇谈及码头与城市发展关系的文章："我们研究都市发达史，觉得码头对于

---

① 《杭州缫丝业工人要求复工请愿书》（1947年2月27日），《中国工会运动史料全书·浙江卷》（上），第330页。

［都］市的关系，好比灵魂之与身体，不能须臾分离。……因为码头建筑完善，码头管理整整有条，则货运自畅，旅客自便，市场的发达，当然可期而待了。"① 该文道出肩负工商货运职能的码头在近代武汉城市化过程中起到的催化作用。

1861年，汉口开埠。外国商品的输入以及对长江内河航道的控制，刺激了武汉三镇由传统经济向近代经济的转型。随着水陆交通运输业的蓬勃兴起，码头建筑不断扩充与完善，不仅形成一批火车站、港口等交通枢纽从事货运中转业务的货栈及转运公司，更孕育出一个数量庞大、专门从事货物装卸搬运工作的码头工人群体。"本市以居平汉终点，而水运又可上下行，交通便利，故转运公司之营业日趋发达，转运公司亦随之逐渐增加，截至二十一年水灾前，本市转运公司达七十余家。"② 据1920年刘云生对汉口码头工人的调查统计，汉口江岸从事驮货之搬运工人"实有一万余人，火车站街头巷尾，皆有此辈足迹"。③ "汉市为全国中心，轮轨交通，商旅云集，码头工人负起卸货物，转运行李之责，直接虽系凭个人劳动以争生存，而间接关系市面繁荣甚巨。"④ 武汉沦陷后，码头工人数量大幅减少。抗战胜利后，工人陆续返迁复业，码头工人数量迅速增加，并超过全面抗战前水平。到1949年4月，汉口的正式码头工人增加到25142人，此外还有未经登记的散工5万~6万人，合计在武汉从事起卸搬运的工人有近10万之众。⑤

与拥有技术资本的工匠不同，这些从乡村来城市谋生活的普通农民大量地涌向基本没有技术门槛的都市苦力行业，也因此结成了自己的团体来应对他们在异地他乡都市生活的压力。⑥ 码头工人的这种属性，使得裴宜理、贺萧等海内外研究者将其纳入城市下层群体范畴，对其关注

---

① 性天：《汉口市码头之整理与取缔》，《新汉口》第2卷第11期，1931年，第29页。
② 《武汉之工商业（二）》，《汉口商业月刊》第1卷第12期，1934年，第87页。
③ 黎霞、张弛：《近代武汉码头工人群体的形成与发展》，《江汉论坛》2008年第10期。
④ 《汉口市码头业务整理员呈报整理工作》（1934年1月8日），武汉市档案馆藏，档案号：9-31-51。
⑤ 黎霞：《码头工人群体与近代武汉城市化》，《湖北大学学报》（哲学社会科学版）2010年第2期。
⑥ 杨可：《"正名"和"做事"：以码头工人为例看民国前期工会与旧式工人团体的关系——一个历史社会学的视角》，《广东社会科学》2010年第1期。

点多集中在组织与社会生活中工人群体内部的分裂以及为了眼前经济利益而进行的局部抗争,并将之视为"落后"与"非革命"。[①] 问题在于,将"落后"与"非革命"视作近代中国工人群体的主要特征,则无疑走向了另一个极端。跳出上述两者对立的窠臼,必须寻找新的视野。而工作方式,成为考察码头工人群体的一个新视角。

码头工人按照工作地界、工作种类和业务类别的不同,形成了若干班或组。所谓的"码头工作权",即是指在一定地界内为各种货栈、转运公司及商号等做起卸搬运工作的权力。对码头工人而言,工作权意味着维持生计的饭碗。在已有研究中,研究者多致力于考察南京国民政府时期的劳工与雇主之间纠纷矛盾的形成和演变,以及政府如何处理和制约劳资纠纷,对劳劳纠纷涉猎不多。《汉口商业月刊》1934年第3期刊载了一篇题为《整理湖北全省内河航轮经过》的文章,其中谈及武汉航运多是小资本运营,以及由此带来的弊端。"本省内河航商,均属小资本阶级,合伙数十人建造一船,以营利为目的,并无大规模之组织。……时则互相杀价抢班,时则联合贪载图利,虞诈相间,散合靡常。"[②] 该段文字道出一个潜在事实,即汉口航运业中的小本经营所导致的行业无序化现象。航运业的无序化,在客观上促使与其处于同一个产业链上的码头业乱象丛生,因争抢工作而滋生的事端层出不穷。1934年出版的《汉口市政概况》中载:"本市劳工事件,多属码头工人互相间之纠纷。"[③] 黎霞注意到这一问题,将码头工人之间的纠纷称为劳工纠纷。[④] 然而必须看到,码头工人与其所依附的货栈及商号之间具有相当的互利性。这种利益关联属性使得码头工人的纠纷既非简单的工人或工作组之间互争地盘与工作权的劳劳纠纷,亦非单一的劳资纠纷。在许多码头工人的纠

---

① 相关研究参见〔美〕贺萧《天津工人,1900~1949》;姚颖嘉《群力胜天——战前香港码头苦力与华人社区的管治》,香港三联书店,2015;黎霞、张弛《近代武汉码头工人群体的形成与发展》,《江汉论坛》2008年第10期;黎霞《民国时期武汉码头劳资纠纷及其影响(1927~1937)》,《华中师范大学学报》(人文社会科学版)2007年第6期;等等。
② 张延祥:《整理湖北全省内河航轮经过》,《汉口商业月刊》第3期,1934年,第65页。
③ 汉口市政府编《汉口市政概况·社会》,1934,第85页。
④ 参见黎霞《民国武汉码头劳工纠纷及其影响:1927~1937年》,《中南民族大学学报》(人文社会科学版)2007年第4期。

纷案中，既有工人组长及下属工人的蛮横暴力，亦有其背后商号公司基于各自利益的操纵运作。工人与公司之间形成了利益捆绑。基于此，称之为劳资纠纷或劳劳纠纷不足以统摄码头行业工人纠纷的整体特性。码头工人的纠纷，毋宁说是劳资双方共同卷入，以规范市场秩序、争取生存空间为取向的行业纠纷。

南京国民政府成立后，武汉即是国民政府管辖的重镇之一。1929年6月11日，汉口设立特别市，直属国民政府行政院，武昌划为湖北省省会区。汉口方面的码头事务由汉口特别市社会局管理；武昌方面的码头事务由湖北省社会处和湖北省会警察局管理。1931年7月1日，汉口特别市正式改名汉口市，隶属湖北省；同年，武昌成立了武昌市政筹备处。这一时期，汉口方面的码头事务由汉口市政府管理。① 1933年11月，鄂豫皖三省"剿匪"总司令部鉴于汉口市码头秩序混乱，各种纠纷层出不穷，严重阻碍了工商业运输和市面贸易，指派刘汉清为汉口市码头业职业工会整理员，并要求汉口市政府参照大连、青岛等地的工人管理办法，切实整顿。"各码头工人动辄有纠众械斗之事，视人命为草芥，非特阻滞货物之流通，而且扰乱社会之治安。"② 经过调查，汉口市政府意识到码头业的各种积习弊端，"为整理码头业务及管理码头工人便利起见，得设立专管机关"。汉口市政府对于码头工人事务有明确的规定："工作权之行使得丧，工作之分配管理，力资之审定，纠纷之调解，码头秩序之维持，以及码头流氓与工人不良行为之取缔等。"③ 地方政府对于码头工人的各类侵吞工作问题亦有所注意。1934年，汉口市政府即发布针对各类码头工人划清工作界限的命令："散筹组长须取具妥实铺户保单一份，呈报管理所备查。……散工不得侵夺正式工人工作。"④

1934年9月1日，汉口市正式成立了码头业务管理所，并颁布了《修正码头业务整理办法》，力图管控码头业务，规范码头工人工作。汉口市码头业务管理所的职权范围包括码头工人登记、工人工作的分配、

---

① 黎霞：《负荷人生：民国时期武汉码头工人研究》，第136页。
② 《鄂豫皖三省剿匪总司令部训令》（1933年11月30日），湖北省档案馆藏，档案号：LS1-5-5319。
③ 《汉口市政概况》，第72页。
④ 《汉口市码头散筹工作整理分配办法》（1934年11月8日），《湖北省政府公报》第57期，1934年，第43页。

工人与雇主互争事件的调解、取缔码头流氓及工人不良行为、维护码头秩序等方面。① 发生纠纷必先呈报码头业务管理所处理，解决不了的再按劳资争议处理程序由主管官署调处。② 码头工人一律持证上岗，其工作证不许转借或私下售卖给他人使用。1936 年，汉口市码头业工会一干事发现大智门码头一工人私自将工作证卖给他人，立即上报码头业务管理所。后者在上报政府后，由政府下令，取消该工人的工作权。③

尽管码头工会与码头业务管理所是管理码头工作、调处码头纠纷的主要机构，但码头业的劳动特点使得在码头工人的具体工作安排与收益分配方面，工人组长有极大权力。"凡本市各水陆码头工人之组长其执行业务……组长受汉口市码头业务管理所（以下简称管理所）之管辖，并受汉口市码头业职业工会（以下简称马头工会）之指挥监督。第五条，组长之职务如左：一、关于工作之接洽分配及监运事项；二、关于力资之经收及会商分配事项；三、关于公益金之经收及缴解事项；四、关于工人或工人与雇主纠纷之调解事项；五、其他管理所及码头工会之临时指派事项。"④ 政府希冀在承认这一权力的基础上，对工人组长进行管控，进而达到控制工人的目的。

1938 年 10 月，武汉三镇沦陷。国民政府西撤，迁往重庆。同年 11 月 1 日，日本陆军大将冈村宁次率部队进驻武汉。武汉沦陷后，原有的码头、货栈等为日军控制，成为兵营和仓库。码头工人有的回原籍避难，有的则流浪街头，其中不乏在逃亡途中身亡者。申新码头被日寇强占为军用仓库，269 名码头工人全部失业，即使有个别码头还存在，也都为汉奸把持。⑤

抗战胜利后，码头渐次恢复使用。码头工人也逐渐复业。武汉地方

---

① 《汉口市码头业务管理所组织章程》（1934 年 8 月 25 日），《湖北省政府公报》第 52 期，1934 年，第 35 页。
② 黎霞：《民国时期武汉码头劳资纠纷及其影响（1927～1937）》，《华中师范大学学报》（人文社会科学版）2007 年第 6 期，第 78 页。
③ 《据呈报查明大智门红白扛工人魏永兴将工作牌证卖与范中江情形，准取销其工作权，令仰知照》（1936 年 10 月 9 日），《湖北省政府公报》第 243 期，1936 年，第 10 页。
④ 《汉口市码头工人组长执行业务规则》（1934 年 10 月 3 日），《湖北省政府公报》第 55 期，1934 年，第 60 页。
⑤ 《1972 年调查码头工人汇编资料未刊本》，载武汉大学历史系编《武汉码头工人革命斗争史稿（讨论稿）》，第 42～52 页。

政府也重建了码头管理机构。1946年3月，汉口市政府颁布了《汉口市码头业务整理办法》以及《汉口市码头业务整理工作纲要》。1946年7月15日，汉口市码头业务管理所正式成立，由国民党宪兵第12团团长吴志旭担任所长，设于宪兵第12团江汉关接待站。为了更好地管控码头业务管理所，指导其业务开展，汉口市政府指派吴旭东担任码头业务管理所副所长。1946年9月，吴志旭因故离开汉口，汉口市政府指令由警察局副局长田亚丹代替吴担任所长一职。[①] 这一时期，码头业务管理所的业务范围包括：码头界线划分，码头工人之收录、退休及调配，码头积弊之改正，码头秩序之整饬与维持，码头力资之调整，码头工人组训工作之辅导，码头工人公益金之征收与分配，码头争议案件之处理与执行等。[②] 考虑到码头工作的分散性，码头业务管理所对于码头力资负有统一核定的责任。然而在物价波动与通胀压力下，码头工人时常绕开码头业务管理所，自行哄抬价格。招商局码头周家巷码头工人代表李大银、洪益巷码头工人代表李青山、上太古码头工人代表郑少武、中太古码头工人代表谢长春等多名工人向汉口市糖盐海味业同业公会致函，以"最近之物价波动，以生活必需如柴、米、油、盐等各项物资已突增数倍之多。再以运送盐斤之汽车一项因汽油价格一涨再涨，以致工等担任起卸、转送盐斤之各项力资，仍感入不敷出之苦"为由，要求重新调整力资价目。[③]

这一时期的码头业务管理所因为人手有限，疲于应付，要求扩大组织机构。"码头业务管理所人员太少，总务股三、四人，整日忙于征收公益金；管理股忙于调查调解纠纷案件，终日应接不暇。以汉口市区之广、庶务之繁，即再加倍增加人员，亦恐不够分配。为增加工作效率计，实有扩大组织之必要。"[④] 1947年9月15日，武汉行辕少将参谋汪近勇接替田亚丹担任汉口市码头业务管理所所长。此后，管理所的组织结构和人员编制得到了扩充。然而，各类恶性纠纷事件仍然频频发生。"有流氓

---

① 黎霞：《负荷人生：民国时期武汉码头工人研究》，第148页。
② 《汉口市码头业务管理所组织大纲》（1946年10月），武汉市档案馆藏，档案号：9-1-144。
③ 《汉口各码头工人为调整起卸转送盐斤之力资价目致汉口市糖盐海味业同业公会函》，载郑成林、刘望云主编《汉口商会史料汇编》第5册，第929页。
④ 《报告武汉三镇最近整理码头工作情形》（1946年9月21日），湖北省档案馆藏，档案号：LS6-2-1211。

数十人成群结党专在码头讹索商旅扰乱码头秩序。而一般不肖码头工人亦勾结籍势强占工作、指使械斗情事时常发生,互争纠纷亦层出不穷,既处以行政上之违警处分毫无畏惧。"① 1948年9月,汉口市码头业务管理所被撤销,相关业务划至汉口市警察局办理。1949年4月,汉口市改设码头业务管理委员会,设委员11~15人,由党、政、军、警、宪等各有关机关团体派员担任,并由市政府社会科科长兼主任委员。② 尽管武汉地方政府不断调整码头管理机构,希望规范码头业务,但仍然无法遏制在战后城市工商业重建过程中,汉口码头业工人重新抢占地盘、划定势力范围的行为,以及由此滋生的大量争夺工作权的行业纠纷。

第三节 "决不能越界至公大工作"与码头"临时工"

黎霞指出,民国时期武汉码头劳工纠纷的原因之一即是码头地界划分。随着近代武汉市政建设的加快与街道布局的改变,原有的划分依据往往已不复存在,或是发生了变化,则其交界处之工作归属常常引发纠纷。③ 码头地界的划分是在不违反政令法规的前提下,以盘踞码头的各方势力相互之间的讨价还价以及工人工作习惯为依据。全面抗战爆发后,随着武汉的沦陷,原先的地界划分遭到不同程度的损毁,码头工人也失去了与工作场所之间的依附关系,自谋出路。抗战胜利后,码头工人纷纷复业,引发了大量关于从业地界划分的争议。

民国时期,邻近英租界的京汉铁路大智门火车站商贸繁华,是汉口的中心地带之一。商业的繁华促进货栈及转运公司的发展。在大智门火车站周边兴起了一批以转运堆栈为业的货运公司。全面抗战前,各转运公司之间多签有各类从业契约,规定了双方的从业边界及权责范围。抗日战争全面爆发,原来的行业规范遂在无形中被迫终止,客观上致使战

---

① 《为流氓勒索商旅强占码头工作扰乱社会秩序由》(1946年5月27日),武汉市档案馆藏,档案号:9-17-55。
② 黎霞:《负荷人生:民国时期武汉码头工人研究》,第149页。
③ 黎霞:《民国武汉码头劳工纠纷及其影响:1927~1937年》,《中南民族大学学报》(人文社会科学版)2007年第4期。

后复业的转运公司间爆发了大量矛盾纠纷。事件主角多是各转运公司码头工人的组长。下面以两起纠纷案为例加以详述。

大智门汉生记转运公司成立于全面抗战前。1934年汉口市码头业务管理所成立后，发给该公司工人工作证，自此该公司一直在此地从事码头工作，工人也纳入汉口市码头业职业工会管辖。武汉沦陷期间，公司倒闭，工人被遣散。1946年5月初，正拟在该区域重操旧业的汉生记公司与毗邻的公大转运公司发生了工作争执。争执发生在公大转运公司的工人组长杨大发与汉生记公司的工人组长李其治之间。在李其治看来，杨大发"随公大牌号为转移，越界前来，纠众强占"，"以'码头前辈'自居，又仗其工人百余名之势力"，侵占了本方工作权。双方几次交涉，均告未果，汉口市码头业职业工会遂出面调停。然而，工会拿出的方案明显有利于汉生记一方。"依据双方工作习惯，现时用汉生记尚未正式复业，所遗栈址空场由公大转运公司借作堆货之用，而码头工作应属李其治等担任工作。"杨大发自然无法接受这个结果，遂"恃强到底，坚不让步"。调停无果后，汉口市码头业工会理事长黄华山于5月31日一纸呈文，将杨大发上告至汉口市政府。①

汉口开埠前，码头工人大都是本地人，码头上没有明显的地域性帮口，来往于武汉运输货物的外省民船、客商习惯用自己的同乡在码头搬运货物。开埠后，周边地区和外省破产农民大量涌入武汉谋生，不同籍贯的工人为在激烈的竞争中谋生存、保工作，大都以同乡、同姓、亲朋关系集结在码头上，组成帮口，团结起来以扩大势力。② 在杨大发与李其治之间的工作冲突上，不仅码头工会倾向于李其治一边，黄陂旅汉同乡会也出面为李其治说话，上报汉口市市长徐会之，声称李其治"所称各节，均系实情形"，指责杨大发"企意侵占，毫不服从调解"，要求市政府出面平息争端。③

接到状告后，汉口市政府社会科于1946年6月7日联合市党部、警

---

① 《为大智门汉生记转运工人呈诉公大工人杨大发侵占工作一案转请鉴核由》（1946年5月31日），武汉市档案馆藏，档案号：9-31-2588。
② 黎霞：《帮口·"码头"·帮会》，《武汉文史资料》2010年第5期。
③ 《为大智门转运工人杨大发侵占工作一案请调停由》（1946年5月31日），武汉市档案馆藏，档案号：9-31-2588。

察局等部门，召集双方工人到场，进行调解。① 多方调解下的方案是重新勘定双方的工作边界。"甲方工人李其治等 22 名应在公大扩充新址做四分之三出入路线，公大工人不得故意为难。乙方工人杨大发等 31 名除其基本工作外，应在扩充新址工作做四分之一。"② 尽管当事人在现场并未提出异议，但是该方案引起了公大转运公司方面的不满，拒不执行。6月 10 日，汉口市政府社会科建议由政府出面向公大转运公司所属的平汉路转运栈业同业公会施压，"饬知该公大转运栈遵办"。③

就在平汉路转运栈业同业公会尚未动作时，矛盾的主要当事人、公大转运公司工人组长杨大发于 6 月 13 日上报汉口市政府，声称本公司工人在此从事货物转运工作不仅并无不当，"在汉口市码头工会登记有案"，且是依循码头工作的惯例。杨大发声称，双方争执的地界并非汉生记所有，而是"空地一块"，且在场所空间上"其货物起下转送，须由公大、鑫顺之门出进，并无地可以进出"，"以码头工会规章，依码头习惯，当由工等工作，其他处各工人，当无争夺之余地，讵有汉生记工人李其治等，竟异想天开，以该地在该公司之后，罔想恃强侵占，无理滋闹，似思该地货物出入，须经由工等工作之地，又与工等工作地相连，论理应由工等工作，李其治欲占该地工作，而汉生记又无路可以出进，又无其他路可以出入，必须由工等工作之公大、新顺门出进，岂有工等工作之地，任其恃强侵占，于情于理，亦有未合"，要求政府予以制裁。④

而支持李其治的黄陂旅汉同乡会会长冯岐吾，看到杨大发等人拒不服从政府裁断，僵局迟迟无法化解，也于 6 月 16 日向政府上书，不仅强调汉生记员工在战争及时局动荡下的生存不易，也申明汉生记公司对于此地段的所有权。"自日寇侵入之后，工作因而停止，工等回家之后无事

---

① 《为码头工人李其治与杨大发互争工作一案订拟召集调解由》（1946 年 6 月 3 日），武汉市档案馆藏，档案号：9-31-2588。
② 《汉口市大智门汉生记转运栈码头工人李其治与公大栈码头工人杨大发互争工作一案调解记录》（1946 年 6 月 7 日），武汉市档案馆藏，档案号：9-31-2588。
③ 《为李其治与杨大发调解记录令仰遵照由》（1946 年 6 月 10 日），武汉市档案馆藏，档案号：9-31-2588。
④ 《为无理侵占工作，恳予鉴核，令饬码头工会秉公裁判，以杜纠纷由》（1946 年 6 月 13 日），武汉市档案馆藏，档案号：9-31-2588。

可作，无田可耕"，"今幸国土重光，而汉生记本栈迄未复业，仅有协记公司借本厂堆货少许，工等以守地段为主……乃杨大发以牌号为名，竟与工等混争历半年之久，霸占不退，工等来汉等候工作者约三十余人，除汉生记外别无生路，失业之痛苦不堪，该杨大发有公大本栈生意，又有协记借堆该厂之货可做，生活之富裕奢华不可形容"，要求政府"迅予秉公解决"。① 与此同时，杨大发的反击也未得到政府认可。6月21日，汉口市政府以此案"业经本府裁决，令饬警察局及码头工会转饬遵照在案"为由，要求杨大发及公大转运公司遵照执行。②

杨大发及公大转运公司并未执行汉口市政府重申的命令，而是于7月1日再次向汉口市政府提起申诉，强调汉生记工人"决不能越界至公大工作"，并声称，由于工作权所产生的误工等损失，需由李其治等人负责："公大货物起下转送，如有损失，由工等负责赔偿。"③ 汉生记工人却以为可以凭借政府命令获得该地段工作权，遂前往公大转运公司新址准备接收工作。结果可想而知，双方矛盾激化，几欲发生械斗冲突。李其治向汉口市警察局报告，称杨大发等人"在粤珍酒楼集结流氓，扬言非将工等制于死地而后快"。汉口市警察局将李其治与杨大发二人分别带回讯问并试图调解。7月6日，汉口市警察局第七分局督察员沈志刚会同辖区公所王所长、刑事大队王松山等警员前往调查，并给出调查结果。查公大转运栈基地原系何佩容所有。在事变前，该基地除一部分租与汉生记盖造住宅外，余地系一里巷（常德里），在敌伪时，该汉生记所造住宅及里巷均被炸毁，拆除成为一空地（现在汉生记屋后面）。于敌伪投降后，该空地即被公大转运栈向地主何佩容取租，公大转运栈将该空地暂时作为公大新栈，所有货物均经公大转运屋内出入。复查，在事变前，该空地进出之货多系由汉生记工人起运，现该公大栈工人方面以该基地既经公大栈取租，而进出货物又系由公大栈屋内经过，应不得有汉

---

① 《为据情杨大发侵占汉生记码头工作请鉴核迅赐解决以恤工艰由》（1946年6月16日），武汉市档案馆藏，档案号：9-31-2588。
② 《据呈李其治等无理侵占工作恳令码头工会秉公裁决等请批示知照由》（1946年6月21日），武汉市档案馆藏，档案号：9-31-2588。
③ 《为申述不能接受调解之原因恳予另行召集调解以息争端由》（1946年7月1日），武汉市档案馆藏，档案号：9-31-2588。

生记工人参加，因此与汉生记工人发生纠纷。①

警察局的调查结果表明，两家转运公司的争执矛盾在于对战后该地使用权的不同理解。尽管全面抗战前汉生记公司取得合法营业资格，并在该地段从事转运工作，但抗战时期该地段被炸，使得先前地界标线等无从查考。公大转运公司据此认定该地块是整体租赁使用，不存在与汉生记公司共同使用的问题。在警察局的讯问中，双方各执一词。杨大发以汉生记工人从未做过码头工作为由，拒绝接受政府调停的方案，并声称将继续上诉。汉生记工人李其治也声称："这地点是我们的正式地点，他们争去了，我们就没有生活了。"② 7月13日，公大转运公司上报市政府，认为"汉生记早经歇业，店屋亦早出"，并对汉生记公司的理由分别予以驳斥。关于汉生记提出的战时房屋被炸一事，公大转运公司声称"此事全属子虚，不独该处四邻可证，而所谓炸者何以毫无痕迹存在"。关于该地段归属问题，公大声称"属公司栈地系何黄淑珍所有，经属公司承租，双方人契俱存，与汉生记毫无纠葛"。而在公大看来，此地段系货栈进出的必要通道，"该栈出入路径必先经过属公司屋内课堂账房厨房等处治安，银钱货物种种关系至为重要"，"何能任一素不认识之李其治者率令多数工人入室，穿堂天下"。③ 7月17~20日，双方继续向汉口市政府上书，对对方加以指控。值得注意的是，杨大发等人不仅有意撇清与汉生记公司在地籍方面的关系，"查汉生记店产，原为平汉路局地产，公大店产为何姓产业"，连码头业职业工会也一并指责，认为其"不查明事实，不研究地址，不顾全法律会章，纯以偏袒而调解，不经工等同意，强制执行"。④

而原本即站在李其治一方的码头业职业工会，于8月15日向汉口市

---

① 《为据汉生记工人李其治呈诉公大工人杨大发不遵调解强占工作并集结流氓企图械斗请传讯制止及派员会同查报情形一案呈请鉴核由》（1946年7月27日），武汉市档案馆藏，档案号：9-31-2588。
② 《为据本局第七分局呈报大智门公大栈码头工人杨大发等不尊调解经传案强制执行抄同口供保证书请鉴核一案呈请鉴核备查由》（1946年7月10日），武汉市档案馆藏，档案号：9-31-2588。
③ 《为码头工人李其治无端干涉属公司栈内起卸货物请赐派员调查核办由》（1946年7月13日），武汉市档案馆藏，档案号：9-31-2588。
④ 《为汉生记工人李其治等侵占工作一案恳予另行召集谈判秉公解决由》（1946年7月17日），武汉市档案馆藏，档案号：9-31-2588。

政府报告，要求政府维持原判，强制执行。在报告中，码头业职业工会理事长黄华山不仅指责杨大发等人使用流氓手段"欺凌弱小"，还把矛头隐隐对准码头业务管理所，认为该机构"系直接管理码头之机关，所以加强政府处理纠纷之力量，对于本案应执行而不执行，不知是何用意"。① 码头业务管理所直接隶属汉口市政府，指责其不作为，言外之意是敦促政府出面为其做主。

而杨大发等人则分别于9月28日及10月7日两次上书市政府，绕开码头业务管理所，要求直接由汉口市政府召集评断委员会，对此耗时甚久的纠纷予以了断。② 10月28日，汉口市政府向码头业务管理所发文，针对此事提出两点疑义，并要求码头业务管理所查明答复。第一，李其治声称公大堆栈为汉生记原址，而公大则称该转栈并非汉生记原址，究竟为何？第二，杨大发与公大是否确已发生契约行为，以及租赁契约所载理由能否成立？③ 11月18日，码头业务管理所经理胡仰卿向汉口市政府呈报了调查结果，厘清了该地的归属权，认为汉生记捏造事实，不予采信。码头业务管理所的报告得到了汉口市政府的认可，后者同意以此为据裁断此案。一场历时半年的工作权纠纷遂告终止。

> 该地前并无租于汉生记设栈堆货之事，惟汉生记曾将该地后门附近何黄淑珍隙地十余方内，建临时住人房屋两间。后经业主闻知，起诉结果，拆屋退基完案。汉口地方法院有案可查，业主尚在，可证。该工人谓为原有栈房，殊属捏造以云属人，汉生记歇业离开此地以来，应时十有余年，房客迭更，该地早无出路，即与工作，该工人等能为着翅之人否，闻者喷饭，明知无路乃竟异想天开，从公大公司大门出入，不知属公司大门至该地基所经过者为外账房，为

---

① 《为据工人李其治等呈以杨大发仍不服调解办法聘请鉴核由》（1946年8月15日），武汉市档案馆藏，档案号：9-31-2588。
② 《为工等与李其治互争工作一案工等不服码头管理所调解恳请组织公断委员会以凭公断由》（1946年9月28日），武汉市档案馆藏，档案号：9-31-2588；《为工等与李其治互争工作一案，特为再恳钧府召集公断委员会公断由》（1946年10月7日），武汉市档案馆藏，档案号：9-31-2588。
③ 《为杨大发李其治互争工作一案令汉口市码头业务管理所查明具报》（1946年10月28日），武汉市档案馆藏，档案号：9-31-2588。

客厅，为营业所，为内账房，为厨房，为后栋住宅等处，秩序安危、银钱器具种种重要关系所在，岂能任一向未谋面，不识性情之复杂工人自由出入。①

在码头工人的工作纠纷案中，也有因为既非码头业，又非相关行业正式从业者的"临时工"在码头从事搬运起卸等工作。1947年5月，汉口码头业职业工会第六分会下属的工人郑礼福与邮政转运工人黄友生因"互争邮政包裹"发生工作争执。汉口码头业务管理所所长田亚丹采纳郑礼福的说法，认为"黄友生非码头工人亦非邮政工人，自不得侵做是项码头工作"，并就"正式邮政工人利用非码头工人协助工作致与当地码头工人发生纠纷之处，实有未合应如何办理之处"的问题，向市政府要求解决方案。②

因该纠纷涉及邮政行业所雇用人员的工作纠纷问题，接到码头业务管理所的报告后，汉口市政府于1947年7月10日与湖北省邮政管理局商议处理办法。7月14日，湖北省邮政管理局局长许季珂回复汉口市政府。首先说明雇用工人的原因和所雇工人的可靠性。"因邮件过多，临时雇外工协助，但次数极属稀少，现在本局所雇外工，均曾觅具保证书，方准在本局内工作。"其次，表示该类雇工与码头工人在业务上相互错开，并不产生冲突。"该项外工经日久训练，熟谙邮路地名以及装车技能，与一般客运商货之码头工人之工作性质，既不相同，亦属迥异。"最后，邮政管理局表示不会取缔黄友生等人的工作，但做出了一定让步，将未经邮政打包交接的包裹让与码头工人搬运。

为邮件安全迅速计，本局未便随时随地雇用各段码头工人。故取缔外工黄友生等在本局搬运邮件一节，颇有实碍难行之虞。且本局工人搬运邮件在车站轮渡等处尚无与各当地码头发生何项冲突情事，对于郑礼福与黄友生等于搬运本局包裹争执一案，业经本局查

---

① 《为工人李其治等无端诬害碍难接受谨再附具图说恳赐驳斥由》（1946年11月18日），武汉市档案馆藏，档案号：9-31-2588。
② 《为呈复遵查码头工人郑礼福与邮政工人黄友生争执邮包工作之真实情形请核办由》（1947年7月1日），武汉市档案馆藏，档案号：9-31-2485。

明真相，训示双方，以后几未经装出入邮袋之包裹，即在本局管理处交寄之包裹，或由邮袋内开出在管业处寄交收件人者，统归郑礼福等搬运，得向寄件人或收件人收取适当力资。至已封装成袋之邮件，则归本局工人及外工搬运。①

在此案的交涉过程中，可以看出，湖北省邮政管理局在一定程度上维护了雇工的工作权利。面对码头业务管理所方面取缔黄友生等工作的要求，并未予以同意。但是，在日后双方的工作争执中，邮政管理局向码头业务管理所做了一定让步。

第四节 "不得转移"与"以武力独做"

利记转运公司是大智门火车站周边一家从事火车装卸转运业务的公司。该公司于1934年在大智门特一区三阳路码头设立牌号，正式营业。该公司货栈经理涂志清声称，全面抗战前汉口市政府发给的工人登记证内写明，以利记转运公司的栈址为界，工人以火车装卸运送等为工作。②抗战期间，该公司无形解散。战后，该公司拟复业，但原有栈址被炸毁，于是将大智门车站对面武汉第一宾馆旧址改作栈址，复业经营。③1945年12月26日，利记转运公司有到货登记，然而东方转运公司工人组长龚发安率领部分工人"蛮暴强占工作"，利记转运公司经理涂志清出面阻止无效。④双方发生肢体冲突。

东方转运公司的龚发安何以主动滋事？在其看来，战后转运利记公司所工作的货栈租借自东方转运公司，"论其工作范围及栈址根基，自应归工等执行工作，毫无问题"。受到挑衅的张光彩等工人于次日

---

① 《为关于码头工人郑礼福等与本局外工黄友生互争搬运工作案已经解决函复查照由》（1947年7月14日），武汉市档案馆藏，档案号：9-31-2485。
② 《利记转运公司货栈经理涂志清的呈报》（1946年7月18日），武汉市档案馆藏，档案号：9-31-2575。
③ 《为谋生复业请求保障准予随同原有公司执行装卸运送业务俾免影响生计由》（1946年1月5日），武汉市档案馆藏，档案号：9-31-2575。
④ 《为张光彩等与龚发安争执工作一案经本会调解无效转请鉴核依照码头业务整理办法制裁由》（1946年1月4日），武汉市档案馆藏，档案号：9-31-2575。

第五章　市场、职业工会与行业秩序的重建（一）

"前来越界侵占强要工作，同时勾通身着武装之涂佰芝、王开垣二人自称为宪兵21团，压迫工等，不准工作，如稍理喻，即要将工等拘交宪兵团"。①一来一回，双方矛盾明显激化。

龚发安与张光彩，到底是谁越界侵权，招惹是非？1934年汉口市政府颁布的《修正码头业务整理办法》第6条规定："码头工人之工作以本人原工作所在地为范围，不得随牌号为转移。"② 在龚发安等看来，利记转运公司因货栈被炸毁而租借东方转运公司的栈址存货，尽管公司栈址牌号转移，但工人的工作地点并不能改变。因此，该事件显系利记转运公司的张光彩等越界侵权，侵占己方工作。事件爆发后介入调停的汉口市码头业职业工会也持此观点，认为此事系张光彩等违规在先，"故意混争工作，应由龚发安等与利记转运公司经理人商洽转运货物工作间之一切手续"。③这一立场显然不能为利记转运公司接受。双方调停无效，码头业职业工会只得上报市政府，请求依照码头业务整理办法给予制裁。在此期间，龚发安等再次通过码头业职业工会上报市政府，指责张光彩等工人"勾通某军队暨流氓等数十余人，以军队势力将工等赶出栈外，不准进留"。④ 市政府只能令警察局严加防范。

1946年1月16日下午，汉口市政府召集双方，并会同警察局、宪兵第12团、国民党汉口特别市执行委员会等部门代表，共同调解。然而，这次调解未给出具体方案，只是在饬令警察局注意防范双方码头工人械斗的同时，"由码头工会迅速通知东方转运公司经理与利记公司经理定期和解"，⑤将皮球又踢回给了码头业职业工会。码头业职业工会也有意调和，给出了一个已经有所让步的折中方案。鉴于目前利记转运公司是租

---

① 《为张光彩等与龚发安争执工作一案经本会调解无效转请鉴核依照码头业务整理办法制裁由》（1946年1月4日），武汉市档案馆藏，档案号：9-31-2575。
② 《为依据码头业务整法处理东方利记两转运公司工人互争工作办法案仰即遵电请查照由》（1946年2月1日），武汉市档案馆藏，档案号：9-31-2575。
③ 《为张光彩等与龚发安争执工作一案经本会调解无效转请鉴核依照码头业务整理办法制裁由》（1946年1月4日），武汉市档案馆藏，档案号：9-31-2575。
④ 《为据东方转运工人组长龚发安报称三阳路利记工人张光彩等纠集多数工人暨军人等侵占工作转请鉴核取缔由》（1946年1月14日），武汉市档案馆藏，档案号：9-31-2575。
⑤ 《龚发安与张光彩互争大智门车站利记公司栈内工作第一次调解会议记录》（1946年1月16日），武汉市档案馆藏，档案号：9-31-2575。

赁东方转运公司的栈址，且利记转运公司"已购就材料即将建造三阳路之原有栈址"，故"转运装卸各项工作暂由利记工人临时担任工作"，时限为5个月，"期满后无任利记迁移或不迁移，所有之工作权完全退还东方工人等担任，利记工人等再不得争执"。①这一方案预留了5个月的缓冲期，给利记转运公司留了处理时间。

然而利记转运公司仍不满足。1934年汉口市政府颁布的《修正码头业务整理办法》中的第6条有一句"特殊惯例，不在此限"。②何谓特殊惯例，办法却并未说明。文字上的漏洞为利记转运公司提供了打擦边球的空间。张光彩认为此事件属于"特殊惯例"，并声称其早在1928年即与利记转运公司签订工作合约，规定了双方的权责范围，后与该公司签订了长期雇工合约，规定其工作内容。"以利记转运公司栈址为界限，以火车装卸运送工作为工作。"③按照张的说法，长期雇工有权利随同公司栈址牌号的变更，转移工作地点。

张光彩的说法并非没有道理。1934年4月，汉口市政府颁布《长年雇工担任码头工作管理规则》，要求各货栈公司的码头长期雇工必须由汉口市码头业务管理所统一登记管理。然而在遭煤业、柴炭业等同业公会的强烈反对后，该规定并未真正推行。但这并不妨碍其成为战后码头工人发生纠纷时的调处依据。④利记转运公司虽然是租赁东方转运公司的栈址存货，但在租期内拥有该栈址的使用权。在有起卸货物等工作时，自然倾向于雇用本公司的工人。从这一角度，东方转运公司龚发安等人的指责确有不近情理之处。然而，若依张光彩等人所言，码头工人均可随同公司栈址牌号的变更而转移工作地点的话，则无疑会扰乱行业秩序，导致日后码头纠纷乃至冲突发生的频率极大增加，加剧社会不安定。针对张光彩等人之言，东方转运公司联合永阳、祥生、复兴、永兴、顺昌等多家转运公司向汉口市政府上书，以重树码头工作规范为由，认为不

---

① 《为遵办东方工人与利记工人争执工作一案仍未调解成立呈复鉴核由》（1946年1月27日），武汉市档案馆藏，档案号：9-31-2575。
② 《为依据码头业务整法处理东方利记两转运公司工人互争工作办法案仰即遵电请查照由》（1946年2月1日），武汉市档案馆藏，档案号：9-31-2575。
③ 《为谋生复业请求保障准予随同原有公司执行装卸运送业务俾免影响生计由》（1946年1月5日），武汉市档案馆藏，档案号：9-31-2575。
④ 黎霞：《负荷人生：民国时期武汉码头工人研究》，第92页。

可开特殊惯例之先河。"现今若以利记转运之码头工人变更办法,则全市码头工人均有效尤之例,且全市各码头工人之工作在沦陷七年中遭敌伪扰乱,多数工作习惯已混淆不清,尚有一般奸徒乘机而入之际,岂不将此次整理码头工会之主要意义完全失效矣?"① 不仅如此,东方转运公司认为利记转运公司登记在册的30多名工人绝非雇工身份。"全市工商业务悬多,无论大资本或中小商号,从有雇工者只仅一、二人,最多者不过三五人,绝无三十余人之雇工。"② 双方各执一词,码头业职业工会无从决断,不得不再度向政府乞处置方案。③

在《修正码头业务整理办法》中,除了第6条有异议外,第16条也成为双方争议的焦点。该条规定:"各码头工人人数与工作之比例因市场情况变更显失平均时,码头工会得随时呈请市政府将各关系码头工人之工作从新支配。"④ 此规定在赋予码头业职业工会及市政府对码头工人的管控权力的同时,也产生了争议。汉口市政府社会科职员陈健元经调查后认为,《修正码头业务整理办法》适用于正常时期的市场秩序,而本案正值"本市受战争破坏,情况大变"之际,应加以变通。陈健元提出的调解方案是:"(一)、利记公司工人工作登记证载有工作界限,自应仍照旧证登记工作,惟利记租赁东方栈址内栈房营业时之转运装卸工作,应交由利记工人工作,俾免失业。(二)、利记转运公司迁回特一区三阳路码头营业时,所遗东方栈址内之栈房工作即按码头业务整理办法第十六条之规定,由本府重新核夺。"⑤

相较于码头业职业工会的两次调解方案,陈健元的方案有两点变化。第一,肯定了当前争议的工作权应属于利记转运公司。第二,利记转运公司迁回旧址营业时,当前所租赁的东方栈址内的工作权并非直接交还东方

---

① 《为公恳依照码头业务整理办法之条例决定调解以维钧府之法令而保全市码头工人之工作由》(1946年1月20日),武汉市档案馆藏,档案号:9-31-2575。
② 《为公恳依照码头业务整理办法之条例决定调解以维均府之法令而保全市码头工人之工作由》(1946年1月20日),武汉市档案馆藏,档案号:9-31-2575。
③ 《为遵办东方工人与利记工人争执工作一案仍未调解成立呈复鉴核由》(1946年1月27日),武汉市档案馆藏,档案号:9-31-2575。
④ 《为呈诉承办东方栈工人与利记工人越界争工案职员弄权毁法徇情偏断各情形恳发业违法决定更为合理判决由》(1946年4月2日),武汉市档案馆藏,档案号:9-31-2575。
⑤ 《汉口市政府社会科签呈》(1946年1月31日),武汉市档案馆藏,档案号:9-31-2575。

转运公司，而是由市政府重新核定。并且，利记转运公司迁回旧址，并无明确的时间点。是全部迁回还是分次分批迁回，更未交代，显然使利记转运公司主动权在握。如果说码头业职业工会偏向东方转运公司一方，社会科陈健元的调查则偏向利记转运公司一方。这一方案当然会激起东方转运公司的强烈反对。1946年3月28日，东方转运公司工人代表敖云发、李国超上书汉口市政府，认为陈健元的方案实属"毁法渎职"，要求严格遵照全面抗战前汉口市政府颁布的《修正码头业务整理办法》第6条予以执行。①

在东方转运公司的强硬态度下，汉口市政府两头为难，遂决议"另派干员澈查，再行遵办"。②这一转折令张光彩等人不满，要求政府采纳陈健元的方案，"仍照成案贯澈前令"。③僵持之下，1946年4月27日，汉口市政府重新召集双方调解，并提出如下方案："（一）、利记转运栈上下火车暨转运工作以及利记转运栈代牌代号货物由东方与利记工人双方各做一半。（二）、利记转运栈系东方迁回三阳路原址营业时，利记工人仍照原工作证所饬界限工作，利记现租借之东方一号栈工作由东方工人独做，利记工人不得干涉。"④

然而，这一"和事佬"式的方案也未得到张光彩等人的配合执行。张光彩事后声明并未签字承认该方案，进而认为东方转运公司的工人并非失业工人，而是在大智门一带兼做十余家零星货栈的搬运工作，言下之意对方手头生意饱满，此案并未涉及他们的生存利益。张光彩甚至不承认租赁货栈一事。"利记货栈租借东方第一号栈，既无租借契约查验，此种谎言谬语，依何根据？"⑤该方案"迄今已经一月矣"，东方转运公司的工人仍未能正常工作。⑥原本就偏向东方转运公司的码头业职业工

---

① 《为呈诉承办东方栈工人与利记工人越界争工案职员弄权毁法徇情偏断各情形恳发业违法决定更为合理判决由》（1946年4月2日），武汉市档案馆藏，档案号：9-31-2575。
② 《为呈诉承办东方栈工人与利记工人越界争工案职员弄权毁法徇情偏断各情形恳发业违法决定更为合理判决由》（1946年4月2日），武汉市档案馆藏，档案号：9-31-2575。
③ 《呈为东方工人代表龚发安等野心未遂恳请钧府仍照成案贯澈前令而资救济由》（1946年4月29日），武汉市档案馆藏，档案号：9-31-2575。
④ 《汉口市政府训令》（1946年4月28日），武汉市档案馆藏，档案号：9-31-2575。
⑤ 《利记转运公司工人代表张光彩等与东方工人敖云发等争执工作一案说明书》（1946年4月30日），武汉市档案馆藏，档案号：9-31-2575。
⑥ 《据东方工人敖云发等呈以利记工人张光彩等不遵钧府调解办法转请鉴核赐予强制执行由》（1946年5月8日），武汉市档案馆藏，档案号：9-31-2575。

会遂将受阻的原因全部归咎于"张光彩等百计闪避,抗不遵行",并以"争工械斗,大有一触即发之势"为由,要求市政府出面,饬令警察局强制执行。① 东方转运公司的敖云发、李国超更是指责利记工人张光彩等"越界侵占工作并与流氓勾结",要求执行 4 月 27 日政府的判决。②

另一边,利记转运公司也毫不示弱,极力抗辩。经理涂志清于 7 月 18 日上报汉口市政府,不仅声称东方转运公司所谓租借其货栈与实不符,"查本栈现时栈址系由本栈股东向华成堂主人张姓起得承租权,该东方工人谓为系向东方租借,应有租借约据可验,似此毫无事实之虚谈,足见侵占之野心",更声称在历次调解过程中,码头业职业工会不仅有意偏袒东方转运公司,甚至扣押张光彩等工人代表,影响政府裁断。③

张光彩被扣押一事并非无中生有。然而东方转运公司却反戈一击,声称扣押张光彩等人是由于其扰乱会场秩序。"该张光彩偕同流氓彭么等到会,恃有背景,竟公然反抗,咆哮不止,各代表以其不可理喻,乃将其暂羁警局,冀其悔悟。"不仅如此,东方转运公司还指斥张光彩等人从工人工资中强行分成,致其利益受损。"该张光彩勾结流氓彭么张么等,每人日在工人力资内坐分三股及利记经理涂志清更在工人力资项下总三七拆帐为条件,到处活动以谋对抗。"④ 在此期间,双方除了上报市政府之外,均向国民政府军事委员会武汉行营主任程潜报告,有意使事态扩大化。后者多次致电汉口市政府过问此事,要求尽快召集劳资双方解决。⑤

受到各方压力的汉口市政府并不想轻易变更决定,决心维持 4 月 27 日的裁断。然而,该裁断既然规定争议地段的货物装卸工作由双方工人各担一半,在操作层面必须明确细则问题。1946 年 7 月 21 日,汉口市政

---

① 《为呈请派员于本月十六日上午十时会同各机关会强制执行东方与利记工人争工一案以维政令由》(1946 年 7 月 12 日),武汉市档案馆藏,档案号:9-31-2575。
② 《为据张光彩等公然违抗政令请强制执行由》(1946 年 7 月 19 日),武汉市档案馆藏,档案号:9-31-2575。
③ 《利记转运公司货栈经理涂志清的呈报》(1946 年 7 月 18 日),武汉市档案馆藏,档案号:9-31-2575。
④ 《东方转运公司工人代表敖云发、李国超的呈报》(1946 年 7 月 23 日),武汉市档案馆藏,档案号:9-31-2575。
⑤ 《据呈特检附原件电希克日秉公处理具报》(1946 年 7 月 28 日),武汉市档案馆藏,档案号:9-31-2575。

府在社会科喻科长的主持下，召集双方讨论工人工作划分问题，当场达成决议如下："东方码头工人敖云发等起卸利记转运栈货物时间及工作人数，应以利记栈原有工人起卸该栈货物时间及人数为标准，不得歧异。东方码头工人敖云发等起卸利记转运栈货物力资价目应与利记栈原有工人实收力价同。"并要求双方的工作合约应"先由利记栈起草，于本月23日上午8时以前送请市府社会科核办，逾时如不送到，即由社会科查该栈原有工人与该栈所订之工作合同签奉核准后令饬执行"。①

对这一细则，利记转运公司再一次违约，未按期起草合同报送政府。汉口市政府遂饬令警察局强制执行。接到命令的警察局令双方填具铺保证明。然而，利记转运公司的货栈经理涂志清又以双方保证人权责关系尚未理顺为由，拒绝填写，认为须将有关问题进一步澄清理顺，以及双方工作合同签订生效后方可和解。"修改利记栈迁移他处营业时，如不在东方栈区域内，龚发安等不得随往参加工作或干涉。查东方栈工作，三阳路亦有东方栈址，尚在登记范围之内，本栈即将迁回原三阳路营业时，亦在该东方栈区域之内，则本栈之工作权，岂不永为龚发安等占有也？"②

利记转运公司的行为招致各方不满。汉口市政府驳回了涂的理由，饬令其"遵照本府修改之令即日签订"。③汉口市警察局认为涂志清此举故意拖延搪塞。④东方转运公司于8月16日向码头业务管理所发文，不仅声称"本案悬搁之原因，实因该利记经理涂志清之子与某主办本案者私交甚笃"，也一并指责码头业职业工会等机构办事不力。"本案以工会至无力控制，始转而呈诉市政府公文往返时逾数月而公牍盈尺中间"，希望码头业务管理所能够为其出头说话。⑤然而，利记转运公司方面始终拒不配合，令汉口市政府和警察局也无可奈何。1946年9月4日，汉口

---

① 《汉口市大智门利记转运工人张光彩等与东方转运工人敖云发等互争工作调解决定案执行方法研讨谈话会议记录》（1946年7月21日），武汉市档案馆藏，档案号：9-31-2575。
② 《为修改驳回特约草稿本栈难予接受兹将理由申办祈鉴核由》（1946年8月1日），武汉市档案馆藏，档案号：9-31-2575。
③ 《汉口市政府批示》（1946年8月8日），武汉市档案馆藏，档案号：9-31-2575。
④ 《汉口市警察局呈》（1946年8月13日），武汉市档案馆藏，档案号：9-31-2575。
⑤ 《为利记转运工人张光彩抗不执行政令请裁断由》（1946年8月16日），武汉市档案馆藏，档案号：9-31-2575。

市政府发布训令,声称有鉴于该案经过历次调解,"均为该涂志清极力反抗",要求码头业务管理所遵照执行。①

作为地方最高行政机构的汉口市政府,原本即是在码头业职业工会及码头业务管理所无法调停,并将问题上报的情况下介入此案。然而,地方政府的介入并未使判决生效执行,令政府陷入进退两难的尴尬境地。将这一"烫手山芋"扔回给其下属的码头业务管理所,也是地方政府的无奈之举。码头业务管理所自然不会被动接盘,遂提出将此案提交武汉市劳资公断委员会讨论。② 10月28日,汉口市政府社会科也向政府建议,将此事交由武汉市劳资公断委员会处理。③ 此案在各单位之间的推诿引起了涂志清的抗议。"一场弱小工人工作被占案,在此上交下呈,你推我诿之局面下,迄今半载直如石沉大海,杳无声息。问所方,则曰本案已呈府送公断会询府内,则又云公断机构尚未成立,如此实令人大惑不解。如果法令无灵机关不理,则请转令准将本案全卷退还,以便自行以生命谋工作之解放。"④ 要挟之意溢于言表。

武汉市劳资公断委员会并未推脱。1946年12月20日,汉口市码头工人争议公断委员会在汉口市政府招待室召开公断会议。会议一方面重新肯定了东方转运公司及码头业职业工会的理由,认为利记转运公司目前的码头工作应当由东方转运公司的工人敖云发等承担,且张光彩"并非长年雇工契约",与敖云发等"双方同系码头工人,同做转运工作,亦无性质及技术特殊之处",不便破特殊之例。另一方面,又顾全政府面子,以"该利记工人张光彩等如果全无工作,势将失业"为由,大体维持了汉口市政府4月27日的判决,只是对其中的工作地界进行了更改。"如利记转运栈在三阳路原址营业或其他转运栈在利记三阳路原址营业时,利记工人仍照原工作证所注界限工作,其他利记现址(东方一号栈)不论改为任何牌号,仍由东方工人独做,利记工人因救济所得之临

---

① 《汉口市政府训令》(1946年9月4日),武汉市档案馆藏,档案号:9-31-2575。
② 《呈报利记与东方工人互争工作案不能执行之纠纷应请提交劳资公断委员会公断检全卷请核办示遵由》(1946年9月12日),武汉市档案馆藏,档案号:9-31-2575。
③ 《汉口市政府社会科签呈》(1946年10月28日),武汉市档案馆藏,档案号:9-31-2575。
④ 《利记转运公司涂志清的呈报》(1946年10月22日),武汉市档案馆藏,档案号:9-31-2575。

时一半工作即行消失。"① 12月27日，码头业务管理所会同码头业职业工会及警察局等部门前往利记转运公司强制执行，遭到张光彩等工人的集体对抗，"于楼上楼下各持棍棒，准备动武，肆意谩骂侮辱公断委员，蔑视政府"。汉口市政府向国民政府武汉行辕致电，认为必须严加惩处，遏制码头工人"猖獗之风气，置政府法规于不顾何地"的现状。② 张光彩等人的状告也随后而至，认为汉口市政府及码头业务管理所、码头业职业工会等机构此次公断"违背法规，袒护更为明显"，要求武汉行辕主任程潜为其做主。1946年1月18日，武汉行辕回复汉口市政府，肯定了汉口市政府认为此案"既经公断自应照案执行"的态度，并指示"切实维持秩序，毋得任其滋事为要"。③ 这一裁断维护了地方政府的权威，并给张光彩以直接打击。尽管张光彩此后向地方法院提起诉讼以示抗议，但汉口市政府认为在接到上级政府停止执行的命令前仍然按武汉市劳资公断委员会的决定执行。④

值得注意的是，尽管码头业务管理所、汉口市政府、武汉行辕等党政军不同机构均对此案有所表态，但此案的终结并非来自政府或军警机构的裁断，而是来自同业公会方面人士的出面调解。1947年3月初，码头业同业公会王春山、孙义文、骆源兴、陈光银、孙良斌等人出面，召集双方工人调停。双方达成如下协议："（一）所有东方栈内原有之利记货栈码头工作权仍归利记工人张光彩等独做。（二）所有利记货栈代牌代号之货物亦一并归利记工人张光彩等承做。（三）如将来利记公司全部迁回三阳路时，该栈工作则归东方工人敖云发等承做，利记工人不得干涉，但利记如仍在大智门附业时，东方工人亦不得干涉。（四）所有本合约未订以前之各机关对本案之一切裁判办法均作无效，并由双方合同呈请撤销之。"⑤ 这一方

---

① 《东方转运工人敖云发等与利记转运工人张光彩等工作争议一案公断会议记录》（1946年12月20日），武汉市档案馆藏，档案号：9-31-2576。
② 《函请协助执行利记公断案以维法纪由》（1947年1月18日），武汉市档案馆藏，档案号：9-31-2576。
③ 《国民政府主席武汉行辕代电》（1947年1月18日），武汉市档案馆藏，档案号：9-31-2576。
④ 《为呈报执行东方与利记公断案情形乞核示由》（1947年2月21日），武汉市档案馆藏，档案号：9-31-2576。
⑤ 《为呈请撤销东方与利记工作权纠纷并乞准将协议条件备查由》（1947年3月15日），武汉市档案馆藏，档案号：9-31-2576。

第五章 市场、职业工会与行业秩序的重建（一）

案不仅得到矛盾双方的一致同意，也得到警察局、市政府等部门的认可，决议以此为准，再无争议。①

将这一方案与之前各机构对此案的裁断相比对，可以看出，这一方案与之前汉口市政府社会科陈健元的方案最为相似，是各方案中相对较倾向于利记转运公司方的一种。耐人寻味的是，张光彩一方是在地方党政军等各机构相继对其做出不利裁断后，争取到此种方案的。其翻转事态的能力可见一斑。

民国时期，布匹丝绸类商号店铺多雇用专门的工人将布匹捆送出商铺运送至码头。而码头工人则负责将其搬运装箱。尽管这一行业惯例"两不相犯，且为数百余年之成例"，但在战后被码头业工人率先打破。1946年10月15日，码头业职业工会第三分会会员韩映臣，率十余工人在民权路，对从事布匹捆送的工人陈华安等人"拳足交加，遂致杨明万、杨明益二人受伤甚重"。更为甚者，中正路、汉正街、江汉路等多处的商号店铺内，均发生了同样的码头业工人对布匹捆送业工人的拳脚冲突，布匹捆送业工人寡不敌众，在打斗中吃亏，可见此绝非一起偶然事件，"系属有组织，有计划之行动"。② 案发后，汉口市总工会曾试图介入调解，但"双方各执己见，互不让步"，汉口市总工会只得将案件上报政府。③ 此案也引起汉口市党部的关注，向汉口市政府发去公函，讯问调处情况。④ 1946年11月18日，汉口市政府下令，此案交由码头业务管理所"依法处理"。⑤ 11月27日，码头业务管理所召集双方行业代表商讨解决方案，当场达成决议如下。第一，若布匹捆送工作量大，该行业工人力量不够时，"由该业工人请当地码头工人帮做"。第二，"布店进货工作则全由码头工人承做"。⑥ 该方案得到市政府的同意，并饬令双方

---

① 《据呈东方与利记工人自行协议争执工作请撤消原案等情令仰电请查知照由》（1947年3月20日），武汉市档案馆藏，档案号：9-31-2576。
② 《为布匹捆送业工友工作无端被侵请鉴核迅予传案依法惩办由》（1946年11月6日），武汉市档案馆藏，档案号：9-31-2421。
③ 《为据布匹捆送业工会呈报码头工人侵占业务转呈鉴核召集双方调解由》（1946年11月18日），武汉市档案馆藏，档案号：9-31-2421。
④ 《为码头工人与布匹捆送工人互争工作电请查照见复由》（1946年11月20日），武汉市档案馆藏，档案号：9-31-2421。
⑤ 《汉口市政府训令》（1946年11月18日），武汉市档案馆藏，档案号：9-31-2421。
⑥ 《汉口市布匹捆送业与码头业工作纠纷会议纪录》（1946年11月27日），武汉市档案馆藏，档案号：9-31-2421。

遵照执行。12月3日，码头业务管理所再次召集双方调解，认为"双方所报当时纠纷事实并非如该布匹捆送业工人所述之严重"，"码头工人韩映臣等与布匹捆送业工人杨明万、杨明益等发生争执是实，并无纠众殴辱情形"。① 由于这份报告是呈报给政府过目的，因此码头业务管理所在给出调停方案后，希望大事化小，小事化了。

然而，就在码头业务管理所召集双方调解的前一天，12月2日上午11时，汉口市半边街区域的布匹捆送工人因人手不足，"雇请该会半边街万寿宫码头工友分送二件"，"讵料该码头工友等利欲熏心，凶横无状，即呼啸数十人，将其本人运送之定头二件及头车一辆一并劫去，不知下落"。布匹捆送业职业工会上报市政府，要求"依法惩办肇事工人及返还车辆"。② 该报告由汉口市总工会代为上报，可见总工会对码头业职业工会的多次滋事行为早已警觉。12月17日，汉口市政府责成码头业务管理所负责追查此事。两天后，码头业务管理所所长田亚丹向市政府报告了此次事件是虚惊一场。真相是布匹捆送业工人"自愿将布匹四件全交码头工人"。双方的确因力资一事有过争执，但并无抢劫布匹之事。至于所谓抢劫运送布匹车辆，陈焕林称是布匹捆送业工人未能自行将车辆送回店里，以为码头工人会将其送还，因此误以为是被对方劫走。③

有意思的是，12月12日，码头业职业工会以"漏报"为由，向汉口市政府呈报了一份关于10月15日纠纷事件的补充调解记录。据该记录，10月21日，在码头业职业工会办公会址召开了双方当事人员均到场，并由总工会派员参加的调解会议。会议决定整件布匹运送"归码头工人工作，捆送业工人不得干涉。散件布匹运送归捆送业工人工作，码头工人不得干涉。每天只有一件则属捆送业工人工作，五件以外者码头工人做六成，捆送工人做四成"。④ 不难看出，这是一个将

---

① 《为呈复办理码头工人韩映臣等殴伤捆送工人杨明万等情形检附记录请核备由》（1946年12月18日），武汉市档案馆藏，档案号：9-31-2421。
② 《呈为劫货劫车强暴愈炽请即迅予查照成例划清工作界限并依法惩办肇事工人返还车辆交清客货由》（1946年12月3日），武汉市档案馆藏，档案号：9-31-2421。
③ 《为呈报遵令查办半边街码头工人劫货劫车情形报请核备由》（1946年12月19日），武汉市档案馆藏，档案号：9-31-2421。
④ 《为补呈解决本业工人与捆送工人争工纠纷之调解记录伏祈鉴核备案由》（1946年12月12日），武汉市档案馆藏，档案号：9-31-2421。

大宗货物运输留给码头工人,散货运输留给布匹捆送工人的方案。对于这样一份事后补报的调解记录,布匹捆送业职业工会立即向政府发函表示并不认可,并对该报告的权威性及真实性表示怀疑,其理由如下:

> 码头业工会并非双方上级机关,即系自己处理自己事务,其滥用职权,袒护侵夺已属头著,自难认为合法。核阅该调解笔录,属会载名出席人如法定代理人之理事长及常务理事等均未出席,其他会员实无权代表负责出席资格亦难认为合法。属会于10月20日就收该码头业工会调解笔录后即召开第三次全体会员大会,决议一致否认并专函该码头业工会,声明调解无效。再查该调解笔录仅限于码头业第三分会,系属片面局部问题,属会因全市各码头均有纠纷,不能不依照成例,请求解决,系属全市公共问题。[①]

码头业职业工会是否真的疏忽"漏报",已有材料无从查考。然而根据布匹捆送业职业工会对这份报告的强烈反应,可以推测在这个敏感的时间发布这样一份调解报告,码头业职业工会意在用障眼法先声夺人,使政府及社会公众形成布匹捆送业工人违约在先的不良印象。至于布匹捆送业职业工会为何能够在同一天即发表针对该补充报告的声明书,只能据有限材料揣测是地方政府不想背负偏袒的指责,有意将报告内容透露给布匹捆送业职业工会。

12月28~30日,码头业工人采取了更为激进的行动。万年街万寿宫码头工人组长陈八伢等率数十人不仅撕毁了政府在该区域内张贴的布匹捆送业及码头业双方分工协议通告,并且强行侵占布匹捆送业工人工作。与此同时,韩映臣也率码头工人在半边街一带强行运送布匹,索取力资,"经第四分局长堤街派出所调解无效"。在此期间,其他多处码头均发生了相似的事件,情形与上一次如出一辙。布匹捆送业职业工会认为码头工人动辄以暴力威胁,"其撕毁布告藐扰政令,强暴专横,劫夺工作,令

[①]《为呈请迅予依照成例秉公解决并惩办肇事祸首以维治安而光法纪由》(1946年12月12日),武汉市档案馆藏,档案号:9-31-2421。

人发指",要求政府从严整治。①

如果冲突仅仅发生在两个行业的工人身上,或可视为行业之间的利益冲突,然而,撕毁政府布告的行为,无疑含有不服从政府管制、挑战政府权威的意味。汉口市政府对此当然不能容忍,于1947年1月7日向码头业务管理所发布训令,要求其约束码头工人,"饬码头工人恪守法令,遵守工作范围,以免破坏本市码头工人之信誉"。②1月11日,又向汉口市警察局以及码头业职业工会发布内容相同的训令,命令上述单位协同办结此案,"依法惩治,以儆效尤"。③1月14日,码头业务管理所在副所长吴旭东的主持下,召集双方开会调解,并达成几项协议:

一、布匹捆送业工人依照向来习惯,承做各该商店(少数)零星送货工作。二、具有大批布匹出店时,以当日每客在各该商店所出货物及捆送工人人数人力为准,承做一次,其余由当地码头工人承做,捆送工人不得私招其他布店捆送业工人伙做。三、布店进货工作则全由码头工人承做。四、本街自甲号转乙号者,由捆送业工人承做。五、如捆送业工人投机取巧或码头工人无理混争,经查明属实,报请市政府分别取消其工作权。④

与前面几次协议内容相比,这次协议涉及两个行业的工作边界并无明显的偏移,可以说再一次确认了码头业工人在出进货方面的主导权。码头工人不仅垄断了布店进货的工作,还以条文形式阻止了布匹捆送业工人私下联合从事出货的工作。挑战政府权威的工人仅仅得到象征性的惩罚,意味着政府不想得罪码头工人。"关于撕毁布告之工人严瞎子已于拘禁一日之处分。"⑤

---

① 《呈为撕毁布告藐抗政令强暴专横劫夺工作请求拘案依法惩办以重遵严而资遵守由》(1946年12月31日),武汉市档案馆藏,档案号:9-31-2421。
② 《汉口市政府训令》(1947年1月7日),武汉市档案馆藏,档案号:9-31-2421。
③ 《汉口市政府训令》(1947年1月11日),武汉市档案馆藏,档案号:9-31-2421。
④ 《汉口市布匹捆送业与码头业工作详明规定会议纪录》(1947年1月14日),武汉市档案馆藏,档案号:9-31-2422。
⑤ 《为呈复码头工人恃强劫夺捆送业工作经再详明规定及处理情形检同记录请核予分饬遵照由》(1947年2月8日),武汉市档案馆藏,档案号:9-31-2422。

然而，此次协议的条文也存在模糊之处，即布店有大批布匹出货时，布匹捆送业工人需要就工作量与码头工人协商切割，为双方的后续工作冲突留下隐患。事实证明，双方果然又起摩擦。1947年3月24日下午，仍然是码头业职业工会第三分会的工人组长韩映臣，其手下十余名工人与布匹捆送业工人发生冲突。布匹捆送业工人搬出调解笔录力争，码头工人"非云不认识文字即云那（指笔录）有什么用处，甚且辱骂不堪"。当地警察局第四分局三民路派驻所王所长从中调处，也没有效果。① 面对码头业工人的一再生事，汉口市政府也逐渐失去耐性，在致警察局与码头业务管理所的训令中，措辞趋于严厉，认为该码头工人韩映臣"目无法纪，违反政令"，要求警察局"从严惩办并取具保结"。② 而韩映臣并未因此收敛。4月10日，韩映臣"恶人先告状"，援引调解记录第二条，指责布匹捆送业工人吃独食。"该业工人任意违背调令，擅用板车以武力将该项货物独做，显系有意侵占工作。"③ 4月18日，码头业务管理所向汉口市政府递交了此次纠纷的调查报告，认为3月24日的冲突事件缘于布店出货量大，布匹捆送业工人"因力不敷用，则另用板车附送"，而当地码头工人认为没有请他们分做，"并无恃强劫送、武力对付情事"。④ 可见，与1946年12月的调查态度一样，码头业务管理所不希望下属职业工会把事情闹大。

1947年4月14日，汉口市花布街码头工人组长陈秋生"统率码头工人40余人"，阻止当地布匹捆送业工人送货。据布匹捆送业职业工会报告，双方发生争执时，"该码头工人组长陈秋生本其一贯打人政策，不由分说，即呵令该码头工人各执扁担迎头痛击，致职左膀受伤沉重。属会干事明少卿遍体鳞伤"。⑤ 码头业务管理所给出的调查报告则认为布匹

---

① 《呈为凶横劫夺愈演愈烈恳即施以有效制裁以便各安生理由》（1947年3月30日），武汉市档案馆藏，档案号：9-31-2422。
② 《汉口市政府训令》（1947年4月8日），武汉市档案馆藏，档案号：9-31-2422。
③ 《为本市布匹捆送业工人屡次与属组互争工作请予制裁由》（1947年4月10日），武汉市档案馆藏，档案号：9-31-2422。
④ 《为布匹捆送业与码头业工人互争工作的调查报告》（1947年4月18日），武汉市档案馆藏，档案号：9-31-2422。
⑤ 《呈为结对械杀凶横无忌恳予采取有效制裁依法严办消弭隐患以保生命而维生计由》（1947年4月18日），武汉市档案馆藏，档案号：9-31-2421。

捆送业职业工会反映的情况只是一面之词，该冲突另有隐情。

是日同春永捆送工人于深夜送布一捆，当地码头工人与之交涉，并未强做，仍由捆送工人送去。惟事后系由该号捆送工人邀集其他捆送工人及流氓30余人折返至码头工人处，不与理论，即将码头工人陈克勤先行击伤。码头工人斯时多以夜深回家，仅有4、5人在场。该会理事长及干事亦与之同来争辩，并侧询当地保长潘仁祥及同春永布店张先生，亦均称如上情。查码头工人以捆送工人送货一件与之交涉分做确系错误，惟捆送工人于工作完毕后乘其不备半夜与师朋殴似亦未合。[1]

面对诸多纠纷与各方说辞，政府派社会科负责调查。经办此事的社会科调查员认为主要原因在于码头工人韩映臣滋事，应当严厉处分，"着记大过一次，俾促反省"。[2] 4月30日，汉口市政府向警察局与码头业务管理所发出训令，指明应将码头工人中带头滋事行凶者"予以惩处，并予主动者以开除处分为要"。[3] 这次码头纠纷，以政府对码头工人韩映臣的处罚为结局。

第五节　械斗：行业纠纷的暴力化与极端化

民国时期，码头工人械斗频发，战后时期也不例外。小则数人至数十人的冲突，大则数百人的持械混战，伤者无数，命案亦不少。械斗多由工作权纠纷而起。前文述及，码头业内部原来的运作规则在抗战期间消失殆尽，工人工作之码头地段以及各类货栈转运公司大都被毁，使得战后复工之码头工人产生大量的工作权纠纷。这些纠纷通常历时数月甚至几年，码头业务管理所、地方政府处理调停耗时日久，难以摆平矛盾各方，致使各类码头工作纠纷未能得到有效的化解，码头业工人的行业

---

[1] 《为呈复捆送业工会呈以码头工人陈秋生统众阻止送货及殴伤捆送工人各节经查实情形报请核备由》（1947年5月13日），武汉市档案馆藏，档案号：9-31-2421。
[2] 《为呈复查明捆送业呈称码头组长韩映臣阻拦仁和定portfolio号捆送工人送货实际情形检同副呈请核饬遵照由》（1947年4月26日），武汉市档案馆藏，档案号：9-31-2422。
[3] 《汉口市政府训令》（1947年4月30日），武汉市档案馆藏，档案号：9-31-2421。

规则始终未能恢复。

1947年5月，武昌码头工人冯久树等纠集280余人，意欲向武昌市政府提出申请，组织武昌市河轮驳出游舱笆挖职业工会，进而染指海员工会管控的相关码头装卸业务。此举自然遭到海员工会的强烈反对，要求武昌市政府收回成立该工会组织的成命，并以"恐有大流血惨案"的言语要挟。[1] 武昌市政府要求双方均不得发生争端，强行压制了双方冲突。然而更多的是械斗事件的不断爆发。1947年，徐家棚车站发生大规模码头械斗案。对于这次最终导致十余人伤亡的大规模械斗，双方工头均未受到处分，特别是积极筹划组织械斗的黄全林，虽被提起诉讼，但仍判以无罪释放，仅有登记了姓名的在其指挥操纵下参与械斗之工人充当了替罪羊。[2] 1947年5月，汉口市太古码头夯、抬两班工人因抢夺518包黄豆的搬运业务，发生械斗，多名工人被殴成重伤。码头业务管理所得知后，派员率武汉警备司令部刑事大队警员前往，才得以弹压。[3]

1947年11月，汉口市码头业职业工会第四分会的工人组长易福臣意图率组内工人"持械暴动"，阻碍龙王庙码头抽包工人的工作。码头业职业工会派员召集双方谈判期间，"码头业工会第3分会龙王庙码头工人组长易凤山及该分会甲字段抽包工人组长王美千先后呈控熊生武越界侵占工作"。码头业务管理所职员覃慕卿于11月23日前往现场调解，"见该码头结集百余人拥挤嘈杂，易福臣在河下指挥工作，旋将易福臣召至该组休息室询问究竟，在未谈话前即闻外面声言准备打架，一时该码头工人呼声震天。易福臣组工人手执铁斧一把，不由分说，乱劈乱砍。因军警太少，在人多势甚之下，无法制止。抽包工人重伤者计明胡顺山、余幼伢、万应山等三名，又龙王庙码头工人重伤者刘传早、易进先等两名"。[4] 汉口市码头业务管理所于12月4日召集码头业职业工会第三、四分会代表及双方工人代表进行调处，商议解决办法。根据熊生武工作证上

---

[1] 《为报武昌冯久树等与汉口码头工人因争工作纠纷仰迅速处理具报》（1947年6月12日），武汉市档案馆藏，档案号：9-31-2497。

[2] 黎霞：《负荷人生：民国时期武汉码头工人研究》，第161页。

[3] 《为呈报处理太古码头夯抬工人发生械斗情形复请核办由》（1947年5月25日），武汉市档案馆藏，档案号：9-31-2469。

[4] 《为龙王庙码头工人组长易福臣等越界侵占工作持械暴动的呈》（1947年11月25日），武汉市档案馆藏，档案号：9-31-2558。

规定的工作内容和业务地界范围，"此次争执抽包工作归熊生武做；报据易凤山组工作证只有挑抬夯，除约抬夯部分由易凤山做外，不能做抽包工作"。① 此次事件得到解决。

1947年6月，汉口市马王庙工人组长范玉清"原有工作管辖之地段被余德发等侵占"，引发工作纠纷。② 而余德发等人援引《修正码头业务整理办法》第15条规定"工人人数与工作比例因市场情况变更显失平均方得重新支配"，认为本组工人一百数十人，而"范玉清等组内不过数十人，其各散户工作甚多"，故理应重新划定双方工作范围。③ 汉口市码头业务管理所公断委员会介入调停，认为双方争议缘于抗战期间双方工作的货栈被损毁引发的纠纷，建议待第八栈陈耀记两号地区建筑完成后，余德发组的工人退出新栈工作。④ 然而余德发拒绝执行，于1948年1月13日上午引发大规模械斗。双方工人各百余人，均手持木棍，投入暴力冲突。汉口市警察局、码头业务管理所及宪兵队等人员赶至现场劝阻十多分钟，然而无效，工人"已不服阻止，双方演成械斗"，多人受伤。⑤ 这一"血案僵局"引起国民党汉口特别市党部的注意，要求汉口市政府会同码头业务管理所等部门彻查，"今后不得再生殴斗"。⑥ 码头业务管理所所长汪近勇会同汉口地方法院等部门展开调查，进一步厘清双方的工作内容和工作范围。范玉清方面的工人登记证上的码头名称为"□绍码头"，工作种类为"起转下"，工作范围系"上至民权路口下至港边堤口"，"起转下的工作对象在习惯上则为起运各铺户，由民船装来散舱五谷杂粮碳类等"；余德发方面的工人登记证上的码头名称为马王庙，工作

---

① 《为调处码头工人熊生武、易凤山等工作争执的呈》（1947年12月13日），武汉市档案馆藏，档案号：9-31-2558。
② 《据马王庙工人组长范玉清呈以与余德发互争工作已公断终结请饬令维持秩序等情》（1947年6月12日），武汉市档案馆藏，档案号：9-31-2589。
③ 《为工等与马王庙码头工人代表范玉清等因堆栈工作争议祈鉴核由》（1947年7月18日），武汉市档案馆藏，档案号：9-31-2589。
④ 《为呈报调处余德发等与范玉清等争执工作案情形及不能取得解决各情核交公断由》（1948年1月20日），武汉市档案馆藏，档案号：9-31-2589。
⑤ 《为转报余德发、范玉清双方工人因争执工作发生械斗等情呈请核查由》（1948年1月21日），武汉市档案馆藏，档案号：9-31-2589。
⑥ 《中国国民党汉口特别市执行委员会代电》（1948年3月2日），武汉市档案馆藏，档案号：9-31-2589。

第五章 市场、职业工会与行业秩序的重建（一）

种类为"堆转下"，工作范围"系□绍轮栈汉口第八栈陈耀记等为限"，"是该工等在该三牌号内享有起进复货物之堆转下的工作权利，自无疑义，再案□绍写字楼下墙角左边新创之仓汉德大两航轮局址及前面空地就范玉清登记证根本无工作地段权，即或在该地段上有工作习惯，只能争执该地段内起的工作，至于该地段内之堆转下工作，余德发等亦不能争议，用所提二十三年法院判定齐满家巷为界字样，未登载二十三年登记证内亦不能奏效"，历时一年有余的纠纷案方才了结。①

从上述几起码头械斗纠纷案可以看到，码头工人的个体化、分散劳动特点，劳动场所的高流动性，使其极易打破相互之间的工作地界，导致工作权的侵占或被侵占频频发生。而码头工人的劳动特点使得工作权纠纷直接影响到工人的劳动薪酬，易于引发矛盾冲突。对于政府、码头业职业工会及码头业务管理所而言，在矛盾爆发前预警十分困难，通常是械斗爆发后闻讯介入，在确证该地段地权归属、工人工作证登记的工作内容等的基础上调停双方矛盾，这是码头业械斗频发、码头纠纷耗时长的一个重要原因。

战后，帮会、党派等各种势力竞相染指码头业，挑引码头工人之间的矛盾纠纷，致使1947年后，汉口码头工人因行业纠纷而起的械斗冲突不断，愈演愈烈，为地方政府及军警部门的介入调停带来困难。汉阳硚口区系汉水流经区域，"各地出产多于此地聚集"，谷城帮商船长期经此水路运送食粮货物。1947年3月17日上午，"驳船郭有才、张小海在汉阳硚口空货出档，突将谷帮货户龚安甫之船桅撞坏，物主要该驳船户赔偿，惟驳船主恃强不赔，双方于是发生口角，讵料驳船上之陈黑子即至硚口码头，邀同大批驳船工人数十名携带刀棒，蜂涌至谷帮码头会，同郭有才、张小海等不问皂白，喝令朋殴。当时谷城帮船户凡在船者皆被殴打，计受伤者有马乐银、文新连、龚安甫、周明山、刘大有、周光银、李长有等七人，其中尤以马乐银、文新连二人伤势惨重，幸当时水上巡查队巡查至该处，见驳船工人气势凶横，再四劝阻，该驳船工人均置之不理，该队不得已始鸣枪弹压，并将郭有才、张小海及谷帮之龚安甫、

---

① 《汉口市码头工人争议公断委员会第0072号公断书》（1948年4月10日），武汉市档案馆藏，档案号：9-31-2589。

周光银等带至水上警察第二分局"。几天之后，肇事者"兴犹未足，除联合硚口宗三庙关圣祠天宝巷各码头停止驳运谷帮货物外，并强迫禁止他处驳船来此驳运以图再度起衅"。① 谷城县旅武同乡会理事长李世鹏两次上报汉口市政府。尽管汉口市政府下令"驳船工会迅即恢复谷城商船驳运以畅货运"，并"饬各工人不得再事滋闹"，但谷城帮商船遭受的损失难以挽回。②

全面抗战前，严家帮、合兴帮及马口帮等几个帮派把持了汉口法租界至德租界的多个码头的起卸搬运工作权。抗战期间，"人民迁徙一空"。抗战结束后，几个帮口的码头工人相继复工，相互之间"争夺甚剧，彼此徒托空言，明争暗夺，有鸠占雀巢之势"。③ 严家帮码头工人上书武汉警备司令部，指责合兴帮工人越界抢占生意，要求相互之间划明营业界线。④ 武汉警备司令部稽查处于1947年3月29日召集严家帮与合兴帮码头工人，就双方工作界线问题商议调解，决定"将三北码头至旧码头之地段平均分配，以中点为界"，由水上警察局召集双方工人立界标，并警告"如有越界侵占引起械斗情事发生，其肇事一方或双方决由治安机关依法严办"。⑤ 然而不到一个月，冲突再起。合兴帮数十名工人于1947年4月23日晚"各持刀棍"，强占严家帮码头工人的船只。⑥ 严家帮码头工人在械斗中吃亏，只能向武汉市政府和武汉警备司令部再行申诉。武汉警备司令部稽查处于1947年5月6日再次召开调解会议，议定在严家帮与合兴帮的经营范围之间，由水上警察局划定缓冲地区，并召集两帮工人划定标线，"标线以上为严加帮工作范围，标线以下为合兴帮之工作范围，停泊标线中之船只单日由严加帮工作，双日由合兴帮工

---

① 《谷城县旅武同乡会至汉口市政府的呈》（1947年3月19日），武汉市档案馆藏，档案号：9-31-2454。
② 《汉口市政府训令》（1947年3月22日），武汉市档案馆藏，档案号：9-31-2454。
③ 《为恃强瓜分，企图侵占，恳请依法保障，以儆刁狡而维持弱小生活事》（1947年4月2日），武汉市档案馆藏，档案号：9-31-2467。
④ 《为呈请依法保障窃帮与合兴帮各守营业界线，以免后患，请鉴核示遵由》（1947年3月22日），武汉市档案馆藏，档案号：9-31-2467。
⑤ 《严加帮与合兴帮互争工作之争议调解会议记录》（1947年3月29日），武汉市档案馆藏，档案号：9-31-2467。
⑥ 《为合兴帮不遵调解议案聚众房夺人船，恳请拘案法办以儆凶暴而维善良事》（1947年4月24日），武汉市档案馆藏，档案号：9-31-2467。

作",要求双方工人均向汉口市划船业工会报备,获得合法工作证明,这一纠纷案才告一段落。①

1947年4月6日,汉口市沈家庙码头工人与大水巷码头工人"为争起卸岭南里之货物",发生工作纠纷。大水巷码头工人声称该地段工人从业界线在全面抗战以前已经市政府勘定,指责此系沈家庙码头工人蓄意越界,侵犯工作。得到消息后,汉口市警察局立即派警员前往调解。然而,前往调处的警员在调处过程中却遭遇身着便衣的不明人士蛮横阻拦,甚至持枪挟持。码头工人敢于公然挑衅前来维持秩序的警察,甚至强夺警笛等物件,既说明战后码头行业纠纷的暴力化趋势,也表明各种势力和派系染指码头业之深。

> 大水巷工人数十人均在抬货,职当即组织搬运,以免各走极端,并派警士前往寻找大水巷码头组长前来,以求合法解决。而正在此时,忽有便衣五六名,手执短枪,由广东巷而来,后面跟随大水巷工人数十人之多。该便衣人员不分皂白就将该沈家庙正副组长抓着,该大水巷工人乘此时机,不说是非,就用扁担打沈家庙组长,职当即制止,联合警士郑飞雄将该打组长之工人抓住。又该大水巷工人借势打警士郑飞雄,该工人之动武,原恐打出人命。乃即问便衣人员。讵该便衣等不但不说出身份,就将沈家庙组长二人一并带走,职当时因不明真相,恐有反徒从中煽惑暴动情事发生,乃口吹警笛,该便衣人员竟将职抓着,用枪对职威吓声称不准动,否则用枪打死,并将职衔警笛抢去,将职带至大火路第七分会门。□□□警闻机前往,连同便衣人员一并带局。查职奉令前往调解纠纷,到场并无纷争械斗,讵料便衣人员五六人,持枪率该大水巷工人蜂拥而来,不问事实将职抓着带走,其用意何在,不敢断言。②

---

① 《严加帮、合兴、马口三帮工作地互争议调解处会议记录》(1947年5月6日),武汉市档案馆藏,档案号:9-31-2467。
② 《为转报码头工作纠纷及前后处理情形祈核办由》(1947年6月16日),武汉市档案馆藏,档案号:9-31-2451。

战后码头工人的械斗冲突，不少是在码头业务管理所与地方政府乃至法院等部门对双方纠纷判罚或调处之后，矛盾一方不满，拒不执行判罚或调处的结果所致。1947年5月，汉口市花楼街红白杠工人组长彭忠元等与苗家码头工人王隆坤等发生争执并产生冲突。码头业务管理所及码头业职业工会均出面调解，于5月12日召集双方进行关于工作界线划分的调解会议。然而彭忠元对调解结果并不满意，再度滋事。"该彭忠元勾结其他非工人数十人，聚众强做，有意以打的方式强占该王隆坤等工作，以致引起械斗。双方受伤，惟彭忠元方杂称有工人五人受伤，竟不能指出其受伤者为何人，足见该工等勾结非工人故意扰乱，欲遂强占他人工作野心甚明。"码头业务管理所所长田亚丹上报汉口市政府，认为"此情形若不严予惩治，则码头秩序终无整饬之日"，要求惩处彭忠元。① 而此前在沈家庙码头工人与大水巷码头工人的械斗纠纷中，汉口市政府、汉口地方法院也先后多次介入调解，然而双方不仅未遵照执行，反而发生规模更大的冲突。

为了应对码头工人的工作纠纷，汉口市政府一方面三令五申，禁止码头工人发生械斗，另一方面加强警力的配备和巡视。"由警局在江边设立分驻所以资取缔，每日于码头进出口设置岗警2人。"② 此外，对带头操纵以及参与械斗的人员，政府和码头业职业工会也给予严厉惩处，以儆效尤。工人组长对械斗的发生、暴力扩大化等方面负有重要责任。然而，在战后码头业纠纷剧增、码头工人生计日趋恶化的情况下，地方政府、码头业职业工会及码头业务管理所等机构的处理并无益于消弭和遏制日趋泛化的码头暴力冲突。

1947年10月12日，汉口市循礼门码头工人许春芳等人与工人组长胡海山发生工作纠纷。许春芳等人"乘海山等在外工作之隙，胆敢恃众行凶，将住本市南京路一五五号、一五七号、一五九号三处工友住宅内全部器具，锅灶等捣毁无遗，经工友邬福昌及其妻邬王氏出为劝阻，被持刀杀伤生命。殆幸经宪兵队警察局及保警队闻讯赶至，始未肇巨祸"。③ 汉口市

---

① 《为严惩彭忠元等人打码头行径以维秩序祈鉴核由》（1947年5月18日），武汉市档案馆藏，档案号：9-31-2478。
② 《交通部长江区航政局整理码头第一次座谈会议记录》（1946年7月16日），湖北省档案馆藏，档案号：LS6-2-1211。
③ 《为循礼门码头工人许春芳等持刀行凶一案请依法惩治由》（1947年10月13日），武汉市档案馆藏，档案号：9-31-2534。

码头业务管理所所长汪近勇上报市政府，要求对凶手予以制裁。汉口市市长徐会之认为"该工人等动辄行凶，殊属痛恨"，要求警察局将其捉拿归案。① 在政府的强力督促下，几天后，该案的几名主犯均被捉拿归案。② 1947年6月25日，汉口市民族路码头工人刘文发与该路上阜昌纸行的工人产生争执，将纸店工人陈铁匠殴毙。目击者阜昌纸行员工陈尧轩称，当天上午8时，"民行工友陈铁匠和工友正在门前搬纸上车之际，忽有集家嘴码头工人刘文发、毛国堂、秦世安等二十余人一拥上前，共同将其朋殴毙命"。③

涉及命案，各方惊动。肇事者刘文发等人一时畏罪潜逃，后被汉口市警察局第四分局抓获。汉口市山货业同业公会、汉口市商会等机构纷纷上报市政府，要求严惩凶手。面对各路指责，汉口市码头业务管理所所长田亚丹上报汉口市政府，称刘文发并非码头业职业工会登记在册的工人。④ 1947年7月4日，码头业务管理所又上报汉口市政府，称："该凶手刘文发确系田家巷正式码头工人，以作工多而力不敷，用关系私行招用未登记工人十余名，……存有码头工人勾结非工人蓄意滋扰码头情事。该田家巷工人组长李行保及正式工人八名现均畏罪潜逃避，目前当地之码头工作系由市面未取得码头工人身份之手车工人承做。"此外，码头业务管理所决定"除凶手刘文发应俟法院讯判外，为整肃码头规律，拟将该田家巷李行保等九人全部革除工作权并拟将该地工作会同工会交失业之正式码头工人承做"。⑤ 此建议得到了汉口市政府的应允。1947年8月22日，汉口市警察局上报市政府，此案的几名凶犯全部捉拿归案。⑥

1947年8月，汉口码头业职业工会第八分会内部，夏桂清组与陶维

---

① 《汉口市政府训令》（1947年10月18日），武汉市档案馆藏，档案号：9-31-2534。
② 《为许春芳侵占胡海山码头工作，持刀行凶办理情形祈鉴核备查由》（1947年10月22日），武汉市档案馆藏，档案号：9-31-2534。
③ 《为刘文发殴毙纸店工人一案祈依法严惩由》（1947年7月7日），武汉市档案馆藏，档案号：9-31-2493。
④ 《为呈报非工人刘文发打死集家嘴纸店工人情形请鉴核由》（1947年6月25日），武汉市档案馆藏，档案号：9-31-2493。
⑤ 《为刘文发殴毙集家嘴纸店工人案再报祈鉴核由》（1947年7月4日），武汉市档案馆藏，档案号：9-31-2493。
⑥ 《据呈刘文发殴毙纸店工人案犯已缉获归案情形祈备查由》（1947年8月22日），武汉市档案馆藏，档案号：9-31-2493。

新组因为互争工作权发生械斗。陶维新组内有工人被殴毙，酿成命案。汉口市码头业务管理所副所长吴旭东和汉口市码头业职业工会理事长黄华山的调查意见均认为，"此次械斗发生，系夏桂清组工人主动"，要求"夏桂清方组长及主凶工人革除工作，送治安机关严惩"。① 之所以得出这一结论，是因为两组工人的工作性质有夯、抬之别，工作界限划分模糊不清。"是项工作前经该分会（码头业职业工会第八分会——引者注）作临时调解，关于松木工作由抬工陶维新组做八成，夯工夏桂清组做两成，其他杂木筒子概属陶维新组独做，惟系当时面议性质，未曾立有案卷。夯方提出承做某木板厂之杉木工作账簿作为习惯证据，抬方则以杉木系分成承做，杂木筒子当应独做为理由，彼此坚争不让。"码头业职业工会干事王朝善、陈长松等从中协调，提出各做一半的方案，"俟工作完毕后由双方报请工会处理，取得双方默认"。然而抬方负责人彭道人、柳英明、陶维新等"忽又变更要求，各做一船，因之夯方工人以抬方三反四覆，乃蜂拥至码头，用碎石投击抬方工人，当时各约八九十人遂各持棍棒，大肆械斗"。吴旭东认为，此次械斗"固由于夯方以抬方反复多变，居于主动而抬方不服，临时调解亦属造成惨案之主因，领导工人之各组长利用各该工人屡行混争操纵各该工人"，建议严惩涉事工人组长。②

有鉴于码头业职业工会第八分会工人多次发生械斗，汉口市政府借此案施以重手，不仅革除了参与械斗的双方工人组长的职务，收缴了多名涉事工人的工作登记证，取消其工作权，也饬令码头业职业工会第八分会限期整改。③ 1947年8月26日，汉口市码头业职业工会召开第18次全体理监事联席会议，对第八分会的人员构成及工人组长的任命做出决议："令饬第八分会停止会务活动，由本会派员二名管理所派一人会同接收整理并请市府派员指导。凡未发生争工纠纷之组长免予改选。凡发生争工纠纷之分会一律改选组长。凡未受惩戒者得担任组长，凡受过惩戒者一律不

---

① 《为八分会夏桂清组与陶维新组互争工作案的呈》（1947年8月10日），武汉市档案馆藏，档案号：9-31-2504。
② 《为呈报调查码头业第八分会抬夯两方工人争木料工作发生械斗经过情形请核予处分的呈》（1947年8月15日），武汉市档案馆藏，档案号：9-31-2504。
③ 《据呈陶维新组与夏桂清组因争木料发生械斗案令仰遵照由》（1947年8月21日），武汉市档案馆藏，档案号：9-31-2504。

准当选。"①

对于码头业职业工会、码头业务管理所及汉口市政府的重拳出击，夯方工人组长夏桂清联合余均启等组内工人，向汉口地方法院发起申诉，并上报汉口市政府，认为械斗过程中自己并未在场，政府处罚有失公道。夏桂清辩称，"杉木筒本系夯方工作范围，但当日下午四时许，夯方极端让步，正遵守第八分会干事王朝善、陈长松等临时调解，往码头工作时，而抬方包藏祸心，忽持异议，由陶维新、柳英明等率领多人各持扁担等物分向夯方围殴"，已方系"不得已而作正当防卫"。"是此次纠纷，工等夯方完全处于被动地位，盖陶维新等既敢于分会干事等调解后同往码头执行工作时，忽持异议，其包藏祸心已可想见，则当日抬方聚众分向夯方寻殴实系出于有组织、有计划之行动，不言而喻。""陶维新与工夏桂清同为肇祸双方组长，彼又事前主持策划，事中在场领导。而工夏桂清事前既未教唆，事中亦未参加，两者应负之责任轻重悬殊。然陶维新仅去组长之职务，而工夏桂清除革去组长之职外，并将工作权亦予以革除，其处罚更属不公。"② 接到夏桂清的申诉，汉口市政府将此案发回码头业务管理所，要求重新审查。③

针对夏桂清等人的申诉，汉口市码头业务管理所汪近勇严厉批驳，认为夏桂清等人"事后强词夺理，曲辩事实以圆规避"，"书面证明该工当日在伊家吃饭下棋一语，是该工仅有代表出席争论工作权利，而无参加码头执行工作义务，显系恶劣，自认为坐剥工人血汗之份子，遵循整理码头法规亦原在取缔之列，是本所办事员王克鸿及该管第八分会常务干事余平汉等所报该工应负鼓动煽惑责任并无不实之处，其工作权之革除自属罪有应得"。④ 这一说法得到了汉口市政府的认可，涉事工人的工

---

① 《汉口市码头业职业工会第十八次全体理监事联席会议纪录》（1947年8月26日），武汉市档案馆藏，档案号：9-31-2504。

② 《为事实错误处罚失平恳请钧府派员彻查明晰，饬令汉口市码头业务管理所恢复工等职务及工作权以昭平反由》（1947年10月2日），武汉市档案馆藏，档案号：9-31-2504。

③ 《据呈请查实恢复工作权案令仰遵照由》（1947年10月14日），武汉市档案馆藏，档案号：9-31-2504。

④ 《为呈复查实旧德五码头工人夏桂清余均启应受革除工作权处分事实检同原呈请核饬警局追办由》（1947年11月14日），武汉市档案馆藏，档案号：9-31-2504。

作权皆被取缔,夏桂清、陶维新等的工人组长职务亦被革除。

小　结

抗战全面爆发后,码头工人的从业规则被打破,给觊觎码头利益者以可乘之机,由此导致在战后工商业重建的过程中,码头工人因抢夺工作权产生了大量行业纠纷。这些纠纷主要围绕码头工人的工作地界争议展开。纠纷不仅发生在码头工人之间,也发生在码头工人与其他行业的工人之间。

法团主义赋予国家政权以及镶嵌在科层体制中的各级社团组织以合法性权威和公平性职责。换句话说,为了防止由利益多元化产生的竞争无序化的问题,法团主义通过抬高社团组织的权威,抑制社团内部成员个体的权限。然而在码头业工作权纠纷案中,引起纠纷的主角多是操纵码头工作的工人组长。工人组长对辖区内工人及工作权有绝对的把持权和决定权,工人对组长形成了利益甚至人身层面的依赖。工人组长"负责管理本组工人,及领导工作之责任,故工会与管理所暨钧府解决工人纠纷,专谨通知组长谈判"。[①] 作为码头业生态链中的关键一环,工人组长唆使工人引发冲突甚至械斗,无形中削弱了工会组织以及码头业务管理所等机构对行业生态链的整合与管控。尽管政府、码头业职业工会及码头业务管理所试图通过管控工人组长达到规范行业秩序的目的,对少数纠纷案件做出撤换工人组长甚至整改工会的判罚,然而事实证明,工人组长并不那么容易被驯服,在面对政府制裁时,亦不轻易就范。

码头业独特的生态结构使得在具体纠纷中,一方面矛盾双方时常绕开作为中间机构的码头业职业工会与码头业务管理所,直接上报地方政府。另一方面,政府作为双方矛盾仲裁的最高机构,却并无强制力量确保调处结果能够得到执行。当矛盾双方认为政府的调处未达预期时,并不执行地方政府介入后的裁断,直至劳资公断委员会等相关机构再度介入协调。这种反复循环的调处方式不仅无益于码头纠纷的解决,反而加

[①] 《为大水巷工人违背调解请速制裁以维威信由》(1947年6月10日),武汉市档案馆藏,档案号: 9-31-2451。

第五章 市场、职业工会与行业秩序的重建（一）

剧了双方的矛盾，使事态向无序化与暴力化趋势发展，战后汉口码头工人械斗频频。在这种依靠暴力维系的生存方式下，码头业职业工会、码头业务管理所以及劳资公断委员会等机构不仅无力摆脱这一行业困局，反而被其左右和牵制。"对于码头工人之违反法令者，其处罚自有轻重不同之处。管理所之职权有限，既不能体罚，又不能拘留……开除工作权亦须呈由市府核办，以致每遇不守法纪事件，值此宪政开始之秋，深感难于处理。"[①] 汉口码头业务管理所所长吴旭东的这段话道出了码头业管理机构的困境。战后汉口码头业工人的工作纠纷表明，行业秩序的规范和重建成为一纸空谈。

值得注意的是，恶劣的市场秩序与行业生态，使商品运输流通环节的成本畸形增加，由国民党政权垄断经营的企业单位和少数规模较大的工厂就此拒绝雇用码头工人，自办起卸业务。武昌裕华纱厂、大成四厂在工厂内部设立起卸股，"取缔码头工人名义，改称起卸工人"，"起卸股设主任一人，由本厂委派职员担任，并雇佣组长一人负责管理，并支配一切起卸事宜。本厂起卸工人概须先经本厂人事科登记"。[②] 1947年，武昌徐家棚码头起卸工人发生大规模械斗，涉事者达到数百人。鉴于该械斗波及多方势力，涉事工人组长黄金林、王盖烈、汪步云三人管辖的组内工人全部由粤汉铁路局收编，在粤汉铁路局徐家棚码头成立起卸部，由路局统一力资以及工人考核录用事宜。[③] 在市场竞争失序、行业秩序缺位的情况下，国家权力的介入与科层体制的身影悄然出现。

[①] 《改革本市码头业务意见书》（1947年8月），武汉市档案馆藏，档案号：9-31-986。
[②] 《武昌裕华纱厂、大成四厂起卸股管理规则》（时间不详），载郑成林、刘望云主编《汉口商会史料汇编》第5册，第924页。
[③] 《电复办理徐家棚码头工人纠纷一案经过情形请查照》（1947年9月22日），《国民政府档案》，台北"国史馆"藏，典藏号：001-075513-00006-095。

第六章　市场、职业工会与行业秩序的重建（二）

——以杭州脚夫业纠纷案为例的考察

《清华学报》1926年第3卷第1期刊载了一篇题为《中国劳动问题讨论》的文章，作者是经济学家陈长蘅。陈长蘅在文中注意到以肩挑贩卖、推车抬物为工作内容的"前现代"劳工群体与现代工业、工厂制度的疏离，并认为应当通过工会加强对该类劳工群体的组织和团结。"现时不在工厂商店或农家作工，而独自肩挑贩卖推车抬物及其他自食其力之各种散工……彼等富于独立奋斗自己谋生之精神，与工厂条例大都不发生关系，但与工会条例则颇有关系，故工会条例亦宜妥为制定，以为劳工团体之权利保障焉。"[①]

陈长蘅此文道出了一个客观存在，却长期被忽视的现象，即在现代中国的劳工群体与工会组织中，占绝大多数的并非依附于现代化工业生产的产业工人及工会，而是以各种手工业与体力劳动为业的职业工人及工会。在上一章运用市场社会学的视角考察了战后汉口码头业在重建行业秩序过程中产生的一系列纠纷案后，本章以杭州脚夫业纠纷案为例，考察在工商业重建的过程中，职业工会、市场与行业秩序三者之间的互动，并分析这种互动如何影响到战后政府对城市社会的整合。

第一节　行业门槛与处罚违规者

法团主义要求社团组织必须具有统摄组织成员、协调成员行动的自我管制功能。利益团体本身需要成为一个自我管制的组织，它要建立权威式科层结构，对内部职位及角色进行详细分工，限制成员的自由进出，

---

① 陈长蘅：《中国劳动问题讨论》，《清华学报》第3卷第1期，1926年，第699页。

并向他们提供组织服务。① 工会必须通过积极参与建构行业规范和代表会员工人提出利益诉求两种方式，形成组织凝聚力和组织权威。这两种方式须得到政府的授权许可。1946年2月，新成立的杭州市人力车业职业工会向杭州市政府报告，要求赋予工会自行处置不遵守工会章程及决议的会员的权力。处分的方式有两种，轻者暂时剥夺会员即人力车夫的拉车工作，重者给予开除会籍的处置。"查团体会员不遵会章及决议，得经会员大会或会员代表大会之决议，予以开除会籍之处分，惟会员大会或会员代表大会不能随时召开，而此项规定亦有嫌严酷，在非不得已时，自不宜采用，此项措置本会加强会员组训，不忍不教而诛，然为警顽除弊增进会务起见，对于不遵会章暨决议之会员，在未及提交会员大会或会员代表大会讨论决定以前得视情节之轻重予以停车一日至五日之处分。"② 杭州市政府在"呈悉查核"后，认为该项决案"仍应提交会员大会或代表大会核议后办理决议处置"，将处置会员的裁断权留给了名义上的会员代表大会。③ 1946年4月初，人力车业职业工会完成了人力车检验及更换牌照等工作，将号牌统一钉在人力车的指定位置，并规定人力车在市内行驶及停放的规范细则。④ 1946年11月，人力车业职业工会"为严密团体组织，确保会员身份起见，依照规定制备会员证一种，发交各会员随身携带，以便识别，而资证明，嗣后凡是本会会员在外拉车营业，均持有本会发给之会员证"，意味着工会对于从业规范的积极主导。⑤

对于已加入工会的工人而言，他们面临的威胁来自非工会会员以及尚未正式出师的学徒工两个方面。战后杭州各产、职业工会积极出面，试图用人为干预的方式呼吁资方优先雇用工会会员，并且严格管控学徒工，建构行业壁垒。抗战时期，由于日军封锁部分海运及内陆交通要道，内河航运业得到一定发展。"上海至江浙各游击区域客货运输，向赖内河

---

① 张静:《法团主义——及其与多元主义的主要分歧》，第120页。
② 《为会员不遵会章及决议得视情节轻重给予处分是否可行请鉴核由》（1946年2月18日），杭州市档案馆藏，档案号: J14-1-162。
③ 《杭州市政府指令》（1946年2月25日），杭州市档案馆藏，档案号: J14-1-162。
④ 《为本会员费收据仍准张贴车身申叙理由祈鉴准由》（1946年4月3日），杭州市档案馆藏，档案号: J14-1-162。
⑤ 《为检送本会会员证样张祈核备由》（1946年11月30日），杭州市档案馆藏，档案号: J14-1-162。

转运……内地客货均改道长江下游内港。"① 战后钱塘江航运恢复，内河航运业一度受影响。1946年8月，钱江轮渡所解散拖船14艘，由此导致23名工人失业。杭州市轮船拖桴业职业工会请总工会向政府转呈，希望能够据"本年6月3日奉杭州市政府暨交通管理处与轮船拖桴业职业工会召集双方开会调解纪录"，"如拖船有继续添开等情事，招收工友者请照援案先应招收本工会失业工友"，获得政府批准。② 杭州市洗染业职业工会有鉴于资方"不断收用学徒，增加本会会员之失业问题"，于1946年12月先后与同业公会及市政府交涉，希望通过延长学徒期限、增加学徒出师的手续的方式对招收学徒进行限制。"本年十一月以前，所收之学徒未满师以前，不得另添，须满师一人后始得收用一人，并呈请杭州市政府核备。"③ 1948年初，听闻"城站华美、龙翔桥皇后、招庆寺三友等三家洗染店雇用非会员"一事，且资方欲取消洗染业工人"烫衣之收入"的"旧律"，洗染业职业工会再次向市政府呈请干预，认为资方"如须要工友时，向本会雇用，先将失业之工友雇用方为合理"，且"旧律烫衣工资不得取消"。④ 市政府随即饬令洗染业商业同业公会"查明具报"。⑤ 而洗染业同业公会显然不愿涉入此纠纷之中，遂将问题转推给下属会员商号。理事长陈廷芳在报告中声称，对于下属会员商号雇用工友的问题，"本会向不过问，惟为尊重洗染业职业工会意志起见，业已转知华美等三家，劝导工友向该会照事办理入会手续"，并声称"烫衣外快一节，经查三业未取消"。⑥

由此可见，战后劳资双方在供求市场上的不对等地位导致在以同业公会下属会员商号为经营主体的手工业领域内，职业工会就提高行业门槛、限制会员资格等方面与同业公会的讨价还价并未取得太多实质性成

---

① 《内河航运渐趋繁兴》，《商业月报》第19卷第4号，1939年，第7页。
② 《为请函转交通管理处转饬钱江轮渡所嗣后添渡轮职业工人应尽先录用现被解雇工人据情转请鉴核由》（1946年9月12日），杭州市档案馆藏，档案号：J14-1-183。
③ 《为呈报限制各洗染商店收用学徒祈备案由》（1946年12月21日），杭州市档案馆藏，档案号：J14-1-84。
④ 《为呈调解失业工友事由》（1948年3月1日），杭州市档案馆藏，档案号：J14-1-84。
⑤ 《杭州市政府指令》（1948年3月10日），杭州市档案馆藏，档案号：J14-1-84。
⑥ 《为呈复查明雇佣洗染工友及烫衣外快二点祈核备由》（1948年3月25日），杭州市档案馆藏，档案号：J14-1-84。

果。工会只能从道义上尽量得到政府支持,争取资方优先雇用工会会员以及行业从业者,但并无实质权力阻止资方大量雇用学徒工。政府也只能摆出一副从中调和的态度,没有强制干预的措施。1948年4月,杭州市电影放映技师业职业工会发现"现任大华大戏院技师并非放映技师出身,且从未担任技师工作",决议"分呈杭州市政府,杭州市党部,杭州市总工会,杭州市参议会核办并请主持公道"。① 1948年8月,杭州市总工会也上报市政府,认为"近来资方为减轻负担,增裕收入,滥收学徒,以致失业日渐众多,社会问题因亦严重。限制招收学徒实为目前所必需。尤以本市丝织、印刷、革履三业为然",呼吁政府严格限制同业公会招雇学徒。② 当然,这样的呼吁也只是喊喊口号而已。

在洗染业、绸布业等需要一定的资本与生产条件,以零散商号为经营主体的手工业行业内,职业工会的会员均为同业公会会员所掌管的商号内的雇工。尽管两者间存在利益分化,但工人以出卖技能和劳动力的方式获得薪酬,商号经营则需仰仗店东个人的资本与运作能力,经济与社会地位的客观差异导致工会与同业公会谈判时处于天然的弱势地位。倘若不能够在道义层面获得政府支持,则只能采取怠工、罢工之类给劳资双方都会带来损失的消极行为。而在以出卖体力、以个体劳动力独自经营为主的非技术行业内,由于没有同业公会的约束,工会则显得较为强势。

提高行业门槛,也意味着对行业违规者的监督与惩处。尽管行业工会从全体从业者利益出发极力反对雇用尚未出师的学徒,但具体到单个商号,则有着雇用更廉价的学徒以缩减经营成本的自发趋势。职业工会此时俨然成为行业监督者,强制干预违规者的行为。最严重者莫过于将其逐出该行业。以绸布业为例,20世纪30年代杭州市区绸庄有百余家,全业店员325人,学徒135人。③ 店员和学徒之间工资差异颇大,"店员薪额最高者,年计480元,最低者48元;学徒则每年津贴自4元至12

---

① 《杭州市电影放映技师业职业工会第2届第1次会员大会》(1948年4月1日),杭州市档案馆藏,档案号:J14-1-47。
② 《为请限制招雇学徒以维工友生计请鉴核由》(1948年8月4日),杭州市档案馆藏,档案号:J14-1-183。
③ 《杭州市经济调查》,第38页,《民国浙江史料辑刊》第1辑第6册,第350页。

元"。① 战后杭州顺泰绸布店主董锡林雇用绍兴籍学徒金吉生在店内工作，被所属砑布业职业工会理事长冯金奎发现。在召集会员代表大会讨论后，工会决定将该名学徒除名，要求其返回原籍。然而顺泰绸布店主董锡林并未执行，不仅"仍将出退之学徒金吉生叫来作坊工作"，而且为了扩大销售量擅自改变行业销售价格，"以私自八折减价，独占本行业务之利益，不顾其他各会员之生活"。此做法招致同行一致反对，决议将其逐出该行业。1947 年 7 月 19 日，砑布业职业工会"召开临时会员大会讨论决议，计到会员 38 人，以举手表决同意该会员董锡林除名者有 32 人之多"。② 社会科调查核实后，政府饬令市警察局第三分局执行。1947 年 8 月初，市警察局将董锡林传唤至局，责成其"自愿具结，即日停工"。③ 被行业除名的董锡林仍然试图扭转对自己不利的局面。8 月 5 日，董锡林上书市政府，声称自始至终"对外营业遵守同业规章，议决定价工资，维护本坊工友汗血生活，决不在外放盘滥价"，将此事件归因于职业工会理事冯金奎"心怀叵测，不知何意授何人指使，无理捣乱蓄意破坏"，被逐学徒金吉生"含泪弃业，困守家乡，陷于绝境"，希望政府能够网开一面，收回成命。④ 8 月 13 日，董锡林再次上书市政府，承认"一时错误自知理亏"，并以"年迈父母弱妻幼子一家五口……全仗锡林生活"为由祈求政府给改过机会，然无济于事。⑤ 政府维持了该事件的裁决指令，并未听信董锡林的一面之词，董锡林也失去了在绸布业的从业资格。

提高行业门槛与惩罚违规者，目的在于通过限定行业准入者的资格，收缩行业从业者规模，构建行业壁垒，增加从业者的平均收益，本质是维护行业利益。此外，工会也会借助下属会员的集体行动，扩张业务范

---

① 《杭州市经济调查》，第 38 页，《民国浙江史料辑刊》第 1 辑第 6 册，第 350 页。
② 《为呈报顺泰作坊会员董锡林屡次违反决议案经大会议决除名处分仰祈核备由》（1947 年 7 月 20 日），杭州市档案馆藏，档案号：J14 - 1 - 152。
③ 《为呈复砑布业会员董锡林违章营业处理情形祈核备由》（1947 年 8 月 1 日），杭州市档案馆藏，档案号：J14 - 1 - 152。
④ 《为顺泰绸布坊改组内部同业理事冯金奎擅用职权竞争营业请求救济由》（1947 年 8 月 5 日），杭州市档案馆藏，档案号：J14 - 1 - 152。
⑤ 《为顺泰鑫记绸布坊会员董锡林被本业职业工会理事长冯金奎压迫停止工作请求收回成命恢复工作由》（1947 年 8 月 13 日），杭州市档案馆藏，档案号：J14 - 1 - 152。

围，争取利益。这种方式必然触碰到行业内部以及相邻行业从业者的利益，由此导致矛盾双方在"维护市场秩序"的共同口号下，各自以组织化的方式动员会员工人，并游说上级工会与政府，以你来我往、你进我退式的持续博弈，不断调整双方各自的业务范围。

必须看到，提高行业门槛与惩罚违规者的行为方式，更多出现在洗染业、绸布业等需要一定技术与操作经验的行业中。这些行业并不依赖体力劳动，更多依靠从业者共同遵守类似行会与同业公会形成的行业技术规范。如果说对技术与半技术行业尚可通过提高行业准入门槛、学徒出师的考核条件等方式降低从业劳工的职业可替代性，非技术行业则不得不面对大量新加入的劳动力形成的惨烈竞争。对于这些以出卖体力为主的非技术行业的工人与工会组织而言，他们倾向于用扩张的方式侵占其他行业的从业边界，在战后的工商业市场中寻求自己的生存空间。下文通过对战后杭州市脚夫业一系列纠纷案的考察，管窥非技术行业的职业工会如何以行业扩张的方式寻求生存空间。

第二节 业务界限与从业门槛之争：
江干区海月桥纠纷案

杭州自古以来即以航运业发达著称。杭州市内河道遍布，水陆交通向来便利。隋唐以降，京杭运河贯通杭州城区，肩负着杭州对外贸易集散功能。清末民初，杭州江墅铁路通车运营。运河的长途贸易运输功能开始减弱，转化为地方性短距离运输功能。上海开埠后跃居江浙区域的经济中心，上海商人则把持了江浙地区贸易的主导权。1921年驻杭州领事馆领事代理副领事清野长太郎在向日本外务大臣内田康哉递交的浙江社会经济调查报告书中指出："在钱塘江及江南运河上运输的货物，以及在拱宸桥、南星桥车站卸载的商品，其进货、出货、运入、运出的权利，原本是属于杭州商人的，但现在都归属上海商人了。"[①] 适合中短途运输的轮运业、木帆船排筏运业、造船业，以及与之相关的过塘行、报关行

---

① 丁贤勇、陈浩译编《1921年浙江社会经济调查》，第72页。

等，其发展速度和规模都达到了历史上最好的水平。① 杭州的内河船运因营业性质不同，可分为内营、内航两类，内营者，以运货为主；内航者，即航船也，以乘客为主。杭市内河航船大小船户共 147 家，各户营业，常有定所在。②

脚夫，是从事中、短途挑运货物及民间婚丧嫁娶的扛抬，以其体力劳动换取报酬之人员的泛称。③ 民国时期杭州规模庞大的客货航运市场催生出一个依托市内各埠头，以搬运、装卸货物为生计的脚夫工人群体。全面抗战前，杭州市内各埠头总计 65 家。各埠头脚夫工人规模不等，"大者挑工六十余人，小者挑工七八人"。④ 脚夫的工作场所多为各货运站、车站、埠头之类交通集散地。明清以来，江南城市中的脚夫行业竞争十分激烈，"既有外部其他从业群体的竞争，如船户、水手等；又有其内部的争抢，集中体现为脚夫划分地界的行为"。⑤ 由于不具备现代工业生产技能，对脚夫业工人的传统描述多指出其"封建守旧"的一面。"脚行头、包工头，把码头搬运业务，霸为私人所有，历代相传，子孙世袭；强行装卸，高价勒索，霸占割据。工商市民不能自由装运，所过境内，要'过街钱'，否则斗殴，躺道阻行。脚行之间，因霸地盘，抢工作，利害冲突，就打架斗殴。"⑥ 涉及脚夫业工人群体的已有研究主要集中在其工作组织——脚行上，而鲜见对其工人组织——脚夫业职业工会的研究。⑦ 杭州市档案馆馆藏的民国时期档案中，有数量较多、内容相对完整的关于战后脚夫业工人与其他行业之间纠纷、冲突的档案资料。这些档案有助于呈现出战后杭州脚夫业工人的生存环境以及在行业扩张的过程中工会的行为方式及特点。基于此，本章拟以该部分档案资料为主，参以相关文献，对战后杭州脚夫业职业工会与行业扩张的关系加以考察。

---

① 林震声：《杭州航运业》，载周峰编《民国时期杭州》，浙江人民出版社，1992，第 261 页。
② 《杭州市经济调查》，第 191 页，《民国浙江史料辑刊》第 1 辑第 6 册，第 221 页。
③ 申浩：《对清代以来江南市镇中脚夫群体的考察》，《史林》2008 年第 2 期。
④ 《杭州市经济调查》，第 235 页，《民国浙江史料辑刊》第 1 辑第 6 册，第 269 页。
⑤ 申浩：《对清代以来江南市镇中脚夫群体的考察》，《史林》2008 年第 2 期。
⑥ 安立夫：《天津市搬运工人工作报告》，工人出版社，1950，第 4 页。
⑦ 相关研究主要有：申浩《对清代以来江南市镇中脚夫群体的考察》，《史林》2008 年第 2 期；李里《清代以降天津脚行与政府关系嬗变》，《中国经济史研究》2014 年第 1 期；〔日〕山本进《清代巴县的脚夫》，《东洋学报》第 82 卷第 1 号，2000 年；Gail Hershatter, *The Workers of Tianjin, 1900–1949* (Stanford University Press, 1986)。

第六章 市场、职业工会与行业秩序的重建（二）

全面抗战前，杭州市政府组织成立了多个从事码头搬运业的职业工会——德胜埠脚夫业职业工会、二十二桥埠挑夫职业工会、江干脚夫业职业工会、拖木业职业工会以及柴炭挑运业职业工会。① 抗战期间，这些职业工会未及发挥作用便被迫取消。抗战胜利后，各级人民团体纷纷整改复原。杭州市脚夫业职业工会于1946年11月成立。其组织章程上规定入会资格为"本市水陆各站埠之肩挑、拖背、装卸、及赶猪牛羊等为业者"。② 会址设在江干区扫帚湾216号，会员计1142人，陈夏牛出任理事长。③ 拖木业职业工会也随之成立，由曾在绍兴县警察局供职的孙秉裕出任书记，负责组织工会。④ 然而在章程中，无论是脚夫业职业工会还是拖木业职业工会，均未明晰各自的业务边界，而是用含混的语句，试图将各类从事搬运装卸工作的工人都纳入自己的范围之内。战后杭州脚夫业工人自组建职业工会后，便麻烦不断。

民国时期，杭州的脚夫工作组织"集于江干、闸口两地者最多，约三十家"。⑤原因在于该地位于宁绍平原的转运要道，搬挑工作繁剧，故挑埠较多。由于没有钱塘江两侧令人生畏的江滩，在杭州城区内运河各段河岸挑埠装卸工作的地点相对固定，为特定群体把持相关业务提供了可乘之机。木业是江干、湖墅两区的大宗搬运业务的提供者。江干区拖木业的兴起缘于明清以来钱塘江沿岸的木材贸易。钱塘江边木材买卖均由设在江边的木行代理。木材成交后，拖木工人将木材从江边背抬至中河岸边，然后由买方委托木排承运者装排，以零运、装运和放运三种方式，转运至本市及邻县，或者运至武林门、艮山门、皋亭坝、德胜坝、笕桥，再运往各地。⑥ 起初，江干区无运输组织，木材在沙滩起仓和搬运"过塘"时，由人工肩拖扛抬，故称"拖工"。同治年间，有些熟悉

---

① 《二十二年度各地工会调查总报告》，《民国时期社会调查资料汇编》第23册，第293~294页。
② 《杭州市脚夫业职业工会章程》（时间不详），杭州市档案馆藏，档案号：J14-1-196。
③ 《杭州市工人团体一览表》（时间不详），杭州市档案馆藏，档案号：J14-1-196。
④ 《杭州市江干柁木业职业工会孙秉裕自传》（时间不详），杭州市档案馆藏，档案号：J14-1-182。
⑤ 《杭州市经济调查》，第235页，《民国浙江史料辑刊》第1辑第6册，第269页。
⑥ 李定盈：《江干木业工人的历史回顾》，2013年2月21日，江干区档案局网站，http://jgdaj.jianggan.gov.cn/contents/4741/101.html，最后访问时间：2016年8月20日。

木材运输业务的人,乘机建立运输组织,垄断拖木业务。人们将木材由江边运至内河河岸称"过塘",又称"拖塘"。各埠头的过塘行多独立经营。此外,还有一种依附于木行、米行等货物栈行,需要为货行搬运货物谋生的脚夫。他们与货行是伙计与老板的关系,定期由货行付工资。[①] 抗战胜利后,由于木业重建,"拖塘淘"和木排运输数量增多,并向下游的五堡、七堡、乔司等地延伸,用工量增加。[②] 战后钱塘江沿岸货运贸易中,把持沿江埠头装卸业务的主要是脚夫业、拖木业及汽车装卸业三个行业。新成立的江干拖木业职业工会视其为自己的势力地盘。然而,杭州市脚夫业职业工会也欲将自身组织从运河扩张至钱塘江各埠。在地方政府主导下,三个行业均有各自的工会组织。钱塘江及运河沿岸埠头搬运装卸业务的界限不清以及工作性质的相似,加之帮派势力渗透等,导致战后杭州脚夫业工人为争夺业务,冲突事件不断。

  海月桥码头位于杭州市江干区南星街道江滨,因桥而名。此地原来与南星桥江滨均为两浙、闽广物资集散地,原来木行、柴行毗连,木材过塘入内河,而船舶货物装卸则需使用马镫跳板搭成简易栈桥。[③] 1946年4月中旬,在江干区海月桥螺蛳埠,爆发了一场脚夫业与拖木业之间工人的大规模械斗冲突。双方纠集了几百人,持器械在埠头一带大打出手。双方均受伤。杭州市政府第五区区长严有容报,"拖木业工人周正浩已殴成重伤,送院医治"。[④] 在冲突中,拖木业工人冲击捣毁了脚夫业工人的宿舍,"将草屋用刀把木柱砍去,恐有倒摊危险,把锅子、灶等打破,损坏,所动用被铺等件完全抢去"。[⑤] 拖木业方面亦有损失,"螺蛳埠江面有木排三对,被脚夫业工会会员斩断连索"。[⑥] 事件发生后,两个职业工会分别向杭州地方法院提起上诉。这是一场两败俱伤的争斗。

[①] 杭州市地方志编纂委员会编《杭州市志》第5卷,中华书局,1997,第444页。
[②] 李定盈:《江干木业工人的历史回顾》,2013年2月21日,江干区档案局网站,http://jgdaj.jianggan.gov.cn/contents/4741/101.html,最后访问时间:2016年8月20日。
[③] 《杭州市志》第5卷,第440页。
[④] 《为电呈拖木业与脚夫业工人斗伤情形祈鉴核由》(1946年4月22日),杭州市档案馆藏,档案号:J14-1-139。
[⑤] 《据该市脚夫业工会与柁木工人不法会员等情形,电仰依法处理具报由》(1946年7月6日),杭州市档案馆藏,档案号:J14-1-183。
[⑥] 《为市柁木料板职业工会与脚夫工会会员发生冲突一案建议意见,拟采择施行由》(1946年7月4日),杭州市档案馆藏,档案号:J14-1-183。

第六章 市场、职业工会与行业秩序的重建（二）

关于这场争斗，矛盾双方的脚夫业职业工会和拖木业职业工会自然都在上报政府的公文中将责任归咎于对方。因此，杭州市总工会调查报告对此事件来龙去脉的描述就显得较为可信。在总工会看来，业务界限不清是双方爆发冲突的主要原因：

> 出事地点为江干海月桥至统一码头。冲突原因，柁（拖）木业职业工会与汽车装卸业工会在业务上发生冲突，同时柁木料板业工会与脚夫工会因埠头跳板之架设利用，不时龃龉，柁木业工会又复误认汽车装卸工会为脚夫业工会之化身，心存怨望，此为肇事之原因。冲突之日，柁木业工会会员牵牛上水，碍及脚夫业工会会员业务，脚夫工会螺蛳埠俞志祥组所属少数会员与柁木工友周正浩口角互殴，柁木业工会聚众报复，利用柁木排所用钩子等件，由海月桥至统一码头沿途殴打脚夫工会会员，各码头脚夫业工人局部反抗，尚无集体敌对行为。①

国民党杭州市党部也注意到这次脚夫业工人的大规模冲突，并专门致电杭州市政府，认为涉事的职业工会"事前既疏于防范，临事又未能作妥善有效之调处，致发生流血惨案，足证各该工会领导无方"，敦促杭州市政府"将脚夫、拖木料板、汽车装卸等三业工会彻查改组以资整饬"，并建议沿江装卸业务由政府统一定价，"以免高价敲诈漫无限制"。② 杭州市总工会理事长汪廷镜则建议由政府委派专员常驻江干区负责监督指导，并将汽车装卸业工会整体取消，以及改组拖木业职业工会领导层。③ 意欲争夺海月桥地段业务包揽权的脚夫业职业工会则借助此次事件，上报市政府，请求将该地段业务划归脚夫业。④

---

① 《为市柁木料板职业工会与脚夫工会会员发生冲突一案建议意见，拟采择施行由》（1946年7月4日），杭州市档案馆藏，档案号：J14-1-183。
② 《中国国民党杭州市党部快邮代电》（1946年7月8日），杭州市档案馆藏，档案号：J14-1-139。
③ 《为市柁木料板职业工会与脚夫工会会员发生冲突一案建议意见，拟采择施行由》（1946年7月4日），杭州市档案馆藏，档案号：J14-1-183。
④ 《为呈请仍将海月桥埠原由脚夫负责承运之松木料板划还脚夫工会祈鉴核赐准由》（1946年7月6日），杭州市档案馆藏，档案号：J14-1-183。

面对各方建议，杭州市政府于 1946 年 7 月做出判决，解散拖木业及汽车装卸业两个行业的职业工会，重新划分该码头的业务，新成立木料搬运业工会，将上述两个行业以及脚夫业在该地段的从业人员并入木料搬运业工会。① 鉴于该事件中冲突双方两个职业工会上报的内容"于事实颇多出入"，地方法院受理后本着大事化小，小事化了的原则，判决"不起诉"。②

从表面上看，政府此举在于明晰各工会业务界限。然而，增设新的职业工会，可以削减脚夫业及拖木业两个职业工会的组织规模，有利于政府对社团的管控，这或许是政府不便明说的本意。意在侵夺海月桥地段业务的脚夫业职业工会不仅没有达到目的，反而还要按照政府指令，另划拨 50 名工人至木料搬运业工会，可谓"赔了夫人又折兵"。面对政府判决，脚夫业职业工会拒不执行，并要求政府收回判决。1946 年 7 月，脚夫业职业工会海月桥埠组长黄鹤以失去了邻近寿坊码头的灵柩棺材木料搬运业务而影响工人生计为由，向政府申请将该业务重新划归脚夫业职业工会。③ 与此同时，政府判决也给该码头地段的商贸往来增添了麻烦。江干区所有柴炭木板业务原先均被脚夫业把持，现根据市政府的业务分割方案，则一艘船内不同种类的柴炭木板"由两方工友分挑"，给各商行的记账结算增添麻烦。杭州市蔡和记柴炭行上报市政府，请求将此业务重新划归脚夫业。④

面对异议，杭州市政府不为所动，认定海月桥埠头组长黄鹤声称的影响生计实乃"未曾遵办"政府决议而"咎由自取"。⑤ 对于柴炭行的请求，政府也予以否决，认为"柴炭部分划归脚夫承运自可照办"，而木板部分则按照业务分割方案，划归木料搬运业工会。⑥

---

① 《为决定木料搬运工会与脚夫工会三桥联埠业务划分事项电印遵照具报由》（1946 年 7 月 13 日），杭州市档案馆藏，档案号：J14 - 1 - 183。
② 《电复本市脚夫业职工会与柁木业职工会纠纷情形请查照由》（1946 年 7 月 17 日），杭州市档案馆藏，档案号：J14 - 1 - 183。
③ 《为申请寿坊码头仍归海月桥脚夫业货班祈查照由》（1946 年 7 月 15 日），杭州市档案馆藏，档案号：J14 - 1 - 139。
④ 《为柴炭木板捎夫混淆致交货算账困难恳请迅予指正而别利商客由》（1946 年 7 月 17 日），杭州市档案馆藏，档案号：J14 - 1 - 139。
⑤ 《杭州市政府训令》（1946 年 9 月 3 日），杭州市档案馆藏，档案号：J14 - 1 - 139。
⑥ 《杭州市政府训令》（1946 年 9 月 6 日），杭州市档案馆藏，档案号：J14 - 1 - 139。

第六章 市场、职业工会与行业秩序的重建（二）

抗战胜利后，大量军人复员回乡。在难以短期内习得工业生产技能的情况下，一部分中下级军官与士兵流入非技术性体力劳动市场。退役军官黄德政"参加前线抗战计九华山前作战、余姚前敌作战。因腿部受枪弹重伤，于上年12月中央训练团12军官总队准予退役"。① 黄德政退役后，"无资回籍，故流落异乡"。② 经亲戚介绍，黄德政得以在江干区从事脚夫工作，在海月桥埠头组长黄鹤手下"派充工人"，负责柴炭木料的搬运工作。然而，1947年12月28日，黄德政"率同军人数名及来历不明者20余人前来海月桥埠，声称埠头非私人所有"，同海月桥埠头的脚夫工人发生了暴力冲突，试图强行占领该埠头脚夫业务。③ 面对黄的突然袭击，海月桥埠头组长黄鹤上报市政府，称黄德政等人对该埠头业务"早存觊觎，意图攫取，此次侵攘未遂，来日死灰难免复燃"，要求政府制止。④

接到报告后，市政府命令负责该辖区的杭州市警察局第五分局传唤当事人双方进行调解。脚夫业职业工会一方自然是极力反对黄德政等人染指该地段业务。理事长陈夏牛、常务理事卜汝春等人一方面"均称现在各埠工友人数过多，生活已难维持，且时属农历年关，货运又少，如再安插下去，势必影响原有工友生计"，另一方面提出将黄德政等人安置在另一个埠头工作的办法，"闸口协和煤油公司起至大通桥地段外埠属杭州市区管辖，该埠尚未派有工人工作，该在乡军人四十二人可由黄德政组织前往开发工作"。但黄德政等人以该埠头"货运很少，不能维持生计"为由，并不接受这一替代方案。⑤

警察局调解失败后，脚夫业职业工会上报市政府，不仅质疑黄德政等人退役军官的背景，而且呼吁此风不可开，市政府绝不能妥协让步。

---

① 《呈为退役军人遭受脚夫业工会无故排斥除名请求救济事》（时间不详），杭州市档案馆藏，档案号：J14-1-137。
② 《呈为请求安插退役军人42人加入脚夫职业工会由，愿以劳力谋求生活由》（1948年1月12日），杭州市档案馆藏，档案号：J14-1-137。
③ 《为据脚夫业职业工会呈报在乡军官会会员黄德政强占业务一案，电仰迅予查明妥为处理具报由》（1948年1月15日），杭州市档案馆藏，档案号：J14-1-137。
④ 《为据报海月桥埠被人侵占等情请鉴核并赐转请法办由》（1948年1月2日），杭州市档案馆藏，档案号：J14-1-137。
⑤ 《杭州市警察局第五分局调处在乡军人黄德政等强夺海月桥码头脚夫工作纠纷笔录》（1948年1月24日），杭州市档案馆藏，档案号：J14-1-137。

"设仅籍在乡军官之名而能受享其利,此风一开,将来祸患无底。如因籍在乡军官之势而妄取利益,则其他效尤接踵而来,安静之省会恐难保不发生无可设想之事实也。"① 而黄德政本人则披露,先前曾与海月桥埠组长黄鹤等人因"结算工资发生口角,细故而遭痛殴,并革除工作,另用私人",黄德政"等42人现已失业月余,无处工作"。黄德政不仅指斥脚夫业职业工会"目无法纪,排除异己,显系强霸码头,成为潜恶势力",而且由脚夫业的非技术性职业特点论及加入该工会实于情于法均不合。"思各职工均须投师学技,惟脚夫一职,本无技师传授,而该工会负责人及各埠组长亦非专从人员,且国家本无明文规定异乡人不得参加本市劳工。"② 在黄德政看来,脚夫业职业工会拒绝其加入的原因在于"该会因偏于诸暨工人私行团结,排除异己之见"。③ 至于黄鹤为什么要解雇黄德政等退役军人,而另雇他人,在黄德政看来,实系海月桥埠头柴炭班里的一批工人与黄鹤有着私人关系,因务农难以维生,故跑到江干区谋生,被黄鹤安插至此。④

以今人眼光视之,总揽海月桥埠头脚夫搬运业务的组长黄鹤本人确有任人唯私之嫌疑。一个旁证即1946年11月,黄鹤的副手、海月桥埠头脚夫组副组长周国熙向杭州市政府控告黄鹤,指责其不仅"无故将本组小组长周阿富及工人周建根、邱来新等十余人加以开除,以其私人抵补",而且对前来理论的周国熙等人"不分皂白即喝众殴打",以致周国熙"左颊、头部、左臂、腰部均受重伤"。⑤ 海月桥埠头业务划分既经杭州市政府裁定,黄鹤为该埠头总组长,理应负责脚夫业职业工会在该地段的相关业务。即便组长黄鹤有以权谋私的行径,黄德政也应尊重政府裁定,通过脚夫业职业工会或上级单位杭州市总工会等体制内渠道进行正面交涉,

---

① 《窃查本会脚夫业务被强占,请求依法保障予以制止由》(1948年2月2日),杭州市档案馆藏,档案号:J14-1-137。
② 《呈为请求安插退役军人42人加入脚夫职业工会,愿以劳力谋求生活由》(1948年1月12日),杭州市档案馆藏,档案号:J14-1-137。
③ 《呈为退役军人遭受脚夫业工会无故排斥除名请求救济事》(时间不详),杭州市档案馆藏,档案号:J14-1-137。
④ 《为续请安插码头业加入脚夫工会以维全体退役军人生计事》(1948年1月16日),杭州市档案馆藏,档案号:J14-1-137。
⑤ 《呈为被殴重伤请究办事》(1946年11月5日),杭州市档案馆藏,档案号:J14-1-139。

而非以暴力手段强占埠头。然而，黄德政及其同伙退役军人之所以敢于主动进攻，也缘于其自恃军人身份相较于普通脚夫工人具有的优势。他敢于高调宣称自己为抗战做出贡献与牺牲，这一事件也受到浙江省社会处、浙江省保安司令部、国民党浙江省党部等省内党、政、军多个部门的关注。浙江省社会处处长方青儒在致杭州市政府的电报中认为，脚夫业职业工会不能拒绝实际从事该项工作的人。① 浙江省保安司令部则要求杭州市政府调查黄德政等人之前的行径，并核实其是不是退役军官。② 虽然上级军政部门不便越权处理，但从字里行间不难看出其欲吸收黄德政等人进入脚夫业职业工会并给予适当位置以安抚其不满情绪的深层旨意。黄德政等人在强行冲击埠头的同时，也在给政府的呈报中不断强调他们为抗战做出的贡献，显然意在借此获得更多的利益。

在各方压力下，受命负责调解的警察局尽管认为黄德政等人理亏在先，"不听交由工会分埠安插，表示坚欲海月桥码头集体工作，态度强硬，无法理喻"，但不愿意双方激化矛盾，演化成局势不可控的大规模斗殴。③ 在此形势下，杭州市政府显然不愿此事进一步扩大。经最终决定，黄德政等三人如愿派任海月桥等三个埠头，担任副小组长，其余退役军人"经甄别合格者十九名，令脚夫工会试用"。④ 此事件最终以黄德政等人的如愿、脚夫业职业工会海月桥埠头组长黄鹤等人的退让妥协告终。

第三节　重操旧业抑或鸠占鹊巢：
　　　　湖墅区喻陈埠纠纷案

在战后城市工商业恢复的过程中，大量人口涌入城市。其中，既有

---

① 《为据该市脚夫业工会呈请保障业务一案电希查明办理由》（1948年2月13日），杭州市档案馆藏，档案号：J14-1-137。
② 《据该市脚夫业职业工会呈以在乡军官黄德政等强占该会业务请予保障等情电仰查办具报由》（1948年2月17日），杭州市档案馆藏，档案号：J14-1-137。
③ 《为奉令调处在乡军人黄德政等强夺海月桥码头脚夫工作无从调解情形并势必演成斗殴死伤惨事电请鉴核赐准转令安置并予制止示遵由》（1948年1月24日），杭州市档案馆藏，档案号：J14-1-137。
④ 《为据黄德政请求收海月桥脚夫工作归属办理一案情形电复》（1948年2月26日），杭州市档案馆藏，档案号：J14-1-137。

因生计等寻求工作的新从业者，又不乏因抗战而被迫辍业，希望能够在战后复职的旧从业者。新、旧从业者同时进入相关行业，必然会引起生存竞争以及业务分割等问题。对旧从业者而言，他们视新从业者为眼中钉，希望恢复全面抗战前既有的职业身份，维系生计。而对于新进入的从业者而言，他们试图通过尽早向政府及相关工会申报登记为会员，成立职业工会，为自己"正名"。

民国时期，湖墅区为杭州市内运河贸易往来密集区域。建设委员会调查浙江经济所编的《杭州市经济调查》提及，"杭市内河船业，当以湖墅区内之大关为中枢"。① 全面抗战前，杭州沿运河各埠头均由脚夫把持，并设有从业门槛，"皆需领照，方可设埠"。② 1946~1948 年湖墅区喻陈埠发生了一起历时一年多的新、旧脚夫业从业人员因争夺地盘与业务范围引发的纠纷乃至暴力事件。

全面抗战前，湖墅区大关喻陈埠由郑介平之父郑子瑜负责营业，且获得杭州市政府批准，并发给营业执照。抗战期间，郑子瑜"逃难后方，久久放弃业务"。抗战胜利后，25 岁的郑介平于 1946 年 2 月向杭州市政府提出申请，"以其父因受战祸病毙他乡，请予准在原地复业"，获批。③ 但与此同时，他的竞争者楼金川以自己在战后即"在该埠处挑运，孤苦自守，迄今营业已具起色"，且在 1946 年 1 月"向脚夫业工会登记入会"为由，认为郑介平"在敌军投降时、生活艰苦时即改营别业，查人亦非从业人员"，且自己在该埠头"开业在先，已具有优先权"，于 1946 年 3 月 18 日以脚夫业职业工会之名义向市政府上报，指控郑介平此举"坐享渔利，于情理不合"，要求吊销郑介平的营业执照。④ 面对楼金川的指控，喻陈埠所在的杭州市政府第八区区长邱祥毓认为双方各据其理，难以决断，呈请市政府裁决。⑤ 然而杭州市政府尚未来得及回应，1946 年 4

---

① 《杭州市经济调查》，第 193 页，《民国浙江史料辑刊》第 1 辑第 6 册，第 227 页。
② 《杭州市经济调查》，第 235 页，《民国浙江史料辑刊》第 1 辑第 6 册，第 269 页。
③ 《杭州市政府为湖墅大关喻陈埠码头营业事致杭县地方法院》（1947 年 10 月 30 日），杭州市档案馆藏，档案号：J14 - 1 - 137。
④ 《为奉查本市脚夫业工会呈请吊销郑介平执照一案经查明具报祈附》（1946 年 4 月 4 日），杭州市档案馆藏，档案号：J14 - 1 - 139。
⑤ 《为奉查本市脚夫业工会呈请吊销郑介平执照一案经查明具报祈附》（1946 年 4 月 4 日），杭州市档案馆藏，档案号：J14 - 1 - 139。

月 17 日,杭州市脚夫业职业工会常务理事楼金川即"引领暴徒百余人拥至埠头,将脚夫殴伤多人",用暴力方式强占喻陈埠业务。①

一方是向政府登记备案,一方是加入职业工会,到底谁应获得码头业务?似乎如第八区区长所言,双方都在理,实难决断。然而问题在于,郑介平既然获得政府颁发的营业执照,为何未能加入职业工会?楼金川既然加入了职业工会,为何又没有正式营业执照?郑介平在向杭州市政府的呈报中,揭示了该问题的猫腻所在。事实上抗战胜利初期,郑介平曾携全面抗战前的营业执照向脚夫业职业工会申请入会,但被告知"领得新照始可入会"。而在获领新营业执照后,脚夫业职业工会理事长陈夏牛"竟置钩府所发给牌照于不顾,复谓喻陈挑埠已由楼金川入会营业",拒绝郑介平入会。一再受阻的郑介平绕开职业工会,上报杭州市政府,希望能够由政府出面协调,但却得到"本市并无脚夫业同业公会之组织,所请转饬该会准予加入该会为会员一节碍难照办"的函复,这才得知在早先脚夫业职业工会向政府代转的申请入会的呈文中,"'工'会之'工'字误作'公'字致遭批驳"。② 此公文转呈过程中的笔误究竟是郑介平本人疏忽还是脚夫业职业工会方面的有意为之,我们不得而知,但此周折无疑给有意染指该码头业务的楼金川以可乘之机。在郑介平看来,楼金川得到了脚夫业职业工会理事长陈夏牛的纵容袒护,不仅"妨害营业",更是"有恃无恐,竟于本月 17 日纠众行凶,将民脚夫殴伤七人"。③

面对此事件,杭州市政府饬令警察局出面调查。受理此案的杭县地方法院"判处楼金川等伤害罚金各一万元",杭州市政府于 1946 年 7 月裁定"该埠脚夫事宜应由郑介平为领班组长,楼金川应即退出该埠"。④ "楼金川所遗脚夫由郑介平留用五名,但不得无故解雇。"⑤ 考虑到"楼

---

① 《为报告楼金川违法行动请即拘案彻究》(时间不详),杭州市档案馆藏,档案号:J14 - 1 - 137。
② 《为杭州市脚夫业职业工会会长陈某凭借职权妨害营业请求彻查纠正由》(1946 年 4 月 25 日),杭州市档案馆藏,档案号:J14 - 1 - 139。
③ 《为杭州市脚夫业职业工会会长陈某凭借职权妨害营业请求彻查纠正由》(1946 年 4 月 25 日),杭州市档案馆藏,档案号:J14 - 1 - 139。
④ 《为报告楼金川违法行动请即拘案彻究》(时间不详),杭州市档案馆藏,档案号:J14 - 1 - 137。
⑤ 《为决定喻陈埠纠纷事项电印通知遵照由》(1946 年 7 月 12 日),杭州市档案馆藏,档案号:J14 - 1 - 139。

金川方面工友目前生计及返回原籍或改营他业之需用",杭州市政府又预留了双方交接的时间,"自7月27日起至8月5日止再予宽延10天,由楼金川率领原有工人营业至8月6日起,应即退让交由郑介平继续营业,决不展延"。① 这一方案应该说在确认喻陈埠属于郑介平业务范围的前提下,给了楼金川体面退出的机会。然而身为脚夫业职业工会常务理事的楼金川等人执意占领喻陈埠的业务,并不服从政府裁断。同年9月6日,冲突再起。喻陈埠"突有来历不明之徒百余人借人数众多,将该埠业务强行霸占"。② 在此期间,一个名为魏仙伟的工人不仅私自以喻陈埠的名义向杭州市脚夫业职业工会冒领了15套脚夫工作号衣,还"冒该埠名义向各脚夫提收法币共计50余万元"。9月8日,魏仙伟带领50余名工人冲入喻陈埠,"以强暴胁迫妨害郑介平行使权利",并殴伤郑介平手下一名工友。③ 此后一年内,双方矛盾冲突始终不断,以致郑介平因无法开展工作向市政府诉苦,"该等至今延不受理并强行工作,变本加厉,不得已恳请钧府实行强制执行"。④ 1947年9月21日,在市政府的授意下,杭州市脚夫业职业工会决定抽调下属各埠头组长及理监事率领部分工人至喻陈埠调解,结果仍为郑介平负责喻陈埠业务。⑤

  脚夫的职业特点是以体力劳动为主,谁有力气,谁就更易在这一行业中立足。这一职业特征决定了脚夫的行业组织具有严重的暴力倾向。⑥ 之前的海月桥埠头纠纷以及此次喻陈埠纠纷均体现出这一点。楼金川一方敢于公然违抗政府裁断,凭借暴力手段执意强夺喻陈埠业务,一方面在于他脚夫业职业工会常务理事的身份使其能够借助行业工会的组织权威扩张自己的利益边界,为此不惜侵犯其他会员的利益;另一方面在于

---

① 《电复解决湖墅喻陈埠纠纷案祈鉴核由》(1946年8月12日),杭州市档案馆藏,档案号:J14-1-137。
② 《杭州市政府贴湖墅喻陈埠布告》(1946年9月9日),杭州市档案馆藏,档案号:J14-1-137。
③ 《浙江省杭县地方法院检察官不起诉处分书》(1946年9月30日),杭州市档案馆藏,档案号:J14-1-137。
④ 《呈为纠众强占来历不明群等违抗批谕不解散请求强制执行事》(1947年9月10日),杭州市档案馆藏,档案号:J14-1-137。
⑤ 《为呈报劝阻喻陈埠脚夫纠纷经过仰祈鉴核由》(1947年9月22日),杭州市档案馆藏,档案号:J14-1-137。
⑥ 申浩:《对清代以来江南市镇中脚夫群体的考察》,《史林》2008年第2期,第84页。

施暴者的政治背景。脚夫业与码头业类似，是以对自身势力范围的不断划分、确认，确保各自生存利益所在。各种帮派、党政势力也渗入其中，既达到操控行业的目的，也成为混迹行业内的部分下层工人的靠山。黎霞指出，民国时期武汉控制码头业的上层是居于幕后操纵的军阀、官僚、政客、党棍、特务等等，下层则是直接压迫工人的头佬、流氓、打手之流，形成了一个盘根错节、关系复杂的网络。① 在喻陈埠纠纷中，参与暴力打斗的脚夫业职业工会领班金荣贵显系主谋。杭州市政府因金荣贵"迭次犯案，据乱横行码头"，且在纠纷中"扯毁市府布告"，饬令警察局"严予查究"。② 然而金荣贵被拘留不久，"即兹由中统局杭市负责人来府请求将该犯保释担保"。③ 在警察局对该犯的审讯记录中，金荣贵否认参与斗殴，社会科科长俞誉宏也称其"刁顽异常"。④ 可见，这是一起强龙与地头蛇之间的纠纷。在纠纷中，郑介平一方并未采取以牙还牙的暴力回击，而是不断向政府提起控告，可能郑介平不仅忌惮金荣贵等人，也意在凭借"正统"之名分获得政府方面支持，不希望给对方留以把柄。

然而郑介平虽然获得政府授意下的喻陈埠业务权，但却并未就此止步。1947年3月，郑介平"加入杭县挑挽业工会并任该县小河埠挑挽组长，同时复领所属会员至湖墅喻陈埠挑挽，仍并营小河埠业务"。⑤ 值得注意的是，这一行为并未向脚夫业职业工会及政府呈报并记录在册。郑的举措无疑给了本就对喻陈埠业务虎视眈眈的楼金川、金子来等人一个最好的把柄。他们上告市政府，认为郑介平此举意在强占两个埠头的业务，蒙蔽市政府，图谋不轨，其"既经杭县县政府核准登记并派充小河埠组长有案，则不能再在喻陈埠从业"。⑥ 连社会科的调查报告也认为郑

---

① 黎霞：《负荷人生：民国时期武汉码头工人研究》，第61页。
② 《据报有市民金荣贵主使暴徒强占喻陈埠埠头，非法横行，令仰迅予拘办具报由》（1947年9月27日），杭州市档案馆藏，档案号：J14-1-137。
③ 《杭州市政府社会科科长俞誉宏致市长周象贤》（1947年9月29日），杭州市档案馆藏，档案号：J14-1-137。
④ 《杭州市警察局询问笔录》（1947年9月28日），杭州市档案馆藏，档案号：J14-1-137。
⑤ 《社会科为喻陈埠码头纠纷案致杭州市政府的调查》（1947年12月23日），杭州市档案馆藏，档案号：J14-1-137。
⑥ 《喻陈埠脚夫代表金子来、俞阿田等致杭州市政府》（1947年12月23日），杭州市档案馆藏，档案号：J14-1-137。

介平"不无企图统治小河埠及本市喻陈埠两地挑挽业务之存心"。[①]金子来等人甚至控告郑介平"以法币三百万元贿通市府社会科长俞誉宏,强迫工会登记,并从中收取酬金"。[②]

面对历时一年多的纠纷以及混乱的脚夫业生存状况,杭州市政府在接到金子来等人的控告后,一方面责成脚夫业职业工会"将所属各埠头加以彻底整顿,限期清除非从业人员霸占埠头业务,所有各埠头大小组长应重新由实际从业人员中推选之,并须负责维持各埠头秩序",[③]另一方面,派员与警察局、民政科、社会科、工务局等多部门协同调查后,一度在社会科进行调解,草拟出一个以郑介平为喻陈埠组长,同时安插部分外来工人,"喻陈埠收益以四六分,郑介平方面六成,金子来方面四成"的方案,但未获双方认可。[④] 12月下旬,市政府又给出一个折中方案并强制双方执行。喻陈埠由郑介平和楼轩标二人分别担任正、副组长,"该埠工人额定为四十人,由郑介平方面安插二十人,楼轩标方面安插(即俞阿田案)二十人相互合作,正副组长权利义务各半分担"。[⑤] 历时一年多的喻陈埠业务纠纷案方告一段落。至于金子来等人对社会科科长俞誉宏的控告,经法院受理,认为与事实不符,不予起诉。[⑥]

第四节　见缝插针:工会的组织扩张与业务扩张

在战后城市工商业重建、行业整顿的过程中,时常会发生在行业工会的主导下,从业者扩张业务范围而导致的与其他社会群体及相关行业组织间的摩擦、冲突。仍以脚夫业为例,收取过路费是脚夫行业的陋规之一。战后杭州城北沿运河段埠头脚夫因向往来运粮商船强行索要经脚

---

① 《社会科为喻陈埠码头纠纷案致杭州市政府的调查》(1947年12月23日),杭州市档案馆藏,档案号:J14-1-137。
② 《浙江杭州地方法院检察官不起诉处分书》(1947年11月28日),杭州市档案馆藏,档案号:J14-1-137。
③ 《杭州市政府训令》(1947年11月3日),杭州市档案馆藏,档案号:J14-1-137。
④ 《关于喻陈埠业务纠纷调解笔录》(1947年11月13日),杭州市档案馆藏,档案号:J14-1-137。
⑤ 《杭州市政府训令》(1947年12月25日),杭州市档案馆藏,档案号:J14-1-137。
⑥ 《浙江杭州地方法院检察官不起诉处分书》(1947年11月28日),杭州市档案馆藏,档案号:J14-1-137。

费、剔脚费,而招致粮食业公会的不满,后者称其"陋费恶规",以致"刺激物价",于是向政府申请取缔。① 无独有偶,战后杭州城区内沿运河各埠头货物运输量剧增,然而相关搬运工人"既无组织,又乏管理,石灰桥埠由西湖坝、德胜坝,宝庆桥埠等三班工人搬运,观音桥埠由大关,卖鱼桥,观音桥等三班工人搬运。搬运各班工人混合,每多互相争搬而引起纠纷。因此运输无一定时间,来往船只常被木头阻塞桥门,竟日不通"。② 看到此中隐含的利益,国民党中央训练团第十二军官总队退役军官任绍基等人见缝插针,借助脚夫业职业工会的名义,于1947年9月组织湖墅区石灰桥、观音桥等处相关工人,美其名曰"确保治安,以防奸党从中挑拨及发生一切不幸事件"。③ 市政府遂向脚夫业职业工会咨询有无组织必要。面对这个既能扩大自身业务范围,又能增加收入的机会,脚夫业职业工会当然不会说不。然而垄断了相关埠头业务后,脚夫业职业工会没有通过组织权威制定新的行规,改善运输业务,而是对过往的杭县农用船只强行收取高额通行费,大大增加了相关埠头的货物运输成本,侵害到农民利益,终因招致杭县地方政府的强烈抗议而被叫停。在给杭州市政府的报告中,杭县政府揭露了把持埠头的脚夫业职业工会会员向往来农船强行征费的陋规:"本县农民往杭市购买饲畜食料及土产销售等物,每多集合自备农船装载,其船停泊于杭市江干湖墅拱埠菜市桥松木场一带。讵江干等处脚夫以农民良懦可欺,每担无论何物,均须勒收法币二三十万元不等,名曰扁担捐。稍与理论,即遭该脚夫凶殴。"④

如果说此案是直接以市场上的行业利益空隙点,垄断相关业务,进而获取超过市场交易成本的垄断性利益的话,面对其他行业既得利益与生存空间,脚夫业职业工会也会主动介入,尽管为此麻烦缠身。1947年

---

① 《呈为取缔城北脚夫索取经脚费剔脚费等祈鉴核备案由》(1946年4月18日),杭州市档案馆藏,档案号:J14-1-139。
② 《为转呈本区在乡军官任绍基等发起组织湖墅石灰桥等处工人搬运处祈检核祗遵由》(1947年9月6日),杭州市档案馆藏,档案号:J14-1-137。
③ 《为转呈本区在乡军官任绍基等发起组织湖墅石灰桥等处工人搬运处祈检核祗遵由》(1947年9月6日),杭州市档案馆藏,档案号:J14-1-137。
④ 《为本县住民驶杭农船被杭市脚夫勒索捐款,电请布告制止并饬取缔复由》(1948年11月2日),杭州市档案馆藏,档案号:J14-1-137。

9月，杭州市中正街葵巷区域从事脚夫业活动的陈柏林、缪永安等26人组织中正街葵巷区搬拖木业工人小组，归脚夫业职业工会管辖，并在征得脚夫业职业工会许可后，以该工会名义发布通告，声称"此境界以内，除各桥埠、水陆码头搬运业务仍归原有各埠挑夫经营外，凡属沿街各商号所有卸车应需拖背搬运等货物，均由本小组所属工友承接，并以合作方式与资方妥议工资，承接代办"。①然而通告公布不久，即遭到土纸商业同业公会、土线业同业公会及长安纺织公司等多个商号的强烈抗议。理由是这个新成立的搬运小组强行搬运各商号的货物，由此各堆栈货物紊乱，且并未与资方协商工资，"更未征得会员等同意允予代办"，实属强买强卖。②长安纺织公司以公司自备搬运工人"专司其事"，且"均属纺织产业工会合法会员"为由，指责脚夫业职业工会此举不仅侵犯了公司利益，也侵犯了纺织业工会的利益，"恐引起劳工政治，影响社会秩序"。③接到各方报告后，杭州市政府向脚夫业职业工会发出训令，认为"该葵巷区脚夫硬搬行家纸件实属非法，应即予以制止"。④面对政府的取缔令，脚夫业职业工会理事长陈夏牛一方面以规范搬运价目以及制作专门服装"以资识别而杜纠纷"为由上报市政府，并递交了该葵巷组会员名册；⑤另一方面，向浙江省社会处发送快邮代电求情，称"棉纱等业商业公会蒙蔽杭州市政府，谓属会搬运工友全系非法组织，不得营业"，而杭州市政府"不加详查，置搬运工友生计于不问"，希望浙江省社会处能够出面代为说话。⑥然而，杭州市政府最终以该事件属于"脚夫业工会抢占其他职工生计"，向浙江省社会处回复，并要求脚夫业职业工会今后"不得侵占其他工会业务"。⑦

---

① 《杭州市脚夫业职业工会通告》（1947年9月6日），杭州市档案馆藏，档案号：J14-1-139。
② 《为本market葵巷搬运小组硬行搬运易滋紊乱请赐布告制止等情》（1947年9月11日），杭州市档案馆藏，档案号：J14-1-139。
③ 《为呈报脚夫业工会强占其他工作应予制止由》（1947年9月22日），杭州市档案馆藏，档案号：J14-1-139。
④ 《杭州市政府训令》（1947年9月26日），杭州市档案馆藏，档案号：J14-1-139。
⑤ 《为准脚夫业职业工会来函请查照并核示由》（1947年9月28日），杭州市档案馆藏，档案号：J14-1-139。
⑥ 《浙江省社会处快邮代电》（1947年10月23日），杭州市档案馆藏，档案号：J14-1-139。
⑦ 《为准电呈本市脚夫业职业工会侵占业务电复由》（1947年11月1日），杭州市档案馆藏，档案号：J14-1-139。

第六章　市场、职业工会与行业秩序的重建（二）

抗战胜利后，随着城市经济与社会秩序的重建，位于浙赣铁路交通要道的杭州城站火车站的客货业务量急剧增加，"商运日繁"。以中短途货物运输为业的脚夫业职业工会不想放过这一市场，遂"在城站另组设脚夫组，并派在乡军官王荣为组长，率同外埠脚夫至城站"。① 为了"正名"，脚夫业职业工会一边打着"救济失业工人"的旗号，一边上报市政府，称城站附近"惟均无严密之组织负责领导管理事宜，致使秩序混乱，行旅客商莫不喊苦连天"，以整顿城站附近货运业务为由，"于去岁9月10日在城站车站外设立脚夫组，专负责装卸肩挑扛背"之工作。② 然而，这一举动招致人力车业工会与粮食业工会的强烈反对，并发生冲突。究其原因，在粮食业工会看来，"将粮食上车下车等工作"原系该工会业务范围，故脚夫业职业工会此举实系"强夺本会会员工作"。③ 人力车业工会更是援引惯例强烈反对脚夫业职业工会在此设组。"本市城站车站外之货物运输大都雇佣小货车为便利货运及减轻客商负担起见，对于装卸搬运等工作，向例仍归小货车车夫料理，相沿迄今已有十余年之久，本会理监事曾经数度面请脚夫工会退让，仍无效果，呈请钧长俯准克日令饬脚夫业工会在城站不得另设脚夫组，以免业务冲突。"④

面对两个行业工会的强烈反对，脚夫业职业工会理事长陈夏牛两度上报市政府，为自身的行为辩解，并请政府裁决，"清业务界限而免纠纷"。在脚夫业职业工会看来，该会业务范围囊括全市各种货物搬运，在城站设脚夫组系理所当然。"本市各货上车下车搬运均向归本会各埠脚夫承做，如江干之木料柴炭纸油等，历无争执。木料行、柴炭行、运输行不无栈司，务惟栈司务应对行内负整理之责，对外搬运应归本会各埠会员。本会城站组及环湖组脚夫业务本为肩挑扛背，故所有葵巷及龙翔桥米袋上下车均有该两组承做。"不仅如此，脚夫业职业工会还指责粮食业

---

① 《为脚夫工会侵占本会业务，请令饬退让以维地方治安由》（1948年3月12日），杭州市档案馆藏，档案号：J14-1-137。
② 《为呈报本会为健全组织，扩展业务，业请组织城站车站外脚夫组》（1948年3月11日），杭州市档案馆藏，档案号：J14-1-137。
③ 《呈为脚夫工会仍在葵巷口等处增设小组，强夺本会员工作，祈鉴核，赐予饬警制止由》（1948年3月16日），杭州市档案馆藏，档案号：J14-1-137。
④ 《为脚夫工会侵占本会业务，请令饬退让以维地方治安由》（1948年3月12日），杭州市档案馆藏，档案号：J14-1-137。

工会是"无理争夺业务","以致粮食业职工得步进步,使本会城站与环湖两组会员无法维持生计"。① 至于人力车业工会方面,脚夫业职业工会更是认为"城站车站外素有脚夫之组织",且其业务为"城站车站外肩挑扛背",与人力车行业、粮食行的业务范围有泾渭之别,不存在侵犯之说。"至人力小货车职工,业务为运送货物,粮食行店职工业务为机磨装堆背送食米。"不仅如此,脚夫业职业工会还声称,"如果以城站车站外脚夫业务与人力货车粮食业等公司行商业职工业务有所冲突可撤销解散,则本会全市各埠头脚夫组均可撤销解散,殊与组织码头脚夫组意旨有所违背",挟组织之权威以倒逼政府之意十分明显。②

然而,脚夫业职业工会的辩解词值得推敲。首先,据脚夫业职业工会向市政府的呈报,该工会在城站设组的时间是1947年9月,而向市政府报告备案的时间则是1948年3月,这个有意而为之的时间差背后显然打的是欲先造成既成事实,再得到政府追认的算盘。因此,脚夫业职业工会声称的"素有脚夫之组织",并非一种得到各方默认并长期遵守的行业惯例。其次,对比人力车业工会与脚夫业职业工会的报告,可以看出,双方都将各自的业务范围界定为全市货物的上下车及中短途搬运。然而,在粮食业工会的报告中,则将"粮食上车下车等工作"视为自身业务范围,由此可见在城站火车站等战后杭州客货集散地市场上,相关行业并未就货物装运是交由单独的搬运工人,还是由货物所属商号行铺自行负责这一点达成共识。

杭州市政府意在消弭冲突,显然不愿意看到脚夫业职业工会成为众矢之的。1948年3月31日,市政府向脚夫业职业工会发出训令,认为其"在城站暨葵巷等地设立脚夫组殊属不合,且该地等搬运业务与本市人力货车业,粮食业,纸行业以及各行商业职工业务均有冲突",故"指令将该地等组织着即解散"。③ 于心不甘的脚夫业职业工会向浙江省社会处发起吁求,希望其能够出面,令杭州市政府"收回解散本会城站组成

---

① 《为本会城站区业务纠纷仰祈迅予调解由》(1948年3月17日),杭州市档案馆藏,档案号:J14-1-137。
② 《为呈复本会城站组早已成立,从未与人力货车粮食等公司行商等职工业务发生冲突祈察核由》(1948年3月27日),杭州市档案馆藏,档案号:J14-1-137。
③ 《据呈城站组暨环湖组脚夫发生业务纠纷等情,指饬遵照由》(1948年3月31日),杭州市档案馆藏,档案号:J14-1-137。

命",然而最终无济于事。①

以搬运货物为业务的脚夫业,在性质上与以扛抬人为业务的轿柩业有叠合之处。战后杭州市专营运柩轿车业者人数不断增长,而脚夫业又长期兼营此项业务。1946年9月,杭州市运柩业工人陈连宝等20余人向市政府联名上书,以"该运柩夫业务原属捐挑拖背之一种,与脚夫性质相同,双方业务亦无甚妨碍"为由,要求加入脚夫业职业工会。② 杭州市政府未自行决定,而是向杭州市总工会征求意见,令其查明"运柩夫参加脚夫业职业工会后,有否引起业务纠纷"等可能存在的后患。③ 然而总工会并不建议二者合并。1948年初,脚夫业职业工会又提出一个协调方案,希望按区域切割各自的业务范围。"在各脚夫埠业务区域范围外另组专事运柩业务(俗称红抬子)职会。"④ 然而,这一方案遭到市政府社会科调查职员朱灿的反对。朱灿看出脚夫业职业工会"借口脚夫埠兼营运柩业务,亦欲霸揽"的野心,认为该方案势必造成双重雇运行为,既增添顾客负担,也不利于业务整合。"雇客在非脚夫区内,势必先雇轿柩工会会员运送。如到达(或通过)脚夫埠时又须转雇脚夫埠兼营轿柩者承运,不啻有双重负担。及在同一路程内需二次雇运,麻烦之感。"因此,朱灿在递交给市政府的报告中建议取消按各自势力范围进行业务切割的方案,改为按照业务性质切割,得到政府的批准。"凡在市区域内之轿柩业务不论是否脚夫埠,除听雇客自便者外,均归轿柩业职业工会会员担任为原则,脚夫工会不得借口霸占脚夫埠之轿柩业业务,以杜纠纷。"⑤

然而,政府并不总是否定脚夫业职业工会的方案,制裁脚夫业职业工会。1947年底,脚夫业职业工会在杭州市渔秧业中心松木场埠头设

---

① 《为脚夫业职业工会城站业务纠纷案致杭州市政府》(1948年4月23日),杭州市档案馆藏,档案号:J14-1-137。
② 《为本市运柩夫可否得加入本会会员请释疑核示由》(1946年9月3日),杭州市档案馆藏,档案号:J14-1-139。
③ 《为令饬查明运柩夫是否可参加脚夫工会仰查明具报由》(1946年9月5日),杭州市档案馆藏,档案号:J14-1-139。
④ 《为奉令申复运柩轿车业务与脚夫划分报请核夺由》(1948年1月15日),杭州市档案馆藏,档案号:J14-1-137。
⑤ 《杭州市政府社会科签呈》(1948年2月2日),杭州市档案馆藏,档案号:J14-1-137。

组，登记会员10名，由常务理事陈夏牛兼充组长。然而1948年初，"市场最盛之时，突被渔秧业商业同业公会无理霸夺"，据陈夏牛反映，渔秧业同业公会书记孙某"以渔秧执照哄骗工人"。① 事发后，杭州市商会理事长金润泉出面，组织渔秧业公会及脚夫业职业工会进行调解。由于"渔秧业素有贩卖渔秧及担头行两部分，其中担头行部分专以肩挑渔秧为业务，依照过去习惯，不能划开"，故决定"其所有渔秧业之担头行输送人一律参加本市脚夫业职业工会为会员"。② 这一次，显系脚夫业职业工会的胜利。1947年底至1948年初，脚夫业职业工会又在属于私立之江大学校区范围的六和塔至徐村的沿江一带搬运货物，引起之江大学不满。之江大学校长李培恩上报杭州市政府，指出该地段"系属本校私产，即公路之通过路局亦与本校有校车经过不收取养路费之约定"，认为脚夫业职业工会"实有侵犯本校之嫌"。③ 然而脚夫业职业工会的理由是："惟沿江江埠固不可属诸私有，是以沿江货物起水下水案业务仍应由脚夫经营。"④ 市政府最终认可脚夫业职业工会的意见，令在该地段工作的工人登记加入脚夫业职业工会，同时也强调"如有涉及该校私有范围以内，不得发生任何纠纷"。⑤

如果说"见缝插针"反映出脚夫业职业工会主动出击，侵蚀相关行业的既得利益，挤占其他行业的生存空间，则当面临其他行业的"进犯"时，处于守势的脚夫业职业工会积极与政府沟通，借助政府权威，确保行业利益不受侵犯。1947年10月，脚夫业职业工会向市政府反映，在杭州城区郊外，不少坟丁进城从事灵柩搬运工作，影响到城区内运送灵柩的脚夫的生计，要求按照两者的业务归属划清界限。"坟丁所司职务均属坟山管理，灵柩埋葬，至于肩扛工作应归于运柩脚夫

---

① 《为渔秧组会员工作被渔秧业商业公会无理霸夺请赐令制止由》（1948年3月3日），杭州市档案馆藏，档案号：J14-1-137。
② 《为呈复脚夫业与渔秧业公会业务纠纷调处情形祈鉴核备查由》（1948年4月19日），杭州市档案馆藏，档案号：J14-1-137。
③ 《为据脚夫业工会所称本校物资起落均为该会所属业务致杭州市政府》，杭州市档案馆藏，档案号：J14-1-137。
④ 《为奉令查复六和塔至徐村沿江一带业务纠纷等因，报请钧核由》（1948年2月2日），杭州市档案馆藏，档案号：J14-1-137。
⑤ 《为准之江大学函嘱脚夫工会在六和塔之往沿江一带业务发生纠纷一案饬仰查照办理由》（1948年1月10日），杭州市档案馆藏，档案号：J14-1-137。

承接。"① 市政府满足了脚夫业职业工会的要求,并饬令警察局负责执行,制止坟丁进城运柩的行为。同年11月,脚夫业职业工会向市政府反映,湖墅区石灰桥埠脚夫组业务受到侵占。"近闻有不识姓名者拟在该埠设置搬运处",要求政府出面制止。② 在市政府饬令下,警察局第八分局派员出面干预,确保了脚夫组在此地段的业务归属。

小 结

1945~1949年,城市工商业得到重建。然而,在这一过程中,民众以及退伍军人纷纷回乡,加入劳动力群体,加剧了城市生存压力,使得失业、滋事等社会问题频出,各种生存线上的利益之争白热化。因此,战后城市劳动力人口供给超过了行业承载力,导致行业生存竞争加剧,行业整体利润被摊薄,从业者的边界收益递减。一言以蔽之,战后城市工商业市场陷入了"内卷化"的停滞状态。

与工商业市场整体陷入"内卷化"停滞相对的是各个行业在微观层面重新洗牌、划分行业边界、确立行业规范、建构市场秩序的过程。这一过程伴随着行业之间基于生存利益之争的大量摩擦、碰撞。通过本章的考察可以看出,战后城市职业工会并未囿于在本行业内部的劳资争议中与资方雇主讨价还价,而是代表本行业从业者,积极介入战后各行业的生存竞争中。职业工会的行为方式按照技术与非技术的划分,有很大差异。以洗染业、绸布业为代表的技术与半技术行业的工会组织采取了提高行业门槛、收缩组织规模等方式,试图重建市场规范与行业秩序。

然而,提高行业门槛、收缩组织规模等并非基于行业正常发展过程中要求打破原有桎梏的呼声,而是在战后工商业重建陷入"内卷化"停滞的状态下,一小部分行业中高端的"既得利益者"试图确保其利益格局不变。同时,大量学徒、半学徒等位于行业底端的从业者被挡在生存红线外,由此引发了他们对行业不公的不满,进而导致了更多挑战行业

---

① 《为据报本市城郊封顶侵占职权等情呈请赐予制止并转饬协助以维生命由》(1947年10月19日),杭州市档案馆藏,档案号:J14-1-139。
② 《为湖墅石灰桥埠被人觊觎等情转请鉴核予以制止俾维生计由》(1947年11月9日),杭州市档案馆藏,档案号:J14-1-139。

秩序和市场规范的纠纷事件的出现。

而以脚夫业为代表的非技术行业的工会组织则采取了归并相邻行业从业者、侵占相邻行业的既得利益、挤占其生存空间等方式，强行扩张行业边界，扩大组织规模，导致市场竞争恶性化、行业秩序无序化。在脚夫业的纠纷案中，争执点在于业务范围界定与切割。矛盾双方的工会组织均未在章程中明晰各自的业务边界，而是用含混的语句，试图将各类从事搬运装卸工作的工人都纳入自身范围之内，由此导致矛盾双方的工会组织均试图动用各种资源力量，参与杭州城区内运河沿岸各埠头的搬运装卸业务。在冲突爆发后，双方并不以规范各自业务范围的谈判化解矛盾，而是通过对冲突纠纷做出有利于自己的解释，试图影响警察局及市政府，使其站在自己的一边，达到侵占与吞并对方业务的目的。

尽管战后职业工会的双向扩张有维系行业生存的不得已因素，但这种扩张行为不仅未能改善行业整体的生存环境、规范行业秩序，反而恶化了与不同行业共处的工商业市场整体秩序，使原本就不和谐的劳资关系更趋紧张，进一步压缩了劳工群体的生存空间，使战后劳动力市场的竞争呈现无序化与暴力化。

面对不同行业势力在战后城市工商业重建过程中的此消彼长乃至冲突不断，地方政府以仲裁者的身份，对各行业进行干预指导。这种干预指导并非以明确切割双方业务范围的方式与工会进行协商，而是一方面敦促警察局等下属部门严厉防范群体性事件的复发，另一方面，以承认对方既有势力的方式同工会领导者进行讨价还价。由此随着相关行业从业人员的数量增减以及工会领导个人谈判能力的强弱变化，各工会之间关于业务范围的协定被不断打破，不断修改。可见，在战后时局动荡、社会问题频发的环境下，地方政府在面对劳工群体的行业纠纷时，既不愿过分使用暴力手段强制约束矛盾双方，又未能用制度化、规范化的方式消弭冲突，抑制非技术行业工会的扩张与越界行为，而是企图用传统平衡的方式消弭双方矛盾。这导致地方政府在大量行业纠纷事件中被消耗，无法通过工会组织这一社团纽带，建构起社会整合的新秩序。

第七章 会务纠纷中的地方政府、工人与工会

在战后杭州市总工会的章程中,关于工会的任务规定有两条:"工会或会员间纠纷事件之调处;劳资纠纷事件之调处。"① 无独有偶,战后成立的汉口市总工会在其章程中同样规定,其肩负的任务包括"劳资间纠纷之调处;工会或会员纠纷事件之调处"。② 武昌市总工会及其他各产、职业工会的章程中,也都有类似的规定。

这一规定凸显出一个现象,即南京国民政府时期的工会组织将工会与会员间的纠纷以及劳资纠纷视为两类不同的问题。晚近,在劳资纠纷成为学界关注的热点问题时,研究者对工会内部发生的各类纠纷事件关注不够。发生在工会组织内部的各类纠纷、冲突或是缘于工人对工会领导者的不满,或是缘于工会组织在执行组织登记政策过程中遇到阻滞等,相较于以经济利益矛盾为主的劳资纠纷而言,这类纠纷更能凸显工会组织在社会整合职能方面的结构性障碍和制度困境。运用法团主义视角管窥这些纠纷冲突,有助于更加深入地理解战后政府、工会与工人三者之间的博弈互动,以及国民党政权在何种程度上实现城市社会的整合。基于此,本章将围绕工会主要当事人的各类纠纷定义为"会务纠纷",通过对若干起会务纠纷进行个案考察,分析背后的政府、工会与工人之间的关系,管窥战后地方政府对城市社会的整合问题。

第一节 同业商号的"破坏工会"与工人的"抗不入会"

抗战结束后,在地方政府的主导下,城市工会组织得到重建。各业

---

① 《杭州市总工会章程》(1946年5月),杭州市档案馆藏,档案号:J14-1-1。
② 《汉口市总工会组织章程》(1946年4月26日),武汉市档案馆藏,档案号:9-17-260(4)。

工人纷纷加入所在行业或产业工会，本是战后国民政府通过重建人民团体实现社会整合的第一步。然而，对于工人加入工会，部分同业公会与商号、店铺并不十分乐意。"胜利复员之初，津市民营工厂资方，仍多囿于锢习，不愿该厂所属工人，从事工运活动，加以多方阻挠，影响工会等组甚巨，致难达工联会推进组织工作之预期时效。"① 这一现象多半发生在卷烟、酱业、染整等依赖学徒制的手工业。这些行业多以集生产与销售为一体的商号、店铺方式经营，商号、店铺往往认为工人加入工会后会在工资、待遇等方面提高要求，不利于自身管控，遂从中作梗，不希望手下工人加入工会。战后杭州粮食业工人拟组建粮食业职业工会，遭到米店商号的阻拦。"本会派员分头催收12月会员月费及分发会员证件时至市源泰米店，曾于会员收费分发会员证件并调查未入会工友之际，不料该店主钟渭泉出而干涉，并嘱会员拒受会员证件，阻止工友倪君入会，本会常务理事暨书记等曾与申述理由，该店主不问情由，而返拍案大骂，声言胡闹，当众侮辱本会工作人员。"② 杭州市茶食糖果业职工于1946年7月发起筹组职业工会。工会正式成立后，由于数次要求资方增加工资，"乃遭资方忌惮"，1947年2月6日，资方解雇了一批工会成员。③ 杭州市南北货业职业工会理事长何锦文"向在本市下仓桥老德昌南北货号服务，对会务颇具热忱。讵为资方所嫉妒"，于1947年1月25日被资方开除。④ 1948年，天津市料器业（玻璃的生产与制造业）工人欲发起筹组料器业工会，但遭同业公会的反对，认为料器业生产是在商号店面内部完成的，工人不应从同业公会中分化出来另组工会。⑤

集生产与销售于一体的工作方式将资方与工人集中在同一个工作环境中。工人多为分散式工作，在生计来源方面与商号、店铺存在利益共

---

① 马超俊：《中国劳工运动史》第4卷，第1611～1614页，转引自刘明逵、唐玉良主编《中国近代工人阶级和工人运动》第13册，第520页。
② 《呈为源泰米店店主当众侮辱本会工作人员阻止工友入会恳祈鉴核并派员调查严予惩处以利会务由》（1947年1月13日），杭州市档案馆藏，档案号：J14-1-183。
③ 《呈为茶食糖果业工会理监事无端遭资方解雇祈令饬收回成命由》（1947年2月18日），杭州市档案馆藏，档案号：J14-1-183。
④ 《呈为南北货业工会理监事无端遭资方解雇祈令饬收回成命由》（1947年5月22日），杭州市档案馆藏，档案号：J14-1-183。
⑤ 《为制止召开料器工会筹备会致市社会局劳工行政科呈》（1948年8月2日），天津市档案馆藏，档案号：J025-3-5610。

生的潜在关系，使得工人高度依附于商号、店铺，客观上降低了工会对工人的凝聚力和吸引力。因此，面对同业商号、店铺的阻挠，势单力薄的职业工会无法与其抗衡，只能转而寻求总工会与地方政府的介入和帮助。对于职业工会而言，可以运用的话语资源是给商号、店铺冠以阻碍和破坏人民团体的罪名。杭州市茶食糖果业工会以"本业工友本年度被裁会员达十分之三以上"为由，认为"职等系工会负责人，为遭受资方无故开除，政府为无保障则继起承办工会，不啻无人问津"，要求总工会代为出面向政府申诉，令资方撤回解雇之令。① 杭州市南北货业职业工会则直接向杭州市政府与浙江省政府社会处致电，认为"老德昌南北货号系杭市南货业之巨声，去年营业有盈无亏，而店中全体职工均不更动，仅何理事敬文一人被裁，其有意破坏工会已可显见"，要求政府出面制裁。②

战后工人未能加入工会，除了商号、店铺对工人的阻挠所致外，还有一个原因，即工人自身拒绝加入工会。"抗不入会"事件的增多，必然影响到工会组织的公信力乃至政府权威。战后国民党政权颁布的人民团体相关法规中规定，工人必须加入工会，既意味着工人不能游离于工会之外，也意味着工会不能拒绝接受工人。那么，是什么原因，导致各类"抗不入会"事件的发生呢？在此，我们对几起工人"抗不入会"的案件进行具体分析。

一 卷烟业工人与面点业工人的"抗不入会"案

1946年12月18日，汉口市手工卷烟工人40余人聚集至市区大同旅社商谈，推举胡光明等11人为发起人，共同要求发起组织职业工会，上报汉口市政府。③ 该申请得到了政府的批示许可。1947年2月25日，该工会在得胜街惠然来茶楼举行选举大会，宣告成立。但该工会在随后登记会员的工作中遇到工人"抗不入会"的麻烦。4月14日，该工会理事

---

① 《呈为茶食糖果业工会理监事无端遭资方解雇祈令饬收回成命由》（1947年2月18日），杭州市档案馆藏，档案号：J14-1-183。
② 《呈为南北货业工会理监事无端遭资方解雇祈令饬收回成命由》（1947年5月22日），杭州市档案馆藏，档案号：J14-1-183。
③ 《为筹组汉口市手工卷烟业职业工会祈鉴核备案由》（1946年12月18日），武汉市档案馆藏，档案号：9-17-64。

长胡光明上报汉口市政府,声称工会成立"迄已日久,对于工人登记手续曾经通告并屡派员至各厂劝导,仍拒不接受者殊多。近有中山大道五七一号宝龙厂服务之工人彭元庆、李济鹏,又有李福陔等故意玩忽违反政令","具文报呈钧府依法核办",希望借助政府权威强制工人入会。① 政府指示警察局,要求其"依法勒令入会",对于不申请登记之工人,"应先进劝导,如仍拒不接受,再将其姓名工作地址详报本府",② 对于手工卷烟业职业工会所呈之事,"亟令仰该局知照迅即特饬所辖分局促令该工人等登记入会以符功令",③ 并照会手工卷烟业职业工会与警察局联系以获得协助。由此可见,政府并未直接采信工会的报告并强制工人入会,而是希望在调查事实的基础上协调达成目的。政府所使用的话语也是"促令",而非"强制",可见地方政府对"抗不入会"的报告持谨慎的态度。

然而政府在调查过程中,发现问题并不那么简单。5月5日,手工卷烟业职业工会理事长胡光明致电汉口市政府,就工人抗不入会的原因做了说明,认为工厂与工人双方都有责任。工厂方面,临时工聘用制度影响了调查登记手续,"各厂方所雇之工人无一定工作期限,厂方生意稍有即觅就工作,无则辞退"。工人方面则缘于流动性过大造成无视法规的存在,"借无一定之工作时期及地区,即存刁玩之心,放意违避政令,破坏组织,实无法制裁"。④

而负责调查的汉口市警察局,饬令下辖第三分局及第十四分局传唤3名抗不入会的工人进行审查,发现其不入会更主要的原因在于与传统行会之间关系的复杂。该3名工人均为手工卷烟业学徒,本属于手工卷烟业同业公会。但因其为学徒,没有正式出师,故暂不能为正式会员。而入会即"出师"还需要一笔不菲的资金。其在口供中谈道,手工卷烟同业公会规定,"要三年出师以后原可入会",且"入会要四(五)万元"。但更主要的原因还不在此。其所属厂商宝龙烟厂"于上月变更机

---

① 《为手工制烟业工人抗不入会呈请法办由》(1947年4月14日),武汉市档案馆藏,档案号:9-17-64。
② 《汉口市政府指令》(1947年4月20日),武汉市档案馆藏,档案号:9-17-64。
③ 《汉口市政府指令》(1947年4月21日),武汉市档案馆藏,档案号:9-17-64。
④ 《为据报手工制烟业工人抗不入会原因》(1947年5月5日),武汉市档案馆藏,档案号:9-17-64。

制","早在手工卷烟公会板停时另行参加机器同业公会",且该厂工人"在职工会早已登记,因生意清淡,早已改散",并且"闻职工会负责人言学徒不入工会",故"未曾参加"。①

由此可见,这是新旧社团组织结构转换带来的问题。同业公会尚未正式出师的学徒,不被工会认可。但因其隶属的旧公会已经改头换面,"另行参加机器同业公会",导致该3名学徒被新旧组织同时拒绝。

通过对比手工卷烟业职业工会理事长胡光明的上报与警察局的调查,可发现几点问题:首先,上报内容所称工人"抗不入会""故意玩忽违反政令",与事实不符。3名被调查学徒"早向同业公会报停",可见其对加入工会的政策规定并非消极抵抗,并且学徒分别为17岁、15岁、15岁,尚未正式出师,怎么有胆量"抗不入会"?怎么敢"故意玩忽违反政令"?反倒是警察局的调查表明了其不入会的真实原因——没有出师,无法以独立经营者的身份加入同业公会。唯一能解释的是该工会理事长胡光明不想为原属于同业公会的学徒涉入同业公会与工会之间的麻烦,而希望借助政府外力强制学徒工入会。政府在接到上报后,并没有听信一家之言,强制学徒工入会,而是令下属警局调查协助。查明真相后,政府训令手工卷烟业职业工会,"希嗣后对遇有抗不入会工人,须查明事实再行报府核办为要"。② 言外之意,告诫工会今后对于此类事件必须谨慎处理,不能一味借助政府的权威强制工人入会。

地方政府尽管有意避免矛盾冲突,但并未完全放弃强制的撒手锏。1947年11月11日,手工卷烟业工人"抗不入会"事件发生半年后,该工会理事长胡光明又以部分工人散布流言、拒缴会费等为由,上报汉口市政府,要求市政府派警察局介入法办。

> 窃职会成立已经数月,会员达二百有余人,而不缴纳会费及拒绝入会者亦复不少。更进而有煽布流言捣乱会务者实大有人在,以致会务无法进展。呈请钧长鉴核,迅赐令饬球场警察局派警协助办理会务,违则带局惩处。或由职会将违章工人随时扭送当地警局严

---

① 《汉口市警察局第十四分局传唤谈话纪录》(1947年5月11日),武汉市档案馆藏,档案号:9-17-64。
② 《汉口市政府指令》(1947年5月23日),武汉市档案馆藏,档案号:9-17-64。

究以利会务。①

这一报告引起了政府的注意。在内战全面打响的紧张局面下,"煽布流言捣乱会务"的"别有用心"足以让地方政府的神经高度紧张。两天后,汉口市政府致电汉口市警察局,"查该会迭次呈报会务不能推进,原因系为球场街各卷烟工厂工人抗不入会所致",并指令警察局"依据该工会合法请求于必要时派警协助办理为要"。②

1947年6月,武昌中西菜馆酒饭面点业工会同样出现工人"抗不入会"的事件。7月8日,武昌市总工会就此事向武昌市政府报告,认为"以会员遵入会领取会员证者固多,拒绝登记不服会章者亦复不少。若任非会员与合法取得资格之会员享受同等权利而不尽义务,不特难昭平允且影响会务甚大","查该会所称各节在现时特殊环境之下对于不守纪律之份子亟应取缔",并希望政府"俯赐派员协助该会实施检查"。③ 这个报告令市政府感到为难。因为"查非常时期职业团体会员强制入会与限制退会办法业经废止","对于此类案件无法依据办理"。④ 一周后,武昌市政府致电湖北省政府请求处置方案。而湖北省政府对政策条文的理解似乎强硬得多。8月12日,湖北省政府致电武昌市政府,"查职业团体组织法规关于会员入会条文内列有'均应'二字,各该业、从业人员抗不入会者应即强制使之入会。如强制无效,仍可参用业经废止之非常时期职业团体会员强制入会及限制退会办法之原则。斟酌办理。该市中西菜馆酒饭面点业工人抗不入会,应即查明办理"。⑤

可以看出,"均应"这一含义模糊的词语在湖北省政府看来是强制执行的政策依据。但尽管湖北省政府做出了批示,武昌市政府仍然为自己留了后路,没有断然使用强制手段。10月27日,武昌市政府就此事

---

① 《为本会部分工人拒缴会费及散布流言扰乱会务呈请法办由》(1947年11月11日),武汉市档案馆藏,档案号:9-17-64。
② 《汉口市政府训令》(1947年11月13日),武汉市档案馆藏,档案号:9-17-64。
③ 《为武昌中西菜馆酒饭面点业工人抗不入会呈请遵办由》(1947年7月8日),武汉市档案馆藏,档案号:18-10-4448。
④ 《武昌市政府指令》(1947年7月10日),武汉市档案馆藏,档案号:18-10-4448。
⑤ 《为非常时期职业团体强制入会及限制退会办法致武昌市政府》(1947年8月12日),武汉市档案馆藏,档案号:18-10-4448。

批示中西菜馆酒饭面点业工会,"查该会各不良份子应由该理事长审理检据报府据办。示抗不入会之员仰即查照督导入会"。[①]

为什么政府在历时近半年的"抗不入会"事件中并没有采纳手工卷烟业职业工会理事长的"强制入会"办法,而是本着较为客观的态度指令警察局详细调查,如实上报,但在半年后接到该工会理事长的报告后终于态度有所转变,开始显示出强制的倾向?为什么令武昌市政府感到没有依据难以执行的问题,到了湖北省政府那里毫不费力地从政策条例中找出"强制"的依据?导致这一变化的原因主要有以下三个方面。

首先,社会背景方面,战后,国共两党矛盾的尖锐化,导致了国民政府对任何"反动""煽动"的迹象都高度敏感,尽管这些现象很可能与政治无关(武汉当时是国统区军事重镇)。任何被冠以此名的事件都会令政策制定者和实施者坐立不安。因此,一看到有"煽动"的报告,就想到动用军警等国家暴力机器进行社会控制。其次,组织结构调整是一个复杂的过程。新旧体制转换所带来的一系列问题是不可能通过短时间内成立的工会全部解决的,需要一个持续解决问题、化解体制矛盾的过程。但这个过程需要在一个稳定的外部环境下进行,而当时外部环境显然与转换组织结构所需要的状态背道而驰。国民党政权进行结构调整的外部环境不断趋于紧张,执政者的心态也从战后伊始的从容逐渐转变为紧张敏感,其政策执行手段也更为强硬。这种方式只会令组织结构调整引发的社会问题雪上加霜。最后,湖北省政府的态度较武昌市政府更为强硬。这固然有湖北省政府贯彻执行中央政策的力度更大的原因,但湖北省政府为武昌市政府的上级单位,在国民政府行政架构中起到贯彻中央政策、监督下级单位执行的作用,并不真正在政策执行第一线。处在第一线,需要面对各级工会上报的大小问题的是武昌市政府,其处理问题时无疑会更为谨慎,除非万不得已,否则不使用强制的手段。

二 报业工人的"拒绝入报业工会"案

高少华、王鸿良是武昌市大有新闻杂志社的员工。该社于1947年8

[①] 《为工会不良分子应由理事长审理据报备核由》(1947年10月27日),武汉市档案馆藏,档案号:18-10-4448。

月初在武昌市政府备案成立,以发行报刊业务为主,供应周边农村与市镇。8月上旬,二人申请加入武昌市派报业职业工会,但遭到该会拒绝。这一事件引起了大有新闻杂志社的不满。该社负责人王则圣、陈兆耕于8月11日和9月3日两次上报武昌市政府,称派报业工会"不明大体,专以私利为想,竟把持拒绝参加入会。该会当局对本社拒绝参加入会不知根据何种法令之明文规定,此种行为显系会内当局少数份子把持工会,利用团体作私人利益之工具",请武昌市政府"赏予令饬该工会依法准予工友高少华王鸿良等办理入会手续"。①

接到报告后,武昌市政府令社会科调查此事。3天后,社会科上报武昌市政府关于此事的调查结果:

> 派报业工会理事长称个人绝无拒绝工人入会之意,此次拒绝大有工人参加工会理事会议决,但该会此次理事会并非常会共议决案,并未呈报备查,显有把持工会之旧恶习气。查报纸之散布以派报工人多寡为持务。故该会之□□散布地域广。况该会不准同业工人入会违犯法规,除分别面嘱双方应求和平,合理之解决,拟令派报业职业工会准大有工人高少华王鸿良遵率加入该会,以重法令,并批示大有新闻杂志社知照。②

看到下属的调查结果,武昌市政府敕令派报业工会,"查该社工友高少华等确系报业工人,依照工会法第十二条,自应加入该会,以符法令"。③ 殊不料这一批示引起了派报业工会的抗议。该工会理事长石道威于9月底呈文武昌市政府,同样援引《工会法》第12条为自己辩解:

> 该条明文规定从事同一职业者应依法加入该会,反之非同一职业即非法会员,按该社本身而论。该社应向新闻杂志业申请入会,

---

① 《为派报业工会少数分子把持工会呈请调查由》(1947年9月3日),武汉市档案馆藏,档案号:18-10-4448。
② 《武昌市政府社会科笺呈》(1947年9月6日),武汉市档案馆藏,档案号:18-10-4448。
③ 《武昌市政府训令》(1947年9月9日),武汉市档案馆藏,档案号:18-10-4448。

按该社雇工高少华、王鸿良而论，纯系该社之雇工，非派报工人，其职业与性质不同，依法应予请求钧府准予拒绝，以符法令。①

可见，派报业工会拒绝的理由是业务边界的划分。而大有新闻杂志社在先前致武昌市政府的报告中，却称"凡属泛业工友钧应使其入会。所谓工友愈多，团体愈固。殊不失团体组织之要义。当无限制之可言"，拉人入会之意十分明显。② 对比之下，可见其有意模糊二者的边界。

在战后城市工会组织的重建过程中，始终存在业务边界不明晰的问题。武汉市政府也无暇制定完备的各行业及产业工会的权责边界条例。图书报刊的营销业务就算不同，也至少属于相关行业。派报业工会与大有新闻杂志社都可以从模糊的空间中寻找对自己有利的解读，由此产生的问题是，双方为什么会对业务边界产生如此鲜明的分歧？

派报业工会10月初致武昌市政府的报告提供了这一问题的答案。

查本市市郊及近邻各县镇码头无处不有本会会员派送各种报纸，彼等加入后，除迫令原有之会员二人另行改业外，则无其他方法可设。究派何报售与何人，亦大成问题。且彼等尚未加入即用极卑鄙之手段，在本市及市郊一带故意贱价抢夺侵占本会各会员之客户，强夺之饭碗实行杀命养命之办法，败坏本业数十年之信誉，破坏本业团体等种种行为不堪枚举。业已形成群情愤激之势。该社以武汉日报鄂南分销处之名义，在汉口运报来本市市区售卖，于九月二、四两日被本会会员发觉，当时即发生纠纷。有警察五分局之案可稽。同时本会推派负责人前往武汉日报询问并将事实说明。后报馆方面即将该分销处撤销停止发报。此有武汉日报社可资证明。今该报纸来源断绝，即实行高价零买贱价定购。此种行为究因何故。综上各项情形，不无可疑。……何况工会系由全体工友共同组织，其责任在尽力保障会员之福利，绝对不能容许此种不法份子加入危害工友。设此时容许该社入会，则其他图书社以及各报馆之报差等援例请求，

---

① 《各业工（公）会关于会务纠纷》，武汉市档案馆藏，档案号：18-10-4448。
② 《各业工（公）会关于会务纠纷》，武汉市档案馆藏，档案号：18-10-4448。

则将如之何？不允则引起纠纷，允则本会一百余会员之生计即行断绝。同时并使各会员之家属老幼百余名口亦随之遭受影响。①

可见，双方分歧的根本原因在于战后恶劣的生存环境下产生的利益纷争，大有新闻杂志社形成了对派报业工会以往利益范围的侵蚀。而除去"败坏信誉，破坏团体"等模糊字眼，细考该段文字中涉及的杂志社竞争手段，只有"贱价"一举。连杂志社的对立面也无法举出价格战以外的竞争手段，可以相信这原本是打破派报业工会长期利益垄断的行业内正常市场竞争。

派报业工会向市党部与市政府的申诉得到了回应。10月15日下午，武昌市政府社会科召集了新闻杂志社与派报业工会双方代表洽谈，协商解决方案。尽管市政府在次日致新闻杂志社与派报业工会的指令中开始强调双方的业务划分，但仍命令派报业工会吸纳高少华、王鸿良等人。而在市党部将派报业工会的呈报转至武昌市政府后，11月5日，武昌市政府做出了最终调整方案：

一、大有图书社为免除工人纠纷，自愿放弃派报业务。二、为顾及大有营业信誉，十月份报纸二百份仍由派报工会负责供给继续送达阅户。三、大有派报业务至十月底停送报纸，解雇工友。②

至此可以看出，市政府对此事的处理方案发生了明显的转变：从最初的坚持高少华、王鸿良两人加入派报业工会到指令划分二者的业务边界，并取消了新闻杂志社的员工加入派报业工会的要求。可见政府完全倒向派报业工会一边，做出了旨在维持派报业工会利益垄断的裁决。这一裁决让派报业工会心满意足，但却用人为干预市场竞争的方式，将大有新闻杂志社推向更艰难的生存之路。

通过上述案例可以看出，战后城市工人的"抗不入会"，并非工人自身无故违抗政令，而是工会出于游说政府强制工人加入工会的目的所

---

① 《为派报业工人抗不入会一案致武昌市政府的呈》（1947年10月3日），武汉市档案馆藏，档案号：18-10-4448。
② 《武昌市政府训令》（1947年11月5日），武汉市档案馆藏，档案号：18-10-4448。

采取的一种说法。"抗不入会"意味着工人站在了国家政令与社会秩序的对立面，成为亟须被政权规训的社会群体。面对工人的"抗不入会"，基层工会有两种方案。第一种是尝试依仗自身力量"劝导"工人，在组织内部解决。1947年8月，杭州市革履业职业工会针对部分工人"擅自工作，不加入本会为会员，捣乱会规"的现象，召开理监事联席会议，决议"凡在本市革履业工人，均应加入本会为会员，初则劝导，继则警告，警告后，如再不履行，呈请实行强制执行"。① 第二种是仰仗外力，要求政府强势介入。抗战结束后，国共两党高度紧张的时局让政府高度敏感。对于工会与工人等敏感问题，政府使用强制手段。在遇到工人因各类原因未加入工会组织的情况时，工会代表也日益倾向于直接诉诸政府，寻求政府的强制介入。由此看到，战后，地方政府在处理城市工人"抗不入会"的问题时，"劝导"与"强制"并用，双管齐下。1946年8月，杭州市铁工业职业工会理事长田锡镐上报市政府，要求市政府对于部分"智识水准低落、不甚明了本身害利关系之密切"的工人"实施强制入会"。② 然而政府也并不轻易使用强制措施，激起社会不满。杭州市政府向铁工业职业工会发布指令，称其要求"碍难照准"，要求"有拒绝入会之工友，经劝导及警告仍不接受者，可呈报本府核办"。③

在战后城市工会组织中，产、职业工会的维持和运行主要仰赖会员会费征收。因此会员不缴会费，会被相关工会威胁除名，剥夺会员资格。1947年12月，杭州市革履业职业工会因"近来各会员，对于会费，均观望不缴，疲延积欠，非但会务不能进展，几至会内不能维持"，召开理监事联席会议讨论对此问题的处理方案，"定于12月16日起至20日止，将11月份以前积欠之会费，一律收清，如延不缴齐，当即取消会员资格"。④ 对于拖欠会费的会员，部分工会借助政府的力量强制征缴。杭州市人力车业职业工会因会员陆水宝拖欠5万元会费款，向政府报告，要

---

① 《为整顿会员会籍，及处理私自变更工价，请准备案，并指令祗遵由》（1947年8月15日），杭州市档案馆藏，档案号：J14-1-72。
② 《为呈请饬警察局予以协助强制入会乞核备由》（1946年8月9日），杭州市档案馆藏，档案号：J14-1-79。
③ 《杭州市政府指令》（1946年8月29日），杭州市档案馆藏，档案号：J14-1-79。
④ 《为呈报不缴会费者取销会员资格并于本年12月1个月依照会员收入改证会费百分之2以资维持由》（1947年12月9日），杭州市档案馆藏，档案号：J14-1-72。

求派警察强制该会员缴清所欠会费,后得到政府的许可,该会员也缴清了欠款。[①] 然而必须看到,工会的"除名"威胁只能起到十分有限的作用。在会费征收方面,除非工会借助政府及警察局的力量强制征收,否则仅仅依靠"除名"的威胁并不能起到震慑工人的实际效果。原因在于,战后国民党政权的《工会法》及人民团体组织法规规定工人必须加入所在行业或产业的工会组织,因此对工人而言,工会会员已经成为一种理论上没有退出机制的强制性身份。既然不可能退出,所谓的"除名"威胁,也就沦为一纸空谈。

三 绸布业职业工会与手车业工会筹建失败案

在战后杭州工会组织重建的过程中,并非所有行业工人发起组织的工会都能够得到政府批准。工会的成立,涉及如何理顺行业利益、规范从业者的职业属性及职业边界。绸布业职业工会的夭折缘于在政府看来,该工会的发起者属于店员群体,非劳工群体。而手车业职业工会的挫折,则缘于该业从业者意图从相关行业中分离出来所引发的利益矛盾。

店员群体是近代中国社会发展中重要的职业群体,主要分布于茶房、鞋业、丝绸业、面粉业等手工业与轻工业中。1928年7月19日,国民党第157次中常会通过的《商民协会组织条例》中规定,店员也称伙计,"指一般经营商业之公司、商店、厂社及行庄之职员及其学徒,除经理之外皆属之"。[②] 朱英、巴杰指出,民国时期的店员群体组织大致经历了公所—工会(公会)—同业公会的演变过程,属于工人还是商人,应加入组织工会还是加入同业公会,以及店员工会的隶属关系等问题,在大革命时期一直争议不断,但争议主要出自政党的政治需要,而不是店员的自身诉求。[③] 民国时期杭州手工业、商贸业发达,不仅孕育出一个数量庞大、行业分布广泛的店员群体,也使该群体在战后发出建立同业组织的呼声。

---

① 《为会员代表陆水宝经收会员费延办清缴积欠至五万元祈鉴核准予派警押缴由》(1946年9月9日),杭州市档案馆藏,档案号:J14-1-62。
② 《商民协会组织条例》,《中华民国史档案资料汇编》第5辑第1编《财政经济》(8),第678页。
③ 朱英、巴杰:《试论国民革命时期的店员群体》,《学术研究》2012年第1期,第98页。

第七章 会务纠纷中的地方政府、工人与工会

1947年,杭州老大纶绸庄的店员张建藩、施炳炎等30余人"暂借景嘉弄11号地址",商讨组织绸布业职业工会。"杭州市各业职工均有职业工会之组织,独我绸布业尚付阙如。窃等有鉴于斯为谋联络同业职工感情及同仁福利事业起见,实有组织之必要。"①为了壮大社团力量,其有意联合相关行业店员参加。"邀同业天纶、宏泰等职工参加,共商其事,均认为有组织之必要。"②但在杭州市总工会看来,张建藩等30人均系本市绸布业店员,其要求组织职业工会的行为与政府现行法规相抵牾。③尽管如此,杭州市总工会没有草率决断,而是将问题上报杭州市政府,请求指示。政府随即下文,以店员属于商业群体,并非劳工群体为由,否定了张建藩等人成立工会的要求。"查商店店员依法不得参加工会为会员,该张建藩等三十人既称均系绸布业店员,所请组织工会于法不合,未便照准。"④遭到否决后,张建藩等人向店员职工发起筹款,赴南京请愿,并在事隔半年后,再次向市政府要求组织工会,提出在绸布业、百货业、绸厂业三个行业分别组织工会的变通方案,援引上海、南京等地店员工会的先例。"现行法律规定各该业工友视为商业从业人员,既不能参加同业公会组织,又无法筹组工会,殊非政府领导民众组训民众之至意。惟查上海南京等处店员均有工会组织,如上海三区百货业职业工会等即其一例,公开活动,未闻加以取缔。"这一次,得到了总工会的部分支持,认为"各该业工友所陈各节不无理由"。⑤杭州市政府不愿承担责任,遂将事件上报浙江省政府社会处。三个月后,浙江省社会处以"店员组会办法尚在研拟中"为由,指示"在该项办法未决定前各地不得有店员组会,并严密注意店员之非法活动"。⑥张建藩等人通过正式途径筹组工会的方案至此破灭。

---

① 《为据张建藩等三十人申请发起组织杭州市绸布业职业工会可否,祈核示由》(1947年5月10日),杭州市档案馆藏,档案号:J14-1-183。
② 《绸布业职工联谊会始末》,杭州市档案馆藏,档案号:J14-1-30。
③ 《为据张建藩等三十人申请发起组织杭州市绸布业职业工会可否,祈核示由》(1947年5月10日),杭州市档案馆藏,档案号:J14-1-183。
④ 《杭州市政府训令》(1947年5月19日),杭州市档案馆藏,档案号:J14-1-183。
⑤ 《为据绸布业工友张建藩等呈请发起绸布业同业职业工会等据情转请鉴核由》(1947年11月11日),杭州市档案馆藏,档案号:J14-1-183。
⑥ 《浙江省社会处致杭州市政府》(1948年2月13日),杭州市档案馆藏,档案号:J14-1-183。

在通过筹组职业工会维护从业者利益的路径失败后，绸布业职业工会组织涣散。"月费无法收缴，会务当不能发展，故现无组织状态。"①发起者张建藩在南京请愿失败后，"因肺病而修养，暂不理会务"，蒋恂泉、赵宝华、潘政等发起人后期均有"不理会务，对会情形不闻不问"的转变。接替者徐庆麟"经常开支无法应付，为紧缩支出起见，退出租屋，解散勤工，并向职工发表团结之需要，免遭外来之压迫，但仍鼓不起职工之兴趣，致使全体理监事厌心"。经熟人介绍，几位发起人加入国民党三青团，希望通过先成立绸布业职工联谊会，伺机再成立职业工会的迂回方式达到目的，但并未如愿。

> 由美纶、蒋恂泉之友东南日报工务科长张西林君之介绍，得识三青团王传本，托彼向当地政府接洽，允予组织，故在当年五月一日先行成立职业青年联谊会绸布组，列席会员三百余人，推选理监事。那时有人介绍我们到国民党反动派的三青团内去，结果说你们要组织工会可能办到，不过你们发起人须加入青年团，我们商人缺少政治常识，为了组织工会便糊里糊涂加入了这个国民党反动派的三青团，最后工会也没有成立，自知受骗。②

杭州市国药业、茶食糖果业的店员在战后也欲筹组职业工会。国药业店员在1928年即组织成立工会，称为杭州市中药业店员工会，后改为国药业职业工会，并在市政府备案。③ 杭州市总工会也极力建议应当准许相关行业的店员"在店员组织未正式确定前，应准加入工会为会员者"，但市政府以法规中无明文规定为由，向社会部请示，后不了了之。④

如果说绸布业职业工会的夭折属于被国民政府颁布的法规排斥在外的"非劳工"群体欲组织工会而不得，杭州手车业职业工会的挫折则是

---

① 《徐庆麟自白书》，杭州市档案馆藏，档案号：J14-1-30。
② 《绸布业职工联谊会始末》，杭州市档案馆藏，档案号：J14-1-30。
③ 《二十一年度各地工会调查总报告》，《民国时期社会调查资料汇编》第23册，第119页。
④ 《为据本市茶食糖果国药二职业工会电陈准由店面工作人员参加组织等情据情转请鉴核由》（1947年10月16日），杭州市档案馆藏，档案号：J14-1-183。

第七章　会务纠纷中的地方政府、工人与工会

工人的职业利益分化引起已有工会组织内部冲突所致。1946年7月至10月，杭州市小货车业职业工会经过多次筹备会议后正式成立。筹备时期，推举吴锦有兼总务股主任，阮乐波为副主任，沈福林为组织股主任，邓锡桂为副主任，聘请邓斌先生出任书记。① 正式成立后，华云龙任该工会理事长。1947年12月，在该职业工会内部有一批从事手车业工人意欲另行组织工会，此举遭到小货车业职业工会的干涉，为此小货车业职业工会上报政府，呼吁政府加以取缔。在报告中，小货车业职业工会控告的理由有四点。首先，将手车业归入小货车业内，强调两者本质相同。"该手车者，即小货车之别名，因小货车亦用人工手拉，并非机动，况本会小货车内分两种，一曰大胎小货车，二曰小型钢丝小货车，（与黄包车轮胎相同）总名曰小货车，亦即手车，现在所组织之手车业工会，即与本会小型钢丝小货车营业性质正复相同，并无差异。"其次，援引《工会法》条例，强调自身的法理正当性，认为手车业工人组织工会于法不合。"查工会法之规定，在同一区域内之同一职业工人只得设立一个工会。"再次，在小货车业职业工会看来，手车业工人属非营业性质，不存在法律意义上的劳资关系，从而没有组织工会的必要。"查该批手车均系各行家自用，且领有自用车执照，但既称各行家自用，应无营业性质。既无营业性质，当无专任职业工人，既无专任职工，应无工会组织之必要。"最后，也是最重要的一点，手车业职业工会的筹备严重威胁到小货车行业的利益。"该手车业工会筹备会到出张贴通告吸收自用小货车（即手车）为会员并有召收无执照之小型钢丝车（即手车亦即小货车）入会为会员，加强势力，意图侵夺本会会员之营业。"②

面对小货车业职业工会的严厉措辞，手车业职业工会筹备会发起者即致电杭州市政府，进行了回应与说明。首先，申明本行从业者抗战时期内迁缙云、丽水等地，为军队运送军需物资等事，做出大量贡献，以博同情。其次，通过将工会的筹组界定为战后重操旧业，驳斥小货车业职业工会，并声称"竟突横遭挤轧"，反击之意十分明显。最后，表示

---

① 《杭州市小货车业职业工会筹备会第一次筹备会议记录》（1946年8月26日），杭州市档案馆藏，档案号：J14-1-57。
② 《为请求准予撤销手车业职业工会筹备会之违法组织以免纠纷而维地方治安祈鉴核示遵由》（1947年12月8日），杭州市档案馆藏，档案号：J14-1-57。

该业成立工会并非首创,而是在省内其他地区已有先例,"各县工会迄今乃依然存在",并具有省一级对应社团组织,意在暗示该社团组织具有的社会资源与关系网络的覆盖范围。"组有浙省联合会之机构,现任职省社会处陈视导启美及最近离职之社会科蒋主任文宪等均为该组织之理事。"①

面对双方的相互攻击,市政府社会科经过调查后,有鉴于"本市领有营业牌照之大胎小货车及钢丝小货车均已参加小货车业职业工会为会员,至手车业职业工会筹备会所吸收之会员,均系自用牌照之钢丝小货车"的事实,提出了一个得到双方认可的折中方案:"(一)撤消手车业职业工会之组织,所有从业人员饬加入小货车业职业工会为会员。(二)手车业职业工会准予组织,惟其团体名称应添列'自用'两字,以示区别。(三)撤消手车业职业工会之组织。以免纠纷。"②该方案既确认了小货车业职业工会与手车业组织之间的涵括与被涵括的关系,又使手车业职业工会得到有限的自主性。此方案得到双方采纳。由此可见,手车业职业工会在成立过程中受到挫折,主要是缘于相近行业之间的利益侵蚀与纷争所引发的矛盾。由此可见,战后杭州地方政府援引《工会法》中的相关规定,阻止特定行业工人组织工会,由此导致相关行业工人通过组织工会实现政治参与的渠道被人为封锁,大量基于维护和扩大行业利益产生的劳资矛盾与行业间利益冲突无法在体制内合理消解,间接促使工人走向怠工、罢工等,削弱了工会的组织权威和调和功能,增加了政府的社会管控成本。

当杭州手车业职业工会在成立过程中受挫时,汉口手车业职业工会亦卷入与板车业同业公会的业务纠纷中。汉口市手车业职业工会成立于1946年8月10日,在成立后一年多的时间里发展壮大,"统辖车辆不下二千辆以上"。"职会管辖车辆系劳资混合,均属一人一车,每辆轮盘内装设有钢铁弹子而载重千斤以内。"③然而1947年8月,板车业同业公会会员席炳生出面联名发起筹组一个名叫贸易大小板车业福利会的组织,

---

① 《为手车职工战时内迁等情致杭州市政府》(1947年12月11日),杭州市档案馆藏,档案号:J14-1-57。
② 《杭州市政府社会科签呈》(1947年12月15日),杭州市档案馆藏,档案号:J14-1-57。
③ 《为贸易大小板车福利会违反会商决议,破坏业务煽动组织,蓄意侵占工会权利,恳祈依法召集评断强制执行令饬遵守以维权益而免劳资纠纷的呈》(1947年10月28日),武汉市档案馆藏,档案号:9-31-2546。

试图将手车业从业者一并纳入。双方发生摩擦，板车业同业公会指责手车业职业工会侵占板车业务。汉口市贸易大小板车业福利会筹备会筹备主任席炳生声称汉口市板车业务始于 1937 年，"迨武汉沦陷之际，即奉令随军转进，并将所有板车悉被征用仍有收据存证。直至敌军投降本市光复后，复归复业，并在本市公安路三九号继续开业"。1947 年 9 月 18 日，在华清街附近，"突有自称为运货手车业职业工会主任吴□□者来势凶横，不问情节即将第二六〇、三一四号板车车牌撬去，并勒令加入该会。查车牌系向警察局车辆登记处依照法定程序请领使用，并蒙市政府核准依法组织汉口市贸易大小板车业福利会筹备会，其性质不同营业各异。吴□□者竟敢在通衢大道众目睽睽之下将警局发给之车牌撬去，实属越权侵害，藐视法令。手车业工会竟以经营之板车勒令入会，并将警局发给准予行驶之车牌恃势撬去，该手车工会负责人金光海、吴□□等越权侵害，破坏组织，摧残本会会务发展"。①

然而手车业职业工会理事长金光海随即亦上报政府，以相似的事件经过指责贸易大小板车业福利会公然撬夺手车业牌照。1947 年 10 月 12 日，在汉景区公安路口附近，"突有不识姓名数人来势凶横，赶前责令停车，佯言汝之车辆非要入会，当经说明我系手车工会会员，无须再行加入别会，而该等面形怒色云称：此车属我板车福利会管辖，倘不加入我会，撬去牌照，不准行驶。因人数众寡，殊恐遭殴打，并经行人再三婉劝，终被当场撬去牌照"。②

板车业从事大型板车业务，载重 2 吨，手车业从事小型板车业务，"福利会不得干涉或诱导入会，工会亦不得强制大小板车入会"。手车业职业工会理事长金光海 10 月 28 日再度向政府上呈，声称系同业公会方面侵占手车业权益，要求汉口市政府出面制裁，"停止该福利会成立正式会务"。③

---

① 《为拟报手车业工会蒙蔽政府，乘机舞弊，越权侵害，妨碍交通等情事转呈钧府派员澈查究办以符法令由》（1947 年 10 月 7 日），武汉市档案馆藏，档案号：9-31-2546。
② 《为蓄意侵害夺权益，擅自派人沿街胁迫诱导职会车工入会，胆敢撬去贸易小板车牌照制止车辆停止营业，恳请依法严究，以儆将来而免纠纷的呈》（1947 年 10 月 17 日），武汉市档案馆藏，档案号：9-31-2546。
③ 《为贸易大小板车福利会违反会商决议，破坏业务煽动组织，蓄意侵占工会权利，恳祈依法召集评断强制执行令伤遵守以维权益而免劳资纠纷的呈》（1947 年 10 月 28 日），武汉市档案馆藏，档案号：9-31-2546。

面对双方各执一词，汉口市政府要求警察局调查事件经过，给出调解方案。在警察局的建议下，汉口市政府规定无论是板车还是手车，"一人一车，人前车后者为手车。二人以上，后推前拉为大小板车，嗣后各按性质入会，不得混争。自明年上半年更换牌照之日起，所有手车工会会员车辆，车牌上一律标'手'字，为'贸易手车，贸易小手车'等等"。①该纠纷至此结束。

第二节 挑战总工会：来自经济大户与产、职业工会

总工会是战后城市工会组织体系中的顶层单元，负责管辖下属各产、职业工会，并直接对地方政府负责，代表政府权威。内战时期，总工会时常遭遇来自各产、职业工会抑或商号公司的挑战。本节拟对汉口市总工会与杭州市总工会各自遇到的来自下属产、职业工会与资方的挑战风波加以考察。

一 "会员登记"案

1946年，在武汉市整改工会组织的过程中，发生了一次以"会员登记"为导火索的纠纷，对峙双方为汉口市总工会与既济水电公司。2月初，汉口市总工会整理委员会开始整改汉口市水电业职业工会，在改组过程中与既济水电公司发生龃龉。总工会整委李作舟等便上报市政府，控诉既济水电公司梗阻其组织汉口市水电业职业工会整理委员会的工作。总结起来，大致有以下几点。

首先，他们选定"该公司水工股耕莘里一号房屋"作为该工会会址，并通造会员登记以利进行，"不意该公司接收委员孙保基不愿将房屋借作会址，迫令搬迁，以致一时无法觅得适当会址，致碍登记进行"。其次，"公司方面对于在职职工一概禁止登记入会"，且"常委夏信友被胁，始终不能到会出席"，"常委王云山亦因办理会务于去年十二月二八日竟被开除公司职务"，此种"在职员工既受胁制不能参加"的情况造

---

① 《汉口市政府训令》（1947年12月2日），武汉市档案馆藏，档案号：9-31-2546。

成了"筹办以来登记入会者大都为既济尚未复职之留守职工",导致"会务进行发生重大阻碍"。李作舟还提到,沦陷之前,"以水电关系公用,职工擅自离职守者以军法从事",故员工多留守武汉。沦陷时期"大都同枪敌忾,同仇之心,不肯供敌驱使,至今因此失业者尚有二百数十人之众"。"迨至胜利光临,复员之令辉煌,全国莫不以为重睹天日","岂意接受委员孙保基仍任伪华中员工,盘居公司,并新近私人对于留守旧职工友拒绝复职,使其受尽失业痛苦。期待复员之望成为泡影,将来为生活计为职业计难保人人均能容忍甘受压迫"。最后,李作舟提出,"倘工会组织不健全,失去重心,万一洽商交涉之时各走极端致有失当行为,则作舟等实难负约束领导之责",希望政府"敬祈鉴核办理"。①

李作舟的报告引起了政府注意,但政府却并未相信李作舟的一面之词。2月16日,汉口市政府指示既济水电公司"即便查明,据实回复"。② 可见,政府对这件事采取了谨慎态度而非根据下属的报告草率定论。那么,既济水电公司是一个什么样的公司?这家被总工会控告的经济大户采取什么行动反击总工会呢?

既济水电公司在战后由官方银行借款1亿元复员费,并由政府指派人员从日本方面接收。该公司由1946年到1949年武汉解放,实质上始终掌握在宋子文集团手中。③ 这段时期汉口的水电供应,全由既济水电公司独家经营。

该公司雄厚的经济背景为其与总工会的交涉增添了底气。一周后,既济水电公司致电汉口市政府,对李作舟等人的控告逐一反驳,其用词之强烈丝毫不逊于总工会。首先,针对"不愿将房屋借作会址,迫令搬迁",水电公司报告,"该会觅得耕莘里一号房屋作为会址,曾向本公司借用桌椅多件,当经一一照借,毫无阻滞",是因为"该会不便在该处秘密集会,图谋攻击","本公司乃自动迁往张美之巷十三号集会,避免本公司职工参与,借以遂其阴谋",并以"耕莘里一号房屋为民产,与本公司并无租约,本公司更无权迫令搬迁"证明其所述为真。其次,针

---

① 《解散总工会并停止活动案》,武汉市档案馆藏,档案号:9-17-21(1)。
② 《解散总工会并停止活动案》,武汉市档案馆藏,档案号:9-17-21(1)。
③ 贺衡夫:《汉口既济水电公司的由来和演变》,《中华文史资料文库·经济工商编》第12卷,中国文史出版社,1996,第236页。

对"禁止登记入会",水电公司声明"职工依法入会系其本身自由,本公司决无禁止之理",实出于"该会对于在职职工绝未举行登记",原因在于"该会办理会员登记系完全登记,二十七年以前去职之职工以为攻击本公司之工具,对于现时在职之职工绝未通知登记,亦绝未函请本公司转知登记"。再次,针对"本公司胁制该会常委不到会出席",水电公司声明"是否该夏信友本人不愿出席抑系受本公司胁制,请传问自明,不待详陈"。另一常委王云山则因其"自上年接收本公司之日起至本年一月份止,绝未到公司签到服务,中间迭经劝告,着其按时签到,如有会务可前往办理,决不拘束",但"该员始终抗不签到,有签到表可查,是以不得不予以停职处分"。复次,针对"留守旧职工友拒绝复职",水电公司"查本公司在二十七年武汉沦陷以前对于职工及其家属均发给有搬家费及川资,听其自由分散,仅留有干部职员数十余人在汉保管。此外并无留守之人。上年接收本公司时所有留汉保管人员均同时回公司任职,其他旧职工亦先后录用,七八十名现于工作上必要时仍在继续录用中。该会欲将二十七年前历年淘汰之人及因事去职之人强公司一次完全录用,仍照昔年陋习拿钱不做事,不但本公司现时营业亏损甚巨,无力负担,当亦为钧府所不允许"。最后,对于李作舟,水电公司指责其"阴谋不轨溢于言表",除了表明自己拥护政府的立场,还希望自行选举产生水电业职业工会整委。"本公司全体职工咸望早日成立工会,推进工会法第四条规定各项事务","该李作舟等既无策动能力又多非本公司现任职工,自不易联络。可否由钧府在本公司现任职工中遴选整委若干人以资整理而利进行之处仍出自钧裁"。①

可以看出,既济水电公司在总工会面前丝毫不畏惧,其报告不仅一一批驳了总工会提出的地址、威胁会员出席等问题的站不住脚,而且以拥护政府的立场为据,指责总工会李作舟等人的不称职,质疑其领导权,提出了调整工会领导人的方案。

一边是有来头的经济大户,一边是自己的直接下属单位。政府显然不愿意看到二者对峙,两败俱伤。于是,在汉口市政府的调解下,3月14日,既济水电公司总务处处长尹伯平及水电业工会主任整理委员李作舟、

---

① 《解散总工会并停止活动案》,武汉市档案馆藏,档案号:9-17-21(1)。

常务委员王云山分别代表双方出席，达成以下协议："（一）水电工会会址房屋问题由水电工会去函厂方，由厂方指拨会址；（二）会员登记问题，由工会去函厂方，由厂方准许由工会派员赴厂登记；（三）工会负责人王云山职务恢复问题并入四项办理；（四）失业职工录用问题由工会将失业职工姓名、住址及本人印名册造送厂方，厂方需要添用职工时，须尽量先由失业职工录用。"① 这一纠纷才告一段落。

本案争端缘于会址及登记入会问题。总工会固然希望通过整改扩大自身权力范围，政府也不愿因袒护下属的总工会而开罪一个关系本市经济命脉的单位。因此，当总工会与既济水电公司僵持不下之时，政府扮演了"和事佬"的角色。而从水电公司反驳总工会李作舟等人的指斥可以看出，具有较强经济实力的企业公司并不完全把总工会放在眼里，在涉及切身利益问题的时候，敢于向其叫板。经济大户用反对和指责总工会的方式，挑战了总工会代表的政府权威。

二 "骗取各业工会图记"案

除了经济大户的抗拒外，各产、职业工会也不失时机地抨击总工会。1948年7月31日，汉口市各业工会联名上报汉口市政府，控诉总工会代理事长柯华阶。导火线是汉口市总工会理事长张恩泽外出公差期间，常务理事柯华阶代理理事长一职，而这位常务理事似乎也不是省油的灯，代职不久就造成擅自申请"改用硬币标准"，并"骗取各业工会图记"一事。

据各工会上报，"硬币早经政府禁止使用，本市工人生活指数月来系按实际物价编审"，"七月份工人生活指数业经编审公布"且"劳资双方俱已相安"。但总工会常务理事柯华阶"密派汤正高"前往西服业工会找到常务理事杨精棠，谓"指数不确，今后一律要以硬币或实物计算工资"。杨精棠对此事表示怀疑，而"该汤正高以强调口吻谓'总工会负责办理，毫无问题云云'"。柯华阶用这种方式"骗取各业工会图记已加盖，呈文五份"，上报市政府，"企图破坏政府法令，蓄意煽动工潮"，很多工人先后探知，纷纷来到西服业工会，"谓'总工会负责将工资改作硬币，工会何故秘不履行致工人生活不能维持'等语"。

---

① 《解散总工会并停止活动案》，武汉市档案馆藏，档案号：9-17-21（1）。

此外，各产、职业工会还指责总工会由张恩泽负责以来，"利用腐恶份子挑拨离间，把持会务，不能切实领导各业工会趋于健全"，认为汉口市总工会"会务莫能进展者皆因该柯华阶等二三腐恶份子挑拨离间，愚弄工人，图机取巧，贪赃枉法，不惟行迹可疑，思想亦不无问题"，并请求汉口市政府"赐予查究"。①

由此可知柯华阶要求的"硬币"标准和各业工会要求的"指数工资"标准成为纠纷的导火索。那么，什么是"经政府禁止使用"的"硬币"政策？什么是"指数工资"？

国民政府自实行法币政策以来，虽有一定成绩，但持续的通货膨胀，加上战时日本在沦陷区发行钞票导致市面币值紊乱且多种货币并行，使得国民政府在战后发起了币制改革，根据地方银行准备金额发行金圆券。"将各省地方银行原缴准备金内银元，银类折成法币，再折成金圆发还之，其原缴之黄金，如缴时已折成法币，亦同样办理。"② 然而"现在整个社会需要稳定"。尽管"一般的趋向于指数发薪，指数计价"，但"政府发行仍旧增加，物价上涨率当然更高，某种面额法币使用的寿命越来越短"。③ 由于法币"没有稳定的比值"，"虽然现在每月可照生活指数调整，但是与实际物价指数相比又打了折扣，何况调整的薪金，除了中央直属的第一、二级机关职员可以按时领到外，其他大多数的公务员往往要半个月上始能领到，此时物价又跳上去了"。④

因此，1948年11月钱币司呈财政部的文件中也提到，"今以隐蔽银类对金圆券之兑换率，与法币对金圆券之兑换率，两者相差甚大，湖南、湖北、广西等省银行，乃纷纷要求仍照银币银类对金圆券之兑换率发还金圆券"。⑤ 由此看来，柯华阶所说的"使用硬币"并非什么直接损害到

---

① 《各业工会呈诉总工会组织松懈》（1948年8~9月），武汉市档案馆藏，档案号：9-19-309。
② 《财政部参事厅关于核拟各省行发钞及准备金清理办法签呈意见稿》，《中华民国史档案资料汇编》第5辑第3编《财政经济》（2），第39页。
③ 《币制改革前过渡时期稳定币值办法建议书》，《中华民国史档案资料汇编》第5辑第3编《财政经济》（2），第42页。
④ 《币制改革前过渡时期稳定币值办法建议书》，《中华民国史档案资料汇编》第5辑第3编《财政经济》（2），第42页。
⑤ 《财政部参事厅关于核拟各省行发钞及准备金清理办法签呈意见稿钱币司原呈》，《中华民国史档案资料汇编》第5辑第3编《财政经济》（2），第39页。

工人利益的行为，而是在物价动荡、生活水平下降的时候一项旨在稳定工资待遇的措施。既然这样，各业工会为什么对此群起而攻之？

在暂时无法解答这个疑问之时，且看事情进展，针对总工会的两次抨击。

1948年8月3日，武汉市各业工会再次联名上书汉口市政府和华中"剿匪"总司令部，全面列举总工会目前存在的问题，并提出解决方案。该意见书涉及的问题和解决方案大体包括了以下几方面。

首先，选举制度变动。被政府任命的汉口市总工会理事长张恩泽，其领导能力和领导资格遭到各工会的直接质疑。意见书指称张恩泽"乃一高级邮员，历来从事养尊处优得天独厚之邮政业务，未能了解各业劳苦工人之生活习惯，缺乏勇于负责精神（在胜利之初运用私人关系加入本市总工会）"。对此问题，各工会反对总工会领导人由政府任命，提出民主选举的解决方案。"（一）由各业工会互推热心社会公益勇于为工人服务有道德有声望思想纯正之从事工人工作而负有历史经验者来负责改组汉口市总工会；（二）总工会理监事今后应由各业工会产生，以能实际为工人做事者为原则，不准运用权威强行参加，成为包办式工会。"[1]

其次，职权结构变动。各业工会认为汉口市总工会领导层面存在严重地域派系，导致"意见分歧，时常发生内讧。每决一事，决而不行，行而不遵"的局面。针对这一问题，各业工会认为要"扩大理监会职权，每半月召开一次理事会，每月召开一次理监事联席会"。为了增加制度弹性，"必要时得召开临时会，切实为劳工解决一切问题"，并希望领导层"一切以工人组织劳工福利为前提，打破地域派系观念，摒除私人意见，团结意志，集中力量，事权划分清楚，指挥注重统一"。[2]

再次，目标定位变动。各业工会认为总工会已经变质，"仅拥虚名，完全与下层工会脱节"，"使工人遭受无谓压力与摧残"，并"以强大工会则直与抗衡弱小下层工会"，使工人"莫可抬头"，"各业工人均仇视

---

[1]《各业工会呈诉总工会组织松懈》（1948年8~9月），武汉市档案馆藏，档案号：9-19-309。

[2]《各业工会呈诉总工会组织松懈》（1948年8~9月），武汉市档案馆藏，档案号：9-19-309。

最深"。① 针对总工会与各业工会的对立倾向，各业工会认为"总工会应居领导地位，下层工会稍欠健全者应切实辅导，遇有纠纷事件，要能以公允迅速确切而求解决"，并"加强基层联系，劳工问题发生时应提高仲裁权并由各职产工会推选公正工人参加，严禁指派别人"。②

复次，组织作风变动。各业工会认为总工会"组织极其松弛，游离份子渗入工会，混子丛集，图机取巧，行为腐化者大有人在，成为社会剥夺阶层"，提出首先在人事制度上净化总工会理监事的人选，"非各业从业公正工人不能参加竞选总工会理监事"，其次在组织作风上"树立廉洁风尚，铲除腐化分子，以服务争取领导挽回全市工人信心"。③

最后，管理方式变动。战后国民政府对工会的整改和控制，一个重要环节是通过调查统计的数据对工会进行量化管理。因此，各项经费、工会负责人的业绩部分依赖于工会个数、工会会员数的增加，导致工会负责人基于自身利益、个人政治资本，"不惜挑拨离间，唆使下层工会分家，破坏传统历史习惯，颠覆整个团体"，甚至"普遍设置荷包工会（有会名无会员，置工会图记于腰包内之空洞组织），控制权利，为工人不满"。有鉴于此，各业工会要求"彻查有会名无会员荷包工会之空洞组织后予以彻底撤销，缴收其图记，防止其别具野心"，"凡属同一性质之工会，统限其合并组织，减少劳劳争议，维持其原有历史习惯"。④

细究该意见书，第一条旨在工会领导由政府任命变更为民主选举，从人事制度上保证工会领导代表工人利益。第二条旨在用扩大理监事会职权的方式解决行政低效的问题，也暗含制衡总工会理事长个人权力的用意。第三、四、五条旨在通过目标定位、改变作风及管理方式，加强总工会的利益传导作用，使总工会与各业工会有机结合，成为各业工会与政府之间的协调机构。

---

① 《各业工会呈诉总工会组织松懈》（1948 年 8～9 月），武汉市档案馆藏，档案号：9-19-309。
② 《各业工会呈诉总工会组织松懈》（1948 年 8～9 月），武汉市档案馆藏，档案号：9-19-309。
③ 《各业工会呈诉总工会组织松懈》（1948 年 8～9 月），武汉市档案馆藏，档案号：9-19-309。
④ 《各业工会呈诉总工会组织松懈》（1948 年 8～9 月），武汉市档案馆藏，档案号：9-19-309。

在各产、职业工会发出强烈的抗议后,总工会内部也出现了反对声音。8月5日,汉口市总工会在永福里召开第10次监事会。这次会议针对"骗取各业工会图记"一事,通过了三点讨论事项。

第一,关于"硬币标准"一事,"显系掀动工潮,违反法令","呈请政府依法查究";第二,关于"骗取图记私章加盖"一事,决议"嗣后呈文各机关必须经过全体理监通过,例转公文不限";第三,关于总工会成立以来收支账目一事,"呈请市政府饬令所有收支账目交本会定期审核以明责任"。①

这次决议明确提出了监事会对总工会进行财务监督的要求,也标志着总工会内部监事会同理事会之间的矛盾公开化。监事会同各业工会站在一起,并以"呈请政府依法查究"的方式向总工会理事会施压。

在各业工会与总工会矛盾公开化,且总工会内部理监事会矛盾公开化的情势下,汉口特别市党部第二十区党部执委、汉口市总工会监事、汉口市纺织产业工会理事吴春山直接上书汉口市市长徐会之,揭发关于柯华阶不为人知的内幕。据吴透露,药店检药员出身的柯华阶在复员时期"借本业名义组织'汉口市纺织产业工会',捏造会员12800人,名册设局笼哄理监,争取个人政治地位";在桥口、申新第四纺织厂战后复工之时,柯华阶"事先勾结厂方完全拒绝工会办理会员登记,每月由厂方供给巨金作为个人挥霍,不顾工会组织意义及工人福利",因物价频频波动,"失业工友亦群集本市,该柯华阶因受厂方利贿,不惟不许工人复业,即或在业工人也只得任凭厂方压制,苦莫能伸"。② 吴春山还列举了柯华阶贪污行贿等问题的细节,并指斥柯华阶"出卖工人,蒙蔽政府,陷工人于死地之工贼",请求政府"赐予彻查究办"。

针对吴春山的揭发,汉口市总工会现任理事长张恩泽随后上书汉口市政府,逐项反驳。而面对如此严重的会务矛盾和尖锐的个人抨击,政府方面也开始有所动作。汉口市政府将柯华阶被诉贪污枉法出卖工人一事呈报监察院两湖监察委员会。在汉口市政府的授意下,社会科陈旭东、

---

① 《各业工会呈诉总工会组织松懈》(1948年8~9月),武汉市档案馆藏,档案号:9-19-309。
② 《各业工会呈诉总工会组织松懈》(1948年8~9月),武汉市档案馆藏,档案号:9-19-309。

郑明智开始调查此事。终于，我们看到政府对此事的调查报告。

首先，政府认为，在柯华阶代理理事长职务期间，"一部分产职业职工会联合盖印呈请政府提高工人生活指数，事属确实，但是否系常务理事柯华阶发动，无从查实"，"其中仅有以硬币黑市比例工人生活指数之差异，绝无以硬币计算工资之要求，足见散布谣言之语亦无根据"。① 其次，关于各产、职业工会对总工会组织松懈的改进意见，"查市总工会已届改选，期间拟请将改进意见交本府社会科参考办理"。再次，关于监事会要求的账目监督，政府指令"该会理事长张恩泽将收支情形送监事会审核公布"。最后，关于吴春山指责柯华阶拿申新纱厂津贴，压榨工人一事，政府"经询据该厂厂长万□□声称该柯华阶为该厂老工人，在该厂筹备复厂期间未担任该厂工作亦未拿津贴"，因此吴所控柯华阶以500万元利诱自己一事，"该柯华阶即不承认，而吴春山亦未提供有力证据，仅呈缴所谓利诱之赃款500万元做控告根据，似嫌不足，无从究办"。②

综览本案，可以发现四个问题。首先，各业工会猛烈抨击总工会，从各项解决方案来看，各业工会呼吁的是一个具有统领和整合作用，并能代表工人团体、利益组织化的总工会，要求总工会"提高仲裁权"而非提倡抛弃总工会的"自由竞争"（当然也有迫于政治形势不得已的一面）。呼唤总工会真正的领导作用和代表职能，正反映了总工会目前在上述两方面的功能缺失。

其次，既然矛头指向总工会的组织松懈、账目混乱，领导人自身的脱离群众，照理说作为主要领导人的理事长张恩泽应当难辞其咎。但奇怪的是，矛头指向这位代理理事长柯华阶，而将张恩泽略过。意见书中只有一处提及张恩泽的出身与行政不作为，其余篇幅都在论证柯华阶的不称职。原因何在呢？而前文也提及，柯华阶所谓的"硬币标准"也并非直接伤害工人利益。结合此两个疑点，在没有充分资料证实的情况下，只能揣测，客观方面，各业工会的实质诉求是解决总工会目前已暴露的诸多问题，但考虑到作为一把手的张恩泽的政治背景，不便直接攻击，

---

① 《各业工会呈诉总工会组织松懈》（1948年8～9月），武汉市档案馆藏，档案号：9-19-309。
② 《各业工会呈诉总工会组织松懈》（1948年8～9月），武汉市档案馆藏，档案号：9-19-309。

而是以柯华阶作为替代品，试探政府对其诉求的态度。主观方面，柯华阶也许的确比张恩泽更不得人心。

柯华阶为总工会领导之一，因此也间接代表政府。柯华阶被整倒，政府脸面自然不好看。但倘若一味袒护柯，对总工会已经受普遍质疑的状况视而不见，则无法安抚各产、职业工会，不利于政府进行社会控制和管理。因此，需要部分采纳产、职业工会的意见。而对于本来就没有被当作靶子的张恩泽，政府自然无须主动提及。

最后，政府的应答基本是持调和立场，以化解各方矛盾。政府以"无从查实"为由为柯华阶开脱，对于各方对总工会的指责和监督账目的要求，也做出了听取的姿态，对于吴春山对柯华阶的个人攻击，以证据不足，"无从究办"为由淡化。

三 "会所建筑费筹款"案

作为战后杭州市总工会理事长的汪廷镜，尽管在其他产、职业工会理事长"去职"风波中保持着活动能力和话语权，但未能避免一场殃及自己的"辞职"风波。作为本区域各级产、职业工会的上级指导单位，杭州市总工会在1946年初即已召开多次筹备会议，推举汪廷镜为杭州市总工会筹备委员会主席，"择定旧藩署9号为会址，并自3月1日起正式开始办公"。① 作为全市产、职业工会的总负责单位，杭州市总工会自成立以来，就在门面上下功夫，希望有一个自己的办公场所。为此，成立了会所筹备委员会，专门负责总工会办公经费的筹措以及办公建筑场所的落实。其人员由杭州市各产、职业工会负责人互推，"筹委会视工作需要得设筹募及建筑两组，设总干事各一人，副总干事各二人，分别负责筹募及建筑工作，并得提请理事会聘请或指派工作人员若干人协助办理工作"。② 然而，战后杭州市政府财政经费吃紧，并无余钱资助总工会筹建办公场所。1948年3月，长期租赁浙江省区救济院旧藩署9号为办公场所的杭州市总工会决议以会员筹款的方式自行筹建永久会所，得到市政府的批准。"本市工运发达，推动当以总工会为枢纽，且为事实需要及

---

① 《杭州市总工会致杭州市政府》（1946年3月22日），杭州市档案馆藏，档案号：J14-1-183。
② 《杭州市总工会会所筹建委员会组织条例》，杭州市档案馆藏，档案号：J14-1-183。

以壮外人观瞻计,均有及时筹建之必要。其建筑经费来源决议由各属工会会员捐献 1 日之所得,并拟向本府洽请指拨基地所筹款项,分次征收,专户存储,动用由市工务局购备建筑材料及筹建委员会负责兴建。"① 同年 1 月,总工会即以为各产、职业工会谋福利为名,向全市各工会征收福利事业经费每人 5000 元。②

为自己修建办公场所,却由下属工会会员买单,此举无疑会留下把柄。至于以发展福利事业名义征收的经费究竟用于何处,也是反对者质疑的点。1948 年 5 月,杭州市总工会因首届理监事任期届满,拟召开第四次会员代表大会举行改选。本次大会先是延期至 6 月 10 日,后又两次延迟至 7 月 1 日。汪本人将延期的原因归于一方面"所属多未能将出席代表依法产生报会凭核",另一方面"迩来工潮迭起,本会暨所属应全力注意消弭工潮,原定 6 月 10 日改选会员代表大会应暂缓举行"。③ 然而,这次会员代表大会的延期招致部分工人的不满。有工人联名上书市政府,认为总工会给出的延期理由站不住脚,总工会已变为一个有政府撑腰的堕落腐化、鱼肉工人的机构,应当予以整改。

> 近日各工会并无工潮之酝酿,即有工潮,总工会既事前失于防范,而事后又复不能抑止,足证总工会负责人领导无方。查近时工潮平息已久,而政府突以纠纷迭起为词,以此展延总工会代表大会日期,殊失工人信仰,日来并无工潮,而政府坚说工潮迭出,空穴来风未知何所据而云然,颠倒黑白,抹煞事实,其别有用心,已昭然若揭,际兹宪政实施之初,自应以民主为前提。总工会理监事会决议召开会员大会而使每一工会忙于改选或推派代表,因此而消耗的人力财力,殊属惊人,今竟以某种关系而乞怜主管延期,足证政府有袒护包庇现任理监事之嫌。④

---

① 《杭州市政府社会科蔡职员签呈》(1948 年 3 月 31 日),杭州市档案馆藏,档案号:J14 - 1 - 183。
② 《为征收福利事业经费电仰遵照办理由》(1948 年 1 月 14 日),杭州市档案馆藏,档案号:J14 - 1 - 3。
③ 《为市总工会延期召开会员代表大会请鉴核由》(1948 年 6 月 24 日),杭州市档案馆藏,档案号:J14 - 1 - 183。
④ 《总工会垮台!市政府撑腰!》,杭州市档案馆藏,档案号:J14 - 1 - 188。

在另一封杭州市各工人团体名义的联合上书中,工人质疑总工会自战后成立以来的作为,认为其不仅未能在物价通胀的环境下解决工人的生活待遇问题,而且筹措了巨额款项修建办公场所,并且所谓的工人福利基金以及工人子弟学校等福利事业均无着落。① 这两份联名上书,将总工会推至风口浪尖。

受到指责的总工会,不得不为自己申辩。1948年6月24日,杭州市总工会向市政府呈文,对上述抨击涉及的问题一一说明,并要求政府严厉追究肇事者的责任。

> 有不安分子在外散发传单,先后发现计有四种之多,察其内容不惟诬蔑本会,对政府亦复肆意攻击。尤以工人生活指数不能追随物价归咎。希图煽动工潮。……是以攻讦无待辩,正惟该不安分子等散发文告,危言耸听,显破坏本会声誉及政府威信,捣乱社会,造成不安局面,自应查究以杜奸究。决议:一、请市府查究文告来源并查究负责人。二、请市府考核本会会务及一切措施。三、查明散发文告人员依法追诉等语在卷。②

作为地方政府下属的职能机构,杭州市总工会对上受市政府社会科的领导,对下肩负统领各产、职业工会的职责。因此,当总工会的组织权威受到下属工会与工人的挑战时,地方政府自然倾向于树立总工会的权威。在这两封文告中,不仅有对理事长汪廷镜个人的攻击,也有对总工会这一组织的攻击,甚至有对政府行为动机的质疑。如此"打击一大片"的攻击话语,当然不会被杭州市政府采信。总工会组织的会员代表大会于1948年7月1日如期召开。汪廷镜继续任总工会理事。在7月5日总工会第二届理监事第一次联席会议中,汪廷镜继续担任理事长一职,并通过了关于建筑办公会所会员捐款定额10万元的核认一案。③ 此外,

---

① 《两年来杭州市总工会的成绩?》,杭州市档案馆藏,档案号:J14-1-188。
② 《为不安分子在外散发传单诬蔑本会煽动工潮电请查究由》(1948年6月24日),杭州市档案馆藏,档案号:J14-1-188。
③ 《杭州市总工会第二届理监事会第一次联席会议》(1948年7月5日),杭州市档案馆藏,档案号:J14-1-183。

被杭州市政府委派调查此事的社会科职员也力挺总工会，认为"总工会所称处理会务及经费收支均按法定手续程序办理等情，查尚属实"，将问题归咎于部分欲参加竞选的工人借机闹事。① 得到政府信任和支持的汪廷镜在 1948 年的选举中得以连任。

尽管躲过了这次"辞职"风波，汪廷镜还是以体弱多病为由，于 1949 年 3 月向市政府递交了辞呈。在几次客套往来之后，市政府还是同意了汪的请求，"所遗理事职务由候补理事俞杏生递补常务理事职，由朱理事家宝递补理事长一职"。② 汪廷镜得以体面下台。只是汪的辞职，不知是真的感到力不从心，难以胜任，还是看到此时政局逆转，国民党政权危在旦夕，为求自保而不得已为之。最后，总工会修建新办公场所的计划无法如愿，其间人员变更也更加频繁。"最后一任理事长是赵李洪，址设旧藩署路 9 号。"③

第三节 "解雇""让位"与"下台"：工会理事长的"去职"风波案

在战后重建的城市各产、职业工会中，不时有理事长变更的事件发生。社团组织领袖的变更有两种方式。一种是在现有规范制度内，换届、改选等正常变更；另一种是以劳、资、政三方博弈冲突的方式呈现的非正常变更。吉登斯指出，在社会科学中，不能把对权力的研究当成次要问题。权力是社会科学中基本性的概念之一，所有这些基本概念都是以行动和结构的关系为核心的。④ 因此，社团领袖的正常变更可以看作社团组织维系并再生产社会规范，建构社会秩序的整合过程。而社团领袖的非正常变更则可视为社团组织对抗既有社会规范与秩序的过程。二者既源于既有的社会结构，又以其行动重塑了社会结构。工会是劳工组织，

---

① 《杭州市政府社会科朱职员致杭州市政府》(1948 年 7 月 13 日)，杭州市档案馆藏，档案号：J14-1-188。
② 《呈为理事长汪廷镜坚辞照准并将理监事会议递补情形报请核备由》(1949 年 3 月 7 日)，杭州市档案馆藏，档案号：J14-1-183。
③ 《杭州市志》第 8 卷，第 282 页。
④ 〔英〕安东尼·吉登斯：《社会的构成：结构化理论纲要》，李康、李猛译，中国人民大学出版社，2016，第 267 页。

行业协会和商会是企业主的利益集团，这些功能性团体都具有很强的组织集体行动的能力。① 作为社团领袖的工会理事长，具有掌控组织权威、凝聚组织利益，并采取集体行动的能力。基于此，本节以发生在战后杭州产、职业工会理事长身上的三起非正常"去职"风波案为例，透过发生在这三起事件背后劳、资、政三者之间的博弈，管窥国民党政权整合城市社会失败的原因。

一 施梅生的"解雇"案

施梅生，籍贯绍兴，私塾四年学历。② 在战后杭州市洗染业职业工会筹备时期，任筹备委员会主任。1946年4月，杭州市洗染业职业工会在龙翔里1弄4号正式成立。③ 而在洗染业职业工会刚刚成立之时，施梅生就遭遇了被资方解雇的风波。1946年5月17日，施梅生以洗染业职业工会理事长的身份上报市政府，控告霞光洗染商店"恶习遗留，借词收入不敷，开支敷度，令该店工友另谋生计"，更为甚者，"本市九源洗染商店老板令职辞去工会职务，否则即予解雇"，"职如此受资方无理压迫，各会员何堪设想"，要求政府必须尽快制裁资方，予以答复。④

施本人"早年即服务本市九源洗染商店，迄兹数载未曾间断"。据此可推断，第一，施本人与该商号之间的私人关系并不融洽。第二，施梅生与该商号均对对方的底细了如指掌。⑤ 5月20日，洗染业同业公会上报政府，以此次调整工友系行业旧例为由，对施所提的要求予以反驳。"本业向来习惯，系按端节，中秋，年节三节调整工友，为适应各店营业环境计，仍应按照向例办理。"不仅如此，同业公会指责施所供职的洗染

---

① 康晓光、韩恒：《分类控制：当前中国大陆国家与社会关系研究》，《开放时代》2008年第2期。
② 《杭州市洗染业职业工会第三届职员略历表》，杭州市档案馆藏，档案号：J14-1-184。
③ 《杭州市总工会工作报告》（1946年4月~1948年4月），杭州市档案馆藏，档案号：J14-1-1。
④ 《为资方无理解雇报请迅予派员制止由》（1946年5月17日），杭州市档案馆藏，档案号：J14-1-84。
⑤ 《为本会各会员商店调整工友问题呈请核示由》（1946年5月20日），杭州市档案馆藏，档案号：J14-1-84。

业职业工会的行为已超越法定权限，干涉到资方的经营权与用人权。"今若因工人成立工会，即可籍工会为要挟工具，而竟欲剥夺资方行使雇用自主之权利，不时社会又将引起轩然大波，抑恐亦为法所不许。然阅该会来函，迹近威胁，颇为惴惴"，要求政府容许各会员商店"仍准按照三节调整工友"。① 言外之意，不仅施本人及职业工会的行为必须得到制止，而且工友照裁不误。

接到呈文，杭州市政府本拟召集工会与同业公会双方加以调解。然而双方尚未正式照会，就发生了九源洗染商店工人怠工的事件。同业公会认为该事件乃工会在背后暗中指使，呼吁政府加以严厉制裁：

> 本店洗染工友3人，织补工友1人，于今（20）日晨叩全体怠工外出，至今未返。风闻系由劳方工会主使，并将于明（21）日起全体一律罢工，以为威胁。经查属实。窃以本案既经钧府调解决定，本会概遵照指示各点履行。今调整时期未届，工人方面竟敢违反仲裁办法，擅自怠工，殊属目无法纪。若不迅予制裁并究办主使人，犯恐各业必起而效之，行见社会秩序，将被工人扰乱，不谨关系本业损失，而影响治安，后患诚不堪设想！②

罢工对于劳资双方而言都是一种损失。资方的利润下降，劳工则面临失去收入甚至失去工作岗位的危险。于政府而言，更是涉及社会秩序的严重问题。面对此愈演愈烈的矛盾，杭州市总工会理事长汪廷镜出面，替洗染业职业工会说话，要求查清该商店解雇工友的真正原因。在汪看来，同业公会所称不敷开支的理由与实不符，其直指工会本身，希望将参加工会的店员工友一律清除出去：

> 窃思该店营业收入甚为充裕，依照目前环境，尽可开支，否则该店工友多人，为何必须解雇本会理事长一人，且理事长服务已有

---

① 《为本会各会员商店调整工友问题呈请核示由》（1946年5月20日），杭州市档案馆藏，档案号：J14-1-84。
② 《为本会会员九源洗染号工友已全体怠工，呈请迅赐制裁究办主犯由》（1946年5月21日），杭州市档案馆藏，档案号：J14-1-84。

五六年之久，该店营业收入反超倍于前，处境迄未转变，设不敷开支，当可早予解雇，何得于本会组织后始行此策，而该店店主在将要解雇之先曾云，本会理事长辞去工会职务，本店照常雇用，否则请另谋他图等语，其蓄意摧毁本会，显然可知，此明因组织工会，断非不敷开支而解雇。①

不仅如此，汪廷镜甚至不惜以辞职倒逼，力挺洗染业职业工会理事长施梅生：

理事长乃各会员信仰而公推，会员福利赖一人，且本会之组织亦奉市府命令，则理事长本身生计政府亦应予依法保障，今竟被店主无理解雇，理事长尚且如此，职等何堪设想？将来各店相继效尤，设后次第而被解雇，不如辞退于先，以图生计之保留，为此联名呈请钧长鉴核准予转呈辞去工会职务，籍保生计，诚为公感。②

或许是总工会的介入增加了工会一方的谈判筹码，此次风波最终以施梅生未被解雇而平息。在杭州市洗染业职业工会第二届第一次理监事联席会议上，施梅生被公推为洗染业职业工会理事长，获得连任。③ 这显然不是资方想看到的结果。因为施在任时期，洗染业职业工会与同业公会及市政府就工人休假、工人待遇等问题进行了多次交涉。杭州地区洗染业工人原有额外收入，"另有浆钱（染价以外酒钱）收入"。④ 1947年3月，洗染业职业工会上报市政府，建议在目前入会的失业工人过多的情况下，援照旧例，恢复工人休假制度，补贴生计。

惟市城沦陷时期，在资方不断之压迫下，被其无故撤除兹各会

---

① 《为九源商店无故解雇洗染业工会理事长一案据情呈请鉴核由》（1946年5月23日），杭州市档案馆藏，档案号：J14-1-84。
② 《为九源商店无故解雇洗染业工会理事长一案据情呈请鉴核由》（1946年5月23日），杭州市档案馆藏，档案号：J14-1-84。
③ 《杭州市洗染业职业工会第二届第一次理监事联席会议纪录》（1947年2月23日），杭州市档案馆藏，档案号：J14-1-84。
④ 《杭州市经济调查》，第132页，《民国浙江史料辑刊》第1辑第6册，第444页。

员为调剂生活起见,均纷纷要求每月恢复外工三五天,否则每星期日及纪念节应援工厂工人实行休假等情。爰经本会提交第二届会员通过,并移付第二届第一次理监事联席会议讨论结果议决:一,函请洗染业同业公会查照自四月一日起恢复外工五天,否则在四月一日以后每逢星期日及纪念日,自动援例休假。查星期日休假为国民应有之权利,而工界亦实行已久。同在一法律保护下之洗染工人似应不能例外。①

施的报告得到了政府的部分许可。3月25日下午,市政府社会科会同工会与同业公会做出调解方案,同业公会对失业工人予以部分救济。"失业工人12名,自3月25日起至4月5日止,所需生活费20万元由两会各半负担,计职工会10万元,同业公会10万元。"② 1947年5月,在市总工会的介入下,洗染业职业工会与同业公会就工资问题达成协议。"(1)五月十六日至五月底止半月,分下列五等作为基数:甲等二十五万;乙等二十三万五千;丙等二十二万四千;丁等二十一万一千;戊等十九万八千。本项基数依照本市五月份差价成数增减之。(2)六月份工资照下半月工资加一倍作为基数,照本市六月份差价成数增减之,以后各月类推。(3)五一劳动节不休假,工资加倍发给。"③ 时隔一个月,劳资双方就工人底薪工资重新达成协议,五个等级的工人工资都有不同幅度增加。④ 如此频繁地议价不仅早已超越资方容忍的底线,市政府也不再给予支持。10月,施梅生再度上书杭州市政府,以"米贵如珠,百物升涨之际,难维持最低生活"为由,要求工资增加50%。⑤ 对施的这次要求,市政府则以"该业工资经于本年六月五日由本市劳资纠纷评断委

---

① 《为请恢复旧有工五天,否则即援工厂工人每逢星期日实行休假,电请设法调解由》(1947年3月14日),杭州市档案馆藏,档案号:J14-1-84。
② 《为失业会员哀求继续救济暨各会员要求外工无法抑制,悉祈迅即派员调解由》(1947年4月10日),杭州市档案馆藏,档案号:J14-1-84。
③ 《杭州市总工会工作报告》(1946年4月~1948年4月),杭州市档案馆藏,档案号:J14-1-1。
④ 《杭州市总工会工作报告》(1946年4月~1948年4月),杭州市档案馆藏,档案号:J14-1-1。
⑤ 《为请求重行调整工资,增加百分之五十,请同业公会电复外报请鉴核备案由》(1947年10月21日),杭州市档案馆藏,档案号:J14-1-84。

大会召集该业劳资双方协议决定"为由,认为"所请增加工资百分之五十,碍难照准",进行了否决。①

1948年3月,洗染业同业公会再一次"弹劾"工会理事长施梅生。与上次不同的是,这次同业公会的理由是担任工会理事长职务的施梅生即福泰洗染商店店主,不符合《工会法》关于工会会员资格的规定,应当放弃洗染业职业工会理事长之职,"应即转入商业同业公会为会员"。②接到报告后,政府饬令洗染业职业工会做出答复说明。职业工会随即给出一份辩解。呈文中称,福泰洗染商店的申请人系施梅生之子施文俊,施梅生在此处工作系"因资方各同业商号均不雇用职业工会理监事,无法维持生计,在□处工作以维生活",而资方此举系"同业公会有意将申请人改为施梅生",意在变相夺去施本人的工会理事长职务。③

可以看出,此次工会与同业公会之间的争议在于施梅生是名义上的店主还是事实上的店主。工会声称福泰洗染商店的登记申请人是施梅生之子施文俊,故应遵照条文,确认施文俊是店主。而同业公会则一口咬定施梅生本人才是该店实际店主,对商号具有实际控制权。《杭州市洗染业职业工会第三届职员略历表》中,施梅生时年61岁,是该会各理事中年龄最大者,与年龄其次者46岁的赵泉生相差15岁。④尽管该则材料具体时间不详,但据该工会几次开会选举时间推测,在1947年下半年至1948年上半年。其时其子施文俊应为40岁左右。六旬的施梅生很可能难以负责洗染商店的日常事务,而将商号的经营交予其子打理,施梅生本人保持对商号重大问题的处置权。这种在以家族纽带为基础的中国乡土社会再常见不过的"父子店"经营模式,若要严格区分法律意义上的店主,只能是公说公有理,婆说婆有理。

针对此问题,市政府发布指令,"查福泰洗染店店主,如果确系施文

---

① 《杭州市政府指令》(1947年11月4日),杭州市档案馆藏,档案号:J14-1-84。
② 《为理事施梅生,常务理事赵泉生之经过情形并因令杭州市区内各商业同业公会不得解雇理监事理合备文呈复鉴核》(1948年3月31日),杭州市档案馆藏,档案号:J14-1-84。
③ 《为理事长施梅生,常务理事赵泉生之经过情形并因令杭州市区内各商业同业公会不得解雇理监事理合备文呈复鉴核》(1948年3月31日),杭州市档案馆藏,档案号:J14-1-84。
④ 《杭州市洗染业职业工会第三届职员略历表》,杭州市档案馆藏,档案号:J14-1-84。

俊，应饬先行办理变更商业登记，再行报请本府核办"。① 可以看出，在此次事件中，政府显然倾向于接受资方的意见，认定该商店店主实为施梅生，只是需要完备一下具体手续。

对比施梅生前后遭遇的两次"解雇"风波可以看出，在战后劳资关系趋于紧张的环境中，部分职业工会的理监事面临从业风险。工人是否加入工会，取决于工会提供的工资及就业计划与非工会雇主提供的工资及就业计划两者的权衡与比较。工人原本希冀借助组织化的方式获得关于职业保障与薪酬底线等现实利益的谈判能力。而对资方而言，显然不愿意看到一个充分组织化的劳工群体在谈判桌上表现出强势议价能力。"资本家常以赤化之罪名，而阻挠工会之成立。"② 为了分裂劳工群体，削弱其组织化程度，用解雇的方式将加入工会的理监事乃至理事长从行业中清除出去，以获得对其他从业工人的警示作用，成为资方阻挠工会的另一种方式。事实上，不是理事长施梅生一人遭此风波，该会理事赵泉生也有被资方解雇而失业的经历。值得一提的是，被解雇的在工会任职的店员、工友，到一定期限后可据规定勒令其退会，这是同业公会的撒手锏。"炒货水果业职业工会理事长常务理事及理事等当选后即被资方解雇，现均受失业之痛苦，同业各店均一概不雇用，如过六个月后同业公会又可呈报钧府失业已久，因令办理退会手续。如此以往，职业产业工会恐不能存在矣。"③ 通过洗染业职业工会的例子可以看出，政府不愿意看到因劳工待遇过低而引发工潮等问题，危及社会稳定，使得战后城市产、职业工会在劳资谈判方面具有一定的议价能力，借助工会的组织行动力，工人在工资待遇层面的劳资博弈中，并不处于下风，甚至能够不断地发起谈判、怠工等。然而，资方能够借助对工会会员资格做出有利于自身的界定，达到解雇工人的目的，削弱工会的组织化程度与谈判能力，起到威慑工人与工会的作用。

---

① 《杭州市政府指令》（1948年4月6日），杭州市档案馆藏，档案号：J14-1-84。
② 于恩德：《北平工会调查》，《社会学界》第4卷，1930年6月，载李文海主编《民国时期社会调查丛编（社会组织卷）》，第45页。
③ 《为理事长施梅生，常务理事赵泉生之经过情形并因令杭州市区内各商业同业公会不得解雇理监事理合备文呈复鉴核》（1948年3月31日），杭州市档案馆藏，档案号：J14-1-84。

二 孙绍轩的"下台"案

杭州市电影放映技师业职业工会成立于1946年4月，会员人数40人，会址设在青年路35号，发起人为孙绍轩。[①] 1946年4月22日，杭州市电影放映技师职业工会召开第一次筹备会议，"推孙绍轩、叶永庆、蒋永成、马镛、徐梦达为本会筹备员并推孙绍轩为筹备处主任，蒋永成为副主任。本会筹备处拟设总务，经济，调查登记三股，请就筹备员中推定兼任各股股长案"。[②] 三天后，该会召开理监事会议。会上推选孙绍轩理事为常务理事及出席总工会代表，并开始商讨涉及电影行业利益的具体问题，决议加大向资方收缴广告费的力度，"从四月份起开始向各院及各广告承包商交涉征收，如四月份之广告费已由各方收缴后再行收缴时，由理事会斟酌改自五月份起开始征收"。[③] 孙本人也积极致力于争取同行利益。1946~1948年，电影放映技师业职业工会为提高工资而与同业公会进行了多次针锋相对的谈判，最后不得不由政府裁决。[④] 1947年7月，电影放映技师业职业工会与资方达成协议，"自七月一日起工人工资一律依照原有工资增加五成；嗣后工人工资依院方票价（呈报市政府备案之基数价）增加之比例工资"。[⑤] 1948年2月，电影放映技师业职业工会重新要求按照工人生活指数发放工资，"每一放映间（三人）规定底薪每月共125元，按照杭州市工人生活指数实足发给；膳食由技师自理，所有院方其他津贴一律取消（灯片手续费在外），自37年1月16日起实行；本约签订后劳资双方不得以任何理由要求变更"。[⑥]

孙绍轩在电影放映技师业职业工会供职期间，实际并非该业从业人员。按照国民政府颁布的《工会法》及《人民团体组织条例》等规定，

[①] 《杭州市总工会工作报告》（1946年4月~1948年4月），杭州市档案馆藏，档案号：J14-1-1。

[②] 《电影放映技师职业工会第一次筹备会议记录》（1946年4月22日），杭州市档案馆藏，档案号：J14-1-47。

[③] 《杭州市电影放映技师业职业工会第一次理监事会议记录》（1946年4月25日），杭州市档案馆藏，档案号：J14-1-47。

[④] 《为物价高涨，生活不能维持，请求增加工资五成，仰祈迅赐调由》（1947年4月28日），杭州市档案馆藏，档案号：J14-1-47。

[⑤] 《杭州市35年8月至37年3月劳资纠纷案件统计》，杭州市档案馆藏，档案号：J14-1-1。

[⑥] 《杭州市35年8月至37年3月劳资纠纷案件统计》，杭州市档案馆藏，档案号：J14-1-1。

各产、职业工会一旦正式备案成立，必须将组织情形、章程、相关负责人履历信息等会务信息呈报市政府及同业公会各方。资方对于孙的履历未必不清楚，而当时却未提出任何异议。然而两年后，杭州太平洋电影院、大光明大戏院、西湖电影院、金门电影院、金城电影院等单位的经理联名上书杭州市政府，揭露现杭州电影放映技师业职业工会理事长孙绍轩非从业人员，并质疑其理事长资格，显系有意为难。

接到报告后，市政府指令社会科调查此事。从社会科的报告中可以看出，该工会理事长孙绍轩先后从事电影放映及照相摄影等工作。"民国二十二年在本市大世界学习电影放映工作，越二年转浙江省教育厅从事教育巡回电影放映约一年余，乃由教育厅保送上海柯达公司学习照相摄影工作。"① 可以看出，孙绍轩以非从业者身份当选电影放映技师业职业工会理事长，主要缘于其个人威望与社会关系网络。"历充经纬通讯社社长暨担任市党部工运任务，因与电影放映人员接触频繁，并时常参与彼等劳资纠纷之解决，公谊私交均极融洽，因此被推为该会理事长之职。"尽管如此，社会科仍没有对"公谊私交均极融洽"的孙"网开一面"，而是认为"该员虽系出身电影放映，但现在确非在业人员，依照修正工会法第十七条第二项末段之规定，不得当选为理事"。② 据照相业职业工会呈报，孙绍轩本人"现充本市念慈照相馆摄影技师"。③ 市政府采纳了社会科的意见，并指令电影放映技师业职业工会"依法另选理事长报核"。④ 当时孙绍轩已被推定为全国总工会代表，但也因此而取消。

经"公推"脱颖而出的社团领导者，大体为该行业内威望较高、掌控社会资源较多者。然而，成为工会会员的必要条件之一即是身为该行业或产业从业者，从会员中选举产生的理监事自应同样为行业从业者。该条件意味着，那些因各种情况变换工作者，倘若加入了与当前从事职业不符的工会，即便经"公推"而出任工会领导职务，但在与工会会员

---

① 《奉调查电影放映技师业职业工会理事长孙绍轩是否从业人员一案的报告》（1948 年 3 月 8 日），杭州市档案馆藏，档案号：J14-1-47。
② 《奉调查电影放映技师业职业工会理事长孙绍轩是否从业人员一案的报告》（1948 年 3 月 8 日），杭州市档案馆藏，档案号：J14-1-47。
③ 《为电复本市电影放映技师业职业工会理事长孙绍轩会员资格一案请核备由》（1948 年 4 月 17 日），杭州市档案馆藏，档案号：J14-1-47。
④ 《杭州市政府训令》（1948 年 3 月 12 日），杭州市档案馆藏，档案号：J14-1-47。

资格条件发生抵牾的情况下，也会面临取消会员资格及其担任职务，即"下岗"之危。在该事件中，资方依据工会组织法质疑孙的理事长资格，并成功影响政府决策，达到了把孙绍轩"拉下马"的目的。反观劳方，在此事实面前明显处于被动。在整个过程中，电影放映技师业职业工会不仅没有一份为孙绍轩的理事长资格辩解的公文，连杭州市总工会也没有从中调和的迹象。在此可以推测孙绍轩与总工会之间的私人关系即便没有破裂，也并不十分融洽。在孙绍轩加入照相业职业工会后不久，即在由总工会召集各业工资调整会议之际，与丝织业工会、革履业工会等多个工会的代表一起"蜂拥至总工会"，"纠众行凶"。① 孙绍轩本人性格中的暴力与强势一面可见一斑。至于凭借威望被"公推"上台的孙绍轩何以无法摆平各电影院戏院的经理，只能据有限材料推测，孙在国民党基层党团组织内从事工运的经历使其具有公关与谈判技巧，也为其赢得了工会内部的拥戴与信任，从而被资方与同业公会视为眼中钉、肉中刺。

三 郦斌的"让位"案

当工会推选出不符合政府旨意的领导人时，政府往往会以不具备该工会会员资格为由，公开或暗中介入，阻挠其任职。杭州市小货车业职业工会于1946年上半年展开筹备工作。6月25日，该会发起第一次筹备会议，在市政府派员指导下，"公推郦斌、金越人、郦心白、阮浩、陈更生、阮乐波、郦锡桂等七人为筹备员，并推郦斌为筹备主任"。② 该会计划7月下旬召开会员成立大会，"选举理监事及讨论有关会务事宜"。③ 然而，计划中的成立大会因故延期。8月6日，市政府向筹备中的小货车业职业工会发出训令，认为"该会筹备员郦斌、金越人、郦心白、郦锡桂等四人非本业从业人员，依法不得加入该会为会员，应即退会，兹另加吴锦有、何长忠、潘阿羊、丁长发、金阿章、沈福林等六人为筹备员，并指派何长忠为筹备主任"，并"令仰即日召开筹备会，着手筹备

---

① 《为本会常务理事毛顺祥被丝织工人凶殴成伤电请核办并予惩凶由》（1948年11月13日），杭州市档案馆藏，档案号：J14-1-183。
② 《为检送本会第一次筹备会议记录及图记印模各一分仰祈核备案由》（1946年6月30日），杭州市档案馆藏，档案号：J14-1-57。
③ 《为小货车业职业工会筹备有绪定本月22日召开成立大会仰祈核备案由》（1946年7月19日），杭州市档案馆藏，档案号：J14-1-57。

工作"。①

市政府以何依据判断小货车业职业工会成员是不是从业人员不得而知，但民国时期地方政府处理此类社团成员资格等问题的方式是将消息来源者据报的问题以指令式公文发给存在问题一方，令其查明后据实呈报。此种做法虽然有"自己人查自己人"之弊，却也减少了打击、诬告的可能性，给矛盾双方一个公平申诉的机会。即便训令中提及的几个非从业人员应当退会，按惯例，工会也应在市政府派员督导下，召开会员大会，完成理监事会领导层的重新改选。然而此次，市政府不仅直接做出"退会"的处理决定，而且空降式指派了该工会的筹备会主任，处理方式如此罕见，只能推测市政府原本就对该工会的筹备会主任郦斌有强烈不满。

战后杭州市政府制定的《指导人民团体办法》中规定："社会科科员以上各社政人员，暂兼社政指导员，经常赴各团体巡回视导。对于各团体之会务、财务、会员增减、职员或办事员更动，以及各项活动情形，随时考察，报告本府核备。"② 此举意在向社团进行人事渗透，防范社团负责人单方垄断，以致信息过滤与滞后。然而按规定，社政指导员的职务只是"兼"，且政府任命的社政指导员往往是社会科内的低级职员，其工作职责主要是收发文件、草拟一般性公文与报告，并不掌握关键行政资源，也无行政决断权。由此，政府指派的社政指导员仅仅是名义上代表政府，列席参加社团会议、选举等仪式性工作，代表政府讲话，但对于社团的日常运作并无实际影响力。所谓"巡回视导"，难免流于形式。尽管在战后各工会的筹备、成立、会员大会等各种重要活动中，均有指导员"莅临指导"，但其并不能代表政府有效控制社团。在工潮、行业利益冲突等事件中，劳资双方均倾向于绕开作为政府职能部门的社会科，以直接向市长周象贤上书的方式表达自身的利益诉求。问题的解决也往往以市政府的最终训令或指令为主臬。政府指派的视导员反而成为下级工会抗辩政府训令的理由之一。接政府训令后，小货车业职业工

---

① 《为据查该会郦斌等四人非从业人员应即退会并加吴等六人为筹备员仰知照由》（1946年8月6日），杭州市档案馆藏，档案号：J14-1-57。
② 《半年来之杭州市政》（1946年7~12月），《民国时期杭州市政府档案史料汇编（一九二七年——一九四九年）》，第387页。

会于8月6日下午召开紧急会议,商讨对策。由于训令中提及的四人中有二人"因病辞职",并获得照准,经讨论,决议对政府训令予以抗辩。"金越人、郦心白业已辞职,郦斌、郦锡桂确为从业人员,令加筹备员六人及指派筹备主任应即呈请市府收回成命。"① 随后,小货车业职业工会向市政府递上措辞强硬的呈文,申明该组织从发起到成立不仅全系依法办事,而且有政府所派视导员的出席与批准,故发起人非本业从业人员的指控不能成立。"查属会之发起筹备组织,系经依法呈送发起人名册,并经钧府35年6月13日社一字第二六六六号批节开《呈暨发起人名册均悉经核尚无不合,准予许可组织,仰即召开发起人会议,推选筹备员三人至七人组织筹备会》,则各发起人之是否为本业从业人员早经查核无讹",并且"历次开会蒋指导员均经列席,从无片言涉及各筹备员"。不仅如此,在工会看来,政府强行指派人员的举措无疑是公然干涉人民团体的组织发展。"今钧府忽另加六人为筹备员,指派何长忠为筹备主任,依据前批则超过人数既未向本会登记更非发起人,与民主之至意亦不符合",要求政府"维持法令,收回成命"。② 与此同时,小货车业职业工会还向杭州市参议会上书,指控市政府相关人员"操纵人民团体组织,剥夺人民入会自由"。③

然而,这次紧急会议及随后向政府发送的呈文存在不少疑点。首先,在小货车业职业工会筹备会发起人名单中不仅未能看到被政府指控非从业人员的郦斌、金越人等四人的履历材料,而且对比社会科报送市政府的材料与相关发起人报送市政府的材料,发现两份发起人名单出入颇大。④ 而在1947年造册的小货车业职业工会理监事名册中,只有郦锡桂名列理事,且确为从业人员,有五年拉车经历,其他三人履历仍缺,尤

---

① 《杭州市小货车业职业工会发起人及各区代表紧急会议记录》(1946年8月6日),杭州市档案馆藏,档案号:J14-1-57。
② 《为奉到另加筹备员六人及指派筹备主任之训令请求收回成命由》(1946年8月10日),杭州市档案馆藏,档案号:J14-1-57。
③ 《为决议关于据报前本市小货车业职业工会筹备会有持枪强迫登记一案函请查照办理并见复》(1946年10月8日),杭州市档案馆藏,档案号:J14-1-57。
④ 《为发起组织杭州市小货车人力工会请求准予许可由》(1946年5月30日),杭州市档案馆藏,档案号:J14-1-57;《为发起组织本市小货车职业工会祈准予颁发许可证由》,杭州市档案馆藏,档案号:J14-1-57。

其是曾被推为筹备会主任的郦斌。上述材料显然无从证实四人是否为从业者。其次,筹备会发起人郦心白、金越人何以在工会尚未正式成立之时就"因病辞职"？在缺乏足够资料证据的情况下只能揣测其中另有隐情。此次事件作壁上观的市总工会也对小货车业职业工会的一系列行为产生怀疑,在致市政府的呈文中认为在该工会8月6日的紧急会议中,"会议决定各案与钧府令饬遵办各点多有出入,该会情形似亦相当复杂",建议政府"派员详查实情"。①

市政府的强势决断加上总工会的态度倾向,导致小货车业职业工会的申诉与抗辩没能收到预期效果。1946年8月26日,在市政府派员列席指导下,小货车业职业工会筹备会召开变更负责人后的第一次会议。市政府之前的指令得到了贯彻执行。"社会科谕派何长忠、吴锦有、丁长发、沈福林、金阿章、潘阿羊等六人为筹备员,并指派何长忠为主任,遵谕定本日上午召开筹备会议。"由于此次会议是在市政府的明确授意下召开,很难说不是政府的意思,在决定"派员接收郦斌同志任内筹备文卷印章等,以资统一"的同时,给予这位筹备会前主任足够的面子,"聘请郦先生斌为本会书记并优待,薪给每月12万元,车马费3万元"。新上任的何长忠甚至寒暄客套了一番。"兄弟是一个蛮人,一切的事情还希望大家群策群力,共同合作,为同业工人谋福利。"② 可见在劳、资、政三方的博弈中,各方尽管在利益面前针锋相对,但通常也不会把事情做绝。对被撤换的工会理事长的后续工作给予安排,让双方都有台阶下。一个多月后,杭州市参议会也否认了小货车业职业工会的指控,认为对市政府干涉社团组织发展的指控"与事实不符,不予受理"。③ 这一决议很难不令人认为仅具象征性议政权力的参议会是鉴于该事件的结局揣度市政府与总工会等方面的态度后做出的。

日本投降后,国民党已经没有能力重建曾经在1927~1937年抑制工

---

① 《为按小货车业职业工会呈送紧急会议记录转请核示由》(1946年8月20日),杭州市档案馆藏,档案号:J14-1-57。
② 《杭州市小货车业职业工会筹备会第一次筹备会议记录》(1946年8月26日),杭州市档案馆藏,档案号:J14-1-57。
③ 《为决议关于据报前本市小货车业职业工会筹备会有持枪强迫登记一案函请查照办理并见复》(1946年10月8日),杭州市档案馆藏,档案号:J14-1-57。

人运动的组织网络。① 战后，敌伪产业接收的失控以及抑制通货膨胀的失败等问题的叠加极大地阻碍了国统区经济生产的恢复，也使大批返籍劳工的生计面临严重困难，影响到战后国民党政权的城市社会整合。在这种环境下，出于稳定社会秩序的考虑，政府只能在工人与工会一次次提出的增加工资要求中不断让步，为部分活动能力强、善于谈判的工会理事长提供了施展空间。然而，一个工会理事长或许能够获得工会会员和理监事的拥戴，但并不一定能讨取资方与政府的好感。工会理事长是否遭遇去职危机，一方面取决于工会自身的会员数与行业生存现状等内部因素，另一方面也取决于是否得到总工会的支持以及政府与资方的态度等外部因素。从本节的三起工会理事长"去职"风波案中可以看出，资方尽管难以正面回绝，但可以借助各种方式暗中使劲，将出头露面的工会理事长"拉下马"，起到震慑工人与工会的作用。工会遇到此种暗招则显得较为被动，不仅需要不断为"出问题"的理事长澄清申诉，而且很多时候难以避免理事长被撤换的结果，不利于工会组织的稳定发展。而在劳、资、政的博弈中，各方往往都围绕着会员资格问题大做文章。指斥工会理事长不具备会员资格，是制度化层面促其"下台"的最直接的方式。

随着战后各级人民团体的重建，构建一支政治上忠于国民党统治的社团负责人队伍的现实问题被提上日程。杭州市政府从人事与财务两个方面加强对社团的掌控力度。在人事方面，政府建立了由下而上的双重信息渠道。一方面要求社团负责人定期向政府述职汇报。"各团体负责人及书记按月举行会报1次，报告1月来工作概况，并交换意见，共谋解决困难问题，以资联系。"② 另一方面，杭州市政府制定了《指导人民团体办法》，规定"社会科科员以上各社政人员，暂兼社政指导员，经常赴各团体巡回视导。对于各团体之会务、财务、会员增减、职员或办事员更动，以及各项活动情形，随时考察，报告本府核备"。③ 当总工会的

---

① 〔美〕费正清主编《剑桥中华民国史（1912～1949年）》下卷，第738页。
② 《十个月来之杭州市政》（1945年8月～1946年7月），《民国时期杭州市政府档案史料汇编（一九二七年——一九四九年）》，第305页。
③ 《半年来之杭州市政》（1946年7～12月），《民国时期杭州市政府档案史料汇编（一九二七年——一九四九年）》，第387页。

组织权威受到挑战时，地方政府坚决站在总工会一边，维系总工会的组织权威。与此同时，地方政府也会采取强行干涉的方式，撤换工会自行推选出的某些不可靠的领导人，并向工会强行指派新的会员。但由小货车业职业工会理事长郦斌的"让位"可见，此举不仅引起下级工会对政府的不满，而且政府所指派的视导员曾列席参加工会选举等活动的事实往往被下级工会列为申诉理由。对政府而言，此举可谓搬起石头砸自己的脚。

战后国民党政权发起成立的各地区总工会，其职能主要是执行政府颁布的各项政策措施，监督辖区内各级产、职业工会。战后杭州市总工会颁布的章程中规定，"凡在杭州市区域以内之产业工会暨职业工会均应加入本会为会员"，其主要任务在于"工会或会员间纠纷事件之调处、劳资纠纷事件之调处"等方面。[①] 此意味着总工会自身的角色定位偏重于政府下属的业务职能部门，起到沟通与协调政府与下属产、职业工会之间关系的作用。从本节的三起"去职"风波可见，战后的杭州市总工会在相关事件的处理中，既非毫无保留地站在下级工会一方，又非态度坚决地成为政府的传话筒。在洗染业职业工会理事长施梅生被解雇的过程中，总工会的坚决态度一定程度上影响到政府的决策。而在电影放映技师业职业工会理事长孙绍轩"下台"的过程中，总工会则作壁上观。在小货车业职业工会理事长郦斌"让位"的过程中，总工会甚至反戈相向，站在政府一方。总工会与政府及下属产、职业工会的立场各异，尽管增加了其在处理劳工事件中斡旋的余地，但未能树立总工会在下属产、职业工会组织与工人心目中的公信力。针对不同事件"审时度势"的处理方式，既无原则立场，也无可预测性，使其与政府及产、职业工会之间暗生罅隙，削弱了社会整合所必需的组织凝聚力与组织权威。

第四节 "捣毁工会""蓄意取闹"与转变的工会领导者

无论是工人的"抗不入会"，还是同业公会、经济大户对总工会的

[①]《杭州市总工会章程》（1946年5月），杭州市档案馆藏，档案号：J14-1-1。

挑战，抑或围绕工会理事长"去职"的风波，皆可视为在制度规范混乱、缺失的情况下，矛盾各方均凭借对己有利的"理"或"据"采取行动。然而在战后城市工会组织的会务纠纷中，有一类特殊的恶性事件，这类事件是肇事者在既无"理"亦无"据"的情况下故意滋事，是战后城市社会秩序失范的体现。少数工会组织领导者的贪腐等行为，使工人失去对工会组织的信任，转为对工会组织的抗争，使工会的组织权威与凝聚力荡然无存。

一 "恃强捣毁工会"与"蓄意取闹"

战后物价波动，引起社会动荡。部分工人乃至个别理监事采取极端方式挑衅滋事，冲击工会。闹事方式大都为在工会开会之际，聚众扰乱。面对此种激化矛盾的事件，地方政府往往倾向于大事化小，小事化了，强行安抚矛盾双方，不仅使肇事一方未获得相应惩处，也使工会的组织权威受到削弱。1949年4月，汉口市棉花业工会就遭遇了被码头工人"恃强捣毁工会"。

民国时期，在城市工厂工作的女工时常面临来自男工的骚扰。1929年，天津的一位工厂经理向天津市政府调查人员抱怨，冬天夜班工人下班的时候天还很黑，男工们就抓住这个机会"调戏女工"，或是"背负女工乱跑"，或往女工的脸上抹"黑灰油"。[①] 男工对女工的调戏和骚扰在抗战时期和内战时期持续。1949年4月3日，汉口市棉花业工会会员吴厚坤，"随同其妻吴余氏、甥女王小毛、同伴熊氏三人至中纺公司赶工之际"，"行至球场街十八分会后面"，迎面碰到码头工人李光德等人，"其中一人以调笑态度故踩一女工友之足，当发生口角"。吴厚坤上前劝解，但李光德等人"以人多势众，口出不逊，嘲笑詈骂，继则动武"。吴等被迫避入棉花业工会躲藏，然而对方直奔至工会，并在工会大闹一番。[②]

棉花业工会随后的报告对该事件的细节有进一步描述。码头工人李光德等人显系蓄意滋事。"该工人竟无耻已极，强奔上前，踩女工王小毛

---

① 〔美〕贺萧：《天津工人，1900～1949》，第218页。
② 《为本市铁路边头班码头工人李光德等恃强滋事捣毁本会电请鉴核派员查究以惩不法由》（1949年4月4日），武汉市档案馆藏，档案号：9-31-3057。

之足后并故意调笑,丑态百出,该女工以批狂徒过于无礼,晓以大义,讵知该工人以为有拂私意,发生争执。"当吴厚坤及女工王小毛等人避入棉花业工会后,李光德等人"复约同伴百余人,各持扁担木棍,前来本会","勒令交出会员吴厚坤及女工王小毛等不可。属会职员负责人通达外出,仅会员刘道良在会,该工等不分皂白,遇人即伤,逢物即捣,会址上下搜索","将大礼堂、办公室、电话室、厨房捣毁一空,一时门墙壁器具无一幸免存,并拖出吴厚坤朋殴重伤,本会办公职员打到四处逃跑"。① "经职员回会,当即报告该管警察十分局,派警弹压之时,该工人等见已肇事,一并逃散,仅当场捉获段昌有一名,带局拘押在巷子,会址附近邻里,均抱不平。"②

对于这样一起恶劣滋事的事件,棉花业工会向汉口市政府强烈抗议,指斥该码头工人李光德等"亦属工人,竟敢调戏女工,而反纠众捣毁人民团体会所,不但违犯刑责,且藐视国家组织,际此民主发扬,保障人权,兼之非常时期,该工人等恃势欺凌,侮辱女工,其情其理,法所不容",并暗示政府若不严厉制裁,则难以安抚工会下属会员的愤怒情绪。"旋经属会全体男女工友,群情愤慨,一致周旋到底,属会理监事恐事扩大,竭力压制。"③ 在工会的强烈抗议下,汉口市政府要求警察局立即前往调查,并将当事人羁押惩处。④

无独有偶,1948年7月,杭州市矸布业职业工会也遭遇了会员"蓄意取闹"的麻烦。1948年7月19日下午,杭州市矸布业职业工会在召开全体会员大会,讨论当前行业价目问题时,遭遇本会其他会员的扰乱。根据工会致市政府的报告所描述经过,该扰乱者虽在言语及行为上过激,但并未聚众而来,且未产生明显的肢体冲突。扰乱的会员"来会蓄意破坏,意图捣乱,见已散会,即向各会员辱骂,经各会员向其理说,不料

---

① 《为呈报捣毁本会经过情形祈鉴核恳请拘办由》(1949年4月4日),武汉市档案馆藏,档案号:9-31-3057。
② 《为调戏女工捣毁会物呈乞鉴核迅予函令拘办由》(1949年4月6日),武汉市档案馆藏,档案号:9-31-3057。
③ 《为调戏女工捣毁会物呈乞鉴核迅予函令拘办由》(1949年4月6日),武汉市档案馆藏,档案号:9-31-3057。
④ 《据棉花工会呈报码头工人李光德等捣毁工会一案令仰并案查办具报由》(1949年4月12日),武汉市档案馆藏,档案号:9-31-3057。

该会员声势凶凶，竟欲动武殴打，故有会员数人向其口角冲突，而该会员毫不讲理，竟敢以力欺人，即将职会会员殴辱，并言工人不须加入工会等种种无理之词"。① 虽然该事件并未扩大化，但为了防止以后再有类似事件发生，职业工会将之上报政府，请求予以制裁。而政府对此并未追究，而是驳回了职业工会的要求，认为"该会员胜付生尚无破坏工会情事，所请着毋庸议"。②

此外，工会理监事的某些强硬行为也会引起工会内部其他会员与理监事的不满，产生矛盾冲突。杭州市三轮车业职业工会理事沈天佑原系人力车业工会理事，沦陷时期曾担任丝织业工会理事，后调入中统局通讯组工作。③ 据三轮车业职业工会理监事会报告，沈天佑在人力车业工会任职期间，"曾经煽动工潮"。在转任三轮车业职业工会理事期间，他不仅"纠众大闹工会"，还引发工会与当地驻军的冲突，"致工会被捣毁一空，损失惨重"，④后"假借政府名义，在城站附近一带翻我职工车箱，抄找号码，查询姓名，盛气凌人，威风用尽，声言政府已派定其为工会会长，将来均在其统治之下"。由此，三轮车业职业工会理监事会联名上书市政府，请求将其"永远开除会籍，不准再从事本业"。⑤

1948年11月1日，杭州市总工会正拟召集各业工会代表，商议配发工人平价米及工资调整等事务。会议开始之前，丝织产业工会代表朱荣桂、沈玉麟，革履职工会代表李锦文，照相业职业工会代表孙绍轩等数十人突然来到会场寻衅滋事，"使座谈会无形停顿"。经在场代表劝阻"始告平息"。然而第二天上午9时，"忽有菜馆工会代表金子侯，照相业代表孙绍轩，丝织业代表朱荣桂、沈庆福等率领丝织工人二十余人蜂拥至总工会，在礼堂扭住常务理事毛顺祥，不问情由，拳足交加，倚仗人多，将毛凶殴成伤，事后并出示预拟向伊等道歉稿一纸，胁迫被害人毛顺祥登报道歉，并声言如不履行必将置诸死地，词毕

---

① 《为本会会员胜付生破坏会务请予法办由》（1948年7月19日），杭州市档案馆藏，档案号：J14-1-152。
② 《杭州市政府指令》（1948年7月28日），杭州市档案馆藏，档案号：J14-1-152。
③ 《黄色丝织业工会情况初步了解报告》（据全文推断为新中国成立初期的交代材料），杭州市档案馆藏，档案号：J14-1-9。
④ 《三轮车职工会理监事会报告》，杭州市档案馆藏，档案号：J14-1-44。
⑤ 《三轮车职工会理监事会报告》，杭州市档案馆藏，档案号：J14-1-44。

咆哮而去"。① 对该起带有明显暴力性质的事件，政府明显不愿意惩戒众多的滋事者，而是倾向于将其视作一起私人恩怨，使其消弭。"该员理监事毛顺祥与朱荣桂等前因口角引起纠纷，现已缓和融化。"② 此外，少数工会的工人主动向资方同业公会挑衅。国民党第六次全国代表大会决议发动党员特别捐，其中"汉市党员特别捐配募数额为四万五千万元"。③然而在商会向下属工商业同业工会组织摊派捐募的过程中，发生了纠纷。汉口制革业工会要求同业公会增加工资。同业公会拟于1947年2月27日召开联席会议，商议该事。然而2月25日，制革业工会率领工人"径至各同业皮坊，向学徒征募国民党特别捐，学徒无法，即勒令学徒罢工"。2月26日，制革业工会"纠集工人百余人，齐至单洞门内外及精武路，勒令全体罢工，并持器械殴打各店主，声势汹涌，显有背景。同时至单洞门内天锡成皮坊工人百余名蜂拥而上，当场将店主蒋振中及妇女殴打成伤"，直至军警到现场"弹压制止"。④

值得注意的是，国民党政权在武汉、天津、重庆等地开办的工业企业系由其直接管理，非地方政府能约束。此类企业与行业的工人不仅更加容易制造工潮冲突事件，也是各类无端滋事型纠纷的主角。1948年5月29日，汉口市警察局第十四分局警员在联勤总部武汉被服总厂对面执勤站岗，"见有面粉厂卡车一辆满载贴条驶至被服厂门首之保，即令停车检查"。⑤ "乃正值被服厂工人下班休息之际，遂三五成群密集路边，此呼彼喝以看热闹管闲事，幸灾乐祸之态度讥笑谩骂。司机狗仗人势，以为有人附和，警察可欺，遂起争执，不服取缔"，引发暴力

---

① 《为本会常务理事毛顺祥被丝织工人凶殴成伤电请核办并予惩凶由》（1948年11月13日），杭州市档案馆藏，档案号：J14-1-183。
② 《为本会常务理事毛顺祥被丝织工人凶殴成伤电请核办并予惩凶由》（1948年11月13日），杭州市档案馆藏，档案号：J14-1-183。
③ 《中国国民党汉口特别市执行委员会财务委员为聘请黄可权为党员特别捐劝募大队分队长致黄可权函》（1947年2月），载郑成林、刘望云主编《汉口商会史料汇编》第5册，第293页。
④ 《制革工业同业公会为职业工会因征募国民党特别捐及要求增加工资而纠众殴打各店主呈汉口市商会函》（1947年2月27日），载郑成林、刘望云主编《汉口商会史料汇编》第5册，第287页。
⑤ 《湖北汉口地方法院检察官起诉书》（1948年7月12日），武汉市档案馆藏，档案号：9-31-2810。

第七章　会务纠纷中的地方政府、工人与工会　289

冲突。① 冲突过程中，警长黄金山"被困重围，遂遭乱拳殴伤"，"逃出重围后仓皇奔局，报告毛警长被工人围殴。急遽之间未及说明肇事经过，于是巡官李佑、值日警长伍佰炎以为又系码头工人滋事，故命休班长警带枪集合在兹。千钧一发真像不明之际，值日局员李鉴戒见长警已集合出动，即急呼带枪不可开枪。但警士因急于解救毛警长之危难，均已拥驰援矣。讵知警士到达肇事地点，围集之人有如铁桶，尚未上前排解即闻驳壳枪声数响（驳壳枪先响，附近居民皆可证明），当系被服厂之误会，以为警士带枪前来，乃先发制人，故事态愈形严重，殆该分局巡官黄绍渊最后奉分局长之命前往撤回，带枪警士竟反遭工人围殴痛打，遍体鳞伤，于是秩序愈加混乱，形同暴动"。② 汉口市警察局局长任树山向汉口市市长徐会之呈报，认为警员系"不得已鸣枪镇压"，"警士依法执行勤务，该工人等横加干涉，显系妨害公务，继又将警长黄金山合围毒打，其咎实在被服厂工人"。"该被服厂在警察局区域管辖范围之内，今后被服厂当局苟对工人不能严加管束，则将来争端不息，执行勤务随处均受掣肘，其严重更百倍"，要求从严处置之意十分明显。③ 然而武汉被服总厂工人也不示弱，以"防卫过当"名义将开枪警员黄金山、黄绍渊告上法庭，提起诉讼，被服总厂方面的强硬姿态可见一斑。④ 档案材料中未能查找到该案的审理结果。

1948年1月19日下午，汉口市武圣庙码头划船工人胡某坤在工作时，遭遇到拒不付钱的麻烦。

　　会员胡□坤工作时，装载乘客由汉阳驶赴汉口抵岸时，向来索取资（渡资），为有联勤总部粮秣第三工厂第一工厂便服工人5人不但不给渡资，反骂瞎了眼睛，不认识人，致生口角，该工人竟将会

---

① 《汉口市警察局局长任树山致汉口市市长徐会之》（1948年6月4日），武汉市档案馆藏，档案号：9-31-2810。
② 《汉口市警察局局长任树山致汉口市市长徐会之》（1948年6月4日），武汉市档案馆藏，档案号：9-31-2810。
③ 《汉口市警察局局长任树山至汉口市市长徐会之》（1948年6月4日），武汉市档案馆藏，档案号：9-31-2810。
④ 《湖北汉口地方法院检察官起诉书》（1948年7月12日），武汉市档案馆藏，档案号：9-31-2810。

员胡□坤施以殴打,其父胡德礼见子被打,要求免打,亦同遭殴伤,经执勤水警解释,该厂工人赴汉阳厂内聚集数十工人至武圣庙码头,见人就打。各会员见来势过凶,未便理喻,方均□划避让。该厂工人见无人可打,竟将船具捣毁,并携去舱具,交通被迫停止。①

联勤总部下属工厂系国民党政权直营企业,工人自觉其身份远高于普通劳工,故不仅拒不给钱,还有意寻衅,将事态扩大。事后,汉口市划船业职业工会上报市政府,要求予以调解。1948年1月20日下午,湖北省警察局出面,会同联勤总部第二粮秣厂、划船业职业工会等多个单位,在湖北省水上警察局第二分局万安巷派出所会议室召开调解会议,达成以下协议:

……联勤刘股长确保以后再不发生该厂工人聚众殴打武圣庙划工情事,以维地方治安秩序。(2)武圣庙码头两陈代表负责对该厂武装整齐之工人予以免费之优待(但为顾及船小人多免除危险计,每船限二人)。(3)工厂工人于十九日携去武圣庙划船上之用具(木浆、木橹、船板)由刘股长负责清理交还,以便武圣庙划渡迅速恢复交通。(4)武圣庙代表应负责迅速督促工人整理用具恢复交通。(5)双方出席负责人对各受伤工人概由双方自行医治,并不得再有任何生端异说,以维情感。②

此外,双方均保证各自约束下属工人,"对言行务宜谨慎,免伤情感"。③可以看出,原本是联勤总部粮秣工厂工人无端滋事,但碍于联勤总部非湖北省与武汉市地方政府能够约束,最终的调处结果是双方各退一步。联勤总部工厂甚至获得了工人免费乘船的优待措施。国民党政权直营企业的强势地位彰显无疑。

---

① 《为呈报处理武圣庙码头工人被联勤总部工厂工人殴伤一事请鉴核备查由》(1948年2月1日),武汉市档案馆藏,档案号:9-31-2359。
② 《湖北省水上警察局第2分局派出所调解联勤第二粮秣厂、武圣庙码头划工纠纷纪录》(1948年1月20日),武汉市档案馆藏,档案号:9-31-2359。
③ 《湖北省水上警察局第2分局派出所调解联勤第二粮秣厂、武圣庙码头划工纠纷纪录》(1948年1月20日),武汉市档案馆藏,档案号:9-31-2359。

第七章 会务纠纷中的地方政府、工人与工会

海员工会是国民党政权严格把控和严重渗透的特种工会。"特务机关通过其党部的组织,再经过其工会介绍的形式,把大批的特务分子安插到船上。"[1] 在国民党特务与军警严重渗透的海员工会中,部分会员有恃无恐,主动滋事。1947 年 12 月 28 日,《武汉日报》的省市版块刊载了一篇题为《汉口海员工会二人持枪威胁轮机长,武汉行辕令治安机关法办》的新闻。该新闻称,汉口海员工会的两名工人以索要工资为名,持枪威胁轮船招商局汉口分局一艘行驶于上海至宜昌航线上的商船轮机长。海员工人持枪威胁轮机长,既涉及航运业的营运规则,又涉及社会秩序稳定。然而关于这起事件,海员工会与轮船招商局两边的说法针锋相对。据海员工会的说法,此事起因于该商船轮机长刘守坤不仅拒绝录用经由该工会介绍的失业工人李文清、张亚东,"竟率众恃势将本会合法介派之李文清、张亚东强行威迫离艇",而且有意留用并无会员身份证件的加油工徐信□、张贵二人。至于所谓"持枪威胁轮机长",在海员工会看来,绝非工人恃枪挑衅,而是在海员工会派往查询协调的人员遭对方群殴胁迫时,轮船招商局汉口分局船务科科长陈锦裕"率同□暨枪警多人赶到,武力弹压"。[2]

另外,轮船招商局汉口分局则对此有完全不同的说法。该局向国防部报告了此次事件的经过,并要求国防部致电国民政府武汉行辕,制止此类事件再次发生,并约束海员工会工人的行为。

> 本局行驶沪宜□之江陵轮于十月九日抵汉口时,海员工会汉口分会未经本局允准,强派工友王天味等八人登轮,要求借用□□□□,婉劝不去,迨至 11 月 15 日复强索工资,将该轮会计员盛兆斌痛殴受伤,现送院医治,继复唆使工友百余人包围本局,强施威胁,请训示办法,又接本局民 306 艇轮机长刘守坤电称,本日下午,汉分会又纠众 40 余人二度登船寻衅。查汉口海员工会迭次纠众登轮滋扰打闹,均有同样殴打事件发生,际此动员戡乱军运紧急

---

[1] 《解放前中国海员的生活斗争》,第 55~57 页,转引自刘明逵、唐玉良主编《中国近代工人阶级和工人运动》第 13 册,第 172 页。
[2] 《为据报海员工会工人持枪威胁轮机长一事经过祈鉴核由》(1947 年 12 月 31 日),武汉市档案馆藏,档案号:9-31-2394。

时期，该会一再恃众要挟，不特影响航运抑且妨害治安。①

究竟是商船船长任人为私，还是海员工人凶横骄纵？接到武汉行辕转来的电报后，汉口市政府立即要求警察局派员查明事实真相。然而奉命调查此事的警察局"经派员往宿该轮，经两昼夜并未发现有任何情形"。在接到汉口市政府要求调查该事件的命令后，警察局"遵经派员复查"，"因该306轮刻不在汉，仅据海员工会称当时并无持枪威胁情事，该会已将全案详情电呈有关机关备查"，故警察局方面未能提供一个有别于上述两者的第三方说法。②

二 转变的领导者

战后国民党官僚政权体制暴露出贪腐渎职等问题，各类地方党政机构的基层官员贪腐问题不时曝光。汉口市汉正区区长刘汉光被控告贪污渎职，经汉口市政府职员周振基调查，存在侵占区公所户籍事务人员办公经费、扣发救济衣料、与有夫之妇有染等问题。③宝善区区长王道炎被该区公民廖天炎、程天德、赵世同、陆秉秀四人控诉，"名为大学学生，其实胸无点墨，自复员后补充本区区长以来，假借职权，在外狂嫖滥赌，对于区务方面从不过问，因之在职两年余毫无建树可言。该区长包一妓女名叫九九，日夜沉迷其中，动辄花费千万，挥金如土。复携带妓女九九旅居沪一月有余，闻又输去法币十亿万左右"。此外，四人还指控王道炎侵吞劳动代金、私吞监证费、"苛收兵役协助费"、"利用职权勒借商号款项"等。④经汉口市政府派员查证，上述罪名皆成立。

国民党政权体制内，基层官员贪腐渎职的现象并不少见，在战后工会组织领导者的身上亦有所体现。工会的本质是为工人谋取组织化利益，

---

① 《轮船招商局汉口分局为海员工会工人持枪威胁轮机长一事经过报国防部祈予以制止由》（1948年1月3日），武汉市档案馆藏，档案号：9-31-2394。
② 《为呈复办理海员工会与民306轮机长双方纠纷一案祈鉴核由》（1948年1月28日），武汉市档案馆藏，档案号：9-31-2394。
③ 《奉派调查汉正区长刘汉光被控贪污渎职一案兹谨将查得情形签报为次》，武汉市档案馆藏，档案号：9-31-3124。
④ 《为本区区长王道炎贪污渎职事实确鉴恳予依法撤惩的呈》，武汉市档案馆藏，档案号：9-31-3124。

与总工会相比，产、职业工会也具有"利益代表者"的职能，在党政阶层的利益交换、控制结构中，一些产、职业工会干部为求个人利益最大化，将工人代表权作为资本与资方或政府勾结，自我设限、脱离基层，引起工人的强烈不满。总工会直接隶属政府，首先虑及的是执行政府政令，其代表工人团体利益的动机无法与产、职业工会相比。故此，当原本以代表本行业工人利益为初衷的产、职业工会的领导者们开始在代表工人利益与赚取个人资本之间徘徊时，原先清晰的角色定位开始变得模糊不清。事实证明，只要有体制容许的生存空间，代理人利益的膨胀就无处不在。

尽管工会领导的本职工作是防止工潮、协调劳资关系，但工会并没有制度性措施约束社团领导者个人的行为。出于自身利益最大化的考虑，战后部分工会的领导者有时或因非法敛财而招致工人的抗议，或成为代表工人要挟厂方与代表厂方威吓工人的"变色龙"。杭州市丝织业产业工会部分理监事在处理劳资纠纷时，"先与同业公会商讨，再开代表会"，平时"经常与老板一起茶店吃茶，酒饭吃酒，市场上一起混"。调解矛盾时，"要看是否是负责人的学生（徒弟），老板有无势力，调解前或后要请吃酒"。[①]

工会领导者面目的模糊不清，使得战后城市工会组织内部时常发生理监事针对理事长，抑或理监事之间的矛盾冲突。1948年5月，汉口人力车业职业工会理事徐少卿联名工会多位理监事，控告理事长赵世斌有严重非法贪污问题。在徐少卿等人的控告中，赵世斌涉嫌吞没工人福利金、教育基金，变卖工会会员证、三轮车从业通行证，甚至怂恿人力车业工人为争揽生意与马车业工人发生械斗。[②] 然而对于赵世斌的被控，汉口市总工会常务理事田亚丹以及汉口市人力车业职业工会常务理事汪祖华出面为其辩护，认为徐少卿等人的指控"却无其事"，并附上历年人力车业职业工会的相关财务收据以示清白。[③] 此事遂不了了之。

---

① 《杭州市丝织业产业工会理监事略历表及下城区委会对丝织业工会情况初步了解报告》，杭州市档案馆藏，档案号：J14-1-9。
② 《为控人力车业工会理事长赵世斌非法贪污一案祈澈查由》（1948年5月22日），武汉市档案馆藏，档案号：9-31-2754。
③ 《为赵世斌被控案特证明确无其事祈鉴核由》（1948年6月12日），武汉市档案馆藏，档案号：9-31-2754。

1949年初，杭州市电影业工会会员联名向杭州市政府与浙江省社会处等多个政府部门控告工会理事马镛，指责其涉嫌非法征收、挪用会费，与资方私下勾结等问题。浙江省社会处责成杭州市政府追查此事。"马镛系该会理事，素不负实际工作责任，不料马竟异想天开，设法排挤现任总务股主任朱亿仁（亦系该会理事），勾通现任常务理事蒋永成自动代理总务主任，迄今根本未经理事会通过。马抓到总务主任权力后，巧立名目，向会员敛钱，此其一。（二）该会每月可收入会费达130余元（按生活指数乘每半月收缴1次会费按会员收入底薪百分之二征收），3月上半月可收会费10余万金圆。（以1573.78）倍指数乘俱由马镛一人调度挪用。既未存储银行，亦不购储实物以保币值。必须至理监事追查后始行交出。此种一挪一交好处实属不少。此其二。（三）该会为保障会员福利，经储款购存白米7石及银元数枚，实际则俱系马镛□去生意，以致失业。会员得不到福利，怨声载道。此其三。（四）马镛自籍势取得总务主任职务后，与资方西湖电影院经理王梦樵（按杭市电影事业俱系一名季固周者投资，王梦樵系其得力心腹）勾结，不顾劳资立场，一味共同剥削职工。此各院职工均知。此其四。"①

然而，杭州市政府认为反映的问题大多不属实，倾向于为马镛开脱。"电影业职工会总务股正副主任原系由理事朱亿江，蒋永成分别兼任，后因朱亿江因事不愿兼任，虽经提由该会理监事会议决议慰留，但朱仍未应允。故由蒋一人负责。又因蒋对会计手续不甚熟悉，乃私人委托马镛协同办理，已近二月，手续实有未合，但马镛经管财务账项，尚称清楚，既有会费收入除正常开支外余均留作会员福利基金，购储食米分存为电影院保管，其开支账项已按月检拨列表提交理监事会议审核报销，并无籍故敛钱舞弊情形。所控各点均无法证实，又该会业于四月十一日召开第十八次理监事会议，决议准朱亿江辞去总务股主任职，改推马镛兼任纪录在卷。"②

此外，大型工业企业内部由于党政军势力的渗透，派系复杂，部分

---

① 《为据报电影业职工会会员控告理事马镛舞弊一案请核察由》（1949年4月3日），杭州市档案馆藏，档案号：J14-1-47。
② 《准电派员调查电影业职工会会员控告理事马镛舞弊一案复核察照由》（1949年4月16日），杭州市档案馆藏，档案号：J14-1-47。

企业或工会的领导凭借手中职权，压榨工人，激起工人的强烈抗议。有中统背景的武昌第一纱厂工会理事王财安、陶光楷遇到物价波动，工人生活情境恶化时，"对工人说工资要加待下月，是否可以实物"，"对厂当事人说一定答应工人要求，即日起决不能再延，否则停车，工会不负责任等语"。① 二人在工厂和工人中间左右摇摆，从中榨取好处。不光如此，二人还凭借党派背景煽动工潮，威胁厂方，捞取油水。1947年8月17日，"王财安等又煽动一纱厂全体工人罢工，并谣言自□□此次中统局维持"，并对工人说"你们要红利尽量要，本人绝对来协助"。② 结果遭到一纱厂董事长的拒绝。市政府出面，"答复一万石米作为工人奖金"，"后又向厂方交涉，方才加到二十四亿元"。③ 二人随后鼓动工人罢工，"董事长以势压迫，工人就全体罢工，不可以□□有市府市党部出面调解，我们工人决可操胜"，④ 以致同厂方闹成僵局，无法圆场。最后中统局"一般负责人看此事情扩大，碍难收拾"，下令停止工会活动。然而由于中统局的背景，王财安等在改组后的工会仍然位居要职，以致一纱厂全体女工上书武汉行辕主任程潜，"迅将王财安等撤职惩办"。⑤ 资源委员会经营的天府公司全济煤矿矿长杜宗梁上任三年以来，"对待工友异常刻薄，每月发放工资概不依照上面规定"，经工人再三要求，"始终未蒙允许，反致触怒，将代表人开除，乘机补用私人"，克扣全体矿工2/3以上的工资，余额"刮入私囊"。⑥

不难看出，身处政府、资方与工人三方之间的部分工会领导者尽一切可能捞取个人利益。代理人利益膨胀，导致部分产、职业工会领导者转变，加大了工人对工会的离心力，引起工会运作功能的萎缩。而值得注意的是，转变的领导者多具有党派背景，即便遭遇来自工人的指控，也往往会有总工会以及政府方面的庇护。武昌一纱厂的王财安尽管犯众怒，但其中统背景让他得以继续鱼肉工人。而工人选举出的工会领导，

---

① 《第一纱厂劳资纠纷及工资调整》，武汉市档案馆藏，档案号：104-10-1785（1）。
② 《第一纱厂劳资纠纷及工资调整》，武汉市档案馆藏，档案号：104-10-1785（1）。
③ 《第一纱厂劳资纠纷及工资调整》，武汉市档案馆藏，档案号：104-10-1785（1）。
④ 《第一纱厂劳资纠纷及工资调整》，武汉市档案馆藏，档案号：104-10-1785（1）。
⑤ 《第一纱厂劳资纠纷及工资调整》，武汉市档案馆藏，档案号：104-10-1785（1）。
⑥ 《为虐待工友虚造发放清册以少报多恳予澈究追偿以儆贪污而维劳工由》（1948年6月17日），重庆市档案馆藏，档案号：082-1-16。

为维系自身权力来源的正当性与合法性，不敢乱来。工会领导以党派背景捞取个人好处。同时党派背景成为工人对工会领导者不满的替代品。政治背景被工会领导者作为赚取个人好处的工具利用，国民党政权最终无法平息来自社会各阶层的怨恨，覆亡的丧钟提前敲响。

小　结

南京国民政府时期，国民党政权一直试图理顺与劳工群体的关系，将其纳入国家管控的范围内。1927～1937年，国民政府在打压劳工运动的同时，通过劳工立法、改组工会等方式试图掌控劳工群体，至抗日战争全面爆发中断了。1945～1949年，国民政府迫切希望通过人民团体登记、重新组建各级工会的方式，重新掌控劳工群体。

然而运用法团主义视角考察1945～1949年城市工会的会务纠纷，可以看到国民党政权重建社会秩序失败的深层原因。在市民社会理论下，工人具有加入与退出工会的自由和权利。而工会也凭借自身的组织凝聚力以及为会员提供的福利、身份地位等，吸纳工人加入工会。然而，法团主义视角下的社会团体具有垄断性、有限性与会员资格强制性的特点。问题在于，尽管国民党政权的相关法规规定工人必须加入工会，但来自同业商号的阻挠以及工人"抗不入会"事件的频发，使得部分工人并未加入工会组织。法规上的"入会"与现实中的"不入会"，使得国民党政权出于安抚商号、资方的顾虑，不敢过分强制工人加入工会，对那些抗缴会费的工人束手无策。在战后日趋紧张的时局下，缺乏强制措施的工会组织倾向于给待处理的工人安上"反动"的政治敏感罪名，以便借助国民政府的强制力量予以制裁。然而，国民党政府因不愿社会矛盾激化，企图在公众面前保持一个"文明"执政的形象，因此并不敢肆无忌惮地运用强制高压手段。国民党政权的处理方式却未能给工会提供必要的组织权威。对工人而言，来自工会的"除名"威胁沦为一纸空谈，工会的组织权威与执行力无疑大打折扣。

尽管第三章通过工会的组织章程考察了工会的角色定位，但从会务纠纷中可以看到实际运作中的工会与章程中的工会之间的偏差。产、职业工会尽管在强权之下不得不扮演协调者的角色，但仍然为了工人利益与资方和政府谈判协商。很多时候工会一面安抚工人，一面为工人利益据理力争。究其原因，产、职业工会毕竟依托于所在产业、行业，可以通过为工人据理力争分享利益。这一利益共享的特点使产、职业工会尽管有时会面临因工潮控制不当而被政府强令解散等的危险，但仍尽可能为工人利益说话。尽管总工会的职员多由各产、职业工会理监事兼任，但隶属地方政府的行政机构，总工会与地方政府的互动更为紧密，缺乏与各产、职业工会直接沟通的渠道。如果说产、职业工会迫不得已做一个协调者，但向往利益代表者的角色，总工会则甘愿做一个"公务员"和"领导者"，而让利益代表者的角色缺失。总工会的这种角色定位直接导致了自身的权威危机。经济大户与产、职业工会都先后向总工会发出挑战和质疑。面对质疑的总工会尽管得到政府的力挺，但并未提供足以令下属工会信服的理由和解释。

"恃强捣毁工会"以及"蓄意取闹"等案件表明，战后各行业陷入了普遍混乱的状态，直接导致行业从业者之间暴力冲突的加剧，间接导致工会组织受到部分强势工人的冲击。尽管地方政府甚至党、军系统不断介入，但这些事件大都不了了之。肇事者得不到严惩，利益受害者也得不到应有的赔偿，为少数工人与地方黑恶势力勾结，凭借武力蛮横欺压相关工人群体提供了可乘之机。而部分有党派背景的工会领导者在国共内战时期以各种手段攫取个人利益、鱼肉工人，自然招致工人群体的强烈不满。而工会理事长的"去职"风波则显示出这一时期工会组织在人事安排层面的动荡不定。工会既无法得到工人的支持，获得组织凝聚力，又无法借助政府授予的权威对违背规则者予以制裁，而工会的领导者也朝不保夕，国民党政权的摇摇欲坠就可想而知了。

结　语

多元主义主导下的市民社会理论成为考察近代中国社团组织与国家关系的理论预设。然而，已有研究在加深了学界对近代中国社会转型过程中社会组织的形成、发展与演变等问题的理解的同时，未能很好地解释民国时期社团组织尽管曾经得到充分发展，但却无法通过协商与制度化手段消弭组织内部以及不同组织之间利益纷争导致的恶性倾轧，而是通过与政权结盟维系并扩张自身利益这一现象背后的原因。

正如施密特、张静等众多研究者多批评的，市民社会理论因预设了社会的独立性和自主性，过于强调国家与社会之间的冲突而忽略了社会组织之间的冲突。针对市民社会的理论盲点，法团主义理论认为社会的自主活动不足以形成秩序，强调国家对于市民社会的参与、控制以及国家和社会组织之间的制度化联系渠道。[①] 然而，在当前关于法团主义的研究中，研究者多侧重理论爬梳与概念界定，缺乏个案的实证积累，亟须引入历史维度的考察，以拓展法团主义理论在中国研究中的适用半径。基于此，本书运用法团主义视角，以1945~1949年武汉与杭州的工会组织为对象，辅以对天津、重庆等地的观察比较，考察国民党政权统治下的城市工会是否能够集结工人群体的利益，将其组织化并纳入政府层级体制中，影响政府决策，形成组织凝聚力，承担社会整合的功能。通过上述各章节的分析，笔者至此尝试回答此问题。

一　非制度化的利益组织化方式与组织边界模糊

在法团主义看来，社会利益的组织化方式，须是经过国家认可的，通常是体制内的纵向建构。[②] 战后几年内，随着国民政府对社会控制的不断加强，武汉与杭州的地方政府均建立了从总工会到各产、职业工会

[①] 刘安：《市民社会？法团主义？——海外中国学关于改革后中国国家与社会关系研究述评》，《文史哲》2009年第5期。

[②] 张静：《法团主义——及其与多元主义的主要分歧》，第172页。

的层级体制。总工会统辖行政区划内所有产、职业工会,为政府职能部门之一,各产、职业工会直接依附于相关企业与行业。在工潮、劳资纠纷、会务纠纷等一系列事件中,各产、职业工会首先将情况上报总工会,总工会据此上报地方政府,地方政府或敕令社会处、警察局展开调查、调解工作,或直接下发指令。因此可以说,战后城市工会的利益组织化方式大体上符合法团主义要求的体制内的纵向建构,即各类事件一层一层上报到体制中心,而非在体制外由工会横向协调来自行化解。

然而,战后城市工会的利益组织化的纵向建构模式并非固定化与制度化。法团主义在方法论上是一种结构与制度层面的研究。是否有权利分化作为条件的"合作",是在性质上极不相同的事情,这基本上决定了"合作"是一种结构安排,还是随机行为。[①] 尽管战后地方政府对工会组织进行了全方位整改,但在档案资料中,不同行业及产业工会的权责边界界定及由此引起的纠纷不断。许多新成立的工会的行业边界模糊不清,进而引起各类摩擦纠纷。刚刚成立的工会并不具备足够的从业人数等条件,而一些人数较多的行业由于工作流动性或政府对该行业的界定归类等问题,又迟迟未能成立相应的工会组织。

与此同时,战后城市工商业重建的过程普遍陷入了行业生存竞争加剧、从业者边界收益递减的"内卷化"状态,影响到工人的基本生计。面对这种局面,以脚夫业、码头业等行业为代表的非技术行业的工会组织采取了在行业内部与外部通过归并人员、压缩生存空间、侵占既得利益等方式,强行扩张行业边界与扩大组织规模,使市场竞争恶性化,行业秩序无序化,各类械斗冲突愈演愈烈。面对各类非制度化的利益组织化方式,地方政府既不愿使用暴力手段约束矛盾双方,又未能用制度化、规范化的方式介入调停,而是用平衡术的方式消弭冲突,以致地方政府的相关职能部门被各种行业纠纷事件消耗,无法通过工会这一社团纽带,建构起整合社会的新秩序。

事实上,对于这类由利益组织化方式产生的问题,工会并非视而不见。战后汉口市总工会向政府提议,凡下属工会的相关会务"应呈由市总工会发交组织调查组详细调查其业务范围,签具意见,提交常务理事

[①] 张静:《法团主义——及其与多元主义的主要分歧》,第176页。

会通过，转呈钧府核示，不得越级径呈市府办理"，得到政府许可。① 可见作为各产、职业工会的上级单位，总工会已经从制度层面提出了对具体会务以及工人利益集结和组织化的处理方法。地方政府的职能部门也希望工会能够具备相应的组织权威。天津市社会局建议市政府，应当严格强化对工会的领导，以便通过工会组织维持劳工纪律和工业生产秩序。② 然而问题在于，总工会并不具备解决这些问题的能力，只能在一次次具体案件中将相关问题上报地方政府，听候指令。这就导致战后地方政府未能建立起一个健全的工会组织层级体系并将其制度化、正规化，使其具有自我管理、协调的能力，而是自己疲于召开各种调解会议，应付这些纷杂烦冗的工会会务纠纷，既增加了政府的社会管理成本，也削弱了工会自身的运作功能。

而从第七章对会务纠纷案的考察中可以看到，由于总工会组织权威的缺失，在具体事件中，基层产、职业工会往往采取绕开总工会，直接上书地方政府乃至更高层权力机构的方式表达利益诉求。尽管这种方式并不能保证奏效，但却可引起上级机构对矛盾纠纷的关注，无形中给地方政府调处此事带来压力。地方政府出于息事宁人的原则，在上级机构时时过问的情况下，往往倾向于对矛盾方予以让步。在1947年武昌第一纱厂的工潮中，该厂女工集体上书武昌市政府，控诉工会领导对工人利益的侵犯。这种非制度化处理方式的原因在于武汉工会有时不但不能够代表下属群体表达利益诉求，反而直接侵害到下属群体的相关利益，使下属群体采取了越级上访的方式。这就涉及第二个问题，战后城市工会组织所肩负的利益代表与社会整合的双重职能。

二 利益代表有限与社会整合式微

社团组织的利益代表职能通过体制渠道与行业秩序两种不同的方式彰显。在体制层面，社团组织能够最大限度地聚集组织内部的利益诉求，将之上达体制上层，影响执政者的政策制定。从组织制度、财务支持以

---

① 《汉口市各人民团体、工人团体及自由职业团体概况调查表》（时间不详），武汉市档案馆藏，档案号：9-17-99。
② 《为严格加强对工会领导致市政府呈》（1948年12月16日），天津市档案馆藏，档案号：J025-3-5827。

及角色定位三个层面可以看出，战后城市工会的利益代表程度非常有限。在组织制度层面，尽管强制性会员资格为工会吸纳工人提供了制度可能性，但地域背景与派系倾轧从内部削弱了工会对工人的利益代表程度。政府对工会领导的严格控制，从外部限制了工人利益在工会组织内的表达力度。在财务支持层面，总工会在经费需求上对政府及产、职业工会的依赖性，决定了其既不可能对下具有政府性的绝对权威，也不能对上坚决代表产、职业工会利益。产、职业工会的经费来源主要是会员会费，使其相较于总工会能够更多地代表工人利益，但由于工会领导的党派背景及有限的工会经费大量用于薪金及招待的支出方式，产、职业工会的工人利益代表程度也十分有限。在角色定位层面，战后城市工会政治职能凸显，职业职能淡化，使其侧重于"关系协调者"角色而非"利益代表者"角色。因此，战后城市工会没有能够建立一个利益代表的层级秩序。总工会无法代表产、职业工会的利益，产、职业工会无法代表工人群体的利益。过渡时期，为实现个人利益最大化的部分工会领导者倒行逆施的行为招致工人的极大怨恨，使城市工会微弱的利益代表职能更受影响。

在行业秩序层面，社团组织代表本行业从业者表达利益诉求，协调行业秩序，优化行业生态。法团主义理论在聚焦社团组织与国家之间的矛盾冲突时，对社团组织介入行业秩序建构的一面关注不多。本书第五、第六两章通过码头业纠纷案，考察了城市工会组织参与行业秩序建构的过程。可以看到，码头业纠纷的频发，既缘于该行业特有的个体化分散劳动等特点，亦有工会组织及政府机构的权威缺失等方面的原因。个体化分散劳动使码头工人具有恃强斗狠、雁过拔毛的行业群体症候。在码头工人的生态链中，工人组长对组内工人的工作安排与利益分配具有主要控制权。党、政、军及帮会等不同派系势力对码头业的染指、渗透，使这一行业内部的矛盾冲突复杂化，也使工会组织及政府在处理码头业纠纷时相对谨慎，不愿贸然决断，由此不少纠纷案的调解耗时长、矛盾极端化。

利益代表程度有限，加之非制度化的利益组织化方式，使城市工会的运作功能萎缩，不具备高度组织凝聚力与有效的组织行动力。在战后物价飞涨、通货膨胀加剧的环境下，各类劳资纠纷与工潮事件频发。解决劳资纠纷本应是工会组织介入并发挥作用的重要事务,然而战后国民党政权为了应对劳资纠纷,采取了增设联动机构的方式。1946年4月,国民政府行政院颁布了《复员期间劳资纠纷评断办法》,饬令各省市遵照执行。武汉、杭州等城市地方政府相继成立了由警察局、商会、总工会等多个机构推派代表担任常委的劳资纠纷评断委员会,旨在分担工会调处劳资纠纷的职能。"凡本市一切劳资纠纷,先由常会试行调解,调解不成立时,提付大会评断。"[①]尽管战后武汉、杭州地方政府的统计表明,劳资纠纷评断委员会成立后,在调处劳资纠纷案方面起到了一定作用,但在原有工会组织之外另设劳资调处机构的因应方式既增加了政府的社会管理成本,又使工会的运作功能进一步萎缩,更使得工人的利益无法经由顺畅的渠道被组织化并入体制中。

相较于工会在劳资纠纷中有限的调解作用,战后国民党政权原本有意赋予工会在社会整合方面更多的权威与责任。然而由于失去了全面抗战前控制工人运动的组织网络,在战后国共对峙日趋严重的政局下,国民政府对工潮的处理倾向于依靠军警等暴力机构的力量强硬弹压。由此,在文件和制度中被赋予了处理工潮职责的工会,在具体的工潮事件中并无斡旋和裁夺的谈判空间和议价能力。

现代民族国家的政权建设要求国家既能够建立一种从上至下控制社会组织、汲取社会资源的制度体系,又能够动员社会各群体进入政治体制。为了通过工会组织强化对劳工群体的管控与整合,国民政府成立了各省总工会策进委员会与各市工运指导委员会,并着手对工会干部的培训。然而,国民党政权无法控制通货膨胀、物价飞涨所带来的社会秩序紊乱,面临严重的合法性危机,疲于应对工潮、纠纷等各类群体性事件,对工会干部的组训也就无暇顾及了。

有限的利益代表程度使工会组织无法完成其肩负的劳资调解职能。而国民党政权不断增设管理机构的社会管控方式又使工会组织的职能被一再削弱的同时,其组织架构被架空,最终导致工会组织肩负的社会整合功能走向式微。战后武汉与杭州等城市的"抗不入会"案表明许多基

[①]《半年来之杭州市政》(1946年7~12月),《民国时期杭州市政府档案史料汇编(一九二七年——九四九年)》,第392页。

层产、职业工会连满足作为一个社团组织的必要条件都十分勉强。与此同时，在武汉与杭州等地不仅都出现了来自产、职业工会以及地方企业公司对总工会的控诉，也出现了产、职业工会内部的理监事对工会现任领导者的冲击和挑战，致使战后城市工会的领导者遭遇"去职"风波。因此，在战后城市工会体系中，无论是总工会还是各产、职业工会，均已丧失了对其下属团体或内部成员的基本整合能力。工会组织内部整合功能的缺失，使其无法以强组织凝聚力与有效的行动力参与到体制中，协助政府实现社会控制与整合功能，只能在迎来送往的繁文缛节以及召开大小会议等日常活动中维持形式上的松散运作。

而长期被置于体制外、缺乏整合的工人利益诉求的累积，加剧了社会矛盾，使工人对工会失望，对政府怨恨。这种累积的社会不满情绪在战后通货膨胀、内战不断、民不聊生的政局下，成为一次次工潮的内在诱因，既为共产党在国统区的社会动员提供了客观基础，也为国民政府社会控制的最终坍塌埋下伏笔。

三 弱势独裁统治下社团组织的先天不足与地域差异

法团主义理论旨在针对一个业已形成充分专业化分工的现代社会产生的多元利益冲突提出利益组织化的整合方案。一个以强制权威实现协调国内政治功能的中央政府、制度化的利益组织化方式以及社团的利益代表功能与高度的组织凝聚力，是实现法团主义所谓的社会整合的三个主要条件。其社会整合方式又有国家法团主义与社会法团主义之分。二者的区别在于国家主导还是社会力量主导。前者是一种自上而下的组织关系，在其中，国家的作用是主导的；后者则代表自下而上的组织关系，其中社会力量主导着关系的秩序。[①] 战后，城市工会不具备上述三个主要条件，其社会整合方式既异于国家法团主义，又不同于社会法团主义。究其原因，根本在于南京国民政府时期国家与社团两个层面的先天不足。

在国家层面，南京国民政府始终未能实现行政权力的集中化、分层化与制度化。身负执政使命的国民党既不能实现向现代法理型政党的结构转变，又丧失了"革命党"所必须具备的要素，在意识形态内

---

① 张静：《法团主义——及其与多元主义的主要分歧》，第30页。

聚功能减弱、组织结构涣散和政治权力既无内部制衡又无社会监督的情形下，逐渐趋向腐败低能，丧失了领导现代化的政治功能。[①] 战后日趋紧张的国内形势使国民党政权采取更为严酷的社会控制手段，但失控的通货膨胀、五子登科式的战后接收以及民不聊生的社会现实也激化了社会矛盾，加剧了社会动荡。在这种情况下，更严酷的社会控制手段不但无法整合社会，反而激起了更多"敢怒不敢言"的社会怨恨。

在社团层面，法团主义理论中包含对权力分立与利益团体分化的承认。南京国民政府在本应分权的社会层面强化了政治对社会的控制，使得民间社会萎缩，无法发展出充分专业化分工的社会团体，进而导致工会与政府之间的交往缺乏对等性，工会的自主性被压制，行动能力有限。国民党一直怀有与法团主义宗旨相类似的建立社团主义国家的愿望。在社团主义国家中，重要的社会群体和经济行业都被组织成社团，接受国家的领导与监督；国家与社会之间以及社会各群体和行业之间的冲突被调和；社会群体的能量被引导到为国家的目标服务上。[②] 真正独立的工人团体是不存在的，工会组织只能在国民党的政治与法律框架之下，为其政治需要服务。[③] 这种专制体制下的工会与建立在充分社会分化基础上权责明确的利益组织团体截然不同。

弱势独裁的国民党政权不具备法团主义呼唤的国家权威与政治协调能力。政府的专制控制阻碍了社会团体的健康发展。两者既是造成战后城市工会"合作"非制度化的根本原因，又严重降低了工会对工人的利益代表程度，削弱了工人对工会的认同感，使工会无法拥有组织凝聚力，丧失了在社会整合方面的积极功能。国家与社团层面存在的先天不足分别从上、下两个方向直接瓦解了法团主义的社会整合基础，导致战后城市工会既无法借助于政府的绝对权威实现国家法团主义的社会整合，自身又缺乏足够的主导能力实现社会法团主义的社会整合。国民政府的独裁统治尽管与现代化导向的科层管理模式有部分重叠，但却是以丧失下属团体的利益代表职能为先决条件。国民党政权建立工会组织体系并非为了创造一个法团主

[①] 许纪霖、陈达凯主编《中国现代化史》第1卷，第11~12页。
[②] 徐小群：《民国时期的国家与社会——自由职业团体在上海的兴起（1912~1937）》，第99页。
[③] 朱英主编《中国近代同业公会与当代行业协会》，第334页。

义制度结构的社会,而是通过掌控工会控制工人,达到维护专制统治的目的。这一初衷注定了孱弱的社会团体只有法团主义的形而无其实,最终无法担负起社会整合的功能。

当工会组织无法承担起社会整合的"使命"时,国民党政权只能不断充实工运委员会、工人福利会等旨在管控工人的组织架构。为了维系这些机构的运转,国民党政权必须向其注入相应的人力、物力资源。然而这对于战后面临财政危机的国民党政权而言,无疑难以负担。战后上海市各类工运机构,"干部办事人员达70余人",在工人训练、劳工状况调查等业务开展方面经费严重不足,以至于社会局局长向蒋介石呈报要求增加经费拨付额度。① 市政财力优渥、党团组织严密的上海市尚且如此,其他城市工运机构面临的困境不难想见。

南京国民政府的有效控制区域以长江中下游地区为主,这也是本书以武汉和杭州为重点研究对象的原因。在此基础上,将战时陪都重庆以及华北工业重镇天津纳入考察范围。以上述四个城市为样本的考察能够从中窥见国民党政权建立政治与社会统治秩序的一般规律和基本形态。这四个城市存在明显的区域差异。武汉是南京国民政府时期华中地区工商业重镇。在产业结构中,重工业所占比例明显高于以轻工业、手工业与城市服务业为主的杭州,由此,武汉劳工群体及劳工组织的数量和规模要超过杭州。重庆和天津不仅拥有相较于武汉和杭州更为庞大的工业企业和劳工群体,也是共产党与国民党内战时期争夺的重要城市。"重庆市为后方工业中心,向为奸党政治攻势指向目标之一。"② 天津既是华北地区最大的工业重镇,也是共产党在北方建立动员和组织网络的重要地区。根据1947年6月上海市政府公布的《京沪等十四重要城市工人技术分类比例》,在技术工人的数量和比例方面,天津最高,其次是重庆,再次是汉口,杭州则未在统计范围内,③ 显示出上述四个城市在产业结构

---

① 《上海市社会局长吴开先呈中国国民党总裁蒋中正为请准增拨经费调整该市工运工作人员待遇》,《国民政府档案》,台北"国史馆"藏,典藏号:001-055000-00002-015。
② 《重庆市社会局加强工会督导防止奸伪煽动工潮实施办法》(时间不详),重庆市档案馆藏,档案号:060-1-075。
③ 《京沪等十四重要城市工人技术分类比例》(1947年6月),《上海市年鉴(1947年)·劳工卷》,第2页,转引自刘明逵、唐玉良主编《中国近代工人阶级和工人运动》第13册,第76页。

以及劳工群体方面的差异。

上述四个城市的区域差异一定程度上影响到战后城市工会利益组织化及社会整合。在战后席卷各地的工潮与劳资纠纷中，天津、重庆和武汉三个城市数量庞大的产业工人群体占据了主导地位。尽管国民党政权在上述三个城市均布置了大量军警力量，然而相较于手工业工人，产业工人具有严密的组织性、纪律性与抗争能力，这在三个城市的工潮与各类抗争事件中得以体现，以致地方政府不得不屡次借助驻防军警的力量强制镇压。另外，尽管杭州的劳工群体和工会组织没有上述三个城市的规模，但杭州"密迩上海，颇受沪上工潮之刺激"，其战后的工潮与劳资纠纷等事件同样不容小觑。[1] 战后杭州人力车业的车租纠纷以及铁路工人的罢工行为，一定程度上源于上海同行业劳工群体罢工在江浙区域内形成的示范效应。尽管杭州工人少有直接挑战国家政权的行为，但其产业结构特点使杭州工人发展出"软磨硬抗""拒不执行"等非暴力式抗争策略，使杭州地方政府焦头烂额却又无可奈何。

1947~1949年，在通货膨胀加剧、物价飞涨的环境中，国民党政权的统治合法性急剧丧失。作为金融中心的上海"陷落"，意味着金圆券政策的彻底破产，西方列强对国民党政权的执政能力与国际支付能力失去信心。[2] 面对经济危机与社会矛盾的集中爆发，国民党政权发布"戡乱动员"令，对社会纠纷采取强硬态度应对。然而令其始料不及的是，内战时期的劳工比之前任何时期年龄都大，也更加稳定，这使得他们抗争时更加老练，敢于比以往更加坚定地发出抗议。[3] "戡乱动员"令的执行效果也因经费捉襟见肘而大打折扣。汉口市成立"戡乱动员"委员会后，因缺少自上而下的经费，不得不向汉口市商会及同业公会筹借警卫月捐、武汉警备旅经费等各类杂费。[4] 然而内战时期的工商业既要修复

---

[1] 《十个月来之杭州市政》（1945年8月~1946年7月），《民国时期杭州市政府档案史料汇编（一九二七年——一九四九年）》，第312页。

[2] Sir A. Grantham to the Secretary of State for the Colonies (June - 17th, 1949), National Archives, Foreign Office Collection, FO - 371 - 75846.

[3] 〔美〕贺萧：《天津工人，1900~1949》，第306页。

[4] 参见《汉口市"戡乱动员委员会"为筹借警卫月捐致布商业公会函》（1947年10月27日），《汉口市"戡乱动员委员会"为筹募武汉警备旅经费致钱商业公会》（1947年10月27日），载郑成林、刘望云主编《汉口商会史料汇编》第5册，第473页。

抗战期间的损失，亦要因应税捐摊派与通胀压力，伤兵、游民等边缘群体频频滋事，社会治安状况不断恶化，各类商号维持生存日益艰难。1948年初，汉口市新药膏业同业公会、汉口市机制卷烟工业同业公会上海实业公司汉口分公司等社团组织、商号纷纷向汉口市政府及汉口市商会上呈，要求对"戡乱动员"摊派的款项予以减免。[①] 汉口一斑，可窥全国之貌。伴随国共在军事力量上的反转，在各地此起彼伏的抗争中，政治高压在企图抹平区域差异的同时，也意味着国民党政权的统治走向终结。

[①] 参见郑成林、刘望云主编《汉口商会史料汇编》第5册，第543~545页。

参考文献

一　未刊档案

1. 武汉市档案馆馆藏：汉口市政府，全宗号：9；武昌市政府，全宗号：18；国民党汉口市执委会，全宗号：60；汉口市警察局，全宗号：40；第一纺织公司，全宗号：62；平汉铁路局江岸机车厂，全宗号：66；汉口市总工会，全宗号：78；鄂南电力公司，全宗号：87；震寰纺织公司，全宗号：114。

2. 杭州市档案馆馆藏：杭州市政府，全宗号：J003；杭州市政府1~8区公所，全宗号：J-004；杭州市总工会，全宗号：J-014；杭州市警察局，全宗号：J-011；杭州市警察局1~8分局，全宗号：J-012；杭州市参议会，全宗号：J-002；杭州自来水厂，全宗号：J-25；中国国民党杭州市党部，全宗号：J-001。

3. 重庆市档案馆馆藏：重庆市政府，全宗号：053；重庆市警察局，全宗号：061；重庆市总工会，全宗号：082；重庆市各工业同业公会，全宗号：083。

4. 天津市档案馆馆藏：天津市政府，全宗号：J-002；天津市社会局，全宗号：J-025；中国纺织建设公司天津分公司，全宗号：J-066；中国纺织建设公司天津第一厂，全宗号：J-156。

5. 台北"国史馆"藏全宗专卷：《总统府档案》，全宗号：011；《国民政府档案》，全宗号：001；《外交部档案》，全宗号：020；《行政院档案》，全宗号：014；《司法院档案》，全宗号：015；《资源委员会档案》，全宗号：003。

6. 英国国家档案馆（National Archives）藏：《外交部远东办公室中国问题全宗》（Foreign Office），全宗号：FO-371。

二 报刊（含缩微胶卷）

《大杭报》《大华日报》《东南日报》《纺织建设月刊》《工人报》《工人周刊》《工商半月刊》《国民政府公报》《汉口商业月刊》《杭州市政季刊》《湖北省政府公报》《华中日报》《劳工日报》《劳工月刊》《申报》《统计月报》《武汉日报》《武汉时报》《新汉口》《新汉口市政公报》《新华日报》《银行周报》《浙江建设月刊》《浙江省政府公报》《中央党务月刊》

三 近代著书

陈达：《中国劳工问题》，商务印书馆，1929。

陈振鹭：《劳工教育》，商务印书馆，1937。

邓裕志：《中国劳工问题概要》，青年协会书局，1934。

樊国人：《商务印书馆工会史》，商务印书馆，1929。

法政学社编《劳工法规详解》，广益书局，1936。

甘乃光：《中国国民党几个根本问题》，广东省党委宣传部，1926。

工商部劳工司编《十七年各地工会调查报告》，南京工商部总务司编辑科，1930。

国民政府社会组织训练司编《工会组织须知》，1944年9月。

杭州市总工会编《杭州市总工会工作汇刊》，1930。

何德明：《中国劳工问题》，商务印书馆，1938。

胡林阁、朱邦兴：《上海产业与上海职工》，香港远东出版社，1939。

江南问题研究会编印《杭州概况调查》，1949年3月。

李剑华：《劳工法论》，上海会文堂新记书局，1933。

卢正：《劳动问题纲要》，上海广益书店，1929。

罗运炎：《中国劳工立法》，中华书局，1939。

骆传华：《今日中国劳工问题》，上海青年协会书局，1933。

上海市劳资评断委员会编《上海市五十一业工厂劳工统计》，1948。

社会部编《劳工法规》，1944。

实业部国际贸易局：《中国实业志（浙江省）》，华丰印刷铸字所，1933。

史太璞编《我国工会法研究》，上海正中书局，1947。

吴瓯编《火柴业调查报告》，天津市社会局，1931。

邢必信、吴铎：《第二次中国劳动年鉴》，民国社会调查所，1932。

徐协华：《铁路劳工问题》，东方书局，1931。

张锐：《比较市政府》，上海华通书局，1931。

张廷灏：《中国国民党劳工政策的研究》，上海大东书局，1930。

中国国民党浙江省执行委员会训练部编印《五年来之浙江民运概况》，1929。

朱采真编《工会法释义》，世界书局，1930。

朱子爽：《中国国民党劳工政策》，国民图书出版社，1941。

四 地方志与资料汇编

蔡鸿源主编《民国法规集成》，黄山书社，1999。

陈真编《中国近代工业史资料》（全4辑），三联书店，1961。

丁贤勇、陈浩译编《1921年浙江社会经济调查》，北京图书馆出版社，2008。

国家图书馆选编《民国时期社会调查资料汇编》，国家图书馆出版社，2013。

杭州师范大学民国浙江史研究中心编《民国杭州史料辑刊》（全5册），国家图书馆出版社，2008。

杭州师范大学民国浙江史研究中心编《民国浙江史料辑刊》第2辑（全44册），国家图书馆出版社，2009。

杭州师范大学民国浙江史研究中心编《民国浙江史料辑刊》第1辑（全10册），国家图书馆出版社，2008。

杭州市档案馆编《民国时期杭州市政府档案史料汇编（1927~1949）》，杭州市档案馆，1990。

杭州市地方志编算委员会编《杭州市志》（第1~8卷），中华书局，1995。

杭州市政协文史委编《杭州文史丛编 经济卷》（上），杭州出版社，2002。

季啸风等编《中华民国史史料外编——前日本末次情报研究所情报资料》，广西师范大学出版社，1997。

刘明逵主编《中国近代工人阶级和工人运动》（全14卷），中共中央党校出版社，2001。

彭泽益：《中国工商行会史料集》，中国社会科学出版社，1995。

上海档案馆编《1927年的上海商业联合会》，上海人民出版社，1981。

沈云龙主编《民国经世文编（法律）》，近代中国史料丛刊第七十四辑，台北：文海出版社。

汪敬虞编《中国近代工业史资料》第2辑下册，科学出版社，1957。

王建朗编《民国时期地方概况资料汇编》，国家图书馆出版社，2015。

武汉地方志编纂委员会编《武汉市志》全28册，武汉大学出版社，1991。

《裕大华纺织集团资料汇编》，湖北人民出版社，1984。

张研、孙燕京编《民国史料丛刊》，大象出版社，2009。

张研、孙燕京编《民国史料丛刊续编》，大象出版社，2012。

郑成林编《民国时期国情统计资料汇编》（全45册），国家图书馆出版社，2016。

郑成林编《民国时期经济调查资料汇编》（全30册），中华书局，2013。

郑成林、刘望云编《汉口商会史料汇编》（全5册），大象出版社，2020。

中国第二历史档案馆编《中国国民党中央执行委员会常务委员会会议纪录》，广西师范大学出版社，2000。

中国第二历史档案馆编《中华民国史档案资料汇编》，江苏古籍出版社，1991。

《中国工会运动史料全书》编委会编《中国工会运动史料全书》（浙江卷）（上、下），中华书局，2000。

《中国工会运动史料全书》（湖北卷），中国职工音像出版社，2004。

《中国工人运动发生在武汉的一些重大事件》，《武汉工运史料——纪念中华全国总工会成立六十周年专辑》。

中国人民政治协商会议武汉市委员会文史资料研究委员会编《武汉工商经济史料》。

中华全国总工会：《中共中央关于工人运动文件选编》（上、中、下），档案出版社，1985。

中央档案馆、湖北省档案馆编《湖北革命历史文件汇集》，1985。

五 日记、文集与回忆录

《包惠僧回忆录》，人民出版社，1983。

陈公博：《苦笑录》，东方出版社，1981。

广东人民出版社编《怒涛：省港大罢工回忆录》，广东人民出版社，1960。

郭廷以：《马超俊先生访问纪录》，台北：中研院近代史研究所，1992。

《罗亦农文集》，人民出版社，2011。

《邵元冲日记（1924~1936）》，上海人民出版社，1990。

徐梅坤：《九旬忆旧——徐梅坤生平自述》，光明日报出版社，1985。

《赵世炎文集》，人民出版社，2013。

《郑超麟回忆录》，东方出版社，2004。

朱学范：《我的工运生涯》，福建人民出版社，1991。

六 研究专著与译著

1. 研究专著

曹沛霖：《政府与市场》，浙江人民出版社，1998。

陈国灿、吴建华：《浙江古代城镇史》，安徽大学出版社，2003。

陈林生：《市场的社会结构——市场社会学的当代理论与中国经验》，中国社会科学出版社，2015。

陈剩勇编《浙江通史》，浙江人民出版社，2005。

单建明：《浙江工人运动史》，浙江人民出版社，1988。

邓正来：《国家与社会——中国市民社会研究》，四川人民出版社，1997。

邓中夏：《中国职工运动简史（1919~1926）》，人民出版社，1953。

冯同庆、许晓军：《工会的起源与性质研究》，辽宁人民出版社，1990。

冯同庆：《中国工人的命运——改革以来工人的社会行动》，社会科学文献出版社，2002。

符平：《市场的社会逻辑》，三联书店，2013。

工人出版社编《马克思、恩格斯论工会》，工人出版社，1980。

杭州市纺织化纤工业公司编志办公室：《杭州纺织化纤工业史稿》，1994。

何增科、包钧雅：《公民社会与治理》，社会科学文献出版社，2011。

湖北省总工会编《湖北工人运动大事记（1863~1949）》，湖北人民出版社，1993。

黄绍国等主编《中国工会理论集萃》，中国言实出版社，2003。

李国祁：《中国现代化的区域研究——闽浙台地区（1860~1916）》，台北：中研院近代史研究所，1981。

李明伟：《清末民初中国城市社会阶层研究1897~1927》，社会科学文献出版社，2005。

李德齐：《政府、企业、工会——劳动关系国际比较》，华文出版社，1998。

李德齐主编《工会基础理论概论》，中国工人出版社，2006。

李生林、何生主编《工会学原理》，吉林人民出版社，1988。

李世明、郭稳才编《工会组织工作概论》，中国工人出版社，2006。

刘明逵、唐玉良主编《中国工人运动史》，广东人民出版社，1998。

马超俊：《中国劳工运动史》，台湾中国劳工福利出版社，1959。

皮明庥主编《近代武汉城市史》，中国社会科学出版社，1993。

齐武：《抗日战争时期中国工人运动史稿》，人民出版社，1986。

宋钻友等：《上海工人生活研究（1843~1949）》，上海辞书出版社，2011。

孙自俭：《民国时期铁路工人群体研究——以国有铁路工人为中心（1912~1937）》，郑州大学出版社，2013。

汤洪庆：《杭州城市早期现代化研究（1896~1927）》，中国社会科学出版社，2013。

陶士和：《浙江民国史研究通论》，中国社会科学出版社，2007。

田子渝、黄华文：《湖北通史·民国卷》，华中师范大学出版社，1999。

涂文学：《城市早期现代化的黄金时代——1930年代汉口的市政改革》，中国社会科学出版社，2009。

王建初、孙茂生主编《中国工人运动史》，辽宁人民出版社，1987。

王奇生：《党员、党权与党争：1924~1949年中国国民党的组织形态》，上海书店出版社，2003。

王奇生：《革命与反革命：社会文化视野下的民国政治》，社会科学文献出版社，2010。

王兴才主编《论提高工会维权能力》，西南财经大学出版社，2006。

王永玺主编《中国工会史》，中共党史出版社，1992。

魏文享：《中间组织——近代工商同业公会研究（1918~1949）》，华中师范大学出版社，2007。

吴亚平主编《工会组织建设概论》，中国工人出版社，2001。
吴玉章主编《社会团体的法律问题》，社会科学文献出版社，2004。
武汉港史编委会：《武汉港史》，人民交通出版社，1994。
武汉市总工会工运史研究室编《武汉工人运动史》，辽宁人民出版社，1987。
许涤新、吴承明主编《中国资本主义发展史》，人民出版社，1985。
许纪霖、陈达凯主编《中国现代化史》第1卷，学林出版社，2006。
许晓军、李德齐：《工会社会活动与改革研究》，辽宁人民出版社，1990。
俞可平：《权利政治与公益政治》，社会科学文献出版社，2000。
袁成毅：《民国浙江政局研究（1927～1949）》，中国社会科学出版社，2007。
曾业英主编《五十年来的中国近代史研究》，上海书店出版社，2000。
张静：《利益组织化单位——企业职代会案例研究》，中国社会科学出版社，2001。
张静：《法团主义——及其与多元主义的主要分歧》，中国社会科学出版社，2005。
张仲礼主编《中国近代城市——企业·社会·空间》，上海社会科学院出版社，1998。
中国工人阶级编写组：《当代中国工人阶级和工会运动纪事》，辽宁大学出版社，1989。
中国工人阶级编写组：《中国工人阶级》，工人出版社，1984。
中华全国总工会编《产业工会工作概论》，中国工人出版社，2006。
中华全国总工会编辑出版室编译《工会组织工作手册》第1辑，工人出版社，1950。
中华全国总工会编《中国工会百科全书》，经济管理出版社，1998。
周雪光：《组织社会学十讲》，社会科学文献出版社，2003。
朱柔若：《社会变迁中的劳工问题》，台北扬智文化事业股份有限公司，1998。
朱英主编《中国近代同业公会与当代行业协会》，中国人民大学出版社，2004。
祝慈寿：《中国工业劳动史》，上海财经大学出版社，1999。

2. 研究译著

〔英〕阿米·古特曼等：《结社——理论与实践》，吴玉章、毕小青等译，三联书店，2006。

〔美〕艾米丽·洪尼格：《姐妹们与陌生人：上海棉纱厂女工（1911~1949）》，韩慈译，江苏人民出版社，2011。

〔美〕巴林顿·摩尔：《民主和专制的社会起源》，拓夫、张东东等译，华夏出版社，1987。

〔美〕布里登森：《世界产业工会——美国工团主义研究》，聂崇信、朱秀贤译，商务印书馆，1987。

〔英〕戴维·赫尔德：《民主的模式》，燕继荣等译，中央编译出版社，1998。

〔美〕丹尼尔·奎因·米尔斯：《劳工关系》，李丽林、李俊霞等译，机械工业出版社，2000。

邓正来主编《布莱克维尔政治学百科全书》，中国政法大学出版社，1992。

〔意〕菲利普·施密特、〔美〕吉列尔·奥唐奈：《威权统治的转型——关于不确定民主的试探性结论》，景威、柴绍锦译，新星出版社，2012。

〔美〕费正清、费维恺编《剑桥中华民国史（1912~1949年）》下卷，刘敬坤等译，中国社会科学出版社，1994。

〔美〕威廉·福斯特：《世界工会运动史纲》，李华、赵松、史仁合译，三联书店，1961。

〔德〕哈贝马斯：《公共领域的结构转型》，曹卫东、王晓珏、刘北城、宋伟杰译，学林出版社，1999。

〔美〕贺萧：《天津工人，1900~1949》，徐哲娜、任吉东译，天津人民出版社，2016。

〔美〕胡素珊：《中国的内战：1945~1949年的政治斗争》，启蒙编译所译，当代中国出版社，2014。

〔美〕黄宗智主编《中国研究的范式问题讨论》，社会科学文献出版社，2003。

〔德〕卡尔·施密特:《论断与概念》,朱雁冰译,上海人民出版社,2006。

〔俄〕列宁:《列宁论工会》,工人出版社,1959。

〔美〕罗威廉:《汉口:一个中国城市的商业和社会(1796~1889)》,江溶、鲁西奇译,中国人民大学出版社,2005。

〔美〕麦金农:《武汉:1938——战争、难民与现代中国的形成》,李卫东、罗翠芳译,武汉出版社,2008。

〔美〕曼库尔·奥尔森:《国家兴衰探源——经济增长、滞胀与社会僵化》,吕应中译,商务印书馆,1999。

〔美〕裴宜理:《上海罢工——中国工人政治研究》,刘平译,江苏人民出版社,2001。

〔俄〕普列汉诺夫:《工团主义和社会主义》,王荫庭译,人民出版社,1984。

〔美〕乔治·霍兰·萨拜因:《政治学说史》,盛葵阳、崔妙因译,商务印书馆,1986。

〔英〕汤普森:《英国工人阶级的形成》,钱乘旦译,译林出版社,2001。

〔美〕西德尼·塔罗:《运动中的力量——社会运动与斗争政治》,吴庆宏译,译林出版社,2005。

〔美〕伊兰伯格·史密斯:《现代劳动经济学:理论与公共政策》(第六版),潘功胜、刘昕译,中国人民大学出版社,1999。

〔美〕易劳逸:《毁灭的种子:战争与革命中的国民党中国(1937~1949)》,王建朗、王贤知、贾维译,江苏人民出版社,2009。

〔美〕詹姆斯·M.布坎南:《自由市场与国家:20世纪80年代的政治经济学》,吴良健等译,北京经济学院出版社,1988。

〔日〕中村三登志:《中国工人运动史》,王玉平译,工人出版社,1989。

七 论文

瑷约:《历史上国民党控制和领导的工会》,《工运纵横》2000年第3期。

巴杰:《上海百货业职业工会的成立及演变》,《理论月刊》2016年第10期。

毕素华:《法团主义与我国社会组织发展的理论探析》,《哲学研究》2014年第5期。

陈步雷:《论工会工作者的角色冲突和义务层级》,《中国劳动关系学院学报》2006年第1期。

陈明球:《中国劳工运动史研究》,台北中研院近代史研究所编《六十年来的中国近代史研究》下册,永裕印刷厂,1990。

程秀英:《消散式遏制:中国劳工政治的比较个案研究》,《社会》2012年第5期。

邓海:《工会学理论的最新发展——全国工会学研究会、中国工人历史与现状研究会2006年年会综述》,《中国劳动关系学院学报》2006年第6期。

丁惠平:《中国社会组织研究中的国家—社会分析框架及其缺陷》,《学术研究》2014年第10期。

杜丽红:《南京国民政府初期北平工潮与国民党的蜕变》,《近代史研究》2016年第5期。

杜万启:《中国工会运动的七十年》,《北京党史研究》1995年第3期。

方平:《清末民间社团的发展空间及其限度——以上海为中心》,《华东师范大学学报》(哲学社会科学版)2011年第5期。

冯同庆:《工会经费问题》,《工会理论与实践》1999年第5期。

高丙中:《社会团体的合法性问题》,《中国社会科学》2000年第2期。

何布峰:《民主革命时期中国工人运动的几个基本特点》,《中国工运学院学报》1991年第1期。

何卓恩等:《青年—学界—劳工:〈新青年〉社群诉求的转换》,《武汉大学学报》(人文科学版)2015年第5期。

胡悦晗:《威权统治与现代化导向的叠合交错——论武汉工会的战后整改(1945~1947)》,《武汉科技大学学报》(社会科学版)2009年第4期。

胡悦晗:《利益代表与社会整合——法团主义视角下的武汉工会(1945~1949)》,《社会学研究》2010年第1期。

胡悦晗、鄢洪峰:《走向失衡:会务纠纷中的政府、工人与工会——以战后(1945~1949)武汉地区为例》,《四川师范大学学报》(社会科学版)2011年第6期。

胡悦晗:《战后杭州工会与城市社会整合(1945~1949)——基于四起理事长"去职"风波案的分析》,《城市史研究》总第36辑,社会科学文献出版社，2017。

胡悦晗：《争夺工作权：战后汉口码头工人的行业纠纷》，《民国档案》2018年第3期。

胡悦晗：《市场、职业工会与行业秩序重建（1945～1949）——以杭州脚夫业纠纷案为例的分析》，《开放时代》2018年第4期。

胡悦晗：《呼唤尊严：司机与邮工构建职业自主性的努力（1945～1949）》，《社会发展研究》2021年第1期。

纪莺莺：《当代中国的社会组织：理论视角与经验研究》，《社会学研究》2013年第5期。

纪莺莺：《国家中心视角下社会组织的政策参与：以行业协会为例》，《人文杂志》2016年第4期。

李里：《民国时期天津脚行登记中的业权界定及纠纷》，《中国社会经济史研究》2016年第3期。

林超超：《合法化资源与中国工人的行动主义——1957年上海"工潮"再研究》，《社会》2012年第1期。

刘功成：《中国行业工会历史、现状、发展趋势与对策研究》，《中国劳动关系学院学报》2010年第1期。

刘军：《值得重视的产业关系史研究》，《史学理论研究》2006年第2期。

刘莉：《中共对京汉铁路工人帮口组织的利用和改造》，《中共党史研究》2016年第6期。

刘能：《怨恨解释、动员结构和理性选择——有关中国都市地区集体行动发生可能性的分析》，《开放时代》2004年第4期。

刘石吉：《1924年上海徽帮墨匠罢工风潮——近代中国城市手艺工人集体行动之分析》，台北中研院近代史研究所编《近代中国区域史研讨会论文集》上册。

马俊亚：《中国近代城市劳动力市场社会关系辨析——以工人中的帮派为例》，《江苏社会科学》2000年第5期。

马子富：《论工会运动的规律》，《工会理论研究》2003年第2期。

苗红娜：《社会冲突治理中的法团主义策略及其在中国的适用性探讨》，《河南大学学报》（社会科学版）2014年第6期。

〔美〕裴宜理：《对中国工运史研究的初步认识》，《南京大学学报》1989

年第 2 期。

皮明庥、李策:《汉口开埠设关与武汉城市格局的形成》,《近代史研究》1991 年第 4 期。

饶东辉:《试论大革命时期国民党南方政权的劳动立法》,《华中师范大学学报》(哲学社会科学版) 1997 年第 4 期。

任焰、潘毅:《工人主体性的实践:重述中国近代工人阶级的形成》,《开放时代》2006 年第 3 期。

沈原:《社会转型与工人阶级的再形成》,《社会学研究》2006 年第 2 期。

史探径:《中国工会的历史、现状及有关问题探讨》,《环球法律评论》2002 年夏季号。

史唐:《忆中共早期地下印刷所》,《中共党史资料》2007 年第 1 期。

汤蕾:《战后汉口人力车夫的生存合力 (1945~1949)》,《华中师范大学学报》(人文社会科学版) 2007 年第 6 期。

田明、岳谦厚:《1927 年至 1937 年黄色工会问题再探讨》,《中共党史研究》2016 年第 8 期。

田彤:《民国劳资关系史研究的回顾与思考》,《历史研究》2011 年第 1 期。

汪利平:《杭州旅游业和城市空间变迁 (1911~1927)》,《史林》2005 年第 5 期。

王奇生:《党政关系:国民党党治在地方基层的运作 (1927~1937)》,《中国社会科学》2001 年第 3 期。

王奇生:《工人、资本家与国民党——20 世纪 30 年代一例劳资纠纷的个案分析》,《历史研究》2001 年第 5 期。

王翔:《近代中国手工业行会的演变》,《历史研究》1998 年第 4 期。

王向民:《工人成熟与社会法团主义:中国工会的转型研究》,《经济社会体制比较》2008 年第 4 期。

王玉平:《日苏等国对中国工人阶级与工人运动的研究》,《国外中国近代史研究》第 20 辑,中国社会科学出版社,1992。

王月昀、邵雍:《辛亥革命后杭州的社会变迁》,《浙江师范大学学报》(社会科学版) 2011 年第 5 期。

魏文享:《近代工商同业公会的政治参与 (1927~1947)》,《开放时代》

2004年第5期。

魏文享:《回归行业与市场:近代工商同业公会研究的新进展》,《中国经济史研究》2013年第4期。

闻翔:《劳工问题与社会治理:民国社会学的视角》,《学术研究》2015年第4期。

闻翔:《民国时期的劳工社会学:一项学科史的考察》,《山东社会科学》2014年第8期。

吴建平:《理解法团主义——兼论其在中国国家与社会关系研究中的适用性》,《社会学研究》2012年第1期。

徐思彦:《20世纪20年代劳资纠纷问题初探》,《历史研究》1992年第5期。

徐思彦:《合作与冲突:劳资纠纷中的资本家阶级》,《安徽史学》2007年第6期。

杨汉平:《论工会的基本职责》,《工会理论与实践》2002年第1期。

杨汉平:《论工会的代表权》,《工会理论与实践》2002年第2期。

杨可:《"正名"和"做事":以码头工人为例看民国前期工会与旧式工人团体的关系》,《广东社会科学》2010年第1期。

〔美〕伊罗生:《国民党与工人》,《史林》1990年第1期。

袁成毅:《区域工业化进程的重创——抗战时期浙江工业损失初探》,《浙江社会科学》2003年第4期。

曾鹏、罗观翠:《集体行动何以可能?——关于集体行动动力机制的文献综述》,《开放时代》2006年第1期。

曾燕、宋伟:《工会组织:人力资本的优化合约——新制度经济学的分析视角》,《西南民族大学学报》(人文社科版)2005年第8期。

张静:《"法团主义"模式下的工会角色》,《工会理论与实践》2001年第1期。

张信华:《浅论在不同历史时期工会组织的形成和任务》,《安阳师范学院学报》2003年第1期。

张兆曙、方劲:《国家带动型法团主义与国家治理现代化》,《社会学评论》2014年第4期。

章清:《省界、业界与阶级:近代中国集团力量的兴起及其难局》,《中国社会科学》2003 年第 2 期。

郑成林:《抗战前夕中国商会的政治参与》,《河南大学学报》(社会科学版) 2012 年第 1 期。

周巍:《抗战胜利后武昌第一纱厂的劳资纠纷》,《湖北文史》2007 年第 2 期。

朱英、巴杰:《试论国民革命时期的店员群体》,《学术研究》2012 年第 1 期。

朱芝洲:《工会组织:劳资博弈中的均衡力量》,《人力资源》2007 年第 1 期。

八 学位论文

何王芳:《民国时期杭州城市社会生活研究》,博士学位论文,浙江大学,2006。

胡悦晗:《法团主义视角下的武汉工会 (1945~1949)》,硕士学位论文,华中师范大学,2008。

胡张苗:《劳资纠纷与武汉地方政府 (1946~1949)——以武昌第一纱厂劳资纠纷为例》,硕士学位论文,华中师范大学,2007。

黎霞:《负荷人生——民国时期武汉码头工人研究》,博士学位论文,华中师范大学,2007。

李锦峰:《国民党治下的国家与工人阶级 (1924~1949)》,博士学位论文,复旦大学,2011。

李力东:《政治发展研究中的法团主义维度——威亚尔达政治发展理论研究》,博士学位论文,浙江大学,2009。

潘同:《民国时期的歙县职业工会——兼论国民党政府的基层社会控制》,硕士学位论文,上海师范大学,2005。

乔士华:《从社会动员到意义建构——20 世纪二三十年代上海工会研究》,硕士学位论文,华中师范大学,2003。

饶东辉:《南京国民政府劳动立法研究》,博士学位论文,华中师范大学,2003。

九 外文文献

Alan Cawson, *Organized Interests and the State: Studies in Macro-Corporatism*,

Sage Publications Inc. , 1985.

Allum Percy, *State and Society in Western Europe*, Cambridge Polity Press, 1995.

Anderw G. Walder, "Communist Social Stucture and Workers's Politics in China, " in Falkenhei, ed. , *Citizens and Groups in Contemporary China*, University of Michigan Press, 1987.

Anita Chen, "Revolution or Corporatism? Workers and Trade Unions in Post-Mao China," *The Australian Journal of Chinese Affairs*, No. 29, 1993.

Ching Kwan Lee, *Against the Law: Labor Protests in China's Rustbelt and Sunbelt*, University of California Press, 2007.

Ching Kwan Lee, "The Labor Politics of Market Socialism: Collective Inaction and Class Experiences Among State Workers in Guangzhou," *Modern China*, January 1998.

Chris King-chi Chan, *The Challenge of Labour in China: Strikes and the Changing Labour Regime in Global Factories*, Routledge Press, 2010.

David Strand, *Rickshaw Beijing: The People and Politics in the 1920s*, University of California Press, Ltd. , 1989.

Elizabeth J. Perry, "Managing Student Protest in Republican China: Yenching and St. John's Compared," *Frontiers of History in China*, Vol. 8, No. 1, March 2013.

Feng Chen, "Between the State and Labor: The Conflict of Chinese Trade Union's Double Identity in Market Reform," *The China Quarterly*, 2003.

Gail Hershatter, *The Workers of Tianjin, 1900 – 1949*, Stanford University Press, 1993.

Jean Chesneaux, *The Chinese Labor Movement, 1919 – 1927*, Stanford University Press, 1968.

Joshua H. Howard, *Workers at War: Labor in China's Arsenals, 1937 – 1953*, Stanford University Press, 2004.

附 录

附录一 工会章程

1. 汉口市总工会组织章程[①]

第一章 总则

第一条：本章程依据三十三年八月二日社会部修正工会章程准则订定之。

第二条：本会定名为汉口市总工会。

第三条：本会以汉口市行政区域为区域，凡区域内各产业工会、职业工会为基本会员。

第二章 组织及职权

第四条：本会设理事二十一人，候补理事七人，监事七人，候补监事三人，均由会员代表大会选任之（代表产生办法另订之），但有左列情形之会员不得当选：一、褫夺公权者；二、受破产宣告尚未复权者。

第五条：本会理事组织理事会，互选常务理事三人至五人组织常务理事会，并得选一人为理事长，处理日常会务。

第六条：理事会得设秘书一至三人，并分设下列各组，设组长一人，由理事互推之，分别掌理各该组事务。

一、总务组：掌理本会文件收发、会计庶务事项及其他不属于各组之事务。

二、组织组：掌理本会组织调查、登记统计事项。

---

① 《汉口市总工会组织章程》（1946年4月26日），武汉市档案馆藏，档案号：9-17-260（4）。此章程经修订后上报汉口市政府，汉口市政府做了修正，在第一章中增加了第三条"本会以领导促进本市各产业、职业联系，提高生产效能，协助政令推行为宗旨"。为方便叙述，本处直接引用原章程。

三、指导组：掌理本会所属各业工会指导成立及各业工会联谊、失业工人调查，各业工会各种社会活动事项。

四、训练组：掌理所属工会会员训练及纠纷调处事项。

五、宣传组：掌理本会全部宣传及所属工会宣传事项。

六、福利组：掌理工人福利及合作储蓄、职业介绍事项。

各组得酌设干事若干人，助理会务，由理事会任用之。

第七条：本会监事组织监事会，互选常务监事一人，处理日常会务，并得酌设办事员若干人，助理会务，由监事会任用之。

第八条：理事会之职权如左：一、处理本会事务；二、对外代表本会；三、召集代表大会并施行其决议案；四、接纳及采行会员之决议。

第九条：监事会之职权如左：一、稽核本会经费之出入；二、审核各种事业之进行状况；三、考核职员工作勤惰及会员言论行动。

第十条：理事监事任期二年，连选得连任之，如理监事因故中途出缺，得以该候补人递补之。

第十一条：理事会监事会办事细则另订之。

第三章

第十二条：理事会每两星期开会一次，监事会每一月或两月开会一次。如有必要时，得由常务理监事会临时召集之。

第十三条：代表大会、理事会、监事会各种会议除法令另有规定外，以过半数之出席方得开会。出席过半数之同意方得决议。

第十四条：本会各种会议规则另定之。

第四章

第十五条：本会经费之来源分会员入会费、经常会费、特别基金、临时募集费、政府补助费五种。

第十六条：会员入会费至多不得超过各该工会会费总收入百分之十。

第十七条：经常费至多不得超过各该工会会费总收入百分之五。

第十八条：本会财产状况应于每年报告代表大会一次，如有会员十分之一以上之连署，得选派代表查核之。

第五章　任务

第十九条：本会之职务如左：一、协助各工会团体条约之缔结修改；二、会员之职业介绍及职业介绍所之设置；三、会员储蓄、劳工保险、医院治诊所之举办；四、生产消费、购买住宅等各种合作社之组织；五、职业教育及其他劳工教育之举办；六、图书馆及报社之设置；七、出版物之刊行；八、会员恳亲俱乐部及其他各项娱乐之设备；九、劳资间纠纷之调处；十、工会或会员纠纷事件之调处；十一、关于劳动法规之规定修正事项，得陈述意见于行政机关及立法机关，并答复行政及立法机关之咨询；十二、调查工人家庭生计、经济状况及其就业失业，并编制劳工统计；十三、各项有关改良工作状况，增进会员利益事业之举办；十四、其他有关法令实施之协助事项。

第六章　附则（略）

2. 杭州市总工会章程[①]

第一章　总则

第一条：本章程依据工会法及工会法施行细则订定之。

第二条：本会定名为杭州市总工会。

第三条：本会以联络感情、促进工人团结、增进工人知识技能、发达生成维持劳工生活改善劳动条件及生活为宗旨。

第四条：本会以杭州市行政区域为组织区域，会址暂设旧藩署九号。

第二章　会员

第五条：凡在杭州市区域以内之产业工会暨职业工会均应加入本会为会员。

第六条：会员入会须依式填具会员登记表、入会志愿书检附组织章程暨会员名册，并缴足入会费，经本会认可后方得入会。

第七条：凡非依法令规定组织者不得为本会会员。

第八条：会员违反本会章程及决议或有其他不法情事致疑本会名誉时，得视情节之轻重予以警告停权除籍之处分。

第三章　组织

第九条：本会以会员代表大会为最高权力机关，以本会所属之各职业工会各产业工会之会员大会或会员代表大会所选派之代表组织之。前项代表之选举依据工会会员代表大会代表选举办法第十三条之规定，选

[①] 《杭州市总工会章程》（1946年5月），杭州市档案馆藏，档案号：J14-1-1。

举之代表之任期为两年。

第十条：本会设理事十五人，候补理事八人，监事五人，候补监事三人，由会员代表大会选举之分别组织理事会、监事会、理监事。出缺事［时］候补理、监事依次递补之。

第十一条：理事会设常务理事五人，由理事互选之，组织常务理事会，并由常务理事互推一人为理事长，处理日常会务对外代表本会。

第十二条：监事会设常务监事一人，处理日常事务。

第十三条：理监事任期为二年连选得连任。

第十四条：理事会设下列五股，每股设正、副主任各一人，由理事互推担任之：

（一）总务股。（二）组训股。（三）福利股。（四）调解股。（五）调查股。

第十五条：本会得视事实之需要得组设各种委员会从事研究设计。

第十六条：理事会设秘书二人、办事员三人至五人，由理事会聘任之。

第四章　职权

第十七条：代表大会职权如下：（一）修订本会章程。（二）接纳或采行理事会及监事会之报告或建议。（三）选举罢免理事及监事。（四）复议理事会或监事会之决议。（五）审议本会预决算。（六）指示理事会及监事会之工作进行方针。

第十八条：理事会职权如下：（一）召集会员代表大会。（二）指示常务理事会及各股之工作方针。（三）执行会员代表大会之决议案。（四）接纳或采行常务理事会之报告或建议。（五）对外代表本会。

第十九条：常务理事会之职权如下：（一）召集理事会。（二）执行理事会之决议。（三）指示各股工作。（四）造具工作报告及本会预决算。

第二十条：监事会之职权如下：（一）稽核本会之会计。（二）审查会务之进行情形。（三）审查各种事业之进行状况。（四）得向会员代表大会或理事会提出各项弹劾案。

第二十一条：候补理监事均得列席理事会或监事会，如遇理监事缺席时候补理监事得依次递补，有临时发言权及表决权。

第二十二条：各股职权如下：（一）总务股，掌理文书会计事务及不属其他各股之事项。（二）组训股，掌理组织训练教育出版登记等事项。（三）福利股，掌理会员储蓄卫生康乐职业介绍等事项。（四）调解股，掌理调解仲裁等事项。（五）调查股，掌理调查统计等事项。

第五章　会议

第二十三条：会员代表大会每年召开一次，理事会每月召开一次，监事会两个月召开一次，常务理事会每半个月召开一次，前条所规定各种会期如遇必要时得召开临时会议或宣告延会，遇有特别事故经会员三分之二以上之请求得召开临时会员代表大会。

第六章　经费及会计

第二十四条：本会经费以左列各款充之：（一）会员入会费及经常会费。（二）特别基金。（三）临时募集金。前项入会费暨经常费以所属各团体会员收入总额十分之一为标准，入会费有入会时一次缴足，经常会费按月缴纳，特别基金或临时募集金呈准主管官署核准后征收之。

第二十五条：本会财产状况应于每三个月报告会员一次，如有会员十分之一以上之连署得选派代表查核之。

第七章　任务

第二十六条：本会之任务如左：（一）协同团体会员缔结或改废协约。（二）职业介绍所之设置。（三）储蓄保险治疗及托儿所之举办。（四）生产消费购买居住等各种合作之组织。（五）图书馆及书报社之设置。（六）出版刊物之印行。（七）职业教育及其他劳工教育之举办。（八）设置俱乐部充实劳工康乐之设备。（九）工会或会员间纠纷事件之调处。（十）劳资纠纷事件之调处。（十一）关于劳动法规之规定改废事项陈述意见于行政机关法院及立法机关并答复行政机关立法机关之咨询。（十二）调查工人家庭生计经济状况及其就业失业并编制劳动统计。（十三）其他有关于改良工作状况增进会员利益事业之兴办。

第八章　权利及义务

第二十七条：本会会员均须切实遵守并服从下列事项：（一）本会章程。（二）本会之命令及决议案。（三）按期缴纳会费。（四）其他指定之特种任务。

第二十八条：本会各团体会员所属之会员均有选举及被选举权。

第二十九条：本会会员得享受本会举办之一切福利事业之权利。

第九章　附则

第三十条：本章程未规定事项悉依工会法及工会法施行细则之规定办理之。

第三十一条：本章程如有未写尽事，宜经会员大会或代表大会之决议呈准杭州市政府修正之。

第三十二条：本章程呈准杭州市政府核准后施行修正时同。

3. 武昌市汉阳区理发业职业工会章程草案①

一、名称：本会暂定名为武昌市汉阳区理发业职业工会。

二、宗旨：本会以谋本同业人精神团结，联络感情，增进知识技能，改善劳动条件及生活，拥护政府建设为宗旨。

三、区域：本会区域以武昌市汉阳区为组织区域，特别情形得呈请主管另行划定。

四、会址：本会会址暂设定汉阳白鹤村第十二号（罗祖庙内）。

五、事业：本会事业以谋同人福利及服务社会为对象，应举办下列各项：

（甲）职业教育及工人子弟学校之举办；

（乙）简易书报室之设置及其他各项娱乐品之设备；

（丙）会员或劳资间纠纷事件之调处。

六、组织：本会设理事会及监事会，由会员大会票选会员五人为理事，三人为候补理事，三人为监事，一人为候补监事。由理事中互选三人为常务理事，并推一人为理事长。监事中互选一人为常务监事。

七、职员任务：本会理事长综理会内一切事务，对外代表本会。监事掌理收支帐项之审核及职员工作考核事项。

八、会员：本会会员入会出会及除名各分别于下：

（甲）凡属本区同业均为本会之当然会员。

（乙）（此处原档案字迹不清，无法辨认）

---

① 《武昌市汉阳区理发业职业工会章程（草案）》，《汉阳理发工会》，武汉市档案馆藏，档案号：18-10-510。

（丙）本会会员出会须一月前将出会情形申述并缴销会员证件。

（丁）本会会员如有违反本会章程及决议案或有其他不法情事致妨害本会名誉，由监事会检举者予以除名处分，但应以会员三分之二以上之同意行之。

九、职员任期：本会各理监事任期一年。连选得连任。

十、会员之权利与义务：本会会员得有表决权、选举权、被选举权及其他依法应享有之权利及有担任会费、服务社会之义务。

十一、会议：本会会员大会每年举行一次，由理事会召集之理事会每月举行一次。由理事长召集之监事会每两月举行一次，由常务监事召集之。遇必要时得临时召集之。

十二、经费：本会经费分列于下：

（甲）会费由会员分担之。方法由会员大会决定之。

（乙）事业费由会员大会决议筹集之。

（丙）本会每年应将收支状况在召开会员大会时公布一次。并分别缮具清册呈报主管机关备查。

十三、本章程如有未尽事宜，提出会员大会通过修改之。

中华民国三十五年三月

附录二 工会统计表与会员履历

1949年3月3日汉口市总工会所属各业工会统计

单位：人

工会名称	同业人数	工会名称	同业人数	工会名称	同业人数
邮务工会	1013	印刷产业工会	1720	纸烟制造产业工会	15631
棉业工会	15715	面粉业工会	442	粮食职业工会	2104
放运水职业工会	660	人力车工会	29248	马车工会	500
旅栈工会	6120	电气工会	515	绸缎染业工会	256
派报工会	225	纸业工会	171	茗业工会	1357
新式制革工会	564	铜件修理职业工会	308	雕剪花样职业工会	96

续表

工会名称	同业人数	工会名称	同业人数	工会名称	同业人数
染业工会	86	铜器业工会	456	纸业灯绿职业工会	201
书简印刷职业工会	1035	照相职业工会	158	寿木职业工会	225
浴室职业工会	924	煤油灯罩职业工会	323	油漆粉刷职业工会	526
杂货业工会	240	洗染业工会	327	布匹捆送职业工会	220
硝制杂皮职业工会	523	药材职业工会	159	理发职业工会	4500
豆芽职业工会	140	制香职业工会	257	玻璃料器职业工会	498
汾酒职业工会	675	机器职业工会	1241	蛋厂产业工会	5144
豆货食品职业工会	1027	藤器职业工会	520	中药炮制职业工会	660
石膏堆检职业工会	35	风包堆转职业工会	520	圆木油桶职业工会	121
煤炭量衡职业工会	120	机器打包职业工会	404	五金翻砂职业工会	338
煤业职业工会	1147	屠宰业职业工会	335	石作职业工会	245
运输□职业工会	61	染坊职业工会	130	土木建筑职业工会	1303
南酒职业工会	654	制茶职业工会	1213	包烟职业工会	177
划船职业工会	2120	木作职业工会	5200	机器漂染职业工会	517
炉坊职业工会	207	驳船职业工会	5334	泥瓦职业工会	4900
锯工职业工会	581	装修水管职业工会	213	篾业职业工会	272
碾坊职业工会	1156	码头职业工会	21729	红炉铁职业工会	3019
烟叶职业工会	316	包席厨工职业工会	156	人力车修造职业工会	131
猪鬃职业工会	5270	酒饭面馆职业工会	3875	苎麻职业工会	75
手车职业工会	2591	食品职业工会	764	剪业职业工会	86
染织职业工会	2327	藤棕床职业工会	91	□绸布扎彩职业工会	44
申新第四纺织厂产业工会	1024	汽车司机修理职业工会	3863	皮革杂货出口职业工会	117
索线职业工会	67	针织袜衣职业工会	1068	缝纫职业工会	5028
制车职业工会	344	毛笔职业工会	215	行号司厨职业工会	1254
帽业职业工会	987	电池职业工会	320	煤油职业工会	318
电镀磨光职业工会	212	弹花职业工会	547	牙刷职业工会	126
肥料职业工会	1832	手工卷烟职业工会		水电产业工会	953
木板运送工会	264	砖瓦堆砌职业工会	229	西服职业工会	4213
制砚职业工会	32	电影职业工会	230	肠业职业工会	217

续表

工会名称	同业人数	工会名称	同业人数	工会名称	同业人数
轮驳修造职业工会	376	油漆木器职业工会	253	芦竹□职业工会	203
蛋业职业工会	206	海味职业工会	320	杂色纸职业工会	226
麻袋职业工会	317	金银首饰职业工会	183	洗烫衣帽职业工会	316
刨制丝烟职业工会	70	五金旧货职业工会	514	鸡鸭职业工会	227
对联裱画职业工会	123	食盐丝料职业工会	40	音乐工会	51
绍酒酱油职业工会	550	火柴产业工会	625	牙骨制品职业工会	145
白铁制品职业工会	452	剧场糖果职业工会	217	冷作铁业职业工会	254
刺绣职业工会	48	纸盒职业工会	220	鞋业职业工会	4813
盆盘梳妆工会	73	沙泥船采运业工会	76		

资料来源：《工业会所属同业公会统计表》（1949年2~3月），武汉市档案馆藏，档案号：40-13-359。

杭州市洗染业职业工会第三届职员略历

职别	姓名	年龄	籍贯	学历	略历
常务理事	施梅生	61	绍兴	私塾4年	
常务理事	赵泉生	46	绍兴	私塾3年	
常务理事	邓金友	29	绍兴	小学3年	杭州市大美2年
理事	曹来顺	37	绍兴	小学4年	杭州市大美2年
理事	楼连发	40	绍兴	小学2年	杭州市大美2年
理事	胡炳顺	50	绍兴	小学3年	
理事	戴长发	40	绍兴	小学2年	
理事	李张禄	30	绍兴	小学5年	杭州市永兴3年
理事	董云堂	31	绍兴	小学2年	杭州市九源3年
候补理事	李宝泉	34	绍兴	小学3年	杭州市华尔登2年
候补理事	张忠发	36	绍兴	小学3年	杭州市合作社1年
候补理事	单家骐	31	绍兴	小学3年	杭州市合作社2年
候补理事	周宝泉	26	绍兴	小学3年	杭州市霞光2年
常务监事	谢汉文	33	绍兴	小学2年	杭州市康华1年
监事	茅仁和		绍兴	小学2年	杭州市合作社1年
监事	史德和		绍兴	小学2年	
候补监事	洪文樵	25	绍兴	小学4年	杭州市皇后1年

资料来源：《杭州市洗染业职业工会第三届职员略历表》，杭州市档案馆藏，档案号：J14-1-84。

杭州市人力车业职业工会理监事详历

职别	姓名	性别	年龄	籍贯	学历	经历	住址
理事	毛顺祥	男	45	绍兴	私塾	七年	上焦营巷32号
理事	宣志成	男	40	萧山	私塾	五年	中山南路524号
理事	王国棵	男	32	绍兴	私塾	四年	东浣纱路4号
理事	李长根	男	40	绍兴	私塾	五年	城隍牌楼42号
理事	李锦祥	男	32	绍兴	私塾	五年	姚园青巷45号
理事	郭福顺	男	28	宁波	私塾	四年	东园巷201号
理事	杨树林	男	39	萧山	私塾	五年	劳动路太庙弄18号
理事	夏善松	男	50	绍兴	私塾	八年	东街路小营巷9号
理事	冯士贤	男	29	绍兴	私塾	五年	定安巷36号
候补理事	王锦荣	男	49	绍兴	私塾	六年	百升坊巷40号
候补理事	罗炳炎	男	54	绍兴	私塾	八年	花牌楼122号
候补理事	顾振华	男	40	绍兴	私塾	五年	孩儿巷205号
候补理事	顾世恩	男	40	绍兴	私塾	五年	金鸡山领10号
监事	许金富	男	35	绍兴	私塾	五年	文龙翔43号
监事	王金生	男	32	绍兴	私塾	五年	彭埠明月桥17号
监事	顾长寿	男	53	绍兴	私塾	七年	米市巷直街60号
候补监事	胡炳华	男	36	绍兴	私塾	五年	皮市巷108号

资料来源：《杭州市人力车业职业工会理监事详历表》（1947年5月1日），杭州市档案馆藏，档案号：J14-1-62。

1949年3月武昌市人民团体组织概况（工会部分）

名称	成立年月	名称	成立年月
武昌市总工会	1946年7月	武昌市圆木业职业工会	1947年7月
武昌市粮食笆挖缝包业工会	1946年5月	武昌市手工卷烟业职业工会	1946年4月
武昌市粮食衡量业职业工会	1946年5月	武昌市红炉铁器业职业工会	1948年9月
武昌市码头业职业工会	1946年3月	武昌市寿木业职业工会	1946年6月
武昌市派报业职业工会	1946年3月	武昌市制鞋业职业工会	1946年8月
武昌市人力车业职业工会	1946年3月	武昌市书简业职业工会	1948年8月
武昌市缝纫业职业工会	1946年5月	武昌市电气机械业职业工会	1946年8月
武昌市竹木运输业职业工会	1946年3月	武昌市造船业职业工会	1946年8月
武昌市杂货业职业工会	1946年3月	武昌市豆制香干子业职业工会	1946年7月

续表

名称	成立年月	名称	成立年月
武昌市第一纱厂纺织产业工会	1947年11月	武昌市泥水业职业工会	1946年8月
武昌市震寰纱厂产业工会	1946年12月	武昌市郊常竹木运输业职业工会	1946年7月
武昌市裕华纱厂产业工会	1948年10月	武昌市煤炭业职业工会	1948年6月
武昌市木作业职业工会	1946年5月	武昌市对联裱画业职业工会	1946年10月
武昌市印刷业职业工会	1946年5月	武昌市油漆业职业工会	1946年10月
武昌市锯业职业工会	1946年6月	武昌市南酒业职业工会	1947年11月
武昌市竹器业职业工会	1946年8月	武昌市邮务工会	1946年6月
武昌市理发业职业工会	1946年4月	武昌市宰牛业职业工会	1946年12月
武昌市藕业职业工会	1946年3月	武昌市旅行接待业职业工会	1947年6月
武昌市民船业职业工会	1946年3月	武昌市石灰船业职业工会	1947年3月
武昌市驳船业职业工会	1946年7月	武昌市中西酒菜面饭馆业职业工会	1947年4月
武昌市土水果业职业工会	1946年3月	武昌市浴室业职业工会	1947年6月
武昌市碾坊业职业工会	1946年12月	武昌市剧影业职业工会	1947年7月
武昌市茶担业职业工会	1946年3月	武昌市海轮驳出进舱过笆挖业职业工会	1947年2月
武昌市篾缆业职业工会	1948年7月	武昌市铁路转运业职业工会	1947年12月
武昌市煤炭衡量业职业工会	1947年5月	武昌市土石建筑业职业工会	1947年9月
武昌市染业职业工会	1948年1月		

资料来源：《武昌市人民团体组织概况调查表及理监事名册》（1949年3月15日），武汉市档案馆藏，档案号：18-10-1394。

1947年8～11月武昌市政府指导组织工商团体一览

单位：人

名称	组织情形	负责人	会员人数
土石建筑业职业工会	已成立	周华林	164
石灰船业同业公会	已成立	梅完卿	63
武泰区农会	已成立	胡长富	1023
人力车业职业工会	改组完成	童斌臣	1964
第一纱厂纺织产业工会	改组完成	陈九九	7213
震寰纱厂纺织产业工会	改组完成	陈协强	621
裕华纱厂纺织产业工会	筹备中	张华山	

续表

名称	组织情形	负责人	会员人数
营造业同业公会	改组完成	廖定夫	68
猪肉业同业公会	筹备改组	陈树棠	
猪肉零售业同业公会	筹备中	邓星三	
染织业职业工会	筹备中	朱鸿实	
转运业职业工会	筹备中	王植锦	

资料来源：《武昌市政府施政报告》（1947 年 12 月），武汉市档案馆藏，档案号：9-2-53。

杭州市工人团体一览

单位：人

团体名称	负责人	会员人数	成立日期	会址
杭州市总工会	汪廷镜	63	1946 年 4 月	旧藩署九号
杭州市脚夫业职业工会	陈夏牛 金曹有 卜汝春	1142	1946 年 11 月	江干扫帚湾二一六号
杭州市人力车业职业工会	宣杰成 毛顺祥 冯士贤	4225	1946 年 12 月	旧藩署九号
杭州市饭店业职业工会	徐荣	283	1946 年 12 月	后市街七十五号
杭州市旅店业职业工会	陈宝生	763	1946 年 12 月	龙翔里一弄六号
杭州市服装业职业工会	徐文荣	212	1946 年 1 月	旧藩署九号
杭州市革履业职业工会	李锦文	508	1946 年 1 月	龙翔里一弄二号
杭州市生绸炼业职业工会	宋焕章	209	1946 年 1 月	观巷六十一号
杭州市丝光纱线业职业工会	任炳荣	262	1946 年 1 月	观巷六十一号
杭州市成衣业职业工会	何宝明	206	1946 年 1 月	九世巷轩辕宫
杭州市挑砖运瓦业职业工会	陆瑞福	182	1946 年 1 月	淳祐桥西弄十号
杭州市派报业职业工会	唐开元	76	1946 年 2 月	羊坝头平津桥五号
杭州市拖木业职业工会	金锡文	406	1946 年 2 月	井字楼四一号
杭州市轮船拖桴业职业工会	刘德祥	109	1946 年 3 月	南星桥乌龙庙浚新泰弄七号
杭州市鞋业职业工会	魏光弟	1122	1946 年 4 月	率光巷河下四号

续表

团体名称	负责人	会员人数	成立日期	会址
杭州市木匠业职业工会	刘天哄 邢盛 袁紫庭	1653	1946年4月	淳祐桥宿舟河下四号
杭州市油漆业职业工会	周宰连	269	1946年4月	龙翔里一弄二号
杭州市洗染业职业工会	施梅生	98	1946年4月	扇子巷一〇一号
杭州市面点业职业工会	朱家宝	650	1946年4月	龙翔里一弄二号
杭州市善馆业职业工会	鲁椿荣	1098	1946年4月	关山路二四号
杭州市泥水业职业工会	李继昌	1976	1946年4月	井字楼十一号
杭州市肥料业职业工会	罗金品 丁金□ 刘宏生	233	1946年4月	淳佐桥十号
杭州市土烛业职业工会	孙炳坤	75	1946年4月	率光巷河下四号
杭州市理发业职业工会		289	1946年4月	仁和路二三号
杭州市电影放映技师业职业工会	孙绍轩	37	1946年4月	
杭州市金银业职业工会	屠克平	135	1946年4月	马市街二三号
杭州市铁工业职业工会	印烈 陈笔 邓□ 周建新	234	1946年4月	观榨巷六一号
杭州市纸业职业工会	吴明川	152	1946年5月	祖庙巷二九号
杭州市水电业职业工会	高福广 于瑞典 童继荣	275	1946年6月	机神庙直街十九号
杭州市照相业职业工会	钊章荣	69	1946年6月	教仁街三七号
杭州市浴业职业工会	王耀南	397	1946年6月	横柴城巷四号
杭州市修车业职业工会	屠善才 丁建林 朱根源	283	1946年6月	仁和路廿三号
杭州市麻袋业职业工会	楼侍兴 何玉灵 赵瑞芳	220	1946年7月	旧藩署九号
杭州市粮食业职业工会	马志英 包瓤山 率文熊	700	1946年7月	旧藩署九号
杭州市腌醋业职业工会	李熙元	73	1946年7月	清泰路三一二号
杭州市茶食糖果业职业工会	汪培震	282	1946年7月	旧藩署九号
杭州市制伞业职业工会	陈元金	171	1946年8月	旧藩署九号
杭州市焊电□业职业工会	赵正□ 周阿才	47	1946年8月	体育场路三三三号
杭州市屠宰业职业工会	韩锦祥	165	1946年8月	体育场路三七九号
杭州市炼染业职业工会	韩仁德 郦周荣	451	1946年8月	东街路三九九号
杭州市酱酒业职业公会	邵炳林	265	1946年9月	观巷六一号

续表

团体名称	负责人	会员人数	成立日期	会址
杭州市篾作业职业工会	陈存心	255	1946年9月	合右
杭州市木料搬运业职业工会	徐文达	1156	1946年10月	陈月桥
杭州市南北货业职业工会	郑德荣	798	1946年8月	缸儿巷十四号
杭州市运河木排业职业工会	宋德富	669	1946年10月	上木场巷十号
杭州市小货车业职业工会	沈云龙	1655	1946年10月	福元巷六九号
杭州市面粉业职业工会	严庭轩	130	1946年10月	龙翔里一弄六号
杭州市丝织业职业工会	金柏林	5803	1946年7月	东街路五四三号
杭州市电气业产业工会	林景赞	239	1946年7月	旧藩署九号
杭州市印刷业产业工会	□文藻	603	1946年4月	东平巷六号
杭州市棉织业产业工会	费少卿	2448	1946年7月	观校直街七四号
杭州市纺织业产业工会	孙云素 王坤广 黎亲能	1863	1946年7月	棋埠大马路花口市纱厂仓库□
杭州市缫丝业产业工会	俞桂生 金顺富 莒继生	1800	1946年8月	五福楼四五号
杭州市□船业产业工会	周刘祺	732	1946年11月	棋埠大同街六七号
杭州市邮务工会	汪廷镜 马文宝 陈鹏飞	476	1946年3月	官巷口邮局
杭州市锡箔业产业工会	朱春松	955		清远桥三四号
杭州市工□业职业工会	杜爱兰	110	1946年8月	观巷六一号
杭州市砑布业职业工会	冯金奎	53	1947年6月	观巷六一号
杭州市三轮车业产业工会	沈和兴	508	1947年1月	横瓦寿路十二号
杭州市火柴业产业工会	蒋马袑	528	1947年1月	不详
杭州市国药业职业工会	乌兰亭	432	1947年3月	吴山环口楼廿五号
杭州市西湖游船业职业工会	王俊才	571	1947年3月	涌金门廿二号
杭州□业职业工会	陈士全 □日奎 石六焕	149	1947年3月	
杭州市寿器业职业工会	俞锦顺	154	1947年4月	旧藩署九号

资料来源：《杭州市工人团体一览表》，杭州市档案馆藏，档案号：J14-1-196。

后 记

2005年9月，笔者考入华中师范大学历史文化学院，攻读中国近现代史专业硕士学位。对于硕士学位论文选题，笔者考虑到华中师大历史学学科在近代商业史与社团组织研究方面久负盛名，选择把工会组织作为研究对象，一方面避免和工商社团相关研究的选题"撞车"，另一方面希望在视角与方法等方面借鉴华中师大近代史研究在社团组织方面的成果和经验。武汉市档案馆收藏的近代工会档案主要集中在国共内战时期，遂将其作为研究起止时段。2012年6月，我获得历史学博士学位，入职杭州师范大学。之后几年，我在杭州、重庆、天津等地档案馆搜集同时期的工会档案，进一步对硕士学位论文进行增补和修订工作，以此为基础，成功申报2017年国家社科基金后期资助项目。因此，可以说，本书在理论视角、研究方法和案例选择等方面均可以视作硕士学位论文的升级版。

相较于2008年写成的硕士学位论文，本书的改进之处主要体现在四个方面。第一，以搬运业为考察对象，对武汉、杭州两地搬运工人的工作情况、条件以及牵涉的工作纠纷进行梳理和分析。这一考察旨在探讨工会组织在市场与行业秩序建构层面发挥的作用。第二，注意到司机、邮工等特定行业工人对职业尊严与职业自主性的诉求，以及工会组织的作用。第三，增补了对工会领导者遭遇信任危机事件的考察。法团主义模式下，社团组织应具备组织凝聚力，且社团组织的领导者也应具有一定的公信力和威望。工会理事长面临"解雇""下台"风波，是其公信力和威望丧失的表现。第四，从城市空间、产业结构的维度对民国时期劳工政治的演进逻辑进行了初步的探析。

从硕士入学算起，至本书出版，已有19年的时间。19年的时间不算短。在付梓之际，我感到本书的讨论仍有不少未尽之处。如作为多元主义理论的论辩对手，法团主义理论关注的是社会如何与国家体制互动，形成制度化的利益诉求与社会整合机制。本书涉及的各类纠纷，既有因市场竞争所引发，也有组织内部以及组织之间权责边界不清等问题所致。工会能否化纠纷为秩序，除了需要回应市场机制的问题外，还需要因应不同行业工人的劳动习性、关系网络以及组织权威等问题。这意味着以法团主义理论为视角分析现代化进程中的社会组织，需要超越体制与市场的二元模式。相关议题，有待未来延展。

  本研究从立项至完成，离不开众多师友、同行的提携和帮助。我的硕士导师黄华文教授建议我关注工会活动。我的博士导师许纪霖教授提醒我，在对组织和结构的研究中，不能忽视对人的关注。华东师范大学孟钟捷教授结合他关注的 20 世纪 30 年代德国企业劳资关系的情况，在思路和行文方面对本研究有颇多指导。本研究部分内容发表于《社会学研究》《开放时代》《民国档案》等刊物，离不开期刊编辑老师和外审专家的细致指点和耐心帮助。入职十年，得到校院两级领导、同事们的诸多关爱和帮助。深深感谢。

  在此，需要特别感谢华中师大中国近代史研究所的魏文享教授。魏老师不是我学业上的正式指导老师，但他的治学和品格令人敬仰。本研究引入法团主义的视角，缘于在华中师大读研期间，和魏老师的一次课后探讨，受魏老师的启发。新冠疫情前，魏老师来杭州开会。彼时我正对如何推进工会研究感到困惑。魏老师建议我，在区域研究的基础上，引入行业视角，考察行业内部的组织结构与工作等问题。这又是一次拨开云雾的提点。2023 年 10 月，华中师大中国近代史研究所举办"中国式现代化"主题研讨会，我有幸获邀参会。其间，我向魏老师提及昔日关于武汉工会的研究成果将要出版，感谢魏老师的"持续"点拨。魏老师说，"你现在已经有很多你自己的想法了，这就是进步"。魏老师的话，是建议，更是鼓励。

  本书初始材料来自硕士在读期间在武汉市档案馆抄录、复印的材料。入职以来，对武汉工会方面的档案材料增补过两次。后又陆续增补相关区域的文献资料。由此也产生两个后果。一是多批材料混合存放，增加了后期核校工作的难度。二是十几年下来，电脑里相关文档流转多处，其间发生过硬盘损失、资料丢失与复原文件乱码等问题，这就使书稿在编校阶段遇到较多问题。如工会名称前后不一致、人名辨认有误、数据统计有偏差等，远超自己意料。我想，我这本书大概是本书责编李丽丽老师遇到的一个"坑"。除了感谢李老师的严谨周到和认真负责外，这本书的编校过程也提醒了我，前期工作有多不到位，后期工作就有多被动。我的硕士研究生李尊奥、金姝澄、郑书茹、周乐靖也分担了部分引文核对任务，一并感谢。

岁暮天寒，又是一年忙碌。愿冬去春来，这个世界会好。

胡悦晗

2023 年 12 月 31 日　杭州